그래, 이름은 뭔고?

회상과 수상

나남
nanam

정 범 모

서울대학교 사범대학 졸업
미국 시카고대학 철학박사
서울대학교 사범대학 교수 및 학장
한국교육학회장, 충북대학교 총장, 한림대학교 총장
대한민국 학술원 회원, 한국행동과학연구소 회장
현재 한림대학교 석좌교수

■ 저 서
《교육과정》, 《교육평가》, 《교육심리통계적 방법》,
《가치관과 교육》, 《교육과 교육학》, 《미래의 선택》,
《인간의 자아실현》, 《한국의 교육세력》, 《창의력》,
《한국의 내일을 묻는다》, 《학문의 조건》,
《교육난국의 해부》(편저) 등

나남신서 · 1223

그래, 이름은 뭔고?
회상과 수상

2007년 7월 25일 발행
2007년 7월 25일 1쇄

저자_ 鄭範謨
발행자_ 趙相浩
발행처_ (주) **나남**
주소_ 413-756 경기도 파주시 교하읍
출판도시 518-4
전화_ 031) 955-4600 (代)
FAX_ 031) 955-4555
등록_ 제 1-71호(79. 5. 12)
홈페이지_ www.nanam.net
전자우편_ post@nanam.net

ISBN 978-89-300-8223-5
ISBN 978-89-300-8001-9 (세트)
책값은 뒤표지에 있습니다.

나남신서 · 1223

그래, 이름은 뭔고?

회상과 수상

정 범 모 지음

나남
nanam

So, What is your name?

by

Bom Mo Chung

nanam

머 리 말

몇몇 친지들이 자서전을 한 번 써 보라고 권한다. 그때마다 내 반응은, 다른 글을 더 쓰면 썼지 자서전은 생각 없다, 대개 자서전이 자기과시나 미화 아니면 합리화인데 나는 그럴 필요도 생각도 없다, 더구나 나의 지난날은 어떤 풍운아처럼 글로 쓸 만한 재미있는 파란만장한 인생도 아니었고 도리어 평탄하기만 했는데, 무슨 자서전을 쓰겠는가 였다. 그러자 이어 이런 말이 오갔다.

—자네 인생은 별 파란 없이 평탄했을지 모르나, 자네가 살아온 한반도 80년은 온갖 격동의 역사 속이 아니었나! 그 격동 속의 삶의 증언은 다음 세대를 위해서도 할 만하지 않는가. 더구나 지난 80년이라는 긴 세월의 증언을 글로 써낼 기력이 남아 있는 사람은 이제 별로 많지 않네.

—그래도 자서전을 쓸 생각은 없네. 하지만 자서전도 아니고, 수필집, 논설집, 기행문도 아닌 잡문(雜文)집, 내가 겪은 지난날의 경험 속에 이런 저런 삶의 뜻을 되새겨 보는 자유로운 산문집을 써볼 생각은 있네.

여기 글들은 그렇게 삶의 뜻을 반추해 보려는 나의 회상, 수상, 사상을 담은 잡문집, 산문집이라고 해두자.

한 개인의 팔십 인생이 길다고는 하지만, 장구하고 광대한 우주의 흐름에서 본다면, 실로 반딧불보다도 짧고 티끌보다도 작은 별볼일도 없고 아무렇지도 않은 수유(須臾) · 미소(微小)의 존재다. 있건 없건, 사라지건 말건, 우주는 거기에 아무 관심이 없는 무의미한 존재다.

그러나 인간은 그 수유 · 미소의 삶 속에 어떤 뜻, 어떤 의미를 찾아내고 이루고 즐기려고 무척 애를 쓴다. 그런 의미 · 보람의 추구가 긴 역사에서 사람들이 만들어낸 신화, 종교, 철학, 문학, 과학, 예술들이다. 의미탐구는 인간의 한 본능이다. 여기 글들은 내 수유 · 미소의 삶 속에서 그런 작은 의미를 탐구해보려는 산문집이라고 말해도 되겠다.

대부분의 회고적인 수필 산문이 그렇듯이, 이 책의 많은 부문이 일종의 자기분석이다. 정신분석학적 심리적 자기분석이 아니라, 지난날의 삶에 스쳐오고 스쳐간 생각들의 사변적 자기분석이다. 그러나 얼마나 철저하고 객관적인 자기분석일지는 자신이 없다. 자기분석엔 한계가 있다. 자기가 자신을 객관적으로 정신분석하기는 매우 어렵기 때문이다. 굳이 의식적으로 미화, 합리화, 정당화를 하지 않으려 해도, 자신도 모르게 이른바 무의식이 먼저 숨은 치부나 오욕이 의식에 떠오르지 않게 눌러버리기 때문이다.

그러니 여기 회고의 자기분석에서는 굳이 애써 미화 · 합리화를 하려고 하지 않고, 그렇다고 안 하려고도 하지 않고, 굳이 치부 · 오욕을 감추려고 하지 않고, 그렇다고 드러내려고도 하지 않고, 그저 담담하게 마음이 가는 대로 생각 흐르는 대로 써 내려가기로 한다. 그렇게 다짐을 해도, 인간의 어쩔 수 없는 약점 때문에 여기 글들은 결국 '나 잘났다'는 얘기가 되고 말

것만 같다. 단상(斷想)들을 이어가듯 생각 흐르는 대로 써 내려갔기 때문에, 이 책의 장(章)들은 순서 없이 읽어도 되는 독립된 장들이라고 보아도 무방하다.

나는 지난날 몇 권의 책을 써냈다. 이 책은 어차피 지난날에 스쳐갔던 생각들을 반추하는 얘기들이기 때문에 지난날의 내 책에 실린 몇몇 생각들이 자연 이 책 여기저기에서 반복될 것이다. 한 번 스쳐간 생각은 여간해서는 잘 변하지 않는 것 같다.

과거는 미래를 잉태한다. 지난날의 경험은 앞날에 가야 할 길을 암시해준다. 개인의 경우에도 그렇고, 나라의 경우에도 그렇다. 미래를 잉태하는 과거의 뜻을 헤아리고, 그것을 현재에 살리는 것이 개인에게나 나라에게나 삶의 지혜라고 믿는다. 이 작은 삶의 뜻의 반추가 조금이라도 그런 역할을 한다면 더없이 다행이다.

끝으로 이런 회고적인 산문집의 집필을 권유해 주시고 출간해 주신 나남출판 조상호 사장께 깊은 감사를 드린다. 그 분의 격려가 이 책을 쓸 용기를 주었다. 그리고 원고를 정리하는 지루한 일을 기꺼이 맡아준 한국행동과학연구소 박민의 과장과 한림대학 한림과학원의 김정원 양의 노고도 여기에 깊은 고마움을 적어둔다.

2007년 7월

鄭 範 謨 적음

나남신서 · 1223

그래, 이름은 뭔고?

회상과 수상

차
례

역사의 흔적

- 이름은 뭔고?
- 일본말, 일본문화
- 구름을 타고
- 반세기의 풍파
- 경제발전

역사는 흔적을 남긴다. 그래서 사람은 어쩔 수 없이 역사의 산물이다. 그가 살아오고 겪어온 여러 단계의 역사적 경험의 산물이다. 그렇게 겪은 역사의 경험은 사람들에게 쉽게 지울 수 없는 어떤 낙인을 찍어 남기고, 그것이 그들에게 쉽게 벗어버릴 수 없는 굴레로 작용한다. 이것은 내 경우에도 매한가지다.

나에게는, 우선 어린 시절의 한국 전통문화, 초·중등학교 시절의 일본문화, 이어 광복 후 미국유학을 시작으로 경험한 미국문화가 뒤섞여 있다. 그리고 거기에 해방 후 지금까지 소용돌이 속의 한국 현대문화가 얹혀 있다. 나는 이 네 시대적 경험의 소산이고 그 넷의 낙인이 찍혀 있는 주조물이다. 그들 낙인에는 지금 회고해서 좋은 것도 있고 언짢은 것도 있다.

좋게 생각하면, 기본적으로 나는 어릴 때 전통시대엔 가족과 효(孝)라는 가치가 몸에 배었고, 학교시절의 일제교육에선 그들의 애국과 충(忠)이라는 가치가 반사적으로 마음에 새겨졌고, 전후 4년간의 미국유학 경험은 개인의 존엄과 공(公)이라는 가치가 가슴에 울려왔다. 해방 후 소용돌이 시대는, 다른 사람들도 그렇겠지만, 국가발전과 자유민주주의의 가치가 나를 사로잡아왔다. 나는 나의 이런 가치들의 경험을 후회하지 않는다. 가부간에 이런 가치들은 내게 역사의 낙인으로 남아 있다.

반면, 좀 언짢게 말해서 전통시대의 지나친 가족주의, 일제시대의 지나친 개인매몰(埋沒), 미국문화 속의 그들 자신이 자주 반성하는 지나친 '난폭한' 개인주의, 국가발전을 논함에 자주 뻗쳐오는 지나친 격앙된 민족주의 등은, 그때 혹 나도 거기에 한때 젖어 있었을지는 몰라도, 그때나 지금이나 별로 마음에 들지 않는다.

그러나 비록 그것이 하기 어려운 일이라고 해도, 가끔은 자기의 역사경험을 초월해 보려는 노력, 그래서 모든 역사시대를 관통해야 하는 어떤 보편적 가치에 끊임없이 접근해 보려는 노력은 필수라고 해야 한다. 이것은 어떤 '자기 자신으로부터의 해탈'을 의미하기 때문에 그리 쉬운 일은 아닐 것이다. 그러나 지난 역사를 반추하는 그 자체가 이런 초탈에 한 목적이 있는 것은 아닐까? 다시 말해서 역사를 배우고 음미하는 것은 지난날에 젖어듦과 동시에 지난날에서 벗어남이 그 목적이라고 할 수 있을 것이다.

이름은 뭔고?

서너 살이 되어 철이 들기 시작했을 때부터, 모르는 어른을 처음 뵈면 아버지는 으레 "이 어른께 인사드려라"라고 이르셨다. 내가 꾸벅 큰절을 하고 나서 앉으면, 그 어른들은 판에 박은 듯 일정한 물음을 던진다. 일종의 의식과도 같았다.

"그래, 이름이 뭔고?" "성이에요."

어릴 때 내 아명은 성(聲)이었다.

"성은 뭔가?" "정가예요."

"어디 정씨인고?" "동래 정씨요."

"누구 자손인가?" "양파공 자손입니다."

그러고 나면, "그놈 참 똑똑하구나"라고 칭찬받는다.

그러면 의기양양하게 자리를 떠서 옆방으로 간다. 칭찬받을 수밖에! 하도 자주 어른들이 묻는 질문인지라 뜻도 잘 모르고 앵무새처럼 되뇌었기 때문이다. 어떤 어른들은 어리둥절하게 괜히 어려운 말로, '본관'이 뭐냐, '관향'이 어디냐고 묻는다. 그러나 곧 그 뜻도 알아차렸다. 좀 커서 보통학교(초등학교)에 다니기 시작하고부터는 "그래 학교에서 공부는 잘 하고 있느냐?"라는 질문이 뒤따른다. 그 질문에 나는 그저 피식 웃기만 한다.

물론 서너 살짜리가 '동래'가 東萊고, '양파공'은 효종 때 몇 번인가 영의정을 지낸 陽坡公인 줄 알 리가 없었다. 어슴푸레 동래는 어떤 고장의 이름이고, 양파공은 훌륭한 한 조상의 이름이라는 것은 짐작했지만, 속으로 왜 하필 '동래'고 왜 하필 '양파'인가, 좀 이상했다. 사람들 사는 동네와

채소의 양파를 연상했기 때문이다. 어른들에게 불손할 것 같아서 그것을 따져 묻지 못했다.

지금 생각해보면, 옛 어른들이 그저 담담하게 별 뜻없이 물었던 '이름은 뭔고?'에서 시작한 일련의 질문은 실은 많은 뜻을 함축하고 있었다. 그것은 '너의 정체성, 인간으로의 아이덴티티(*identity*)가 뭐냐', '넌 이 다음에 뭘 하고 어떻게 되려느냐' 라는 물음도 함축했던 셈이다. '넌 누구냐?'를 넓게 포괄적으로 대답해야 한다면, 그 대답은 나의 출신 · 직업 · 사상 그리고 감정 · 포부 등 모든 것을 포함할 것이기 때문이다.

우리 아버지 세대는 아버지와 큰아버지, 그리고 고모 세 분이 계셨다. 결혼이나 회갑 같은 큰 행사가 있으면 으레 그 다섯 집의 친 · 인척 식구들이 다 모였다. 때로는 그야말로 8촌, 10촌이 되는 일가도 운집했다. 그때엔 언제나 우선 절하고 절받는 '절 파티'가 벌어졌고, 좀 생소했던 사이에서는 누가 항렬이 높고 누가 형뻘이 되는지 촌수 따지기에 바빴다. 때로는 어떤 어른이 으레 아저씨뻘이 되는 줄 알고, 절을 하려고 일어서 손을 모으면 주위에서 말린다. 항렬이 내가 위라는 것이다. 영 혼돈스러웠다.

중등학교 시절 우리집은 시골에 있어서, 나는 서울의 큰아버지 댁에서 6년 이상 살면서 학교에 다녔다. (이 책에서는 '중등학교 시절'과 '경성사범학교 시절'을 가리지 않고 같은 말로 쓰기로 한다. 얘기 내용의 대충의 연대를 가리키려면 '중등학교 시절'이 더 이해가 쉬울 것 같기 때문이다. 경성사범학교는 오늘의 중학교 · 고등학교 · 전문대학 2년을 합친 8년제 초등학교 교사 양성기관이었고, 예과 5년, 본과 3년으로 나누어져 있었다. 예과는 대충 중고등학교에 해당된다.) 그때 큰댁엔 나 말고도 고모의 아이들이 둘이 더 기숙하고 있었다. 그때엔 으레 그래야 하는 것이려니 여겼지만, 큰아버지 큰어머니는 넉넉하지도 않은 처지에 일가 아이들 교육의 뒤치다꺼리까지 해주셨던 것이다. 일가간은 한가족처럼 상부상조하는 것이 당연한 시대였다.

작은 종가격인 큰댁은 서울에 있었기 때문에 멀고 가까운 친·인척들이 자주 드나들었다. 한 번 오면 며칠을 묵으면서 자고 먹고 하는 일가도 있었다. 그런 일가가 내겐 좀 뻔뻔스러워 보였지만, 큰아버지 큰어머니는 아무 내색이 없으셨다. 그러나 속으로 틀림없이 힘들어 하셨을 것이다. 어린 마음에도 이런 일가간 상부상조(相扶相助)의 풍습이 정답기도 하고 고약하기도 하다고 생각했다. 그런 생각이 들 때면 나의 큰댁 기숙 자체가 가끔 괴로웠다.

한 번은 대문 두드리는 소리가 나서 대문을 열었더니, 꾀죄죄한 흰 한복 차림에 희끗희끗한 머리의 처음 보는 아저씨였다. 방에 들어오자 큰아버지께 굽실 절을 했다. 나는 으레 어떤 일가 아저씨라 짐작하고 절하려고 두 손 모아 섰더니, 그는 "아이고, 도련님, 제가 절 드려야지요. 앉으세요" 하면서 중학생인 나에게 절하려고 벌떡 일어섰다. 나는 어안이 벙벙했다.

옆에 큰아버지께서 "앉아서 절 받아라" 하셨다. 그는 내게 "몇 살이세요?", "몇 학년이세요?" 등 몇 마디 말을 건넸다. '어린 나에게 왜 깍듯이 존댓말을 쓰나', 듣기에 몹시 거북했다. 나는 "열네 살입니다", "2학년입니다" 라고 대답했다. 큰아버지와의 대화에서 알고 보니, 그는 산소의 산지기였다. 그가 돌아간 다음에 큰아버지는 "산지기나 하인한테는 존댓말을 쓰는 게 아니다. '해라', '하게' 해야 한다"고 이르셨다. 그래도 난 영 거북했다. 그 다음부터는 그가 오면 자리를 피하던지, 정 말을 해야 하면, 말 뒤끝을 존대인지 하대인지 모르게 얼버무렸다.

그러니까 나는 어려서 철 들면서부터 조상숭배, 장유유서, 가족주의 등 대표적인 유교사상에 길들여졌던 셈이다. 그것은 어쩔 수 없었던 나의 생육사(生育史)였다. 커서 이른바 현대교육을 받아서 옛 유교사상의 뿌리를 비판적으로 자성(自省)해 본 시절도 있었으나, 나의 근간은 역시 유교적인 것을 부인할 수도 없고 후회하지도 않고, 자랑은 아니더라도 자연적이고 당연한 것으로 생각한다. 나는 지금도 나보다 한 살이라도 많은 사람에겐 일단 '형님'으로 대접하는 버릇이 있다. 그렇다고 나보다 나이가 덜한 사람들에게 애써 어른 노릇, 형 노릇은 하지 않는다. 적어도 그런 마음가짐이다. 그래도 유교 버릇이 나도 모르게 가끔 튀어나오는 것은 난들 어찌할 수가 없다.

동래 정씨 집안에서는 예나 지금이나 조선조에서 정승이 16명이 나온 명문이라고 자랑한다. 그래도 나는 현대교육을 받은 탓인지 그것을 별로 대수롭게 생각하지 않았다. 심지어 그렇게 자랑하는 일가를 보면, '오죽 못나야 조상의 영광을 들먹일까' 라는 생각까지 한 적도 있다. 그러면서 양파공이 아무리 훌륭하셨더라도, 10대손의 나는 그분의 유전자를 2^{10}의 1, 즉 1,024분의 1밖에 가지고 있지 않기 때문에 나에게 양파공의 의미는 아주 희미하다, 따라서 조상을 들먹이는 것은 별 의미 없는 부질없는 짓이라고 생각하기도 했다.

그러나 근래에 와서 나는 이 생각을 좀 바꿨다. '피'는 10대조 할아버지의 1,024분의 1일지 몰라도 대대로 이어져 내려온 가정교육의 힘은 '피'의 유전 이상의 힘을 가지고 있는지 모른다. 근래 학습심리학에서 아이가 부모를 닮으려는 모방(模倣)학습의 기제가 의외로 엄청 강하다는 이론이 점점 크게 주장되고 있다. 그렇게 모방학습으로 앞세대를 대대로 닮고 닮고 내려온다면 '피'는 몰라도 심리적 유전은 훨씬 더 넓고 강할는지도 모른다.

또 근래 DNA 중의 미토콘드리아(*mitocondria*) DNA는 변화 없이 그대로 엄마에게서 딸에게로 유전되고, 유전자를 담고 있는 염색체 중의 X-염색체는 아빠에게서 아들에게만 유전된다고 한다. 그렇다면 조상의 유전은 그저 '2의 몇 승분의 1'로만 계산할 수 없다는 결론이 나온다. 조상의 '얼', '마음', '버릇'은 의외로 대대로 이어지고, 가계(家系)라는 것도 의외로 무의미한 것만은 아닐 것이라는 말이 된다.

여기에 곁들여, 정신의학자 융(Karl Jung)의 유명한 집단무의식(集團無意識) 이론이 생각난다. 그 이론의 요점은, 태고에서부터 긴 세월 조상들의 여러 시대에 걸친 층층의 의식구조가 다 지워지지는 않고 이어져 내려오면서, 그 상당한 부분이 오늘 우리들의 무의식 속에 잠재해 있다는 것이다. 그리고 우리들의 사고와 행동이 자기도 모르게 그 규제를 받고 있다는 것이다. 내가 처음 이 이론에 접했을 때엔 어딘지 너무 신비주의적인 허황된 이론이라고 느꼈다. 그러나 근래에는 위에 든 모방기제와 유전기제에 대한 믿음이 생겨 그 주장이 점점 수긍이 간다.

나는 양반의 후예라고들 한다. 동래 정씨는 옛날 명문양반의 가문이라고 친지 국사학자도 말하고, 집에 있는 족보에도 그렇게 적혀 있고, 자라면서 아버지 큰아버지에게 조상들이 지낸 벼슬과 행적과 일화를 수도 없이 들어왔다. 요새도 종친들이 모이면 그런 자랑과 자부심이 역력하다.

그러나 커서 철이 들면서부터 지금까지 나는 양반에 대해서 심리학에서 말하는 이른바 상반(相反)감정(*ambivalent feeling*)을 가지고 있다. 한쪽에서 출중했던 조상들의 일화를 듣거나, 청렴과 학덕과 절개의 옛 선비의 일화를 들으면 존경이 간다. 그러나 또 한편, 당시 지도세력이었던 그 훌륭한 양반들이 왜 그렇게 살벌한 당쟁으로 소일했고, 왜 그렇게 조선조 말기엔 가렴주구(苛斂誅求)와 부패를 일삼았으며, 왜 그렇게 눈이 어두워 외세(外勢)를 못 보고 결국 나라까지 잃었을까! 라는 생각이 들면 반대로 원한이나 연민까지 느낀다.

언젠가 교수휴게실에서 잡담중에 어쩌다 양반 이야기가 나왔다. 난데없이 어떤 교수가 "여기 정 교수는 동래 정씨 골수 양반인데"라고 빈정댔다. 그러자 서양사 전공의 K 교수가 "조선 망국은 양반들이 책임인데, 그 양반이 뭐 그렇게 자랑이냐?"고 내뱉었다. 나는 "내가 뭐라 그랬소? 왜들 야단이요!" 받아넘겼으나, 그의 말은 옳았다.

만년엔 친일파로 전락했으나, 조선조 말 청·장년기엔 특출한 개혁적 사상가였던, 그리고 그 자신이 양반이었을 윤치호는 유교와 양반을 맹렬하게 비판했다. 전통적 유교는 허례적 형식윤리고, 국가사회에 대한 의무감과 공익성이 결핍된 이기적 가정윤리를 벗어나지 못하고, 배타적 절대윤리에 빠져 있고, 진정한 자주성과 애국심이 결여된 사대적 종속윤리라고 맹비난했다. 조선말기 사회상으로는 그렇게도 말할 만도 했을 것이다.

나아가 그는 그의 '일기'에서 대부분 그런 유교의 신봉자였던 양반도 맹비난했다. 양반은 촐싹촐싹 뛰어다녀서는 안 된다. 그래서 운동부족에 소화불량으로 냄새나는 게트림을 자주 해야 한다. 양반은 남의 봉사는 받되 남에게 봉사해서는 안 된다. 가져오게 한 물은 받아 마시되, 남에게 물을 떠다 주어서는 안 된다. 그래서 양반은 본래 친절과 봉사라는 덕목을 모른다. 양반은 아랫것들에게 무언가 줄 때도 받을 때도 절대로 손에서 손으로 수교해서는 안 되고, "예 있다, 가져가라"고 방바닥이나 상 위에 놓고 가져가게 해야 한다.

이 비판을 읽고 나서 나 자신을 반성해 보았다. 나는 운동을 좋아하니까 게트림은 안 한다. 봉사? 가만히 생각해보면 나도 '물 가져오너라' 라고는 잘 하지만, 물 떠다주는 경우는 드물다. 집 아이들에게 내가 전에 용돈 줄 때 어떻게 주더냐고 물어보았더니, 대개는 책상이나 방바닥에 놓았다고 했다. 어디에서 배웠든 내게도 옛 양반버릇이 남아 있는 셈이다.

한 10년 전엔가 미국 로스앤젤레스에서 백인경찰의 만행 때문에 흑인들의 폭동이 터졌을 때, 엉뚱하게 한국인들의 상점들이 심한 습격을 받았다. 한국 사람들이 '건방지다'는 것이 이유였고, 그것은 한국인 상점에서 거스름돈을 줄 때 손에서 손으로 주지 않고 '옜다, 줏어가라'는 식으로 계산대 위에 던지기 때문이었다. 양반의 유습이다. 나는 반대로 미국 상점에서 거스름돈을 받을 때, 그것을 계산대 위에 놓지 않고 내가 손을 내밀고 벌려야 손 위에 놓아주는 것이 께름칙했다. '내가 무슨 거지냐! 손을 벌리게!' 생활문화의 차이다.

옛날에 이런 얘기를 어른들에게서 들은 적이 있다. 내 9대조 할아버지께서 "이제 우리집 자손들은 부지런히 학문을 닦되, 조정에서 큰 벼슬을 할 생각은 하지 마라"라고 이르셨다는 얘기다. 하도 당파 싸움이 심하고 가렴주구와 부패가 격심한 세상이었기 때문이었다고 했다. 1800년대 초반의 시대였다. 또 그 옛날 우리집안 선조들은 벼슬자리에서는 당쟁을 멀리하고 청렴하기로 유명했다는 얘기도 자주 들었다. 속으로 슬그머니 자랑도 되고, 조선 망국에 책임도 좀 덜한 것 같아서 혼자 위안도 된 얘기였다.

이제 반상(班常)제도는 깨끗이 사라졌다. 반상제도는 갑오경장 때도 없애려고 했지만, 보다 철저한 철퇴는 일제 강점으로 양반들이 옛 세력을 많이 잃었을 때였을 것이다. 그러나 사회변화란 표면의 격변에도 불구하고 저변에서는 옛 버릇의 관성이 오래 지속되는 법, 앞의 '산지기'의 예처럼 일제시대에도 반상의식은 꽤 남아 있었다. 그러다가 광복 후의 토지개혁과 특히 한국전란으로 민족의 '대이동'이 생기고, 모두가 파괴되고 모두가 '평등하게' 가난해지고, 특히 민주주의가 국시(國是)로 굳기 시작하면서 반상제도는 완전히 그 자취가 없어진 셈이다. 또 없어져야 했다. 대신 이젠 타고나는 반상계급이 아니라, 교육과 부와 권력에 따른 '사회경제적 계층'이 형성되고 있는 시대다.

그러나 일말의 향수는 남는다. 옛 선비도 양반이었다. 선비는 본래 유교적 학덕을 쌓고, 염치와 예의를 알고, 절개와 지조가 있으며, 청렴하고 헤프지 않은 규모 있는 삶으로 상징되는 사람들이었다. 부름이 있으면 출사(出仕)하지만, 애써 벼슬을 탐내지 않고 유유히 산야를 소요하면서 시(詩)·서(書)·화(畵)를 즐겼고, 고고(孤高)한 비판정신은 불의, 부정을 용서하지 않았고, 나라의 위급시엔 결연 백의종군 의병(義兵)으로 투신하는 사람들이었다. 그 양반의 모습엔 향수가 남는다.

옛날 양반들의 특권, 횡포, 출세욕은 날려버리고, 옛날의 산뜻한 선비의 모습은 어떻게 되살려 볼 길은 없을까? 한 대학교수가 어떤 대중강연에서 한국사회에 지금 필요한 것은 옛 양반의 정신을 부활시키는 일이라고 말했다가 시대착오의 망언이라고 호된 비난을 받은 일이 있다고 들었다. 무슨 말을 어떻게 했는지 모르지만, 아마도 그의 본뜻은 위와 같은 산뜻한 선비정신의 부활이었을 것이다. 표현이 모자랐던 모양이다.

일본말, 일본문화

난 지금도 혼자 중얼거리며 수를 셀 때, 의식적으로 '하나 둘 셋'으로 시작하기 전에는 무의식적으로 먼저 일본말의 '이치 니 산 시'로 세게 된다. 나만 그런 줄 알았더니 7, 80대 내 나이 또래는 거의 다 그런다. 다 철저한 일본교육을 받았기 때문이다.

일곱 살 되던 해에 초등학교에 들어가서 생전 들어보지 못했던 일본말로 일본인 선생에게서 일본어 책으로 모든 수업을 받았다. 겨우 일주일에 한두 시간 '조선어' 시간이 있었다. 그 시간엔 조선인 선생이 들어왔다. 어떻게 배우게 되었는지 기억엔 없지만, 한 학기 지나자 그럭저럭 일본말을 듣고 말하고 쓰기에 별 큰 불편을 느끼지 않게 되었다. '국어'시간은 일본어 시간이었다.

내가 어려서부터 책읽기를 좋아했던지, 어머니 아버지는 그림책, 동화책도 많이 사 주셨고, 나도 책방에 들러 이것저것 책을 사서 읽기도 했고, 자주 거기에 주저앉아 반나절을 '공짜로' 읽기도 했다. 5, 6학년 때엔 요새로 말하면 어른들의 월간 대중소설책도 꽤 많이 읽었다. 그러나 책들은 다 일본말로 된 책들이었다. 조선어로 된 책은 책방에 없었다. 우리 세대는 철저하게 일본말로 교육받았다.

세상은 으레 그렇게 집에선 조선말을 쓰고 학교에선 일본말을 쓰게 되어 있는 세상인 줄 알았고, 그것을 별로 이상하게 여기지도 않았다. 일본사람들이 우리 조선사람과 좀 다르고 어떤 일본인은 공연히 거만하게 군다고 느낀 때도 가끔 있었으나, 그렇다고 어떤 민족감정, 반일(反日)감정을 느꼈던 기억은 없다. 세상은 그저 그런 것이라고 여겼다.

중고등학교 시절 나는 일본말을 일본 아이들 뺨치게 잘했다. 교내 작문 경시에서 입상도 했다. 물론 일본말 작문이다. '국사', 즉 일본역사에도 환했고, 일본 문학소설도 꽤 읽었다. 도대체 무슨 학문이건 읽을거리는 다 일본말이었다.

어떤 언어학자가 '언어는 세상을 보는 창'(窓)이라고 했다. 기실 언어는 긴 세월 사람들이 생활주변의 삼라만상을 파악하고 이해하기 위해서, 그 속의 중요한 사상(事象)들을 종합해서 추출해낸 개념(槪念)을 담고 있는 기호(記號)들이다. 따라서 일본어건 한국어건 영어건, 언어는 그 민족의 긴 생활문화의 역사에서 어떤 사상들을 어떻게 종합하고 어떻게 추출해낸 개념을 담고 있느냐에 따라, 비슷한 말이라도 그 의미, 그 '내포'(內包)와 '외연'(外延)은 서로 상당한 차이가 생길 수 있다. 따라서 사고(思考)과정에도 차이가 생길 수 있다. 언어가 다르면 사고도 좀 달라진다. 사람들의 사고는 개념들의 연결로 진행되기 때문이다. 영어를 잘 하려면 영어로 생각해야 한다는 말도 같은 이치다.

예컨대 같은 '눈'(雪)이라도 한국어의 눈과 에스키모 말의 눈과는 의미가 다르다. 에스키모 말에는 눈을 가리키는 말이 20종은 넘는다. 아프리카에는 아예 '눈'이라는 단어가 없는 언어의 나라도 있다. 같은 것을 가리키는 것 같아도 한국어의 '개울'은 천천히 흐르는 물줄기, 일본말의 '가와'는 급류처럼 빠르게 흐르는 물줄기, 영어의 'stream'은 졸졸 흐르는 작은 물줄기라는 어감이 강하다.

이런 자연현상을 가리키는 개념과 언어보다도 인간의 감정·포부·희망·좌절 등을 가리키고 인간사회의 여러 현상을 지칭하는 언어는 다른 언어로 비슷하게 번역을 할 수는 있어도 그 실질적 의미는 더 심각하게 서로 다를 수 있다. 언어는 결국 한 민족, 한 언어집단의 역사적 경험을 여과해서 만들어낸 기호이며, 그 뒤에는 그 민족의 심리, 가치관, 의식구조, 나아가 '얼'도 스며들어 있는 셈이다.

따라서 한 언어에 친숙해진다는 것은 그만큼 그 언어집단의 정신, 얼을 흡수·동화하게 된다는 말이 된다. 그래서 한 민족의 얼을 뺏고 싶은 식민제국은 그 민족의 언어를 말살하고 자기언어를 부식하기에 혈안이 된다. 일본이 그랬다. 그들은 학교에서는 물론 거리에서도 조선학생들이 서로 조선말을 하면 벌을 주었다.

내가 일본말에 친숙하다면, 친숙한 만큼 나는 어쩔 수 없이 일본문화, '일본정신'을 흡수·동화했다는 말이 된다. 나도 그만큼 얼을 빼앗겼던 셈이다. 이런 생각이 들 때면, 부질없는 푸념이지만, 어쩌다 나라를 뺏긴 우리 조상들이 퍽이나 야속했다. 다행히 사람에겐 자아의식이 있고, 자기성찰의 능력이 있게 마련이어서 나도 근근히 한민족임을 자각하고 있었던 것일까?

일제시대 중등학교 시절엔 어릴 때엔 없었던 반일(反日)감정이 서서히 일기 시작했다. 내가 다닌 중등학교는 8년제 교사양성기관인 경성사범학교였다. 일본인 학생과 조선인 학생이 8 대 2로 섞여 있었다. 조선인 학생에게 못되게 구는 고약하고 건방진 일본인 학생도 몇 명 있었다. 그들이 특히 우리의 반일감정을 부추겼다.

3학년 때 한 번은 교실에서 쉬는 시간에 일본인 학생 K와 조선인 학생 S가 된통 싸움이 붙었다. 싸움의 발단은 누가 봐도 보통 때 '조센진'을 깔보고 귀찮게 굴던 K의 잘못이었다. 싸움이 하도 격렬해서 주위의 학생들도 말릴 생각을 못했다. 그것은 그저 두 학생의 싸움이 아니라, 일본인과 조선인의 싸움이었다. 일본학생 K는 그때 벌써 몸집이 큰 유도 초단이었다. 그러나 보통 때 얌전한 조선학생 S는 어디에서 그런 싸움실력을 배웠는지, 교실 여기저기 책상 위로 뛰어다니면서 완전히 '치고 빠지는' 결투를 벌였다. 조선학생들은 숨을 죽이고 그 싸움을 응시했다. 일본학생들은 애당초 K가 잘못인 것을 알고 있어서 그랬는지, 우리보다는 덤덤하게 구경하고 있었다. 결국 K가 코피도 터지고 눈두덩도 붓고 '완패'가 되었다. 수업 시작하는 종이 울려 싸움은 끝났다. 나는 기뻤지만 또 한편 어쩐지 분하고 슬펐다. 다른 조선인 학생들도 그랬을 것이다.

학교에서 일본 국가 '기미가요'와 맞먹는 '우미유카바'라는 노래를 가끔 부르게 되어 있었다. '우미유카바'는 임금님과 나라에 대한 충성을 다지는 시구도 음률도 장엄한 노래였다. 3학년 때 어느 날, 강당에서 학생들이 정렬해서 같이 그 노래를 부르고 있던 중에 갑자기 머리에 어떤 전류가 흐르는 듯하더니, 눈에 눈물이 흐르기 시작했다. 왠지 그 까닭을 금방은 알 수가 없었다. 눈물을 참으려고 눈을 감았다. 그러자 문득 '일본인 그들에겐 충성을 바칠 수 있는 임금과 나라가 있는데, 내가 충성을 바칠 수 있는 내 임금, 내 나라는 어디에 있다는 말인가!' 라는 생각이 떠올랐다. 그러자 왈칵 눈물이 더 쏟아졌다. 그날 집에 돌아가서 밤에 이불을 덮어쓰고 한참 오열했다.

어쩌다 듣고 배운 조선 유행가들은, 지금도 그런 게 많지만, 대부분이 잃은 사랑을 그리워하는 구슬픈 노래였다. 그 대부분이 실은 잃은 애인이 아니라 잃은 나라를 애인을 빙자해서 그리워하는 노래들이라는 짐작이 들었다. '눈물 젖은 두만강', '목포의 눈물'이 그 대표적인 예다. 레코드나 라디오가 귀한 시대였다. 종로의 음악기 상점 앞에는 으레 많은 사람들이 밤낮 모여 있었다. 흘러나오는 스피커의 노래를 들으며 작은 소리로 따라 부르면서 배우려는 사람들이었다. 어른도 있고 젊은이도 있었다. 부르다 눈물을 글썽이는 사람이 많았다. 그것은 잃은 연인에 대한 눈물이 아니라, 잃은 나라에 대한 눈물이었다.

그러나 민족적 자아성찰의 능력에도 한계가 있다. 긴 세월 밀려오는 일본문화의 파도에는 밀릴 수밖에 없고, 많건 적건 그 흔적이 남을 수밖에 없었다. 더구나 내가 겪은 일본문화에는 우리에게도 아름답고 좋고 긴요한 것들이 있었다. 앞서 언급한 그들의 애국심과 충의 가치관은 한국에게도 긴요하다. 우리에게는 애국심보다 '애족심', '민족주의'가 강해서, 민족을 외치면서 나라에는 해가 되는 일을 서슴지 않은 경우가 많기 때문이다. 길게 늘어놓을 필요는 없으나, 그들의 정결(淨潔)의 문화, 의리(義理)의 문화, 그들의 간결한 '하이쿠'의 시(詩) 문화 등은 아름답고 좋았다.

나는 어쩔 수 없이 배웠던 일본문화의 정수를 배운 것을 후회하지 않는다. 그러나 해방 후 일본문화와는 거의 절연상태에 들어갔다. 일본말을 쓸 기회도 말할 기회도 읽을 기회도 거의 없어졌다. 해방 후 나의 학습과 연수의 언어가 영어로 급변할 수밖에 없었고, 또 그런 일본어와의 절연에는 쓰렸던 일제시대에 대한 은연한 분노와 반발심 탓도 없지 않았을 것이다.

국어교육은 중요하다. 일본말 때문에 일본문화에 깊숙이 젖어들었던 경험에 비추어볼수록 반사적으로 한국어의 중요성을 더 강하게 느끼게 된다. 우리는 국어를 아끼고 정화하고 아름답고 정답게 가꾸어야 한다. 한국의 얼을 찾고 기르기 위해서도 그래야 한다. 그리고 문학자를 위시한 많은 문화인에 의해서 국어가 더 풍부해지고 격조가 높아져야 한다. 그것이 한국 사람의 '얼'의 풍요와 격조에 관계되기 때문이다.

구름을 타고

구름의 바다 위로 날아가는, 처음 타보는 비행기의 창 밖의 광경은 황홀했다. 나이 24세에 미국 유학을 결행하고 가는 길, 가는 하늘이었다. 더구나 망망 구름의 바다 저쪽에서 기울어져 가는 태양은 구름에 각양각색의 장관을 빚어냈다. 하도 그 장관에 압도되어 그때 내 호(号)를 운주(雲洲), '구름의 큰 섬'으로 하기로 했다. 갖가지 희한한 색과 모양의 구름은 예나 지금이나 나를 사로잡는다.

처음 겪어보는 미국의 자연과 거리와 사람들, 대학과 교수들과 학생들, 그리고 여러 강의들은 모든 것이 다 신기하고 희한했다. 그때 경이감은 이루 다 여기에 적을 수가 없다. 그만큼 내가 그 속에서 자라난 조선문화, 일본문화와는 동떨어지게 달랐다. 물론 다 인간들의 사회이기에 기댈 수 있는 공통점도 많았지만, 차이점에 눈과 마음이 더 쏠렸다. 우선 자연의 광활함과 삶의 풍요로움과 사람들의 부드러움과 사회생활의 물 흐르듯 편안함에 경이감을 느꼈다.

특히 사람들의 온화함과 사회흐름의 평탄함에는 강한 인상을 받았다. 서로 부대끼고 악을 쓰고 떼쓰고, 억지 억척을 부리고 남 아랑곳없이 버티고 밀치고 떠밀고 덤벼드는 해방 후의 한국 사회상과는 너무 달랐다. 가끔 보았던 미국 갱들의 서부극 영화에서 인상받고 상상했던 미국사람, 미국사회와는 사뭇 달랐다.

대학 캠퍼스 풀밭 여기저기에 나 있는 보도를 걸어갈 때 저쪽에서 누가 걸어오면, 그 사람은 으레 멀찌감치부터 보도 가장자리로 비켜 걸어온다. 그리고 가까이 오면 으레 나한테 살짝 미소를 짓던지, 가볍게 손을 들어보이던지, 나지막하게 "how-dy" 라고 인사를 건네며 지나간다. 한국식으로 '근엄한' 얼굴을 짓고 버티고 지나가던 나는 처음엔 좀 당황하고 민망했다. 성급히 나도 답례 시늉을 할 수밖에 없었다. 한 번은 아주 예쁜 여학생이 저쪽에서 걸어오더니 아주 반갑다는 듯 환하게 미소짓고 손짓하며 지나갔다. 순간 '저 여자가 내게 무슨 생각이 있나 … 나를 아나?' 하는 생각까지 스쳤으나 곧 지워버렸다. 그러나 한국 같으면 영락없이 그렇다고 여겼을 것이다.

대학 안의 교무처, 학생처 등 사무실, 때로는 대학 밖 시내의 관계관청에 가서, 서류를 내고 필요한 수속을 하고 상의도 해야 할 일이 자주 있었다. 그럴 때면 사무원들의 귀찮다는 듯이 짜증을 내고 흘겨보는 눈초리를 받으면서, 으레 한두 번 퇴짜를 맞거나 핀잔을 당하지나 않을까 약간은 두려웠다. 한국의 관청 사무소, 동사무소에서는 으레 그랬기 때문이다. 그러나 여기에서는 대개 상냥하게 맞아주고 친절하게 일을 처리해 주고 나서 '잘 가세요' 라는 인사까지 곁들인다. 마음이 무척 편안했다. 이게 정말 '공복'(公僕)이구나 하는 생각이 들었다. 어디에서도 내가 짜증내고 화내고 따지고 덤비고 할 일이 거기는 없었다. 사회생활의 모든 것이 그저 물 흘러가듯 조용하고 평안하고 평탄하게 흘러가는 것 같았다. '이들은 왜 이럴까?'

물론 예나 지금이나 미국도 사람들의 사회라 무섭게 구는 친구, 건방지고 고약한 친구와 맞부딪치는 경우가 없는 것은 아니었다. 가끔 가다 엉뚱한 대형 살인사건, 폭력사건들이 신문을 장식하기도 한다. 그러나 적어도 겉으로 보이는 사람들의 일상 사회생활 흐름의 대세는 내 눈엔 무척 편안하고 부드러웠다. '미국문화 속의 무엇이 사람들을 서로 부드럽게 대하게 만들었을까?'

미국 유학생활에서 나는 열심히 공부했다. 그 유학생활이 나의 학구 여정에서 수많은 학문적 개안(開眼)과 돈오(頓悟)를 주었고, 그것이 내 학구적 성격의 골격을 형성했다고 해도 과언은 아니다. 그러나 동시에 미국 사람들의 생활문화와 그 연유가 몹시 궁금했다. 그래서 미국역사, 미국정치, 미국문학 등의 서적들도 틈틈이 뒤졌다. 무엇이 이들을 풍요하고 여러 측면에서 강대한 나라로, 그러면서도 사회생활은 이렇게 질서 있고 부드러운 나라로 만들었을까? 나는 내 나름으로 그 답의 몇 가지 가설을 생각해 보았다. 수필격인 이 책에서 너무 딱딱한 얘기를 길게 벌일 수도 없으니, 긴 설명은 빼고 붓 가는 대로 그 요점만은 적어본다.

나는 미국의 융성이 네 가지 요인으로 이루어졌다고 본다. 즉, 그들의 자유민주주의, 다양성, 교육, 청교도적 근면의 윤리다. 첫째, 자유민주주의는 사람들을 서로 귀히 여기는 풍토를 만들었고, 또 한편 발랄한 자율, 자발, 창의, 생산의 원동력이 되었다. 둘째, 미국은 인종전람회처럼 다민족, 다종교, 다문화 사회여서, 그 다양성은 여러 방식의 창의적 생산을 가능케 하고, 또 한편 상호공존과 관용의 풍토를 만들었다. 셋째, 미국은 건국 초부터 세계사에서 처음으로 초·중등학교의 의무교육을 제도화할 정도로 각급 교육을 지극히 강조하면서, 국민 전체의 교양수준을 높이고, 또 한편 다민족 사이에 어떤 국가적인 정신적 공통분모를 조성했다. 넷째, 미국은 다민족이지만, 그 지도세력은 옛날부터 이른바 WASP, 백인·앵글로색슨·프로테스탄트들이었고, 이들은 그들의 신앙에 따라 근면·절약·봉사의 기풍을 진작하고 또 한편 윤리·도덕을 강조했다. 나는 이 중 첫째의 자유민주주의를 제일 요인으로 꼽는다.

어쩌다 토크빌(Tocqueville)의 《미국의 민주주의》라는 책에 접하게 되었다. 그것은 보기 드문 명저였다. 정치학자로 프랑스 외무장관도 역임했던 그는 1830년대에 약 8개월 동안 미국 정치사회의 여러 측면을 놀랍

도록 광범하고 심도있게 관찰한 명쾌한 문장의 명저다. 그는 그 책 결론에서, 머지않아 유럽국가들도 미국식 민주주의를 채택할 수밖에 없을 것이라고 말하면서, 미국에서 민주주의가 성공한 근본적 요인을 세 가지로 결론지었다.

첫째는 미국의 천혜의 '풍부한 자연자원'이다. 민주주의의 성공에는 어느 정도의 기본적인 경제적 풍요가 그 전제조건이라는 것이다. 너무 가난한 사회에서는 민주주의가 성공하기 어렵다. 둘째 요인으로 미국이 철저한 '법의 지배' 사회임을 들었다. 왕과 귀족 등 특권계급이 없었던 신천지에서는 사람들이 같이 정한 법만이 사회통제의 원리가 될 수밖에 없었다. 법의 법대로의 준수와 법대로의 집행이 허물어지면 민주주의도 허물어진다. 셋째 마지막 요인으로 그는 사람들의 '관습'을 들었고, 그 관습이란 곧 사람들의 도덕적 · 지적 특성이라고 했다. 그런 특성은 주로 지도자들의 청교도적 윤리와 폭넓은 학교교육의 힘이 형성하고 있다고 말했다. 자유민주주의는 근본적으로 하나의 도덕적 개념이다. 그리고 토크빌은 여러 가지 추리 끝에, 이 셋 중 가장 관건적 요인은 바로 이 사람들의 도덕적 · 지적 특성이고 그것을 길러내는 미국의 교육이라고 결론내렸다.

내가 내 전공 이외에 미국생활에서 보고 듣고 읽고 생각도 해본 바로는, 이보다 더 수긍이 가고 명쾌한 미국 관찰은 없었다. 이런 생각이 들 때마다 반사적으로 고향 한국의 모습을 떠올렸다. 한국의 국시(國是)도 자유민주주의인데 … .

반세기의 풍파

광복・해방 후 반세기가 훨씬 지났다. 풍랑이 어지럽게 소용돌이치는 나라는 옛날 역사와 지금의 세계에 한국 말고도 많다. 그러나 직접 살고 겪고 해서 그런지 몰라도 한국의 지난 반세기는 정말 어지러웠다. 그런 회고를 할 때면 지금 잘 먹고 따뜻하게 입고 편안하게 지내고 있는 내가 가끔 기적 같은 생각도 든다. 내 나이또래의 한국 사람들에겐 다 그렇겠지만, 그 격랑의 반세기에서 해방, 남북분단, 한국동란, 4・19, 5・16, 5・18, 6・29는 나에게도 큰 파도였다. 같은 큰 파도라도 사람마다 그 겪음은 서로 좀 다를 것이다.

1945년의 광복・해방을 왠지 나는 내향적, 내성적으로 맞았다. 그때 내 나이는 20세, 후에 얘기하겠지만, 징병으로 일본군대에 끌려갔다가 보름도 못 되어 해방으로 풀려 나왔다. 서울 거리를 메운 환희의 군중에도 끼지 않았고, 그후 격렬하게 벌어졌던 좌익 또는 우익 학생들의 정치운동에 권유도 받고 때로는 위협까지 받았지만 거기에도 끼지 않았다.

환호의 소리가 요란할수록 나는 도리어 더 차분하게 가라앉았다. 찌들고, 눌리고, 속고, 잃은 지난 20년의 인생이 너무 분하고 억울해서였다. 그럴수록 그 잃은 세월을 어떻게 되찾느냐가 큰 문제라는 생각에 사로잡혔다. 정치운동 가담의 권유를 받았을 때엔 '지금은 정치운동보다 잃은 것을 찾는 공부가 급하다' 하고 끝내 응하지 않았다. 나는 그렇게 해방의 시기를 차분하게 보냈다. 그것은 지금 생각해도 옳았다.

남북분단이 이렇게 장기화되고 고착될 줄은 그때엔 미처 몰랐다. 그야말로 '단일민족'이고 '같은 핏줄'인데 … . 나는 태생은 서울이지만, 세 살부터 열 살까지는 아버지 임지를 따라 함경도 북청에서 살았다. 자연 나에게 북청은 추억이 많은 곳이다. '고향'하면 으레 그때 뛰놀던 북청의 산야가 떠오른다. 언제나 가고 싶고 언젠가는 갈 수 있다고 믿은 고향이었다. 그래서 이런 분단고착은 그 예감도 실감도 없었다. 나는 서울 태생이지만 마음은 '실향민'이다.

한국전란, '남북전쟁'의 돌발은 내 세대 모두에게 크나큰 충격과 혼미(昏迷)와 크나큰 비극을 안겨주었다. 후에 언급되겠지만, 무슨 운명의 '장난'인지, 나는 동란 발발 직전에 미국 유학을 떠났고, 2년 후 1952년에 피란의 수도 부산으로 귀국했다. 뜻하지 않게 전쟁의 참화에서 고스란히 벗어나 있었다. 그러나 그렇게 멀리 떨어져 고향을 애끓게 걱정하는 마음은, 참화는 직접 겪지 못하였으나, 유학 2년간 나는 밤에 자주 심한 악몽(惡夢)에 시달렸다. 반세기 지난 지금도 밤에 가끔 그때의 악몽에 시달린다.

남북의 분단은 지금도 그리고 기약할 수 없는 상당히 긴 앞날에도, 너나 나나 모든 한국사람을 사로잡고 있는 암운(暗雲)처럼 걷히지 않는 크나큰 심리적 불안 원인으로 남아 있다. 근래 아무리 정부가 '햇볕정책'을 써 왔고 또 쓴다 해도 다시 전쟁발발 가능성은 역력히 남아 있기 때문이다. 아마도 우리에게 필요한 것은 환상을 가미하지 않은 정확한 상황판단과 모든 가능성에 대한 정치적 · 사회적 · 심리적 준비, 그리고 무엇보다도 자유민주주의 수호의 결의일 것이다.

4 · 19는 또 하나의 큰 파도였다. 1차 유학에서 돌아와 1950년대에 나는 정신없이 열심히 일했다. 일이라야 대학생 가르치는 일과 전공관계 연구를 진행하는 일, 그리고 책 쓰는 일이다. 새로운 강의를 요청받는 대로 또는 자진해서 맡았고, 그러자니 밤늦게까지 강의준비도 해야 했고, 와중

에 교재로 책 세 권을 써내기도 했다. 외부강연도 자주 요청받았다. 모든 것이 부족했고 가난했고 을씨년스러웠어도 무척 바쁘게 지냈다. 전란이 남긴 폐해와 가난 속에서도, 나만 아니라 다른 교수도 학생들도 무척 열심히 가르치고 배웠다.

삶은 도리어 궁핍 속에서 뜻과 보람만 발견하면 더 열심히 살게 되는 것 같다. 가난과 곤경을 불평해야 아무 소용이 없고 구원도 없는 상황에서는 도리어 자체 분발밖에 길이 없었다. 또 적어도 당시 교육계에서는 민족 광복, 신생 민주국가의 건설, 폐허에서의 재기와 같은 뜻과 보람을 스스로 자임했다. 가난은 도리어 도전이 되고 풍요는 나태로 이어질 수도 있다.

정신없이 바쁘게 지내다 보니, 시국 정세에 마음을 쓸 틈도 별로 없었다. 아침마다 신문을 읽고는 있어서 점점 넓어지고 깊어가는 자유당 정권의 횡포와 독재를 알고는 있었으나, 큰 정치적 관심으로 일삼을 시간은 없었다. 그래서 대학을 상아탑(象牙塔)이라고 했던가? 그러나 그 말기엔 상아탑에도 그 독재의 검은 그림자는 짙게 드리워지고, 1960년 봄 부정선거와 김주열 학생 사건마저 터지자, 상아탑의 학생도 교수도 크게 동요하기 시작했다. 나에게도 시국이 어떤 막다른 골목에 들어갔다는 절박감이 일었다. 강의마저도 시들해졌고, 교수를 그만둘까도 생각했다.

결국 4·19가 터졌다. 4·19엔 그날 교실에서 바로 내 앞에서 강의를 듣던 학생들이 교실을 튀어 나가더니 얼마 후에 그 중 한 학생이 총에 맞아 쓰러졌다는 소식이 들려왔다. 형용할 수 없는 비통한 분노가 치밀어 올랐다. 4·28엔 교수데모마저 터졌다. 서울대 의대의 함춘원에 모인 교수들은 너나 나나 다 비장했다. 어떤 교수들은 총탄맞을 각오를 해야 한다고 다짐했다. 결국 이승만 대통령은 하야했다.

장면 정권에 들어서서 민주주의 부활의 설렘도 한때, 사회는 온갖 집단의 잦은 데모로 혼란과 무질서와 불안 속으로 빠져 들어갔다. 1960년 말부터는 '민주고 뭐고 사회질서부터 잡는 강력한 지도자가 나와야 한다'는 목소리가 항간에는 물론 식자층에도 일기 시작했고, 해를 넘기자 그런 목소리는 더욱 요란해졌다.

1961년 4월에 들어서 서울사대 교육행정연수원의 교장연수 프로그램에서 나는 '민주주의와 교육'이라는 일련의 강의를 해나갔다. 4월말쯤 강의시간에 한 교장이 손을 들더니, "선생님, 민주주의도 좋은데, 지금 한국 민주주의의 이 꼴이 뭡니까? 이러다가 나라 망하겠습니다. 지금은 민주고 뭐고, 강력한 지도자가 나와야 할 때가 아닙니까!"라고 열변을 토했다. 나는 그렇게만 생각할 것은 아니라고 의견을 말한 다음, "그러나 여러 교장선생님들마저 그런 강력한 지도자의 출현을 바라신다면, 아마 머지않아 그런 지도자가 나타날 겁니다. 그때에 가서 후회하지는 마세요"라고 대답하고 강의실을 나왔다.

5월엔 내 강의예정은 없었고, 6월에 다시 계속하기로 되어 있었다. 5월 16일에 군사혁명이 터졌다. 모든 것이 살벌하게 삼엄해졌다. 공무원들도 군복 같은 제복의 '재건복'을 입게 되었다. 연수원의 교장들도 재건복을 입어야 했다. 6월 어느 날 다시 교장반에 들어갔을 때 나는 일부러 나는 듯한 양복에 빨간 넥타이까지 매고 들어갔다. 교장들은 모두 재건복에 책상은 무섭게 정렬되어 있었고 자세는 군인들처럼 곧았다. 교단에 서자마자 나는 농담조로, "지난 4월에 어떤 교장선생님이 강력한 지도자가 나오기를 바라셨는데, 이제 나왔습니다. 그런데 그렇게 모두 갑갑하게 재건복을 입고 그렇게 정렬해서 꼿꼿하게 앉아있으니 그 기분이 어떠십니까?"라고 빈정댔다. 교장들은 쓴웃음을 지으면서 별 말이 없었다.

민주주의는 선거제도만 세운다고 성립되는 것은 아니다. 그 탄생에도 그 성장에도 그 성숙과 성공에도 일정한 어려운 전제조건들이 있다. 앞에서 인용한 토크빌의 소론이 그 조건의 예다. 그 조건들이 만족되기 전에는 좋다고 민주주의를 도입해도 쉬 다시 독재체제로 전락하고, 혁명·민주·혼란·독재의 악순환을 거듭한다. 그런 악순환을 거듭하는 남미의 몇 나라들이 그 예다.

5·16 군사혁명이 터졌을 때, 나는 철렁했으면서도 '결국 이렇게 될 수밖에 없었구나' 하는 체념으로 그것을 받아들였다. 혁명이 난 얼마 후에 '기획위원회'의 교육분과에 징발되어 참여했다. 거기에서 사무보던 어느 날 혁명을 주도했다는 박정희 장군이 인사차 들렀다. 어떤 무섭고 욕심 많고 거들먹거리는 장군의 모습을 기대했는데, 그는 키도 크지 않고 햇볕에 그을린 얼굴에 깡마른 시골농부 같았다. 잠시 벗은 색안경 뒤 눈초리만은 비상하게 날카로웠다. 저 눈이 혁명을 결행했구나 생각했다.

그 해 9월초 어느 날 학생회 회장이 찾아왔다. 군사정부에서 거론되고 있는 사범대학 폐지론 때문에 학생들의 비상집회가 있으니 와서 의견 좀 말해달라고 했다. 나는 학제란 그렇게 즉흥적으로 바꾸는 게 아니라는 취지로 말할 작정으로 무심코 수락했다. 강단에서 실제로 어떤 말을 했는지는 기억이 안 난다. 그 다음날 이 일로 경찰에 출두하라는 전갈이 왔고, 심문 끝에 유치장 신세가 되었다. 나중에 들으니, 학생회 모임의 분위기에 얹혔던지, 내가 어떤 구절에서 "지금 우리는 민주냐 독재냐의 갈래길에 서 있다"고 고함을 쳤다고 했다.

생전 처음 들어가 본 9월 중순의 음침한 유치장은 벌써 추웠다. 때가 때인지라 적어도 몇 년 징역은 되려니 각오하고 나니까 도리어 마음이 홀가분했다. 철책 감방 속에서 아침저녁 운동도 했다. 집에 기별해 《닥터 지바고》를 갖다 달라고 해서 읽기 시작했다. 오래간만에 먹어보는 꽁보리밥도 맛있었다. 아침이면 죄수들이 세수하러 감방에서 나와서 여럿이 세면장에서 만난다. 어느 날 잡범의 젊은 죄수 하나가 "선생님, 담배 없지요, 이거 얼른 피우세요. 선생님 얘기 며칠 전 신문에서 봤어요"라고 긴 꽁초 하나를 건네면서 눈치를 살피고 불까지 붙여줄 기세였다. 정(情)이 고마웠다. 유치장에 들락날락하는 잡범들일수록 정이 두터운 것일까?

세면장 가는 복도 맨 끝 어둠침침한 감방에 묘령의 여자죄수가 혼자 있었다. 어두운 빛에 보이는 창백한 얼굴이 처참하게 아름답고 곧 힘없이 쓰러질 것 같아서 몹시 애절하게 느껴졌다. 간수가 그 여자는 이북으로 넘어가다 붙잡힌 여대생이고, 몸이 약해서 여기서 주는 음식을 거의 못 먹는다고 말했다. 나는 유치장에 찾아온 식구에게 말해서 부드러운 카스텔라 한 상자 사다 달라고 해서, 그것을 그 여자에게 갖다 주라고 간수에게 부탁했다. 그후 그 여자는 아침에 세수하러 내가 그의 감방 앞을 지나갈 때마다 힘없이 목례를 하고 나도 그 목례에 답했다. 옥중 비련(悲戀)인가…. 혼자 웃었다.

어느 날 유치장에 학생들이 위문을 왔다. 반갑게 웃으면서 그들에게 다가가는 나를 보더니 학생들은 눈물부터 흘리고 말을 하지 못했다. 난 무슨 영문인지 잠시 어리둥절했다. 어느새 꽤 길게 자란 수염 때문에 내가 수척해 보였고, 자기들 탓으로 내가 고생한다는 생각이 들었던 모양이다. 나는 그래도 책도 읽고 운동도 하고 잡범들과도 '재미있게' 지내고, '옥중 비련'도 하고 있는데…. 그 얘기를 했더니 학생들도 웃었다. 지나고 보니 다 '재미있는' 경험이었고, 어떤 경위였는지 2주일 만에 나는 풀려나서 귀가했다.

경제 발전

본래 학문적 산책이나 하다 올까 생각하고 1962년에 떠난 내 제 2차 미국유학을 친구와 동료들은 내가 박사학위 하러 간다고 소문낸 바람에, 오기로 학위과정을 단시일에 끝내느라고 나는 퍽이나 애먹었다. 그러나 학문적 소득도 아주 많았다.

2년 유학을 마치고 1964년에 귀국한 다음에는 나의 관심은 주로 '국가발전과 교육'이었다. 유학 때도 그럴 계획을 세우고 관계서적도 들췄고, 때마침 군사정부의 주관심, 주된 기치도 경제발전이었다. 또 세계의 사회과학계에서도 후진국의 경제발전 문제가 큰 관심사로 부상한 때였다. 귀국하자마자 당시 신예 경제학자, 사회학자, 행정학자, 역사학자, 철학자 그리고 나 교육학자 등이 합의해서 《발전론 서설》이라는 책을 편저로 펴냈고, '발전'관계의 많은 국내·국외의 학술회의를 계획하고 참여도 했다.

박정희 대통령의 경제발전의 기치를 나는 처음 한참동안 반신반의(半信半疑)로 바라다보았다. 전에 '기획위원회'에서 처음 만난 박정희 장군은 거들먹거리는 권력자이기보다는 고민에 찬 얼굴에 어쩐지 진지한 모습이 엿보였다. 그런 사람이 그저 깃발로만 경제발전을 내세울 것 같지가 않았다. 그러나 독재자와 그의 허울 좋은 약속과 부패가 흔히 같이 쫓아다니는 경우를 많이 보았기 때문에 마음을 놓지는 못했다.

1차, 2차의 경제개발계획의 진행과 실적을 보면서 나는 생각을 점점 바꾸지 않을 수가 없었다. 박 대통령의 경제발전 의지는 말장난이 아니라, 정말 그럴 결심임이 느껴졌다. 더구나 당시에도 후진국 발전이론에서 민주적 soft leadership과 독재적 hard leadership 어느 쪽이 필요하냐가 학계에서도 큰 논쟁거리였다.

최근에 다시 민주주의의 시동과 발전에는 최소한의 경제적 풍요가 필수라는 여러 이론이 대두했다. 어떤 최소한의 경제적 풍요 이하에서는 민주주의 제도를 서둘러 도입해도 오래 지탱 못하고 곧 다시 독재로 전락한다는 실증적 연구도 많이 발표되었다. 이런 이론에 따른다면, 박 대통령이 이루어낸 경제발전 실적은 그 자신도 모르게 1990년대 민주주의 부활의 전제조건을 만들어냈던 셈이기도 하다. 중국은 아무리 외부에서 비판하고 재촉해도 상당한 경제발전에도 불구하고 아직도 민주주의를 도입하지 않고 있다. 어쩌면 그들 지도자들의 판단이 옳은지도 모른다. 아무리 답답하더라도 다시 더 큰 독재와 혼란으로 되돌아가기보다는 조건이 더 성숙하는 것을 기다려서 실질적인 민주주의를 기약하는 것이 더 현명한지도 모른다.

그의 주변에는 '썩은' 사람들도 있었다. 그러나 박정희 대통령 자신의 청렴(淸廉)은 공인사항이 되었다. 나는 내 소신의 민주주의와 반대되는 군사혁명이라는 비리에도 불구하고 그에게 존경이 가기 시작했다.

'국민교육헌장' 제정위원으로 일하던 중에 나와 또 한 위원 둘이 청와대 오찬에 초대받은 적이 있다. 5, 6년 만에 다시 면대하게 된 그는 더 초췌하고 더 까무잡잡해진 얼굴이었다. 갑자기 일말의 연민마저 느꼈다. 눈만 여전히 무섭게 빛났다. 자기 말은 적었고 대부분 여러 가지를 묻고 듣기만 했다. 대부분 경제에 관한 질문이었다. 그가 조국의 경제발전의 화신(化身)으로 보였다. 나는 자유민주의 신앙에서 둘째가라면 서러워할 사람이다. 그러나 그의 모든 공과에도 불구하고, 지금도 나는 누가 뭐라 해도 그를 큰 치적을 남긴 대통령으로 존경한다.

3선 개헌과 이어 유신강행에 이르자 나는 슬펐고, 시국이 4 · 19 전과 같은 어떤 막다른 골목에 들어선 느낌이 들기 시작했다. 기어이 10 · 26의 시해사건이 터지고, 12 · 12 사건을 지나 5 · 18의 참극이 발발했다. 역사는 이리도 잔인했다.

1980년대 이후의 역사는 내게 그리 심각한 '흔적'을 남기지는 못했다. 나도 이른바 노년기에 들었기 때문일까? 그러나 그 때문에만은 아니다. 전두환, 노태우, 김영삼, 김대중, 노무현 정권으로 세상은 부지런히 바뀌면서, 88 올림픽이라는 거창한 행사와 IMF 구제금융이라는 충격도 치렀고 월드컵의 홍분도 치렀다. 특히 평화적 정권교체라는 민주주의의 꽃도 피웠다. 그러나 이 모두가 어쩐지 나에겐 덤덤하게만 회고된다. 왜일까?

나는 그 덤덤함을 혼자 이렇게 합리화한다. 민족의 숙원이었던 경제발전에 이어져야 할 또 하나의 비원(悲願)은 자유민주주의의 창달 그리고 그 실질적 본질인 각계각층의 '자율'(自律)의 신장이었다. 그것이 박정희 정권 이후 이들 정권들이 이룩해야 할 역사적 과제였다. 그러나 이들 정권들은 보통선거만으로 민주주의는 다 이루어진 것이라는 안이한 생각에 빠져 있어서, 그 국가경영 형태는 여전히 지난날의 독재적 중앙집권의 관료권위주의에서 벗어나지 못하고 있다. 그것이 나로 하여금 1980년 이후의 역사를 그저 덤덤하게만 보게 했다.

굳이 따지고 들추면, 이 각 정권에도 어떤 공은 있었겠지만, 내 눈에는 박정희 대통령이라는 거목에 비하면 다른 대통령들은 다 왜소한 작은 관목(灌木)으로만 여겨진다. 내 생각이 과히 빗나가지는 않아 보인다. 자주 의견조사로 발표되는 역대 대통령들에 대한 국민들의 평가에서 언제나 박 대통령이 압도적 평가를 받고 있다는 사실이 나에겐 한 위안이 된다. 내일도 계속될 긴 한국역사에서 박 대통령은 그런 거목으로 남을 것이라고 나는 믿는다.

행운아

운명은 있다. 그렇다고 내가 이른바 운명론자라는 말은 아니다. 그저 사람의 삶에는 짐작도 예측도 대비도 할 수 없는 일들이 있게 마련이라는 말이다. 사람에겐 희한한 행운, 길운도 찾아오고, 처참한 액운, 악운도 닥쳐든다.

사람들은 그 나름의 인과관계 판단으로 삶을 살아간다. '이것이 이러면 저것은 저렇게 될 것이고, 이것을 이렇게 하면 저것은 저렇게 될 것이다' 라는 확신, 짐작, 기대에 따라 삶을 계획해 간다. 그러나 하찮은 인간의 천박한 판단으로는 미처 헤아릴 수 없는 사건들은 엄청 많다. 누가 인도네시아 수마트라에서 난데없이 해일이 덮쳐 수천 명의 목숨을 앗아가리라 짐작할 수 있었을까? 누가 동해안에 그런 엄청난 폭우가 쏟아져 그 많은 잃음과 아픔과 슬픔을 안겨 주리라 몽매에도 생각했을까? 예측할 수 없는 그런 삶의 명암(明暗)은 둘 다 누구나 각오해야 할 인간의 운명일 것이다. 그런 삶의 명암을 예측하고 싶어서, 어떤 사람들은 '하느님'께 빌기도 하고, 어떤 사람은 토정비결에 의지하기도 한다. 그러나 그런다고 운명을 미리 헤아릴 수는 없다.

지난 세월에 나에게는 어쩐지 그런 어두움보다는 밝음, 불행보다는 요행과 행복이 더 많았다는 생각이 든다. 하기는 그랬기에 지금 이 나이까지 살아남아 있는지도 모른다. 난 그래서 그 행운을 천지신명께 감사한다. 그런 뜻에서 나는 '억세게 재수 좋은 사나이'라는 생각을 한다.

그렇다고 내게도 짓궂은 '운명의 장난'이 없었던 것은 아니다. 하필 태어나기를 일제 식민치하의 조선반도에 태어났기 때문에 쓸데없는 고초도 많이 겪어야 했던 것이 그 하나다. 하지만 쓴 것은 잊고, 단 것만 잘 외우는 기억의 낙천주의 때문인지, 돌이켜보는 나의 세월에는 희한한 요행, 재수가 더 많았다고 회상한다.

팔월의 염천

팔월의 염천(炎天), 내리쬐는 대낮의 태양은 숨막히게 뜨거웠다. 갑자기 전 장병은 연병장으로 모이라는 바람에, 숨막힐 지경으로 이글거리는 땅 위에 모두 정렬하고 있었다. 이틀 뒤에 북만주 전투에 출정한다는 소문이 있었던 차라, 그 출정(出征) 준비사항을 시달하려는 모임일 것이라고 생각했다. 나는 도리어 올 때가 왔구나! 지그시 눈감고 있었다. 1945년 8월 15일 대낮이었다.

마이크에서 "지금부터 천황폐하의 방송이 있으니 경청하라"는 소리가 울리더니 곧이어 그 방송이 나왔다. 그러나 음질이 나빠서 무슨 말을 하고 있는지 알 수가 없었다. 방송도중 "일본이 항복한다는 말이다" 라고 서로 소곤대는 소리가 돌았다. '일본이 항복한다?' 나는 내 귀를 의심했다. 하기는 시국에 예민하지 못한 '어린' 눈에도 일본의 전세는 크게 기울어져 있었고, 서울의 하늘에서 미군 폭격기 B29가 하늘 높이 유령처럼 출몰해서, '혹시나?' 하는 의구심은 없지 않았다. 그러나 '이렇게 빨리 … 이렇게 허황하게 … !'

방송이 끝나자 "전 장병은 막사로 돌아가 다음 지시를 기다리라"고 마이크가 울렸다. 막사로 돌아와 주저앉은 나는 거의 넋 나간 사람이었다. '일본이 항복했다!' 한 십 분 후, "조선인 장병은 곧 짐 싸고 집으로 돌아가라"는 전갈이 돌았다. 이젠 사지(死地)라 체념하고 징병으로 입대한 것이 엊그제 8월 2일인데, 2주일도 채 못 되는 13일 만에 풀려난다 … 그것도 내일 모레면 전쟁터로 갈 예정이었는데! 뭐가 뭔지 종잡을 수가 없었

다. 나를 사지에서 벗어나게 한 것이 어떤 운명의 '장난'으로만 느껴졌다. '나더러 더 살라는 말인가?'

그때 내가 입대했던 부대는 지금의 서울 한남동에 있었다. 보따리를 들고 부대 정문을 나와 장충동 고개로 뚜벅뚜벅 걸어갔다. '일본이 항복했다!' 갑자기 지난 20년간 철저히 일제교육으로 자라난 세월, 철저히 속아 자라난 세월이 분통이 터지도록 억울했다. '이제 다시는 무엇에도 안 속는다!' 속으로 이를 악물었다. 고개를 넘어 시내에 들어서니, 벌써 거리는 환호와 환희의 도가니였다. 나는 어쩐지 그 도가니에 휩쓸리지 못했다. 그보다 나는 '내가 어쩌다 왜 살아남았나?' 라는 상념에 젖은 채 큰댁으로 걸어갔다. 웬일인지 그때 나는 외향적이기보다는 내성적이었다.

나중에 안 일이지만, 8월 초에 일가친척의 같은 나이 또래들 넷이 징병으로 입대했는데, 둘은 남양 전쟁터로 간 뒤 소식이 없고, 하나는 중국 전선에 갔다가 종전 후 석 달 동안 고생고생 끝에 겨우 서울에 돌아왔다. 또 하나는 '억세게 재수 좋은' 나다. 여기에 운명의 '장난'이 있었다.

6월 21일

해방 후 한산하고 을씨년스러운 대학을 졸업하고 대학원에 적을 두었을 때, 암만해도 정말 공부를 하려면 미국유학을 결심해야 했다. 미국 대사관에서 선발하는 풀 스칼라십 프로그램이 있었다. 거기에 지망하고 보니 20명인가 뽑는데 지망자는 근 300명이어서 나는 좀 위축되었다. 그러나 몇 차례 전형시험 끝에 20명 합격자 속에 끼었다. 억세게 재수가 좋았다.

미국행 출국은 20명을 다섯 명씩 네 조로 나누어, 1주일 간격으로 출국하기로 결정되었다. 6월 21일에 첫 조가 출국하게 되었는데, 나는 그 첫 조에 끼었다. 출국 전날 대학시절 친구들이 환송회 저녁을 마련해 주었다. 나는 인사말중에 '잘있거라 삼각산아, 다시보자 한강수야 … 세월이 하 수상하니 올동말동하여라' 라는 누군가의 옛 시조를 읊었다. 당시 38선에서는 밀고 밀리는 소전투가 잦았고, 시국도 불안해서 유학갔다 돌아올 때까지 별일 없었으면 하는 심정에서였다.

그 다음날 1950년 6월 21일에 일행 다섯 명은 김포 비행장을 떴다. 그것이 한국에서 미국으로 가는 마지막 민간비행기가 될 줄이야 누가 알았으랴! 미국 도착 후 나흘 만인 6월 25일에 한국에 전쟁이 터졌다고 라디오가 요란했다. 나는 처음에는 그저 38선에서 흔히 있었던 소전투의 하나려니 하고 대수롭지 않게 여겼다. 그러나 다음날 배달된 신문을 보니 그게 아니었다. 대문짝 같은 표제 글씨에 서울 함락이 목전이라고 했다.

갑자기 나는 어쩔 줄 모르고 몸이 공중에 한 자쯤 떠서 동동거리고 허우적거리며 떠돌아다니는 듯한 환각에 빠졌다. 옆에서 누군가 무슨 말을 거는 소리도 들리지 않았다. '어쩌다 고향과 가족을 처참한 전쟁터에 남겨두고 나만 이렇게 빠져나와 있나! 무슨 운명의 장난인가?'

후에 안 일이지만, 유학 합격자의 나머지 조들은 영영 미국으로 오지 못했다. 또 북한군이 서울을 점령한 다음날 그들이 우리집으로 나를 잡으러 왔다고 했다. 내가 이틀 전 출국한 것을 몰랐던 모양이다. 까닭은 내가 좌익학생들에겐 '반동분자'였기 때문이다.

대학시절 여러 대학은 좌·우익 학생들의 정치싸움에 휘말렸다. 그러나 나는 그 싸움에 끼어들지 않았다. '정치싸움보다 조국을 되찾은 지금은 잃어버린 36년을 보충하기 위해서 무엇보다 이젠 공부가 급하다'는 것이 나의 생각이었다. 따라서 우익에도 끼지 않았지만, 좌익아이들에게도 협조하지 않았고 그들이 벌인 '국대안 반대'에도 끼지 않았다. '공부가 급하다'는 생각에 동조하는 학생들이 의외로 많았고, 이들은 좌익아이들이 주도하는 '학생회'와는 달리, 정치를 떠나 공부하는 대학을 기치로 '학우회'를 만들었다. 학우회는 극구 사양에도 불구하고 나를 기어이 회장으로 선출했다.

그래서 나는 좌익아이들의 미움을 샀고, 정치에 끼지 않고 순수하게 공부만 하자는 나를 반동분자로 몰았던 모양이다. 만일 그때 잡혀 끌려갔더라면 오늘의 내가 있었을까! 여기에도 운명의 '장난'이 있었다. '왜 살아남았을까?'

중문의 바다

제주도 남쪽 서귀포 가까운 중문의 바다에는 태풍이 온다는 예보대로 하늘엔 먹구름에 높은 파도가 쏴 쏴 요란한 소리를 내며 몰려왔다. 1964년 여름 서귀포에서 있었던 이틀 동안의 세미나에 지쳐 바람도 좀 쐬고 수영도 할 겸 몇몇 동료들과 함께 가까운 중문 해변의 매혹적인 흰 모래사장에 갔다. 나는 수영을 좋아하고 파도타기도 즐기는지라 높은 파도엔 도리어 신이 났다.

다른 사람들은 사장(沙場)에 앉아 바람 쐬고 있었고, 가운데에 나, 내 왼쪽에 K씨, 내 오른쪽에 미국 해병대 출신이라는 H씨 셋이 파도를 타려고 바다로 뛰어들었다. 파도를 한 2, 30개쯤 넘어 나갔을 때, 오른쪽 H가 이젠 돌아가자고 신호를 보내더니 곧 되돌아서 헤엄쳐 가고 있었고, 왼쪽 K도 돌아섰다. 나도 이만하면 많이 나왔다 생각하고 돌아서서 헤엄치기 시작했다.

그러나 섬뜩해졌다. 물살이 심상치 않았다. 아무리 힘을 써 헤엄쳐도 좀처럼 앞으로 나가지 않고 '제자리 헤엄'일 뿐이었다. '저류(底流)다!' 갑자기 공포가 엄습해 왔다. 본래 바다파도는 겉 수면은 해변으로 밀려오는 듯하지만, 수면 아래에선 반대로 바다쪽으로 흐르는 물결이 있어서, 바다로 나가기보다는 해변으로 돌아오기가 더 힘든 법이다. 그래서 1,000m를 수영할 자신이 있으면, 그 5분의 1인 200m만 바다로 나가야 한다는 것이 내 원칙이었다.

한데 이 저류의 세기는 보통이 아니었다. 언뜻 '파도가 거센가? 아니면 본래 센 저류가 있었나?' 생각했지만 헤아려 볼 겨를은 없었다. 그저 정신없이 헤엄쳤다. 옆을 보니 H는 상당히 해안에 근접해 갔는데, K는 사투를 벌이고 있는 것이 역력했다. 그래도 내가 죽을 지경에 그를 도와주러 갈 여유가 없었다.

한참 힘껏 헤엄친 다음 살며시 서 보았다. 발이 바닥에 닿지 않았다. 허겁지겁 다시 물 위에 떠올라서 얼마 동안 또 죽어라 다시 헤엄친 다음, 두 번째로 서 보았다. 그래도 바닥에 닿지 않았다. 더 한층 섬뜩했다. 그러자 '네가 이기는지 내가 이기는지 해보자!' 악을 쓰듯이 일부러 물을 두세 모금 꿀꺽 마시고 나서 이를 악물었다. 그 경황에도 웬 희랍 철학은 생각나는지 데모크리토스가 지(地)・화(火)・풍(風)・수(水)를 우주를 구성하는 4대 원소(*element*)라고 불렀다는 생각이 스쳐갔다. 내가 그 중 한 원소인 물과 싸우고 있는데, 어디 누가 이기나 한 번 해보자고 이를 악물었던 셈이다.

얼마나 지났을까. 이제는 힘이 거의 다 빠졌다. '기진맥진'이 이런 건가 보다 생각하면서 세 번째로 다시 서 보았다. 안 닿았다. 다시 솟구쳐 올랐다. 꿈속처럼 헤엄쳐 갔다. 갑자기 뇌리에 꿈 같은 수많은 회상의 장면들이 주마등처럼 명멸했다. '이대로 내가 죽으면 동료들이 내 시체를 찾느라고 우왕좌왕할 거다, 아이들의 얼굴, 어릴 때 놀던 동무, 이태리의 카프리가 그렇게 풍광이 좋다는데 그것도 못보고 죽나, 원고 쓰던 것도 남아 있는데' … 등 별별 회상들이 수십 장의 초고속 슬라이드처럼 스쳐갔다.

더 이상 힘이 없었다. 팔다리를 움직일 수가 없었다. 기진맥진 쓰윽 물 속으로 가라앉는데, 이상하게도, 정말 이상하게도, 그렇게 편안할 수가 없었다. 무슨 천당에나 들어가듯 어떤 지복(至福)의 편안함이었다. '죽는다는 것이 이렇게 편안한 것인가' 하며 쓰윽 가라앉는데 … 돌연 발이 땅이 닿았다! 정신없이 튀어올랐다.

이제 땅이 있다는 것을 알았으니 마구 허우적댔다. 한 큰 파도가 나를 확 떠밀더니 물 위에 겨우 얼굴이 나왔다. 어떤 섭리가 '넌 아직 일러, 더 살다 와!' 하고 큰 파도로 나를 떠민 것 같았다. 다시 몇 번 파도에 덮치고 떠밀리면서, 어깨까지 물위에 나왔다. "Oh, my god!" 신앙인도 아닌 내 입이 혼자 중얼거렸다. 미국유학 갔다온 지 얼마 안 된 때라 영어가 입에 붙어 있었나 보다. 파도에 떠밀려 걸어나오면서, '이젠 살았구나! 지금부터 남은 인생은 덤이다. 나더러 무엇 하라는 덤일까?' 그때 내 나이 40세였다. 지금은 83세.

물을 헤치며 비틀거리고 걸어나오는데, 저쪽 모래사장에 앉아서 걱정스레 나를 쳐다보고 있는 동료들이 눈에 띄었다. 사람은 간사하다. 살아 나왔다고 당장 '체면'을 유지해야 할 생각이 들었다. 비틀거리는 몸을 바짝 정신차려 가누면서, 별일 없었다는 듯이 똑바로 모래사장까지 걸어 나와서, 그 자리에 옆으로 쓰러져 드러누웠다.

몸에서 진이 다 빠진 것 같았다. 심장 맥박이 느껴졌다. 그 맥박치는 속도가 문자 그대로 기관총 속도였다. 그렇게 빨리 뛰는 심장 맥박은 생전 처음이었다. '심장이 터지기 직전이었나 보다. 물에 빠져 심장마비로 죽는다는 것은 결국 심장이 빠른 맥박을 못 견디기 때문일 게다'라는 생각이 스쳤다. 이 기관총 같은 맥박을 견뎌준 내 심장이 갑자기 고마웠다.

한 10분 시체처럼 꼼짝도 안 했다. 꼼짝할 수도 없었다. 달리 누워 보려고 몸을 좀 움직이려 했더니, 웬일인지 머리가 빠개지듯 아팠다. '이상하네?' 팔만 좀 들려고 해도 전류처럼 머리에 통증이 왔다. '그것 참!' 이번엔 손가락을 움직여 보았다. 그래도 머리에 통증이 왔다. '아하, 이게 이른바 "기진맥진"이구나!' 그대로 송장처럼 꼼짝 못하고 드러누워 있었다.

한 20분이나 지났을까? 동료들이 내 가까이에 왔다. 동료들은 풍파가 높아 걱정은 했으나, 내가 유유히 헤엄치고 유유히 걸어 나와서 안심했고, 그냥 좀 지쳐서 드러누워 쉬나 보다 했는데, 20분 넘어 꼼짝 않고 누워 있어서 수상해서 와 본 참이었다. 와서 보니 내 얼굴과 몸 전체가 구리에 녹이 슨 것처럼 시퍼렇게 거의 시체 같았다고 했다. 다행히 숨은 쉬고 있고, 물은 먹지 않았던 것 같다고 했다. 마른 모래사장으로 옮겨야겠다고 내 몸을 들추니까 다시 머리에 통증이 왔다. '가만 놔두라'고 소리치려는데 그 소리를 낼 수가 없었다.

축 늘어진 나를 마른 모래사장으로 끌어가는데, 그 몰골사나운 꼴을 저 앞에서 사진 찍는 녀석이 보였다. '찍지 마라'고 소리치려 해도 그 소리도 낼 수가 없었다. '말도 할 수 없을 정도로 기진맥진했다는 말인가?' 몇 분 후에 겨우 "그대로 쉬게 해달라"고 말을 건네고 한 2, 30분 더 그대로 사장에 드러누워 쉬었다.

좀 정신이 든 다음 사장 뒤 언덕에 올라가 유심히 보았더니, 중문 해수욕장은 지형상 해변에 저류가 있게 마련이었다. 바다에 들어갈 때 얕았다가 점점 키 넘게 깊어지고, 얼마 더 가서 다시 얕아지다가 다시 깊어지는 지형에는 저류가 있을 가능성이 많다는 것을 알고 있었는데, 물에 뛰어들 때 그것을 깜박 잊었던 것이다. 미국 해병대 출신 H씨는 그 저류 속에서 내가 살아나온 게 기적이라고 했다. 나중에 알고 보니, 바로 그 자리에서 그날 오전에 두 사람이 익사했고, 전에도 익사사고가 많았다고 했다. 그렇다면 시나 도에서 '수영금지'나 '위험지구' 라고 사장에 표시라도 박아놓아야 하는 것이 아닌가 … ?

그 사건 이후 약 2주 동안은 정상생활은 하면서도 몸 가누기가 좀 힘들었다. 긴 거리를 걷기도 힘들었고, 한 손으로 맥주병 들기조차도 힘이 들었다. 무섭게 몸의 진이 탕진했던 모양이다.

그 후 3, 4년 지났을까, 〈Time〉지에서 희한한 글을 읽고 무릎을 쳤다. 어쩌면 그렇게 내가 익사할 뻔한 경험과 똑같은지! 어떤 정신분석학자가 죽음 직전까지 갔거나 죽음 직후에 어쩌다 다시 살아남은 경험이 있는 사람들 약 60 사례를 면접하고 연구한 결과를 요약한 글이다. 예컨대 비행기에서 낙하산을 지고 뛰어내렸는데 낙하산을 펼치는 장치가 고장 나서 그대로 땅으로 떨어지다가 요행히 나무에 잘 걸려서 산 사람, 자동차로 달리다가 마주 오는 차와 정면 충돌했는데 요행히 앞창이 깨지면서 튀어나가서 살아남은 사례, 익사해서 숨도 죽었는데 인공호흡으로 물도 토하고 숨도 쉬게 된 경우 등이다.

결론은 그런 사고사, 돌연사를 당할 경우, 사람들은 ① 반격 단계, ②생애회고 단계, ③ 황홀 단계의 세 단계를 거치는데, 그 세 단계가 몇 분 사이에도 일어날 수 있고, 몇 초 사이에도 다 일어날 수 있다는 것이다.

첫 번째 반격단계(*stage of counteraction*)는 어떻게든 살아나려고 궁리하고 발버둥치고 악 쓰고 힘 쓰는 단계다. 내 경우엔 가라앉으면 떠올라서 죽어라 헤엄치고, 더구나 '네가 이기는지 내가 이기는지 해보자'고 악을 쓰며 일부러 물을 들이마신 게 그 단계다.

둘째 생애회고 단계(*stage of life survey*)는 애쓰다 싸우다 기진맥진하게 되면, 지난 생애의 별별 엉뚱한 회상들이 주마등처럼 스쳐가는 단계다. 어떤 사람은 '집 장롱서랍에 들어 있는 셔츠에 단추가 하나 떨어진 것을 도로 달아놓는 것을 잊었는데!' 라는 엉뚱한 회상도 한다. 내 경우 '내 시체가 발견될까', '카프리섬도 못 가보고 … ' 등이 그런 회상이다.

셋째 황홀의 단계(*stage of ecstasy*)가 더 희한하다. 마지막 죽음 직전에는 더없이 편안하고 황홀하다는 것이다. 꼭 환각제 LSD를 먹은 것과 비슷한 황홀지경에 들어간다. 내 경우에 느꼈던 '천상의 지복' 같은 편안함이 그것이다. 임종에서 그렇게 괴로워하다가도 죽기 직전엔 잠깐 미소를 띠는 경우가 있다는 것도 그 때문이다. 그래서 그 글은, 사람은 종당에는 다 행복하게 죽는다고 결론지었다. 살겠다고 모든 기력을 완전히 소진해서 아픔과 괴로움과 두려움도 소진해 버리기 때문일까?

썬 메이커, 레인 메이커

다음은 자칫하면 내가 과대망상증(*paranoid*) 취급을 받을 수도 있는 이야기다. 벌써 1950년대 후반 6월 말 어느 날, 대학 연구실에서 일하는 학생조교들과 같이 안양의 수영장에 놀러가기로 하고 그 한 달포 전에 날을 잡았다. 그러나 2, 3일 전부터 비가 오기 시작하더니, 가기 전 날에도 비가 왔다. "내일 갑니까?" 학생들이 걱정스럽게 물었다. 나는 "기왕 가기로 한 건데, 가서 도시락이라도 먹고 오자. 또 혹시 좀 개일는지도 모르잖느냐"라고 말했다.

아침에 안양 가는 기차를 타려고 서울역에 갔다. 비는 철철 오고 있었다. 차창 너머 그 비를 보면서 나는 속으로 '잘못했나?' 한심했다. 안양역에 내리자 비는 어느새 가랑비로 바뀌었다. 버스를 타고 안양 수영장에 도착하니 비는 그치고 해가 나기 시작했다.

온종일 잘 놀다가 돌아오는 기차를 타니 다시 비가 내리기 시작했고, 서울역에 도착하자 억수로 쏟아졌다. 재수 좋은 희한한 하루였다.

1970년 전후 대학가 교수들 사이에 테니스 바람이 불었고, 대학 간 시합도 생겼다. 대학의 테니스 동호회 교수들이 실력향상을 위해서 6월 어느 주말에 합숙훈련하러 테니스 코트가 있는 유성의 한 호텔에 가기로 예정했다.

가기 이틀 전부터 비가 오기 시작했다. 당일 아침 교수들이 전화로 "이래도 가느냐?"고 물어왔다. 나는 동호회의 이른바 '감찰부장'이었다. 나는

“비 오면 한밭식당의 설렁탕이라도 먹고 온천도 하면 되잖느냐” 라고 우겼다. 서울역도 빗속이었고 대전 가는 기차도 내내 빗속이었고, 대전에서 설렁탕 먹고 있을 때도 비고 유성 가는 길도 빗속이었다. 유성 들어가기 바로 못미처에 다리가 있다. 그 다리를 건넜더니 희한하게도 유성엔 비 한 방울 오지 않았다.

토요일 오후, 일요일 오전 신나게 테니스 연습도 하고 시합도 했다. 맨 마지막 시합이 끝날 무렵 부슬비가 오기 시작하더니, 점심시간, 서울 돌아오는 길 내내 비였다.

믿어지지 않겠지만, 내가 끼면 비가 안 온다는 사례가 그 외에도 비일비재(非一非再)다. 물론 어쩌다 한두 번 예외는 있었다. 그래서 친구들은 ‘정범모가 끼면 비가 안 오는 신화가 있다’고 농까지 하기 시작했다. 어느새 나도 그 ‘신화’를 장난삼아 받아들이게 되었다. 그러고 보니 나는 완전히 과대망상증 환자가 된 셈이었다. 내가 같이 나간 골프나 테니스 등 모임에 어쩌다 비가 오면, ‘이거 비가 와서 미안합니다’ 라고 농하기에 이르러서는 완전히 사이비 파라노이드다. 어떤 행사에 자기가 끼기만 하면 비가 온다고 투덜대는 친구도 있다. 그의 파라노이드보다는 내 파라노이드가 그래도 좀 나을까?

한 번은 어느 여름방학에 친구들하고 골프여행을 떠났다. 밤에 떠나 전라도 광주에서 아침에 골프치고 오후에 돌아오기로 했다. 이른 아침에 한 번 골프 치고 나니 오후가 꽤 넉넉하게 남았다. 일행은 계획을 좀 바꿔 돌아오는 길에 유성 골프장에서 한 번 더 치기로 했는데, 나는 서울에 약속이 있어 유성에서 헤어졌다.

내가 한 40분쯤 달려 조치원을 거쳐 천안 가까이에 이르렀을 때, 갑자기 먹구름이 번지더니 이내 빗방울이 떨어지기 시작했고, 곧 소나기가 쏟아졌다. 난 유성 골프장에 간 친구들이 걱정이 되었다. 아니나 다를까, 그들은 흠뻑 비를 맞았다고 했고, 그 중 누군가는 '정범모를 보냈기 때문에 비 맞았다'고 투덜거렸다고 했다. 농이지만, 농으로라도 나는 공연히 누명을 쓴 셈이다.

가까운 친구 L교수가 있다. L은 농 삼아 내가 끼어서 비오는 날을 꼭 봐야겠다고 벼른다고 했다. 어떤 비오는 날 골프치러 갔다. L은 비오는데 안 가겠다고 했다. 나와 다른 골프친구들이 골프장에 도착해도 비가 왔다. '비 좀 맞지 뭐' 하고 첫 홀에 나서자 가랑비로 변하더니, 두 번째 홀부터 비가 멎었다. 반나절 잘 치고 시내에 들어오니 다시 비가 쏟아졌다.

저녁 때 L이 전화를 걸어왔다. "오늘은 비 맞았지, 흠뻑 맞았지?" 사뭇 고소하고 즐겁다고 놀리는 목소리다. "아니, 첫 홀에서만 가랑비였고 내내 뽀송뽀송했네." "그럴 리가? 오늘 하루종일 비가 왔는데?" "믿지 못 하겠거든 나와 같이 간 K와 C한테 물어보게나." 나중에 알고 보니 정말 물어보았던 모양이다.

반대의 일도 있었다. 1980년대 초반 어느 여름 미국 국무성 초청으로 미국 콜로라도 주 아스펜에 있는 어떤 휴양지에서 열린, '미국 지도자회의'라는 프로그램에 가서 일주일을 보냈다. 미국 정계, 관계, 경제계, 학계, 문화계의 약 40명의 지도자들을 초대한 세미나였다. 나를 포함해서 한국에서도 세 사람이 초대됐다. 매일 매일의 세미나는 퍽 유익했다.

아스펜에는 거의 하루도 빠지지 않고 저녁 6시와 8시 사이에 반드시 가랑비가 내렸다. 하루는 저녁 먹는 시간에 어떤 멤버가 일어나서, "내일 저녁 비가 몇 시 몇 분에 오기 시작할지를 맞추는 내기를 합시다. 다들 1 쿼터(250원 정도)씩 걸고 가장 근접한 사람이 다 가져가기로 합시다. 어때요?" 라고 제안했다. 웃음과 박수가 터졌다.

미국 사람들은 그런 가벼운 도박 장난을 잘한다. 곧이어 종이쪽지가 나누어지고 각각 내일 저녁 비내리기 시작할 시간을 적어냈다. 나는 6시

50분이라고 적어냈다. 표준시계와 돈 합계 10달러가 마련되어 앞의 탁상에 놓였다.

가벼운 장난이지만, 다음날 저녁 때가 되니까 약간 긴장되었다. 저녁은 6시 반부터였다. 저녁을 먹다가 몇몇 친구는 벌써 '난 글렀다'고 체념하듯 웃었다. 저녁을 먹으면서 조금은 조마조마 내다보는데, 내 시계로 6시 53분에 비가 뿌리기 시작했다. 나는 속으로 '이것 봐라, 가능성이 있다'고 생각했다. 7시 반에 식사가 끝나자 검표위원들이 나가서 검표했다. 당선자는 나였다. 박수가 터졌다. 당선소감의 테이블 스피치를 재촉하는 박수다. 나는 웃으며 일어섰다.

"한국에서 내 친구들 사이에서 나는 썬 메이커(*sun maker*)로 알려져 있다. 골프 모임이건 테니스 모임에 내가 나타나면 오던 비도 멈추기 때문이다. 그런데 미국 여기에 와서 내가 비를 오게 하는 레인 메이커(*rain maker*)의 힘도 있다는 것을 발견했다. 이런 발견의 기회를 준 것을 여러분에게 감사한다."

거기에서 말을 끝냈으면 좋았는데, 뭔지 모자라는 느낌이 들었다. 그래서 이어 "그 감사의 뜻으로 모든 테이블에 포도주 한 병씩 선사하겠다. 즐겨 마셔주시기 바란다."

박수가 터져 나왔다. 이 말 한마디 잘못해서 따기는 10달러를 따고, 포도주값은 합계 300달러를 물었다. 사이비 과대망상증의 대가인 셈이다.

추 락

다른 행운도 있다. 중등학교 시절 3학년 때의 글라이더 추락사고가 그것이다. 나는 어떤 생각에서 글라이더부를 자원했다. 초급 글라이더는 요새 아이들이 날리는 모형 비행기처럼 생긴 것을 동체길이 약 10m, 좌우 날개폭이 약 15m쯤으로 튼튼하게 확대한 기체(機體)다. 다만 프로펠러는 없다. 조종사 좌석은 그 맨 앞에 있다.

연습은 17명이 한 조가 되어, 한 명은 조정석에 앉고, 한 명은 옆에서 기체의 수평을 유지하고, 한 명은 기체 뒤에 박아놓은 말뚝에 기체 꼬리에 달린 밧줄을 칭칭 감은 것을 움켜쥔다. 그리고 나머지 14명은 기체 앞에 걸어놓은 길고 굵은 Y자형 고무줄을 양쪽에서 7명씩 잡아당기며 걸어간다.

적당히 팽팽해졌을 때 교관이 '놓아라!' 라고 명령하면, 기체 뒤에서 꼬리를 잡고 있는 훈련생이 꼬리를 놓는다. 그러면 글라이더는 앞으로 퉁겨나가면서 뜨기 시작한다. 고무줄을 얼마동안 길게 잡아당기느냐에 따라 글라이더가 고도 얼마로 나느냐가 결정된다.

그렇게 17명이 순번으로 위치를 바꿔가며 한바퀴 돌리려면 약 두세 시간이 걸린다. 고되지만 순번이 돌아와 하늘을 날 때엔 정말 그 기분이 그만이다. 처음은 고도 50cm, 다음엔 1m, 3m, 5m, 7m, 10m로까지 순차적으로 연습한다. 5m 높이로만 날아도 제법 하늘을 나는 기분을 만끽한다. 10m까지 나르면 초급 글라이더 자격증이 나온다.

글라이더는 소정의 고도에 이르면, 지긋이 조정간을 앞으로 눌러서 올라가는 기수를 살짝 앞으로 숙여야 한다. 즉, '활공각'을 넣어야 한다. 아니면 기체는 그대로 치솟아 올라가고 나서는 그대로 땅으로 곤두박질친다. 어느 날 내가 5m 날기로 순번이 돌아왔다. 그날은 어쩌다 전날 밤에 일이 있어서 수면부족 상태였다. 깜박 '활공각'을 넣는 것을 멍하니 잊어버렸다. 기체가 10m쯤 치솟아 올라가더니, 곧 기수를 아래로 그대로 곤두박질로 추락해서 내 코가 땅에 닿을 지경이었다.

정신이 얼떨떨했다. 양쪽 옆을 보니 날개가 대파되어 꺾어져 있었다. 정신차리고 상체를 일으키려 했더니, 등 뒤에서 뭔가 예리한 것이 단도처럼 등을 찔렀다. 그것을 비끼고 간신히 조정석에서 빠져 나왔다. 신기하게 다친 데는 없었다. 조정석 등판을 보니, 등 뒤 동체의 목재가 부러져 생긴 날카로운 단도 같은 나무조각이 등판을 뚫고나와 있었다. 10cm, 15cm만 더 뚫고 나왔더라면 내 등을 직통으로 관통했을 것이다. 아찔했다. 교관이 달려와 황급히 '괜찮냐'고 물었다. 나는 '죄송합니다'라고 머리를 숙였다. 교관은 기체파손엔 아무 꾸지람을 안 했다.

어느 날 근처 군의 비행대대에서 각 학교 글라디어부의 학생 중에서 한 명씩을 뽑아 연습비행기를 태워 주겠다고 했다. 우리도 17명이 제비를 뽑았다. 17 대 1의 확률이 재수 좋게 나한테 떨어졌다. 생전 처음 높은 하늘을 날아보았다. 희한했다. 나는 도중 앞의 조종사가 비행기 조종간을 잡아보겠느냐고 했다. 겁이 좀 났지만, 잡고 살며시 좌우 · 전후로 움직여 보았다. 그렇게 한 5분쯤 조종했을까, 비행기가 내 말을 듣는 것이 신기했다. 그 후 '나는 비행기를 조종할 줄 안다'고 떠벌리기도 했다.

1950년 미국유학 때, 기숙사 옆방에 있는 친구가 미 공군 대위 출신의 대학원생이었다. 나와 친하게 지냈다. 2차대전에서 싸웠다고 했다. 그 친구는 텍사스 출신인데, 자가용 비행기를 가지고 있었다. 어느 주말 그 비행기로 자기집에 놀러가자고 제안해서 두 말 않고 따라나섰다. 날아가는 도중 나도 옛날에 글라이더를 타보고 연습비행기도 타 본 적이 있다고 했더니, '그러면 조종간 한 번 잡아보라'고 권했다. 앞에 계기가 무섭게 많은 조정석이 좀 떨렸지만, 조종간을 잡았다. 살살 움직여 보았더니 기가 막히게 말을 잘 들어 도리어 겁이 났다. 한 10분 조정한 다음 조정간을 돌려주었다. "잘 하는데!" 그 친구가 칭찬했다.

그 후엔 글라이더도 비행기도 조종해 볼 기회는 없었다. 그래도 향수가 남아서, 요새 유행인 패러글라이더를 한 번 훈련도 받고 날아도 볼까 말을 꺼냈더니, 내 나이에 말도 안 된다고 하도 주위에서 말리는 통에 단념한 상태다.

이쯤이면 나는 틀림없이 행운아다. 어떻게 생각하면 오늘까지 살아남은 게 이상할 정도다. 하기는 내 나이만큼 오늘까지 격동의 세월에서 살아남은 사람들은 그 나름으로 다 행운아일 것이다. 굳이 찾아보면 나라고 지난날 액운, 악운이 없었던 것은 아니다. 그러나 다 플러스 마이너스 합계하면 나는 억세게 재수 좋은 사람이라고 해야 한다. 그리고 그런 행운아에겐 어떤 사명이나 의무가 있는 것은 아닐까 생각해 보기도 한다. 중문 앞바다에서 큰 파도가 '넌 아직 일러. 더 있다 와' 라고 떠밀어 준 뜻이 뭔지 되뇌면서 … .

나이 팔십삼

지금 내 나이 여든셋, 지금까지 살아 있고 그런 대로 건강하고, 그리 어렵지 않게 별로 속 썩이는 일 없이 나날을 보내고 있는 것이 실은 더 없는 행운이다. 이미 간 내 나이 친구들도 많고 병에 시달리는 친구도 많은데, 난 어쩌다 여기 이렇게 남아 있나 궁금할 때도 있다.

마흔 살 때 중문 앞바다에서 익사 직전에 큰 파도가 밀어주어 죽음의 유예를 받은 것이 근 45년 전인데, 그 유예기간이 꽤 긴 셈이다. 아직도 그 '어떤 힘'이 나를 밀어주고 있는 것인가?

이런 생각이 들면 나는 지난날의 모든 사람, 모든 것에 감사하게 된다. 어머니 아버지, 우리집안 식구들, 옛 선생님들, 옛 제자들, 친구들, 친지들, 그리고 이런저런 계제에 인연이 스쳐간 모든 분들이 주마등처럼 그려지면서 그립고 고맙다. 내가 겪은 파란만장했던 지난 80년간 한반도의 역사에도 어찌 되었건 감사한다. 우여곡절도 많았고 참담한 비극도 많았지만, 한국은 지금 여기에 엄존해 있고 그 속에서 나는 그런 대로 삶을 즐기고 있기 때문이다. 가끔은 야속한 생각이 들었어도, 수많은 조상의 얼에도 나는 감사해야 한다.

얼마 전에 한 모임에서 내게 강연부탁이 왔다. 강연주제는 내 전공과는 관계없는 '고령화사회' 문제였다. 왜 내 전공도 아닌데 나한테 그 강연을 부탁하느냐고 물었더니, '어떤 분이 정범모가 제법 노년기를 즐기는 사람이라고 추천했기 때문'이라고 했다. 나는 '내가 정말 노년기를 즐기나?' 잠시 나 자신을 되돌아보지 않을 수 없었다. 그런 것 같고, 아닌 것도 같고. 나도 범상한 인간이기 때문에 좋은 일만 아니라 속상한 일, 화나는 일, 슬픈 일이 없을 수는 없다. 그러나 좋은 일 나쁜 일을 통틀어 합계하면 나는 지금도 삶을 즐기고 있음이 분명하다. 그래서 그 강연을 응낙했다.

나는 우선 우리집 가족관계가 행운이다. 아이들이 다 어엿하고 '문제아'가 없다. 아이들이 다 온화하고 의젓하다. 아비의 눈이기에 그렇게 보이는 건가? 한국 집안이라서 역시 아이들에게 전통적인 '효'(孝)라는 덕목이 짙게 남아 있는 것 같다. 그럴수록 나도 아이들에게 '효'를 해야겠다고 생각하고 그렇게 하기도 한다. 따로 살지만 아이들이 자주 찾아온다. 제사날 같은 때 식구들이 다 모여 재잘거릴 때엔 난 혼자 흐뭇하다. 보통 말로 가족이 화목(和睦)한 것은 큰 행운이다. 가끔 아이들이 아프거나 언짢은 일이 생길 때엔 몹시 내 마음도 아프다. 그러나 그것은 삶에는 으레 있는 일이다.

나는 다달이 연금을 탄다. 아껴 쓰면 우리 부부가 살기에 충분한 액수다. 가끔 부수입도 생긴다. 지하철도 공짜다. 지하철에 에스컬레이터가 있어서 좋고, 내가 사양해도 젊은이들이 자리를 잘 양보한다. 경제적으로 별로 쪼들리지 않아 아이들에게 손 내밀 필요도 없다. 내 나이엔 이것도 드문 행운이다. 때때로 나를 연금으로 먹여 살려주는 젊은 납세자들에게 미안하고 고맙다. 그러면서 이른바 고령화사회에 진입할수록 더 많은 노인들을 더 적은 젊은이들이 먹여 살리느라고 점점 더 힘이 들 텐데, 걱정도 된다. 무슨 묘책이 없을까?

나는 지금도 이 나이에 석좌교수라는 이름으로 한림대학에 적을 두고,

전에는 강의도 했지만 요새는 일주일에 한두 번 대학에 나가 세미나도 하고 간담도 한다.

한림대학엔 충북대학 총장 임기를 마치고, 현승종 선생의 권유로 58세 때 들어왔다. 한림대학은 나에게 대단히 관대했다. 지금도 그렇다. 교수, 총장, 석좌교수로 25년을 재직하고 있는 셈이다. 따라서 많은 사람들이 겪는 '정년'이 내겐 없었다.

이건 실은 엄청난 행운이다. 경제적으로도 도움을 받았지만, 그보다는 여러 교수들과 학문적 간담에 몰입할 수 있었고, 65세 넘어서도 책은 대여섯 권 써낼 수 있는 지적 자극과 시간적 여유를 얻었던 것이 더 없는 행운이다. 서울에서 춘천을 왕래하는 경춘가도(京春街道)의 북한강, 소양강의 풍치도 언제나 일품이고 스위스의 풍광에 못지 않다.

사람에게 있어 일, 직업은 돈벌이 이상의 것이다. 일은 그 자체가 곧 삶이고 인생이다. 일은 사람에게 자아실현의 길이고 사회공헌의 길이고, 삶의 보람의 불가결한 원천이다. 일이 없으면 삶도 없어진다. 따라서 고령화사회의 정책에서, 연금도 좋고 병원도 좋지만 제일 중요한 정책은 노인들에게 일을 마련해 주는 일일 것이다. 노인들은 직업이 없으면 취미활동을 찾아간다. 취미활동도 일이다. 이렇게 긴요한 '일'을 나는 지금도 계속한다. 이건 보통의 행운이 아니다.

65세 정년제는 옛날 독일의 재상 비스마르크가 발안한 것이라는데, 그때 사람들의 평균수명은 40세였다고 한다. 지금 한국인의 평균수명은 75세를 넘는다. 65세 정년제는 재고해야 할 때가 된 것이 아닐까?

나는 여러 가지 스포츠를 좋아한다. 스포츠를 좋아하게 된 것도, 지금 이 나이에 스포츠를 할 수 있는 것도 행운이다. 나는 지금도 테니스도 치고 골프도 치고 수영도 한다. 스키는 작년까지 탔는데, 관절염 때문에 지난 겨울부터 사양하고 있다. 물론 몸이 옛날 같지 않고 좀 굼뜬다. 그래도 운동을 즐길 수는 있다. 테니스는 지난 근 40년간 일요일마다 모여 같이 치는 테니스패가 있다. 테니스에 열중하는 동안은 다들 동심이 된다.

스포츠는 그 자체가 우선 즐겁지만 다른 많은 효능이 있다. 스포츠가 신체 근육과 골격을 단련하는 수단인 것은 그 효과의 한 10분의 1밖에 안 된다. 스포츠는 훨씬 많은 다른 효과를 낳는다. 병균에 대항하는 면역체계도 강화하고, 정신적 스트레스도 풀어주고, 불교의 선(禪)과 같은 어떤 무아(無我)의 삼매지경에도 젖게 하고, 친구들과 어울리는 시간도 준다.

종래엔 노인기에는 대뇌 신경세포가 줄어들기만 하는 것으로 여겼는데, 최근엔 노인기에도 신경세포가 새로 생기고, 활발한 운동을 하면 그 성장이 더 촉진된다는 희한한 연구가 있었다. 운동하면 머리도 늙지 않고 더 좋아진다는 말이다. 사람은 본래 움직여야 하는 '동'(動)물이다. 나는 어쩌다 그렇게 긴요한 스포츠를 즐기게 되었다. 어떻게 그렇게 되었건 이것도 흔한 행운이 아니다.

나는 친구·친지들과 자주 어울린다. 이런저런 계제에 또는 그런 계제를 만들어, 같이 술도 나누고 냉면도 먹고 가끔은 노래방에도 들른다. 그런 사회관계는 그 자체가 즐겁지만 정신건강에도 필수다. 물론 사람은 고독한 시간을 즐길 줄도 알아야 하고, 노년기가 짙어지면 젊었을 때와 같은 넓은 사회관계는 줄어들게 마련이고 또 줄어들어야 할 것이다. 그러나 최소한의 사회관계는 유지되어야 한다. 인간은 본래 젊어서도 늙어서도 사회적으로 살아야 할 사회적 동물이다.

나는 병원에 자주 다닌다. 아침저녁에 이것저것 비타민도 먹고 혈압약, 관절약도 먹는다. 가끔 누가 사다주는 영양제도 먹는다. 내가 이 나이까지 살아있는 데에는 현대의학의 덕이 절대적으로 크다. 그것도 행운이다. 구질구질하게 반송장 신세로 겨우 연명하기를 원하지는 않지만, 살아 있는 동안만이라도 사는 것답게 살 수 있게 해주는 현대의학이 고맙다.

나이 팔십삼을 내가 즐기는지 아닌지는 나는 분간이 잘 안 간다. 분간해 볼 필요도 없을 것 같다. 그러나 하나 확실한 것은 지금도 나는 억세게 재수 좋은 행운아라는 사실이다. 나는 나를 그렇게 해주는 모든 사람, 모든 것에 감사한다.

그럴 때마다 나는 자주 중문 바다에서 큰 파도로 나를 육지로 밀어준 그 '어떤 힘'이 나더러 무엇을 더 하고 오라는 뜻이었는지를 곰곰이 생각해 보게도 된다. 청년기, 장년기는 물론 보람있는 시절이다. 그러나 나이 팔십에서도 그 나름의 뜻과 보람을 찾을 수 있고 즐길 수도 있다고 생각한다. 이런 생각을 가지게 된다는 것도 행운일까?

나이 팔십은 황혼(黃昏)과 일몰(日沒)을 생각하게 한다. 아무리 건강하고 잘 섭생한다 해도 죽음은 종당 인간이 어김없이 맞이해야 할 운명이다. 기왕이면 그 황혼과 일몰을 할 수 없이 받아들이는 아쉬움의 체관(諦觀)으로 맞이하는 것이 아니라, 초탈한 어떤 고승의 의연한 달관(達觀)과 같은 그런 깨달음의 편린(片鱗)만이라도 내가 터득할 수 있다면, 그게 마지막 행운일 것이다. 그러면 황혼의 아름다운 노을에서 노닐다가, 일몰을 더 없는 안식의 기쁨으로 맞이할 수 있을 것만 같다.

정

살다보면 가끔 정겹고 흐뭇하고 저도 모르게 가벼운 미소를 머금게 되는 장면을 자주 만난다. 힘들고 속상하고 화나고 짜증나는 속에서도 그럴 때면 '그러니 삶은 살 만하다'는 생각이 들면서, 오므라들었던 마음이 훤하게 열리고 이런저런 시름도 잊고 삶의 의욕도 더 솟는 것을 느끼게 된다.

그런 정겨움의 경험은 삶에서 아주 중요한 보람이고 뜻이라고 해야 한다. 어쩌면 어떤 큰 시합의 승리나 어떤 큰 사업의 성공 등에 따르는 짜릿한 환희와 성취감보다도 때로는 더 중요한 훈훈한 삶의 보람일는지도 모른다.

사람들은 제각기 정(情)을 주고 정을 받고 정에 젖어들어 본 많은 경험을 가지고 있을 것이다. 그럴 때마다 어떤 훈훈함, 즐거움, 고마움, 놀라움, 때로는 눈물겨움, 나아가 어떤 '대오각성'(大悟覺醒)마저도 느껴보기도 했을 것이다. 《레미제라블》에서 장발장이 교회에 들어가 은촛대를 훔치고 나오다가 신부한테 들켜서 또 감옥행을 각오했는데, 뜻밖에 너그럽게 용서하면서, "이것도 가지고 가라"고 또 하나의 촛대마저 내밀었을 때, 장발장의 충격에 가까운 정적 감동은 그의 세계관, 그의 성격마저 바꾸어 놓았다.

내게도 그런 큰 감동까지는 아니더라도, 크고 작은 감동, 감회에 젖게 한 다 적을 수도 없는 많은 기억들이 있다.

군밤장수

어느 추운 겨울저녁 버스에서 내려서 매서운 삭풍을 거슬러 가면서 집으로 종종걸음을 재촉했다. 집에 닿으려면 한 10분은 더 걸어가야 하는데, 집 방향으로 길을 꺾어 들어서자 군밤냄새가 확 풍겨왔다. 겨울밤 삭풍 속 군밤냄새는 아주 매력적인 유혹이다.

길모퉁이에서 군밤장수가 좌판을 벌이고 앉아서 가물거리는 호롱불 밑에 밤을 굽고 있었다. '군밤 한 봉지 천 원'이라는 서투른 글씨의 딱지 간판을 옆에 세워 놓았다. 나는 천 원짜리를 내밀면서 "아저씨, 한 봉지 주세요" 말을 건넸다.

그 아저씨는 신문지로 만든 봉지에 방금 구운 밤이라고 말하면서 주섬주섬 군밤을 담았다. 다 담고 나서 그 봉지를 마무리기에 나는 받으려고 손을 내밀었다. 그런데 그 군밤 든 봉지를 나한테 건네지 않고 두 손으로 꼭 쥔 채 내게 물었다.

"집이 어디세유?"

순박한 충청도 사투리였고, 그저 지나가는 말로 하는 인사치레가 아니라, 진지하고 심각한 표정이었다. 나는 '이 사람이 왜 이렇게 남의 집이 어딘지를 심각하게 따지나?' 속으로 좀 의아했으나, 어디어디 근처라고 대답했다.

"여기서 얼마나 돼유?"

"한 10분은 걸릴 거예요."

"아이고, 그러면 안 되겠네유. 한두 봉지 더 겹으로 싸야겠네유. 식지 않게 두 봉지 더 덮어 싸드릴 테니 외투 주머니 속에 넣어서 꼭 쥐고 얼른 집으로 뛰어가세유. 군밤은 식으면 맛이 없시유."

확실히 그것은 손님을 끌려는 장삿속의 겉치레로 하는 말이 아니었다. 혹시라도 내가 찬 군밤을 먹을까 정말 걱정하는 얼굴이었다. 그러면서 행여 식을까 두 손으로 꼭 쥐면서 그 군밤봉지를 내게 건넸다. 나는 무슨 불가항력의 명령이나 받은 사람처럼, 그의 말대로 군밤봉지를 외투 주머니에 깊이 넣고 꼭 쥐고 집으로 달려갔다.

집 대문에서 초인종을 누르고 기다리는 동안, 외투 속에 쥐고 있는 군밤봉지가 손에 유난히 따뜻했고, 내가 행여 찬 군밤을 먹게 될까 걱정스러워한 순박한 군밤장수의 정겨운 마음씨가 더 따뜻하게 느껴졌다. 대문 열어주기를 기다리는 동안 나는 몰아치는 추운 바람 속에서도 흐뭇하고 훈훈했다. 얼굴에 가벼운 미소도 지어져 있었을 것이다.

하찮은 근 3, 40년 전의 에피소드다. 그러나 내가 그 장면을 지금까지도 생생하게 기억하고 있는 것은, 추운 삭풍 속 호롱불 옆의 그 순박한 군밤 아저씨의 작은 따듯한 정이 퍽이나 크게 인상에 남았기 때문일 것이다. 그의 걱정스러워 하는 얼굴이 명백히 장삿속이 아니었다. 틀림없이 그 아저씨는 일상생활의 모든 장면에서, 좀 거창하게 말한다면, 인간의 희로애락을 예민하게 감지하고 예측하는 인자한 사람이었을 것이다.

교통순경

가끔 땡땡 땡땡 맑은 소리로 경종을 울리며 서울의 큰 길 한가운데를 전차(電車)들이 오가던 시절 1950년대 후반, 종로 4가 네거리에 '명물' 교통순경이 나타났다. 그때도 서울 큰 길의 교통은 꽤 붐볐다. 그 사람은 얼마 전까지도 교통경찰도 아닌데 종로 4가 전차 정거장과 네거리를 부지런히 왔다 갔다 하면서, 마치 교통경찰이나 되는 것처럼 사람들에게 소리도 지르고 시늉도 하면서 오가는 사람의 질서 지키기를 열심히 도와주던 사람이다. 틀림없이 달리 할 일이 없는 자원봉사였는데 몇 달 동안 매일 나와서 그랬다.

크지 않은 키지만 몸은 다부진 30세 후반으로 보였다. 그땐 좀 '돈' 사람이 아닌가 생각했다. 도움이 되었던지 근처에 있는 교통경찰도 그대로 내버려두었다. 그러던 어느 날, 그가 갑자기 정식 경찰복에 경찰모자 차림으로 종로 4가 네거리 한가운데, 드럼통 반 자른 것을 엎어놓은 '교통정리대' 위에 우뚝 나타났다. 신나게 호각 불고 소리치고 손짓하면서 교통정리를 하고 있었다. 아마 그동안 하도 '공'이 많아서 경찰에서 특채한 것 같았다.

그의 교통정리 모습은 보통 열심이고 활발하고 힘찬 것이 아니었다. 왕방울 같은 눈은 네거리의 구석구석을 '쥐새끼 한 마리 얼씬거리지 못하게' 돌아가며 노려보고 살폈고, '가거라' '멈추라' 하는 손 팔의 시늉은 군인들처럼 절도 있는 것을 넘어서, 부르르 떨릴 정도로 활기에 넘쳤다. 어쩌다 어떤 사람이 자기 신호를 어기면, "어디를 가려고!" 등 불호령이 떨어졌다. 거의 반말이다. 목청도 유난히 쩌렁쩌렁 컸다.

그런데 그의 불호령엔 이상한 힘과 매력이 있었다. 그 불호령에는 모든 사람이 꼼짝 못하고 '순종'했다. 호령을 당하는 사람이 화나거나 민망해지는 것이 아니라, '저렇게 열심히 내 안전 걱정을 해주는구나' 라고 느끼게 하는 묘한 불호령이었다. 그의 얼굴 표정과 몸짓으로 보아 도리어 정이 드는 불호령이었다. 호령받는 사람이 기겁해서 멈추거나 뒷걸음질하면 그 교통순경은 그 사람에게 환한 미소를 던지곤 했다.

얼른 건너라고 시늉할 때엔 팔을 벌려 옆을 가리키면서 미소를 띤 얼굴로 어서 가라고 백화점 안내양처럼 안내하는 시늉도 했다. 무척이나 사람들 안전을 살피고, 사람들 기분에 마음 쓰는 교통순경이었다. 하도 그의 교통정리의 모습이 신나고 기이하고 재미있어서 가끔 길을 걸어가다 멈춰 서서 한동안 구경하는 사람들도 많았다. 그는 종로 4가 네거리의 '명물'이 되었다. 구경하는 사람들의 얼굴엔 흐뭇한 미소들이 떠올랐다.

어느 날부터 종로 4가 네거리 한복판 교통정리대 위에 그의 모습이 보이지 않았다. 좀 서운했다. 며칠 후 신문을 보니 종로 4가 명물 교통순경이 2계급 특진했다는 기사가 실렸다. '이젠 금테두리가 되어 내부근무를 하게 되었나 보다' 생각했다. 그런데 한두 달 지났을까, 그가 다시 광화문 네거리에 나타났다.

그는 이제 금테두리였다. 그때에도 광화문 네거리는 길도 넓고 차도 많고 길 걷는 사람들로 붐볐다. 지금의 지하도는 없던 시절이다. 그는 금테두리가 차마 네거리 한가운데의 드럼통 교통정리대 위에 설 수 없었던지, 길 건널목에서 왔다 갔다 하고 있었다. 저기에서 어떤 힘겨워하는 노인이 걸어오면, 얼른 뛰어가서 부축하고 온다. 오면서 뭔가 그렇게 다정하게 노인에게 말을 걸며 같이 웃기도 하면서 걸어온다. 또 다시 두리번

두리번 살피다가 어린아이가 혼자 오는 것을 보고 뛰어가 손 붙잡고 길을 건네준다. 그 아이에게도 고개를 숙여 정답게 무슨 말을 건다.

하도 바쁘고 열심이어서 나는 옆의 비각 둘레의 철책에 기대어 한동안 한가롭게 그를 유심히 '관찰'한 적이 있었다. 그는 꼭 천성이 교통순경 하려고 태어난 사람 같았다. 몇 가지 생각이 스쳐갔다. '저렇게 열심히만 살 수 있다면 그 어떤 부귀공명이 부러우랴!' 필요 이상으로 돈 벌려고 바동대고, 더 출세하려고 속 태우는 '명사'들이 부러울 것이 없어 보였다. '저렇게 다른 사람들에게 마음 쓰고 정을 나눌 수 있다면, 더 이상 행복한 일이 어디 있으랴!' … '삶의 뜻과 보람도 그리고 행복도 먼 곳에 있는 것이 아니다.' 나는 무슨 '대오각성'이나 한 듯한 기분이 들어 혼자 흐뭇했다.

탁자의 담배 한 갑

1950년에 건너간 2년간의 미국 유학시절, 나는 한 기독교 감리교 목사 부부의 극진한 보살핌을 받았다. 그때 이미 두 분은 60세를 넘은 할머니 할아버지였고, 생계가 그리 넉넉한 삶은 아니었다. 집도 미국사람 집으로는 자그마하고 검소했다. 두 분은 2년 전부터 근처 대학에 유학 온 한국 학생 두세 명, 만사가 어리둥절하고 어설프고 모자랐던 한국 학생들을 여러 가지로 도와주신 분이었다. 우리는 바턴(Barton)이 성(姓)인 두 분을 '파 바턴'(Pa Barton), '마 바턴'(Ma Barton)이라고 호칭했다. 두 분은 그 호칭대로 아버지 어머니같이 우리의 일을 살피고 걱정하고 위로하고 여러 가지를 마련도 해주셨다. 나는 미국유학 시절에 방학 동안이나 그 지방을 지나게 될 때면, 한두 주일 때로는 그 이상도 두 분 집에 머물곤 했다.

마 바턴(Ma Barton)은 언제나 상냥하고 다정하고, 세 끼 먹을 것을 마련해주고, 잠자리, 입을 것, 빨래까지도 챙겨주셨다. 재미있는 얘기도 자상하게 많이 하셨다. 마 바턴의 친절과 따뜻함은 거의 '초인적'이라고 느꼈다. 도리어 '친절'이라는 말은 맞지 않았다. '친절'이나 '봉사'라는 말과 그 의식을 훨씬 넘어선 어떤 초인적 헌신의 '관음보살'처럼 느껴졌다. '목사 부인이고 독실한 기독교인이기 때문일까?' 그러나 어딘지 그 분의 초인적 보살핌은 어떤 종교의식마저도 넘어선 것이라는 생각도 들었다.

1960년대였을까, 알고 지냈던 한 한국학생이 폐병에 걸려서 입원했다. 결국 폐의 일부를 잘라내는 큰 수술까지 받게 되었다. 혈혈단신의 그 학생을 돌볼 사람이 없었다. 오늘날처럼 쉬 가족이 미국에 건너갈 수 있는 시절도 아니었다. 마 바턴은 주야로 병원에 다니면서 그 학생을 간병하고 위로했다. 자그마치 2년 동안 거의 매일같이! 그 얘기를 전해들은 우리는 눈시울이 뜨거워졌다. 회복기에 들자 입맛이 돌아 그 학생이 김치가 먹고 싶다고 내색했던 모양이다. 마 바턴은 한국학생에게 김치 담그는 방법을 배워 김치를 담가 그 학생에게 갖다 주었다. 아마 그 학생은 통곡에 가까운 감격의 눈물을 흘렸을 것이라 생각한다. 그 학생은 귀국 후 학계, 정계에서 크게 활약했고 지금도 활약하고 있는 명사다.

파 바턴(Pa Barton)은 거의 말이 없는 분이었다. 정 필요한 말 이외엔 언제나 입을 다물고 있었고, 거의 언제나 파이프를 입에 물고 있으면서 표정은 평화롭고 같이 있는 사람의 마음을 편안하게 해주었다. 말이 없어 무뚝뚝하고 무섭다기보다는 듬직하고 기댈 수 있는 분이라고 느꼈다. 우리는 파 바턴이 서양인 할아버지이기보다는 근엄하고 그러나 자상한 동양인 할아버지 같다고 속삭였다. 그렇게 말이 없는 분이 교회 설교강단에 서면, 우렁찬 청산유수의 감동적 설교로 신도들을 사로잡았다. 마치 1주일 그 한 번의 설교를 위해서 보통 땐 그렇게 말을 아끼는 것인가 하는 생각마저 들었다.

언젠가 지하실에 골프채 백이 있는 것을 보았다. 호기심이 동해서, 골프채 하나 공 세 개를 꺼내 들고 나와, 교회 옆 넓은 풀밭에서 본 대로 공을 놓고 휘둘러 쳐보았다. 생전 처음이라 물론 잘 맞지 않았다. 그러다가 어쩌다 한 번 공이 딱 맞더니 날아가서 교회의 유리창을 부숴버렸다. '큰일 났다! 딴 곳도 아니고 신성한 교회인데 ….' 내 얼굴은 아마 창백했을 것이다.

축 처져서 골프채를 들고 집으로 걸어 들어왔다. 파 바턴은 신문을 읽고 있었다. "Pa Barton …"이라고 말을 걸었더니 고개를 들고 나를 쳐다

보았다. 언제나 평화로운 그 얼굴이다. 나는 여차여차해서 교회 유리창을 깼다고 이실직고했다. 파 바턴은 듣고 나더니 아무 말 없이 가볍게 미소를 띤 다음 다시 신문을 읽기 시작했다. 평화로운 얼굴표정엔 아무 변화가 없었다. 그래서 나는 속으로 더 민망했다.

그때 나는 하루에 담배 한 갑을 피우는 골초였다. 파 바턴 댁에서도 그렇게 피웠다. 어느 날 저녁을 먹고 나서 호주머니 속 담뱃갑을 꺼내려고 뒤졌더니, 담배가 다 떨어졌다. 담뱃가게까지는 꽤 멀었다. 그저 참고 견디다 자기로 했다. 거의 담배중독이어서, 담배를 참으려니 잠도 뒤척뒤척했다. 다음날 아침 깨서 일어났더니, 침대 옆 탁자 위에 새 담배 한 갑이 놓여 있는 것이 눈에 띄었다. '웬 담배 … ?'

파 바턴이 내가 자는 사이에 갖다 놓은 것이 분명했다. 나는 좀 당황했다. '그렇게 말 없는 무뚝뚝한 분이 이런 일에까지 마음을 쓰시나!' 아침 식사 테이블에 앉았을 때, "Pa Barton, 담배 고맙습니다" 라고 말했다. 파 바턴은 한 번 빙긋 웃더니 아무 말 없이 아침을 들기 시작했다. 아무 일도 아니라는 듯이.

나는 두 분에게서 인간의 인간에 대한 사랑, 가족 일가도 아니고 오랜 친구도 아니고 종족마저 다른 인간에 대한 인간적 관심, 인간적 배려가 무엇인지를 배운 것 같았다. 인간의 정의 흐뭇함과 애틋함을 배웠다.

1960년대, 70년대에도 국제회의차 가끔 미국에 가면 두 분 댁을 자주 찾았다. 그때 이미 80세가 넘은 두 분은 여전히 정답고 자상하고, 파 바턴은 여전히 말이 적었다. 생활형편도 넉넉해 보이지 않았다. 컬러 텔레비전이 나온 지가 벌써 옛날인데, 아직도 옛날 그대로의 작은 흑백 텔레비전이었다. 다음에 갔을 때, 나는 마 바턴 보고 "텔레비전 하나 사러 가야겠는데, 같이 가 골라주시겠어요?" 청했다. 미리 돈을 준비해 갔다. 마 바턴도 선뜻 나섰다. 꽤 큼지막한 컬러 텔레비전으로 같이 결정하고, 돈을 지불하고 나서 어디어디로 갖다 달라고 말하고, 작은 목소리로 '와서 설치해 줄 준비도 하고 오라'고 일렀다.

집에 가서 좀 기다리니 짐꾼이 그 텔레비전을 들고 왔다. 그리고 "어디에 설치하겠습니까?" 라고 물었다. 마 바턴이 기겁한 듯이 눈이 휘둥그레졌다. "한국으로 가져가려고 산 게 아니냐! 난 그럴 줄만 알았는데." 나는 "마 바턴에게 사 드리겠다 말하면, 아예 말도 못 꺼내게 하실 것 같아서 아무 말 안 했습니다" 라고 대답하자, 마 바턴은 흘겨보는 웃음을 띠며 체념하는 듯 "정말 고맙다!"고 나를 얼싸 안았다. 나도 흐뭇했다.

스승의 정

유학 가서 처음 1년은 미국 남쪽 루이지애나 주립대학 대학원 심리학과에서 공부했다. 첫 일 년이 끝날 몇 달 전에 한 교수가 "시카고대학 교육학과의 블룸(Benjamin S. Bloom)이라는 교수가 잠깐 와 있는데 만나보지 않겠느냐?"고 물었다. 그 교수는 내 종당의 관심은 교육학인 것을 알고 있었다. 시카고대학은 유명한 대학이고 더구나 교육학이 '센' 대학인 것을 들어왔는지라 나는 그러겠다고 답했다.

블룸 교수는 "시카고대학에 오면 무슨 공부를 하겠느냐"고 물었다. 나는 이러이러한 주제들에 관해서 공부하고 배우고 싶다고 길게 늘어놓았다. 한참 듣고 나더니 그 분은 이렇게 말했다.

> "시카고대학은 네가 와서 무엇을 배워 갈 곳이 아니라, 네가 와서 무엇인가 공헌해야 하는 곳이다. 그렇게 시카고대학에 어떤 공헌을 할 생각이 있으면 시카고로 오너라."

나는 무엇엔가 얻어맞은 기분이 들었다. 속으로 '사람 겁주는 방법도 여러 가지구나! 애송이인 나에게 시카고대학에 어떤 공헌을 하라고!' 그러나 다른 한편, 그 분의 말이 내게 어떤 학문적 잠재력이 있다고 인정하고 기대하는 것 같아서 슬그머니 흐뭇하기도 했다. 나는 블룸 교수의 그때 그 말을 꽤 오랫동안 반추하면서 그 뜻을 새겨보려고 했다. 그 말 속엔 많은 뜻이 함축되어 있었다.

시카고대학에서 나는 욕심이 좀 사나웠다. 학기마다 규정대로 세 강의에 등록했고, 그것만으로도 쩔쩔매야 하는 판인데, 욕심껏 두 강의를 더 '청강'했다. 게다가 블룸 교수의 권유로 전공인 교육측정 교육평가의 실무 연구 경험도 해볼 겸 부수입도 좀 벌 겸, 대학 '시험국'에서 파트타임 연구조교로 일했고, 석사논문도 써내야 했다. 정말 눈코 뜰 새 없이 바쁘고 긴장해서 밤잠도 가끔 설쳤다. 어느 날 블룸 교수와 이런저런 얘기를 하던 중, 무심코 나는 정신없이 바빠 힘들 때가 많다고 약간 비명을 올렸다. 그 비명을 들은 블룸 교수는 이렇게 말했다.

"네가 바쁘게 지내는 것 잘 안다. 때때로 힘겹기도 할 게다. 그러나 너는 미국에 놀러 온 것이 아니지 않느냐? 너처럼 미국 국민의 세금으로 마련된 미국정부의 장학금을 받으면서 미국 와서 빈둥빈둥 놀고 즐기기만 하는 외국학생들을 보면, 여기 교수들은 드러내지는 않지만 속으로 다 못마땅하고 괘씸하게 여긴다. 너같이 공부에만 골몰한 외국학생에게 대학교수들은 보람을 느낀다."

나는 새 힘이 솟아나는 듯했다.

귀국날짜가 가까워진 어느 날 블룸 교수에게 여러 가지 표준화 테스트의 샘플을 좀 모아 가지고 갔으면 좋겠다고 말했다. "그것은 왜?"라고 그는 반문했다. 한국에 가서 나도 많은 표준화검사를 만들어야 할 텐데, 그때 참고하려고 한다고 대답했다. 그랬더니 그는 정색을 하고 그 큰 눈으로 뚫어지게 나를 노려보면서 말했다.

"네가 미국에 온 것은 테스트 연구제작의 기본이론을 배워서 그 이론으로 한국의 실정에 맞는 테스트를 만들려고 온 것이지, 미국 테스트를 그대로 모방해 가려고 온 것이 아니지 않느냐!"

나는 그렇지는 않다고 얼버무렸으나 속으로는 또 한 번 채찍을 받은 기분이 들었다. 그리고 동시에 나보다도 내 사명, 내가 해야 할 일을 더 생각해 주는구나 하는 고마움을 느끼기도 했다.

귀국 후 10년을 대학에 재직했다가 10년 만에 다시 두 번째 유학을 갔다. 다시 시카고대학으로 갔고, 블룸 교수가 다시 주임교수였다. 애당초 그 분이 주선해 준 시카고대학 장학금으로 유학갔다. 처음엔 그저 가볍게 학문적 '산책'이나 하고 '새 바람'이나 좀 쐴까 하고 떠났는데, 어쩌다 내가 박사학위 하러 간다는 소문이 났다. 박사학위 안 하고 돌아가면 못 하고 돌아온 '쑥'이 될 판이었다. 할 수 없이 또 바쁘게 지냈다. 힘들어 수척해져서 내 자신이 거울을 보아도 몰골이 사나웠다.

블룸 교수는 인간적으로 더없이 다정하고 집의 저녁식사에도 가끔 불러주었다. 논문관계로 교수실에 찾아가면, 많은 시간을 상의에 할애해 주었다. 논문 문장을 샅샅이 살피면서, 그 내용전개에 대한 충고는 물론 영어 서툰 곳까지 고쳐주었다. '교수란 제자를 이렇게까지 살펴주어야 하는 것인가!' 교수실을 나올 때마다 더없이 고마웠다.

인간적으로는 그렇게 다정하면서도, 블룸 교수는 학문적으로 엄격하고 거기에 하등 가차가 없었다. 박사학위에는 영어 이외의 외국어 하나를 선택해서 그 시험을 봐야 했다. 나는 옛날 대학시절에 배웠던 독일어를 택할까 생각했는데, 하도 오래 되어서 다 잊어버렸고 다시 공부하려니 힘이 들었다. 논문준비도 급했다. 규정을 보니 일본어도 선택할 수 있게 되어 있었다.

나는 블룸 교수에게 일본어를 택할까 생각한다고 말했다. 그랬더니 또 정색하면서, "너에겐 일본말이 쉽다고 쉬운 길만 택하겠느냐? 너의 학문 연구에 일본어가 더 중요하냐, 독일어가 더 중요하냐!" 라고 반문했다. 나는 꼭 그럴 생각은 아니라고 중얼거렸으나, 속으로는 '또 당했구나' 했다. 존경하는 스승의 정곡(正鵠)을 찌르는 '꾸중'은 꾸중으로 들리지 않고 감동과 각성의 계기가 된다.

1970년대 후반엔가 블룸 교수의 한국제자들이 그 분을 한국에 초대했다. 나는 여기저기 관광에도 그 분과 동행했고, 여러 차례의 강연에서 그 분의 통역도 했다. 블룸 교수는 가는 곳마다 융숭한 대접을 받았다. 나 같은 직접 제자들의 대접도 받았지만, 강연을 주최한 교육위원회나 대학엔 옛날의 내 제자도 있었고 내 강의를 연수회에서 들은 교사와 교장들도 있어서, 그들은 블룸 교수가 '선생님의 선생님'이라고 더 극진히 모셨다.

한국 체재를 끝마치고 돌아가는 김포비행장에서 작별할 때, 블룸 교수는 "Korea is a paradise for teachers!"(한국은 교사의 천국이야!) 라고 말하면서 눈물을 글썽이며 떠났다. 여러 외국에 가 보았어도 그 나라 옛제자에게서 한국만큼의 대접은 못 받으셨으리라는 생각이 들었다. 한국은 그래도 사제지간의 정이 살아있는 나라다. 그러나 선생님이 정말 선생님다울 때, 그 주고받는 정은 더 두터워지고 간절해진다. 정이 정을 부른다.

미러 뉴런

인간의 뇌(腦)는 '세상에서 가장 복잡한' 구조와 작용을 가지고 있지만, 아주 거칠게 나눈다면 대뇌, 중뇌, 소뇌로 나누어진다. 대뇌는 뇌 앞쪽의 '대뇌피질'로 구성된 부분으로서 주로 지적인 지각과 사고작용을 담당하고, 뇌 한가운데 중뇌인 '변연계'(邊緣系)는 주로 감정·정서작용을 담당하고, 뇌 밑 부분인 '소뇌'와 '뇌간'은 거의 자율적·본능적인 신체 생리기능과 운동기능을 담당한다.

그런데 재미있는 것은, 밑의 소뇌와 뇌간은 뱀에게도 발달되어 있어서 '파충류 뇌'라고도 하고, 가운데 중뇌의 변연계는 개·고양이에게도 발달되어 있는 '구포유류 뇌', 그리고 대뇌는 인간과 같은 고등 포유류에서 크게 발달해 있는 '신포유류 뇌'라고 불리고 있다는 점이다. 인간의 뇌에는 기나긴 진화과정을 거쳐 발달하면서 뱀의 뇌와 개의 뇌와 사람의 뇌가 층층이 싸여 있다는 말이다.

'뱀처럼 냉정한 …'이라는 표현은 맞는 말이다. 뱀에는 중뇌의 변연계가 발달되어 있지 않아서, 희로애락이나 사랑이나 측은지심(惻隱之心) 같은 정이 생길 수가 없다. 남의 생각은 전혀 없이 자기의 생리적 충동대로 움직이고 살아간다. 뱀은 자기 알에서 나온 자기 새끼도 눈앞에 얼씬거리면 잡아먹는다.

개처럼 새끼를 낳고 먹이고 보살펴야 '씨'가 살아남는 포유동물에 이르러서야 '정'이 발달한다는 얘기다. 말이 없어 모르면 몰랐지, 아마 개도 새끼가 칭얼대면 '배가 고픈가 보다', '추운가 보다' 라고 느끼면서 젖도 먹게 하고 핥아도 주고 할 것이다. '모성애'란 인간의 전유물이 아니다. 도리어 정이 '개보다 못한' 사람도 있다. 호랑이나 늑대와 같은 육체적 힘이 없어서, 무진히 여러 가지를 알아야 하고 생각도 해야 하는 인간에 이르러서야 대뇌가 크게 발달했다는 것이다.

감정・정서를 관장하는 기관은 중뇌인 변연계다. 무슨 사고나 병으로 변연계에 손상을 입은 사람은 멀쩡하게 보고 듣고 계산하고 생각하고 해도 '정'을 잃어버린다. 도무지 남의 처지, 사정, 감정 등 남의 생각을 못하고 안 한다. 그래서 충동대로 행동하고 무례, 무지, 무정을 일삼아도 아무런 가책을 느끼지 못한다. 개보다 못한 뱀에 가까워지는 셈이다.

포유동물에게 중뇌 변연계가 발달한 데에는 자연도태, 적자생존의 진화론적 기제가 있었다고 생물학자들은 보고 있다. 앞에 말했듯이, 포유동물은 어미가 새끼를 상당기간 돌보아야 그 종족이 살아남아 이어진다. 아니면 새끼가 포식자에게 먹히고 만다. 그러자면 새끼의 사정, 정(情)을 살피고 짐작할 줄 알아야 한다. 뿐만 아니라, 대부분 군집해서 집단을 이루면서 살아야 하는 포유동물들은, 예컨대 다른 토끼가 늑대를 보고 기겁하고 도망가면, 그 토끼의 공포심을 자기도 느껴야 다음에 늑대를 보면 얼른 도망가서 살아남는다.

동물이건 사람이건 애당초 집단생활을 한다는 것, 할 수 있다는 것 자체가 어느 정도는 서로와 서로의 정을 알아주어야 가능하다. 아니면 집단도 와해되고 그 속 개체들도 생명을 부지 못한다. 이 점에서도 인간은 집단으로 서식하는 다른 포유동물과 같다. 그러나 그런 동물들보다도 남 생각을 할 줄 모르는 사람들이 가끔 있는 것이 문제다.

심리학에서는 사람들이, 남이 무서워하면 '무서운가 보다', 슬퍼하면 '슬픈가 보다', 기뻐하면 '기쁜가 보다' 라고 남의 감정을 내 것처럼 느끼는 기제를 감정이입(感情移入, *empathy*)이라고 이름 짓는다. 중뇌 변연계는 뇌의 다른 부분과 연계하면서 그 감정이입을 관장하고 있는 기관이다. 영어의 empathy는 일상용어처럼 수수한 말인데, 그것을 '감정이입'이라고 번역하면 공연히 딱딱하고 유별난 현상을 지칭하는 것 같아서 나는 전부터 이 번역어에 약간 거부감을 느낀다. 어떤 이는 이것을 공감(共感)이라고 번역한다. 그러나 어감상으로는 '공감'보다는 감정이입이 낫다. 영어 empathy, 독일어 Einfühlung는 남의 감정에 맞장구를 친다는 뜻보다는 남의 감정 속에 들어가서 그 감정을 느낀다는 뜻을 더 풍기기 때문이다. 굳이 말을 줄인다면 '입감'(入感), '정입'(情入)이라고 할 만한데, 말의 장난 같아서 그만두고, 그대로 '감정이입'으로 쓰기로 한다.

감정이입은 내가 어떤 다른 사람의 피부 속으로 들어가서 그 사람처럼 보고 느끼고 생각할 줄 아는 능력이라고 정의하기도 한다. 즉, 남의 희로애락을 내 것처럼 느낄 줄 아는 능력이다. "그 사람 인정(人情)이 있다"는 말은 바로 감정이입을 할 줄 아는 사람이라는 뜻이다. 그러나 감정이입은 '동정'을 뜻하는 sympathy 와는 다르다. 동정은 누가 슬퍼하고 통곡하고 눈물을 흘리면 자기도 똑같이 슬퍼하고 통곡하고 눈물 흘리는 것을 뜻하지만, 감정이입은 그 사람의 슬픔은 충분히 느끼고 알면서도 제 3자적인 객관적 사고를 할 수 있는 여유는 유지하고 있는 것을 뜻한다. 그래서 남의 슬픔을 위로하고 달래고 그 상황에 적절히 대처할 방도를 생각하고 생각해 줄 수 있는 여유가 있다.

친구 상갓집에 가서 아무리 슬퍼도 상주와 똑같이 울고불고 통곡한다면 그것은 '동정'은 될 망정 '감정이입'은 아니고, 상주에게도 아무 도움이 안 된다. 상주에게 슬픔을 이길 수 있는 길을 생각해 줄 수 있는 능력은 유지하고 있는 것이 감정이입이다.

이런 감정이입의 능력은 사람들의 인간관계 사회관계에서 필수조건이고, 나아가 사랑 · 자비 · 인 · 측은지심 등 모든 도덕적 덕목의 전제조건인 것은 그 예를 들 필요도 없을 것이다. 또한 모든 예술적 교감도 정(情)이 정에 호소하고, 정이 정을 부르는 활동이다. 때로는 정서로써 정서를 초월하는 도덕적 행위도 있다. 어쩌다 급류에 휩쓸려가는 어린아이를 보고 '불쌍하다'는 정 때문에 위험의 두려움을 무릅쓰고 그 아이를 구하러 급류에 뛰어드는 경우다.

소설가 박완서 여사가 한 좌담회에서 의미심장한 회상을 했다. 자기가 소설을 쓰기로 마음먹은 것은, 한국동란 때 온갖 비인간적 만행들을 목격하고 분에 못 이겨 언젠가는 그 만행을 고발하려는 복수심에서였다. 그러나 막상 쓰기 시작하자 소설이란 그런 복수심만으로는 쓸 수 없다는 것을 점점 뚜렷이 느끼게 되었다. 결국에는 모든 인간의 속마음을 깊이 생각하고 이해하려는 '사랑의 마음'이 있어야 소설을 쓸 수 있다는 것이다. 감정이입이 선행되어야 한다는 말이다.

근자에 심리학에서 '모방학습'의 이론이 새로운 각광을 받고 있다. 종래의 심리학에서는 무엇을 직접 해보고 그 효과 여하에 따라 배우게 된다는 행동학습, 경험학습이 학습심리학의 주종이었으나, 근자에는 남이 하는 것을 그저 보면서 배우게 되는 모방학습 또는 '관찰학습', '사회학습'이 새로운 관심으로 등장하고 있다.

야생으로 자라난 원숭이는 열이면 열 다 뱀만 보면 기겁하고 달아나려 한다. 그러나 실험실에서 태어나서 실험실에서 자라난 원숭이는 뱀을 보아도 태연하게 접근해서 같이 놀려고 한다. 그런데 그런 실험실 원숭이에게 야생 원숭이가 뱀을 보고 기겁하는 장면을 보여주면, 유심히 보다가 자기도 다음에 뱀을 보면 놀라고 도망친다. 직접 물려보지도 않았는데, 그냥 보고도 모방학습을 한 것이다. 야생의 원숭이들도 대부분 어미나 다른 원숭이들이 뱀을 만나면 기겁하는 것을 보고 뱀 무서움을 배운 것이다. 물려봤다면 대부분 살아남지도 못했을 것이다.

특히 인간의 경우, 모방학습의 범위가 의외로 넓고, 거의 무의식적으로 진행되는 모방학습 능력이 어려서부터 의외로 활발하다는 것이 계속적으로 밝혀지고 있다. 아동발달심리학으로 유명한 피아제(Piaget)의 제자가 하루는 피아제의 방에 뛰어 들어오더니, "선생님, 이상한 일도 다 있네요. 생후 3주일밖에 안 되는 녀석이, 내가 안고 있다가 어쩌다 혀를 내밀어 보였더니, 그것을 빤히 쳐다보고 자기도 혀를 내밉니다"라고 보고했다.

피아제는 대수롭지 않게 생각하고, "그놈 버릇없는 놈이로구나" 하고 웃어버렸다. 3주 짜리 아이의 그런 행동은 피아제 이론으로는 있을 수 없었기 때문이다.

이 유명한 '혀 내밀기' 실험은 그 후 여러 사람들이 반복했는데, 생후 그렇게 혀 내밀기에 이르는 기간이 2주, 1주로 점점 짧아져서, 생후 3일의 갓난아이도 깨어 있는 동안에는 그 흉내를 내더라는 보고까지 있다. 어찌 생각하면 희한한 일이지만, 달리 생각하면 아주 당연한 일이다. 갓난아이가 태어났을 때 제일 먼저 발달되어 있는 것은 시각과 입의 운동이다. 팔, 다리, 손가락 따위는 덜 발달되어 있어서 꿈속 같아서 마음대로 움직이지 못한다. 갓난아이도 눈은 뜨면 주위를 뚫어지게 본다. 산다는 것은 주위를 살피고 알고 배우고 흉내내는 것이 제일 상책일 것이기 때문이다. 근육과 신경이 덜 발달되어 있어서, 어머니가 보여주는 손 운동이나 시늉은 흉내내려야 낼 수 없지만, 이미 젖을 먹기 위해 발달이 되어 있는 혀 내밀기는 '식은 죽 먹기'였을 것이다.

이런 의외로 넓고 활발하고 강인한 모방학습의 기제는 우리에게 많은 것을 생각하게 한다. 부모의 무의식적 행동, 교사의 무심한 행동, 지도자의 뜻하지 않은 행동이 의외로 큰 모방대상이 되고, 한 가계(家系)의 가풍, 한 기관의 관습, 한 민족의 전통도 의외로 그런 모방기제가 긴 세월 작용해서 형성된 결과일지도 모른다. 더구나 흔히 사람들이 강조하는 지적 학습을 넘어서야 하는 정서적, 도덕적 학습에서는 모방학습이 훨씬 더 큰 비중을 차지하기도 한다. 그렇다면 그 사실이 던지는 가정적, 교육적, 사회적, 정치적 의의가 매우 클 것은 그 예를 들지 않아도 명백하다.

이 모든 모방학습에서 감정이입이 그 기간적인 기제다. 유심히 보고 본 것을 감정이입으로 흉내내서 그 결과가 좋고 즐겁고 유익한 것이면 그것을 몸에 굳힐 것이고, 나쁘고 쓰리고 해로운 것이면 떨쳐버리기 때문이다. 따라서 어쩌다 감정이입이 무디어진 아이는 여러 가지 학습, 특히 지적, 정서적, 도덕적인 모방학습에서 그만큼 크게 뒤질 것이라는 말도 된다.

최근 3, 4년 전에 뇌신경 학자들이, 남의 행동을 비쳐보고 흉내내는 것을 관장하는 신경세포, 그들이 이름지은 '거울 신경세포'(*mirror neuron*)들이 뇌 여기저기에 널리 산재해 있는 것을 발견했다는 연구가 있었다. 이들은 애당초 원숭이가 바나나를 먹을 때, 뇌의 어떤 부분이 활동하는지를 fMRI라는 기기로 관찰·연구를 하고 있었다. 그러던 도중 우연히, 원숭이는 다른 원숭이가 바나나 먹는 것을 보고만 있어도 비슷한 뇌의 부분이 활동한다는 것을 발견했다. 직접 먹고 있을 때나, 남이 먹는 것을 보고만 있을 때나 같은 부위의 신경세포가 활동하더라는 것이다. 그렇게 남의 행동을 나의 것처럼 보게 하는 거울 신경세포들이 뇌 전체 여기저기 널려 있다는 것이다.

아직은 그 기제가 완전히 규명된 것은 아닌 듯하지만, 많은 논문들이 거울 신경세포를 거론하는 것을 보면 아마도 그 실체가 있는 것 같다. 그렇다면, 사람에게 있어 모방학습이 왜 그렇게 광범위하고 활발한지, 그리고 감정이입도 중뇌 변연계를 넘어서 넓게 뇌 전체가 개입되어 있는 심리기제인지도 밝혀질 것이다.

여부간에 정(情)주고 정 받고 정에 젖는 세계는 삶의 중요한 부분, 긴요한 부분, 피할 수도 없는 부분이다. 이지(理知), 이성, 지성의 세계도 중요하지만, 정서의 세계도 그에 못지않게 중요하다. 그러나 그저 다 같이 중요하다는 말보다는, 신경생리학자 다마시오(Damasio)가 주장하는 대로, 이지작용은 감정작용의 규제를 받고, 감정작용은 신체・생리의 경황의 규제를 받는다는 지・정・체의 삼위일체론이 더 정확한 것인지도 모른다. 다마시오의 주장은 후에 다시 언급한다.

멋

우리말에 멋이라는 말이 있다. 다른 나라 말에는 멋에 해당되는 말이 별로 없는 것 같다. 사람마다 멋이 뭐냐에 관한 생각은 천차만별이겠지만, 그래도 한국사람들은 거기에 어떤 공통분모를 가지고 있으며, '저 사람 멋이 있다'라고 하면 대개는 서로 이해한다.

어떤 이가 멋을 설명하면서 다음과 같은 예를 들은 적이 있다. 옛날 한 역관(譯官, 통역관)이 조정의 심부름으로 중국에 갔을 때 융숭한 대접을 받고 나서 숙소에 와 보니, 앳된 여자가 앉아 있었다. 중국 관리가 수청을 넣었던 모양이었다. 어쩌다 수청까지 들게 되었느냐고 사연을 물었더니, 아버지 병환의 약값을 벌려고 수청들었다고 대답했다. 그 역관은 측은해서 여자에게 손도 대지 않고 돈을 넉넉히 주어 내보냈다는 얘기인데, 그 역관이 멋있는 사람이라고 했다. 나는 그게 뭐 그렇게 멋있는 일인가, 밍밍했다. 그러나 그 역관이 정이 있는 만큼은 멋있는 사람인 것은 인정한다.

기실 정(情)이 있다고 해서 반드시 멋있는 사람이 아닐 수는 있어도, 정 없으면서 멋있는 사람일 수는 없다. 그런 의미에서는 정은 충분조건은 아니지만 멋의 한 필요조건이다. 그래서 이 멋의 얘기도 여기 '정'의 장에 넣었다.

'멋있는 사람'은 어떤 흐뭇함을 준다. 같은 찬사라도 학식이 해박한 사람, 인격이 고매한 사람, 용모가 수려한 사람 등이 주는 완벽에서 오는 위압감이나 거리감과는 다른 어떤 친근감을 느끼게 한다. 멋은 유화(油畵)

아닌 수채화(水彩畵), 서양화 아닌 동양화의 느낌이며, 어떤 하나의 뾰족함이 아니라 어떤 여럿의 어우러짐이 주는 느낌이다. 멋있는 사람의 그 무엇이 우리에게 그런 흐뭇함을 주는 것일까?

우선 우리는 어떤 물리학자가 아주 해박한 물리학의 지식을 가지고 있다고 해서 그것만으로 그를 멋이 있다고 하지는 않는다. 그러나 그가 동시에 대금도 불 줄 알고 스키도 탈 줄 알고 서도(書道)에도 달필이라면 '멋있는 사람'이라고 느낀다. 어떤 시인이 동시에 천문학에도 조예가 깊고 검도에도 일류라면 멋있는 사람이다. 여간 아니고는 시인은 시만으로, 과학자는 과학만으로는 멋이 있을 수 없다. 그래서 옛날에도 '풍류'(風流)는 유·불·선 삼묘(三妙)를 갖춤으로 보았고, 문무 겸비도 한 칭송이었다. 문인도 문인화를 멋으로 즐겼다.

이는 멋있는 사람의 한 조건이 '인간의 폭'임을 말한다. 즉, 인간으로서의 지성, 덕성, 감성 기타 폭넓은 인간적 특성들이 어우러져 있는 전인성(全人性)을 말한다. 이런 인간의 폭은 실은 모든 사람의 자아실현의 첫 목적이며, 인간다운 인간의 첫 조건이기도 하다.

기실 사람들은 다른 사람들이 학덕만 아니라 인정도 있는 전인적인 사람이기를 바라고 기대한다. 또 자기 자신도 공부만 아니라 노래도 괜찮게 부르고, 잘 어울려 놀 줄도 아는 '멋있는' 사람이라고 칭찬받기를 원한다. 자기를 일이나 돈이나 출세에만 관심이 있는 자가 아니라 '지'(知)도 '덕'(德)도 '정'(情)도 있는 전인적 존재로 취급해 주기를 바란다.

우리는 모차르트, 아인슈타인, 피카소와 같은 천재들의 행적에서 어떤 인간적 멋을 느낀다. 그들은 '인간의 깊이' 또는 '높이'라고 할 수 있는 창조성이 멋의 또 하나의 조건임을 암시한다. 창조란 '없던 것을 있게 하는 일', 또는 '새로운 것을 있게 하는 일'을 말한다. 이런 창의, 창작, 창조는 신기하고 새롭고 희한한 것이기에 언제나 멋이 있다.

이런 천재들은 그 창작만 아니라 그들의 한 공통된 행동형태에서 더 멋을 느끼게 한다. 대개 천재들은 '어린애 같은' 데가 있다. 자주 보는 사진의 아인슈타인의 얼굴은 '늙은 동안'(童顔)이다. 그의 얼굴엔 '사무사'(思無邪)의 멋이 있다. 모차르트도 일상행동은 어린애 같았고, 피카소는 어린애처럼 욕심꾸러기고 충동적이었다. 그래서 그들은 세상사를 초탈하는 멋을 겸한다.

그리고 우리는, 가끔 영화에서 보듯이, 지극히 사랑하는 사람을 그의 행복을 위해서 멀리 떠나보내는 애틋하면서도 산뜻한 사랑의 주인공에 멋을 느낀다. 거기엔 자기욕심을 위한 끈적끈적함이나 치근치근함이 아니라, 아집(我執)을 넘어 남의 행복, 남의 인간적 성장을 위하는 간절함이 있다. 우리는 이런 관계를 인격적 관계라고 부를 수 있다. 그것은 가장 멋있는 사람들의 '멋있는 사이'를 말한다.

아마도 진정한 모자(母子)의 사랑, 남녀의 사랑, 사제지간의 사랑, 그리고 '종교'의 사랑에도 이런 애틋하고 산뜻한 '떠나보냄'이 내재해 있을 것이다. 흔히 "너 죽으면 나 죽고, 나 죽으면 너 죽는다"는 공생관계를 진정한 사랑으로 오인하는 수가 많으나, 그것은 실은 끈적끈적한 인격잠식의 관계에 불과하다. 진정한 사랑은 '내가 죽어도 너는 살아라'일 것이다. 이런 인격적 관계의 근본에는 남의 희로애락을 내 일처럼 느끼는 '감정이입' 또는 '감정공명'의 기제가 있고, 또 있어야 한다.

또한 우리는 일상의 인간관계에서 꽉 막히고 답답하고 좁고 옹졸하고 옹고집인 사람에게서는 멋을 찾지 못한다. 도리어 양반이면서도 양반티를 내지 않고 상민과 같이 놀 줄 아는 사람, 철인이면서도 시정배와 같이 어울릴 줄 아는 사람, 한국인이면서도 세계에 마음과 가슴이 삽상하게 탁

트인 개방성 있는 사람에게서 멋을 느낀다. 그런 멋있는 사람들이 멋있는 사이를 이룬다.

이렇게 트인 사람은 '자기객관화'를 할 줄 아는 사람이다. 즉, 자기자신의 장단을 자기를 벗어나서 '밖'에서 보듯 객관적으로 있는 그대로 볼 줄 아는 사람이다. 말하자면 '나 보기를 남이 나 보듯'하는 기제다. 키가 작으면 작은 대로, 머리가 출중하지 않으면 않은 대로 그대로의 자기를 볼 줄 아는 사람이다. '너 왜 그렇게 키가 작으냐' 라고 누가 농을 걸었을 때, 반사적으로 '내가 뭐 작으냐'고 화를 내면 그는 속물이다.

이런 개방성이라는 견지에서 보면, 한국사회의 곳곳에 깃들어 있는 여러 집단간, 지역간 그리고 대외적인 폐쇄성은 한국인이 멋있는 사람이 되기를 어렵게 하는 셈이다. 자기중심적이 아닌 개방된 심성이 멋을 풍긴다.

마지막으로 우리는 약간은 세속을 떠난 어떤 '초탈'(超脫)에서 멋을 느낀다. 김삿갓의 멋은 그의 시(詩)도 시지만 그의 세속을 초탈한 행각에서 더 느껴진다. 성철 스님의 "물은 물이요, 산은 산이로다", 반야심경의 "색즉시공 공즉시색"(色卽是空 空卽是色), 노자의 "대현약우"(大賢若愚), 이순신 장군의 "필사즉생 필생즉사"(必死卽生 必生卽死)라는 표현들도 어딘지 초탈의 멋을 풍긴다.

멋있는 사람의 초탈의 첫 조건은 우선 세속적 관례관습이나 부귀공명에 집착함에서 조금은 초탈해 있어야 한다는 것이다. 관례만 고집하거나 출세 · 치부 · 공명얻기에 눈이 벌건 모습은 멋과는 거의 정반대의 모습이다. 우리는 나아가 인간의 삶에 필연적인 여러 이분론(二分論)적 갈등 — 희비, 애환, 고락, 애증, 동과 서, 우리와 적, 이성과 감성 등 — 을 초극하는 사람에게서 더 큰 멋을 느낀다. 이런 초탈, 초극이 쉬운 일은 아니다.

약간의 '일탈'(逸脫)도 멋이 있다. 짝짝 기름 바른 머리보다 아인슈타인처럼 아무렇게나 헝클어진 머리가 더 멋이 있다. 아나운서 같은 청산유수의 연설보다는 가끔은 좀 더듬고 막히고 가벼운 실언도 하는 약간의 눌변이 더 멋있다. 김삿갓의 폐포파립(弊袍破笠)도 멋이 있다. 단, 이런 일탈의 멋은, 첫째 일부러 그렇게 꾸며서는 안 되고, 둘째 다른 어떤 수월성(秀越性)이 전제되어 있어야 한다. 아인슈타인은 출중한 물리학자였다. 좀 눌변일망정 연설의 내용은 탁월해야 한다. 김삿갓은 시가 일품이었다. 그래서 그들의 일탈이 멋있다. 이런 수월성의 바탕도 없이 그저 그렇게 꾸며낸 일탈은 도리어 역겹다.

이렇게 멋의 특징이 전인성과 창조성, 인격적 관계와 개방성 그리고 초탈과 일탈이라면, 멋있는 사람이란 결국 가장 사람다운 사람을 뜻한다.

가난과 풍요

- 메조 벤또
- 남쪽은 농업, 북쪽은 공업
- 경제발전
- 빈곤의 세 단계
- 풍요의 조건
- 절 약

나는 경제학자는 아니다. 그러나 한국의 근대사 속에서 살다보면 경제에 관한 소박한 관심은 아니 가질 수가 없었다. 본래 큰 돈 벌 관심도 생각도 없었으나, 어려운 시절에 내집 살림에 마음 쓰지 않을 수 없었고, 찌들어 있는 나라살림도 좀 펴 볼 길 없을까 가끔 생각해 보지 않을 수 없었다. 나만 아니라 모두가 그랬을 것이다.

지금 나는 별 불편 없이 살고 있다. 끼니도 넉넉하고, 입는 옷에 부족함이 없고, 집은 추운 겨울에도 따뜻하다. 냉장고, 텔레비전, 에어컨도 있고, 꼭지만 틀면 뜨거운 물, 찬물이 마음대로 쏟아진다. 밖에 나갈 때엔 자동차를 몰고 나가고, 아니면 지하철도 편하다. 더구나 나는 지하철은 경로로 공짜다. 가끔은 비행기 타고 외국여행도 해본다. 한국 고교생들의 평균신장도 지난 50년에 무려 15~20센티 컸다고 한다. 다 50년 전만 해도 상상도 못한 풍요다.

그러나 가끔 이 넉넉함이 꿈만 같을 때가 종종 있다. 옛날 가난의 시절의 기억 때문이다. 그리고 때로는 이렇게 넉넉하게 편하게 살아도 되는 것인가 하는 어떤 의구심도 없지 않다. 가난 속의 생활에도 풍요 속 생활에는 없는 어떤 보람이 있었던 게 아닌가 하는 회상도 해보게 된다.

메조 벤또

내 이마엔 지금도 보일까말까 하는 작은 상처의 흠집이 있다. 네 살인가 다섯 살 때, 겨울 아침에 세수하려고 우물가에서 두레박으로 물을 길어 올리고 대야에 두레박을 쏟다가 바닥의 얼음판에 미끄러져서 옆 바위 모서리에 이마를 짓찧어 생긴 상처자국이다. 그때 얼마나 아팠던지 지금도 그 경황이 그림처럼 그려지고, 피도 많이 쏟아서 어머니 아버지가 기겁하신 것도 생각난다.

세 살에서 열 살까지 나는 함경도 북청에 살았는데, 그때 북청은 인구가 1만 2천 명쯤 되는 소도시였다. 지금은 혹 아주 시골은 몰라도 웬만한 소도시에서 겨울에 그렇게 두레박으로 물 긷고 세수하다가 상처를 내는 아이는 없을 것이다.

그때 아이들 중엔 배불뚝이, 코흘리개, 겨울이면 손등이 갈라져 트는 아이들이 많았다. 나는 그때 배불뚝이 아이들은 이것저것 너무 많이 주워 먹어서 그런 줄 알았다. 한참 후에야 그것이 도리어 못 먹어서 그런 것을 알았다. 그땐 몰랐지만 누런 긴 콧물을 후루룩대는 코흘리개도 영양불량의 징조였다. 추울 때 손등이 쩍쩍 갈라져 피가 나는 아이는 거의 전부였는데, 그것도 추위와 영양불량의 탓인 것은 얼마 전에 어디에선가 읽고 알았다. 나는 배불뚝이, 코흘리개는 아니었으나, 겨울이면 손등은 자주 터서 아팠던 기억이 난다. 요새는 이런 아이들은 거의 볼 수 없다.

보통학교(초등학교)에 들어가자 점심 '벤또'(도시락)를 싸 가야 했다. 그

때는 1, 2학년도 하루 수업이 다섯 여섯 시간이었다. 점심시간이면 '벤또' 도시락 펴놓고 점심 먹는 아이가 반에서 반도 안됐다. 반은 점심을 굶고 그 시간에 나가 놀았다. 점심 먹는 내가 가끔 민망했다. 봄철에는 벤또 가지고 오는 아이들 수가 훨씬 줄었다. 보릿고개였다. 나는 집이 그렇게 넉넉하지는 않았지만, 어찌되었건 끼니를 굶어본 경험은 없다. 어머니 아버지 덕이다.

내 책상 짝동무는 그래도 가끔 벤또를 가지고 왔다. 거의 언제나 노랗고 깔깔한 메조밥이었고, 봄엔 거무스름하고 빡빡한 꽁보리밥이었다. 나는 대개 흰쌀밥이었다. 우리는 자주 벤또를 바꿔 먹었다. 그 노란 메조밥과 꽁보리밥은 내게는 자주 먹어보지 못한 특별식처럼 맛이 있었다. 나는 지금도 가끔 먹는 조밥과 보리밥이 맛이 있다. 그때 익힌 맛이다.

한 번은 동네 과자집에서 큰불이 나서 건물은 다 타서 쓰러졌다. 화재의 불길이 꺼지자, 동네 아이들이 우르르 몰려와서 여기 저기 흩어진 과자 부스러기를 부지런히 주워 먹고 있었다. 나도 뛰어들어 거기에 끼었다. 다들 손은 새까매지고 입가는 꺼멓게 먹칠해 가면서도 흐뭇한 얼굴들이다. 걸신들린 아귀처럼 사방을 뒤지고 다녔다. 요새 아이들도 과자가게에서 불이 나면 이럴까? 그때 조선의 이른바 개인당 GNP를 계산했다면 3, 40달러나 됐을까?

어려서 사회형편을 몰랐고 알 수도 없었던 내 눈에도 궁기(窮氣)가 흐르는 생활 안팎은 일제시대 내내 큰 변화가 없었다. 지금 생각해보면, 반반한 일자리는 조선인에게는 허락도 되지 않았던 시절에, 몰락한 대쪽 같은 선비의 집안, 글밖에 모르고 자라서 별다른 직업능력도 없으셨을 아버지와 큰아버지께서, 변변찮은 직장의 박봉으로 어떻게 식구를 굶지 않게 먹여 살리고 자식들을 그런 대로 숙성하게 기르셨는지 신기하기만 하다.

그때엔 그런 궁기가 일제의 악랄한 착취로 곡물, 광물, 해물 등 모든 자원을 빼앗기고 있었던 탓인 줄은 알 리가 없었다. 궁기가 흐르기는 우리집이나 큰댁에 자주 들르는 일가친척들도 매한가지였다. 가끔 이 동네 저 동네에서 살다 못해 만주로 이사간 사람이 있다는 얘기가 들려오기도 했다. 그러다가 8·15 광복이 왔다.

남쪽은 농업, 북쪽은 공업

궁기는 광복 후에도 매한가지였다. 어쩌면 더했다. 해방의 기쁨은 극도로 가난한 경제와 어지러운 정정(政情)과 사회의 무질서에 묻혀버린 것 같았다.

내가 다니던 경성사범학교 건물 일부에 해방직후 미군이 주둔해서 알게 된 한 미국사병이 있었다. 내가 그때 그래도 영어를 좀 했기 때문에도 가까워졌지만, 어느 날 음악실에서 쇼팽의 '환상곡'을 유창하게 치고 있는 그를 발견했다. 나중에 알고 보니 그는 음악대학에 다니다가 군대에 들어온 콜먼(Coleman)이라는 이름의 음대생이었다. 나도 그때 피아노에 한참 열을 올리고 있었던 때라 쉬 의기상통했다.

그는 가끔 미군의 '레이션박스', 야전에서 먹는 응급음식이 이것저것 들어 있는 작은 상자를 주곤 했다. 체면은 있는지라 어쩐지 그것을 받아먹기가 께름칙하고 거북했다. 그도 짐작했는지, 내 기분이 상하지 않게 권했다. 별별 음식이 다 있었다. 담배도 있었고, 생전 처음 먹어보는 초콜릿도 들어 있었다. 다 맛이 있었다. 맛있다는 생각이 들자 좀 서글퍼졌다.
'내가 영락없이 거지신세로구나! 한국사람 모두가 거지신세구나!'

그는 그때 내가 있던 큰댁의 사랑방에도 가끔 어슬렁어슬렁 찾아왔다. 많은 얘기를 나누었다. 자연 음악얘기가 많았다. 나는 그에게 바둑 두는 법도 가르쳐 주었다. 한 번은 집에 돌아와 보니, 그가 사랑방에서 혼자 죽치고 앉아서 나를 기다리고 있었다. 한 시간은 기다리고 있었노라고 큰어머님이 일러주었다. 소탈한 미국 대학생이었다.

6·25 한국동란이 터졌다. 그렇지 않아도 궁했던 사람들과 나라에서 삶의 터전이 철저하게 초토화되었다. 나는 2년간의 미국유학을 끝내고, 1952년 여름 피란 수도 부산으로 귀국했다. 부산은 사방이 피란민으로 어디로 가나 삶을 찾아 허덕이고 아우성치는 도깨비 시장이었다.

나는 귀국하자마자 부산에 피란해 있는 서울대 사대에서 교수생활을 시작했다. 산비탈에 지어 놓은 문자 그대로의 '판잣집 교실'은 한심했다. 대패질도 안한 송판 널빤지로 급조한 엉성한 교실이다. 아침에 강의하고 있을 때면, 널빤지 사이로 아침 햇빛이 새어 들어와서 흙바닥에 이는 뽀얀 먼지를 비스듬히 사선(斜線)으로 비치곤 했다. 부산의 겨울은 서울보다는 따뜻했으나, 그래도 판잣집 교실에서는 으스스하게 춥고 손도 곱았다.

종이 한 장도 귀했고 백묵도 아껴야 했다. 집에서 학교까지 가려면 한 시간 반을 '짐짝' 버스 속에서 시달려야 했다. 나만 아니라 거의 모든 교수 학생들이 그랬다.

이상하게도 그런 속에서도 교수들은 무척 열심히 가르쳤고, 학생들도 굉장히 열심히 공부했다. 교수도 학생도 한눈팔지 않고 '정신없이' 열심히 공부했다. 왜 그랬을까? 그렇게 '정신없이 열심'이었던 것은 서울환도 후의 을씨년스러운 환경에서도 계속 그랬다.

반세기 넘어 지나간 지금에 와서 회고해보면, 만사가 가난하고 모자라고 불편하고 을씨년스러웠던 1950년대 궁핍의 10년이 도리어 해방 후 반세기 중에서 교수·학생들이 한눈팔지 않고 가장 열심히 가르치고 배우고 했던 시기였다고 나는 단정한다. 대학만 아니라 초·중등학교의 교사와 교장들도 그때 1950년대가 가장 열심이고 발랄했던 시기라고 나는 단언한다. 왜 그때 그렇게 열심이었을까?

나는 이런 생각을 해보았다. 워낙 나도 너도 가난해서 가르치고 공부하는 것 이외엔 달리 한눈 팔 곳도 마음 쓸 곳도 없었고, 마음을 썼댔자

아무 소용도 없었다. 춥다고 불평해도 난로 때줄 리 없음이 뻔했고, 월급이 적다고 투덜대봤자 올려줄 리 만무했다. 홍청망청 놀아보고 싶어도 돈도 없고 갈 곳도 별로 없었다. 그러니 다 체념하고 하던 일, 해야 할 일에 열중할 수밖에 없었다.

또 가난과 어려움은 때로는 이상한 도전감을 준다. 어떤 목적의식이 있을 경우엔 더 그렇다. 그것은 도리어 어려운 집안에서 위인이 자주 출현한다는 현상과 무관해 보이지 않는다. 그때 사람들은 그 궁핍과 폐허 속에서도 스스로 다짐하기도 하고 설레기도 한 어떤 목적의식이 있었다.

조국 광복의 설렘은 국가건설의 의욕을 주었고, 민주주의라는 새 '실험'은 어떤 방향의식을 주었으며, 전란의 폐허는 도리어 재기・재건의 사명감을 주었다. 이 표현대로 또렷하게 의식하고 있었던 것은 아닐지라도 사람들의 언행에서 그런 의욕은 역력했다.

도리어 풍요한 사회에서 그 풍요를 이룬 다음에 다른 어떤 삶의 목적의식이 서지 않고 희미해질 때, 그럴 때엔 개인에게도 그 사회에게도 여러 가지 문제와 위기마저 찾아온다. 벌써 옛날 경제학자 케인즈(Keynes)가 경제적 풍요가 반드시 축복이 되리라고 단언할 수는 없다, 가난에서는 그 가난을 이겨내겠다는 목적의식에서 사람들이 삶의 보람을 찾았는데, 풍요를 이루고 나면 삶에서 그것을 대치할 수 있는 어떤 다른 목적의식이 서지 않는 한, 풍요는 도리어 목적상실의 저주가 될 수도 있다고 한 말이 생각난다.

1950년대 나라와 사람들의 형편은 무척 어려웠다. 춘궁기 보릿고개 소식은 점점 더 커졌다. 매년 미국의 '경제원조'가 쏟아져 들어왔고, 정부의 예산책정에서도 다음 해엔 미국 경제원조가 얼마나 들어올지, 정부가 신경을 곤두세우고 있다는 말을 자주 들었다. 그때 한국사람들은 '미국원조'로 연명하고 있었던 셈이다. 대학 일에만 몰두하고 있는 나에게도 나라의 궁핍은 어떤 찬 기운처럼 스며들어 왔다.

가끔 경제학자들의 논설도 읽고 그들과 이야기를 나눌 기회도 있었다. 그러나 그때 그들의 대부분은 한숨만 짓고 내게 별 희망을 주지 못했다. 많은 경제학자들이 그럴듯한 설명을 늘어놓으면서, '남한은 농업지역이고 북한은 공업지역인데, 통일이 되어 그 둘이 합쳐지지 않는 한, 한국경제의 소생은 희망이 없다'는 체념(諦念)의 비관론을 자주 폈다. 그 중엔 지금도 살아 있는 내 또래의 학자도 있었다.

경제학의 문외한인 나는 '그런가 보다' 라고 받아들일 수밖에 없었으나, 속으로는 허전하고 서글펐다. '언제 올지 모르는 통일인데, 그때까지 이렇게 지내야 하나?' 그 가난은 이른바 역사적이고 대중적인 절대빈곤이었다. 그때엔 많은 경제학자 자신들이 가난을 팔자로 여겼던 옛날 같은 빈곤 숙명론에 빠져 있었다.

또 하나의 해방감을 느끼게 한 4·19도 나라의 경제형편에는 별 도움이 되지 않았다. 도리어 각종 잦은 데모로 어지러워져만 가는 정정에 엎쳐서 나라살림의 형편은 더 도탄(塗炭)지경으로 빠져 들어간다는 어떤 절박감마저 감돌았다.

경제 발전

청천벽력의 5·16이 터졌다. 청천벽력이라기보다는, 앞에서도 언급한 것처럼, 극도의 혼란·무질서의 불안 속에서 어떤 강력한 질서확립의 힘이 출현하기를 바라던 사회심리가 불러들인 혁명이었을지도 모른다. 어떤 사회심리학자들은, 그렇게 지적 수준이 높았던 독일에서 히틀러라는 독재자가 나타나게 된 것은 당시 독일경제의 악화로 깊어져 간 사회불안이 불러들인 것이라고 했다.

민주주의를 신조로 삼는 사람들에게 군사혁명은 일단 달가운 것일 수가 없었다. 그러나 항거하기에는 혁명정부의 서슬이 너무 퍼렇기도 했지만, 극도의 사회혼란에 지쳐버린 불안의 심리가 '올 것이 왔구나' 하는 체념도 하게 했다. 군사정권의 제일의 기치는 빈곤탈출의 경제개발이었다. 곧 '경제개발 5개년 계획'이 발표되고, 경제기획원도 생기고 모든 것이 요란하고 부산하게 움직였다. 많은 사람들이 그랬겠지만, 나도 그 진행을 처음엔 반신반의(半信半疑)로 바라보고 있었다.

앞에서 말했듯이, 1964년에 2차 유학에서 돌아와서는 내 연구의 주관심사는 '국가발전과 교육'이었다. 경제발전에 관한 여러 국내외 학술회의도 참석해서 꽤 많은 생각도 서로 나누었다. '의외'로 빠르고 많은 경제발전의 성과를 목도하면서, 나는 반신반의를 차차 거두어들일 수밖에 없었다. 박정희 정권은 정말 말대로 빈곤탈출의 비원을 이루어내려고 경제개발에 혼신적으로 덤벼든 정부라는 생각이 들 수밖에 없었다.

우리가 다 기억하다시피, 한국경제는 1960년대, 70년대에 걸쳐 무서운 속도로 성장했다. GNP는 매년 10% 이상으로 치솟았고, "잘 살고 못 사는 게 팔자만은 아니더라"는 노래가사는 구호만이 아닌 현실감으로 다가왔다. 어느 해인가 수출 1억 달러 달성을 대단한 업적으로 축하하기도 했다. 그 후 수출액은 그 10배, 100배로 기하급수적으로 늘어갔다. 외신들은 그것을 '한강의 기적'이라고 불렀고, 시사지 〈타임〉(*Time*)은 "Koreans are coming!", 한국이 일어섰다는 특집기사를 요란하게 실었다. 세계가 경이(驚異)의 눈으로 한국을 쳐다보았다.

사람들의 삶의 형편도 차차 많이 펴지기 시작했다. 하도 교재로 쓸 만한 책이 없어서, 1954년에서 1957년에 걸쳐 나는 맹렬한 속도로 책 세 권을 써냈다. 그 세 권의 책은, 어디서 송판을 얻어다가 내가 손수 자르고 대패질하고 못질해서 만든 책상 위에서 썼다. 자주 삐걱대기도 했다. 그랬던 가난이 내게서도 이젠 사라졌다.

치솟은 경제성장은 좋았으나, 해를 거듭하면서 어딘지 그것이 앞뒤를 가리지 않고 옆도 거들떠보지 않은 저돌적인 맹진(猛進)으로 느껴지기 시작했다. 그런 문제가 여러 세미나에서도 서서히 제기되었고, 나도 끼여 몇몇 학자들이 모여 1960년대 말에 발족한 '한국미래학회'에서도 자주 논의되었다. 사회 전반에서 민주주의는 그 논의조차 완전히 금기사항이 되었고, 환경문제, 노사문제도 덮어씌워져 이글거리는 불씨였다. 더구나 '3선 개헌', '유신'에 이르러서는 어떤 막다른 골목의 압박감이 사람들의 관심을 가난탈출, 경제발전의 열광에서 떠나게 했다.

1980년대에 들어서서 10·26, 12·12, 5·18 사태를 거쳐 전두환, 노태우, 김영삼, 김대중, 노무현 정권으로 이어진 4반세기는 '정치의 시대'였고, 경제는 뒷전에 밀려 그저 1960년대, 70년대의 길러진 저력(底力) 또는 관성(慣性)으로 거의 자동적으로만 굴러가는 시기였다고 나는 본다.

그렇다고, 평화적 정권교체라는 민주주의의 하나의 표상을 성취한 이외에는 성숙된 자유민주주의적 정치발전을 이룬 것도 없다. 그리고 경제는 그간의 저돌적 팽창의 부작용이 쌓이면서, 결국 경제파탄을 겪고 1997년의 IMF 국제금융의 원조까지 받아야 하기에 이르렀다.

김대중, 노무현 정권은 '경제대통령'의 정권은 아니었다. 경제발전은 거의 제자리걸음으로 개인당 GNP 1만 달러에서 헤어나지 못했다. 근래 대부분 환율변동 덕택으로 그것을 2만 달러로 계산하고 있을 따름이다. 도리어 두 정권이 빚어낸 안보불안, 국론분열, 편가르기, 반기업정서, 과잉규제, 노사관계 경화, 그리고 '정치과잉' 등은 지금도 한국경제의 발목을 잡고 있다. 오늘 아침 한 조간신문에도 제 1면에 "정부 · 가계 · 기업 다 '적자비상'"이라고 표제를 내걸고 울상이었다.

한국경제는 어디로 가나? 15년 전만 하더라도 우리가 후진국으로 업신여겼던 중국이 이제는 우리보다 훨씬 앞서가고 있다. 60개국 국가경쟁력 비교에서 지금 한국은 35위에서 맴돌고 있고, 중국은 저만치 20위에 접근하고 있다는 보도도 있다. 중국은 인구 13억의 대국에 한국 바로 옆에 도사리고 있는 나라다. 세계가 지금 중국을 한편 경이와 또 한편 의구의 눈으로 바라보고 있다. 급속히 강성해지는 중국이 '무슨 짓'을 할는지, 두렵기도 하다는 것이다.

주간지에 중국 특집기사도 자주 난다. 일전엔 한 주간지에 "Chinese are coming!"이라는 표제의 긴 기사가 나왔다. 옛날 한국에 대해서 썼던 말 그대로다. 중국 바로 옆의 한국은 점점 왜소해져 가야만 하나? 옛날 어쩔 수 없이 그랬다던 사대(事大)의 시대로 다시 접어든다는 말인가? 아니라면, 아니라야 한다면 한국경제, 한국정치, 한국사회는 어디로 새 방향을 틀어야 하나?

빈곤의 세 단계

한국의 지난날을 회고해보고 다른 나라의 경우도 살펴보면, 나는 빈곤에 세 단계가 있다는 생각이 든다. 빈곤굴종, 빈곤도전, 빈곤복수의 세 단계다. 그 다음이 제대로 된 풍요의 사회다.

첫째, 빈곤굴종(屈從)의 단계는 가난을 팔자로 알고 가난 앞에 엎드려 그것을 그대로 숙명으로 받아들이고 체념하는 단계다. 잘 살고 싶다는 욕망은 잠재해 있으나, 실제에서는 잘 살아보고자 하는 생각도 의지도 없는 상태다. 뼈가 빠지게 아무리 애써보아야 아무 소용이 없다는 체념이 생활을 지배한다. 오랜 세월에 가난을 너무 많이 보고 너무 많이 겪었기 때문이다.

빈곤굴종은 전통사회나 후진국에서 자주 본다. 예측할 수도 대처할 수도 없는 홍수, 한발, 쓰나미 등 천재지변을 자주 당하고, 호소할 수도 대항할 수도 없는 폭정에 자주 시달리고, 대를 물려 가난에서 헤어나지 못하다 보면 그런 숙명론에 빠지게 마련이다. 거기에 더해서 학문과 교육이 부진해서 가난극복에 필요한 각종 지식도 기술도 모르고 있다면 숙명론은 더 깊어진다. 한국도 기나긴 세월 그랬고, 지금 많은 후진국들이 그렇다.

어떤 발전론자들은 후진국 경제발전의 가장 큰 걸림돌은 빈곤굴종관이고 그로 인한 의욕부족이라고 주장한다. 나아가, 사람들이 그렇게 가난을 팔자소관이라고 믿는 후진국에는 아무리 외부에서 경제원조를 퍼부어도 별 효과가 없고, 도리어 의타심만 길러 주는 악순환에 빠진다고 주장하기도 한다. 어떻게 해서 생긴 숙명론이건 간에 우선 그 가난의 숙명론부터 극복하고 타파하는 것이 우선의 급선무라고 주장한다. 어쩌면 1950년대까지의 긴긴 역사에서 한국도 그랬을는지도 모른다. 1950년대엔 한국의 내로라 하는 경제학자들마저 그런 숙명론을 읊고 있었기 때문이다.

둘째, 빈곤도전(挑戰)의 단계는 어떻게든지 가난을 이기려고 이를 악물고 허리띠를 졸라매고 가난에 덤벼드는 단계다. 그렇게 하다 보면 약간의 가난극복의 효과도 나고, 그 효과는 가난극복의 의지를 더욱 부추기게 된다. 사람들은 자신도 생기고 신도 난다. 한국의 1960년대, 70년대가 그런 단계였고, 지금의 중국이 그런 단계에 있다. 지금 인구 10억의 대국인 인도도 그런 단계에 있고, 베트남도 그런 단계에 접어들었다. 어떤 힘에 의해서 이 단계에 접어들게 되느냐에는 여러 가지 추정, 아마도 별로 틀리지 않을 추정이 가능하다.

우선, 들 수 있는 것이 교육의 보급이다. 정치체제야 왕조건 독재건 민주건 각급 교육, 특히 초·중등교육이 의무에 가까울 정도로 보급되면, 어느 날엔가는 필연 이런 빈곤도전 단계에 접어들어 갈 수 있게 된다. 한국도 그랬다. 한국은 1950년대 그 가난과 폐허 속에서도 초등교육을 의무화했고 취학률은 거의 100%였다. 인지의 발달은 빈곤을 가만 두지 않는다. 이런 지식·교육의 보급에는 그 나라의 군대도 큰 몫을 한다. 국민개병(皆兵)으로 모든 젊은이들이 근대화된 무기를 다루어야 하는 지식을 배우고, 근대화된 집단경영 체제를 배우게 된다. 한국도 그랬다.

다음에 외국문물의 유입을 들 수 있다. 잘 사는 선진국에 나가 보는 경험은 많은 것에 눈뜨게 하고, 많은 것을 느끼고 생각하게 하고, 어떤 각오까지 하게 한다. 내 유학의 경우도 그랬고, 여러 가지 일로 외국을 다녀오는 정치인, 경제인, 학자, 학생, 관료 등의 경우도 그렇다. 외유(外遊)도 넓은 의미에서 교육이다. 한국의 경우도 해방 후 이런 외유경험을 한 사람들의 수가 부쩍 늘어갔다. 구한말, 일제 강점기의 서재필, 윤치호, 안창호 등 개혁적 사상가들도 거의 다 그런 외유경험이 있던 분들이다.

또한 각계 지도층의 역할도 크다는 것도 쉽게 짐작이 간다. 그런 지도층에는 지도적 위치에 있는 사상가, 정치인, 학자, 문인, 예술인 등이 다 포함된다. 지도층이 '깨어나' 있지 않으면, 다른 모든 영역에서와 같이 경제사정의 변혁도 어렵다. 만약 지도층이 의식적, 무의식으로 빈곤에서 어떤 '이득'을 취하고 있다면 더 그렇다. 빈곤굴복의 체념에 젖은 서민은 착취하기도 쉽고 쉬 반항도 하지 않기 때문이다. 한국의 근대에서는 그런 생득적 특정 지도층은 오래 전에 사라졌다. 따라서 신흥 지도층은 생득적·귀속적인 지도층이 아니고, 비교적 실력·업적주의적 지도층이 형성된 것도 빈곤도전에 유리한 조건이었던 셈이다.

그러나 가장 중요한 요인은 최고 정치지도자의 역할이다. 민주국가에서건 전제국가에서건 그 최고지도자의 의지는 경제도약에 관건적 요인이다. 강인한 의지로 국민에게 방향을 제시하고 의욕을 심어주고, 빈곤탈출의 길을 밝혀주는 최고지도자의 역할은 결정적 중요성을 갖는다. 한국에서는 그런 지도자가 박정희 대통령이었고, 중국에서는 등소평 주석이었다.

빈곤의 셋째 단계, 빈곤복수(復讎)의 단계는 빈곤도전으로 풍요가 상당한 수준에 이르면, 굶주리고 추위에 떨었던 지난날의 모진 가난의 세월이 억울해서, 마치 그 가난에 복수라도 하려는 듯이 재물을 축적하고 부(富)를 현시·과시하고 과도의 사치와 낭비를 일삼는 단계다.

이것은 이른바 벼락부자 졸부(猝富)의 단계다. 어느 집안의 하인으로 살다가 하도 푸대접받고 굶주려서, 분연 뛰쳐나와 고생고생 끝에 큰 부자가 되어 어쩌다 옛 주인집을 방문하는데, 최고급으로 사치스러운 양복을 뽐내고 최고급 선물을 던지면서 옛 주인에게 거들먹거리는 것과 같은 경우다. 얼마 전까지도, 어쩌면 지금도 중국과 동남아 나라들의 호텔이나 골프장에서 무슨 큰 부자나 된 듯이 불쾌할 정도로 거들먹거리는 자는 대개 한국인이더라는 말을 자주 듣는다. 경제의 급성장 시대에 길러진 졸부 근성이 아직도 남아 있는 것일까?

정말 풍요를 보람있게 즐길 수 있는 사람은 이 단계를 넘어서야 한다. 오랫동안 가난에 찌들다가 갑자기 형편이 펴기 시작하면 좀 맛있는 것도 먹고 싶고, 좀 좋은 옷도 입고 싶고, 좀 넓은 집에서 살고도 싶은 것은 인지상정이다. 나무랄 수 없다. 문제는 정도의 문제고, 그 정도는 마음가짐의 문제다. 정말 부자는 부자의식이 없다. 유난스럽게 부자행세도 하지 않고, 부자처럼 행동하지도 않는다. 또 그는 재물을 쌓아두지만은 않고, 부를 과시하려고도 하지 않고, 그렇다고 돈을 물 쓰듯 하지도 않는다. 그에게는 자신이 부자라는 의식이 별로 없다.

벌써 옛날 미국의 거부 록펠러가 뉴욕 시장이었을 때, 그가 어떤 모임에서 무심코 한 다리를 다른 무릎 위에 꼬고 앉아 있는 모습이 텔레비전에 비친 적이 있다. 꼬여 얹은 발의 구두 밑창에 둥그렇게 닳아 없어진 구멍이 보였다. '저 엄청난 거부가 …! 저 대도시 뉴욕시장이 …!' 나는 혼자 웃으면서 감탄했다.

풍요의 조건

벌써 근 백 년 전에 출간된 막스 베버(Weber)의 《프로테스탄트 윤리와 자본주의의 정신》은 여러 나라 말로 번역도 된 유명한 책이다. 지금 다시 읽어보아도 새롭다. 그의 논지의 요점은, 기독교의 신교, 그 중에서도 청교도적 신교는 근로를 신성시하고, 검약을 존중하고, 모든 이득을 하나님의 영광으로 돌리는 신조를 가지고 있는데, 그것이 자본주의 경제의 성공과 밀접한 관계가 있다는 것이다.

청교도들은 일, 직업, 근로를 신성시했다. 이 우주는 하나님의 작업에 의해서 창조된 것이고, 내가 하는 일은 그 하나님의 창조의 작업을 계속하는 일이라고 보았다. 일은 귀천을 막론하고 신성한 것이고, 근면은 그 일의 추진에서 필수적인 제일의 덕목으로 여겼다. 직업을 사명, 소명(*calling*)이라고도 불렀고, 나태는 죄악이었다. 그것이 자본주의적 생산의 원동력이 되었다는 것이다.

청교도들은 그런 끊임없는 근면으로 이룩한 부(富)는 자기 개인의 이득으로 여기기보다는 하나님의 영광으로 돌렸다. 그것은 곧 벌어들인 부를 하나님을 위해서, 하나님이 사랑하는 사람들을 위해서 써야 한다는 뜻이다. 즉, 하나님의 일을 더욱 계속하기 위한 부의 재투자와 사회복지를 위한 부의 사회환원을 의미했다. 벌어들여 갑부가 되어도 그 부는 내가 홍청망청 써 버려도 되는 내 것이 아니라, 나의 삶을 위한 최소한의 부 이외는, 하나님의 일을 계승하여 더 융성하게 성취하기 위한 재투자에 써야 하고 사회복지에 환원해야 하는 부라고 본 것이다.

미국의 제일 갑부 빌 게이츠가 얼마 전 그의 재산의 대부분을 사회복지사업에 희사했다는 소식이 있었고, 그것에 감동한 또 한 사람의 갑부 워런 버핏이 그의 대부분의 재산을 빌 게이츠의 복지사업에 기증했다는 소식도 있었다. 그들 갑부는 물론 우리 눈으로 보기엔 초특급의 호화로운 생활을 하고 있다. 그러나 그런 생활에 드는 돈은 그들 재산의 극히 적은 일부분일 뿐이다.

청교도들은 그렇게 부를 재투자하고 사회환원하려면 씀씀이를 아껴야 했다. 그의 처지에 맞게 검소하고 절약해야 했다. 따라서 그들에게 검약(儉約)과 절제(節制)는 중요한 윤리덕목으로 등장했다. 분에 넘치는 사치와 낭비는 죄악시했다. 그래야 부의 재투자도 더 많이 할 수 있고 그 사회환원도 더 많이 할 수 있기 때문이다.

막스 베버의 이런 논지는 우리에게 많은 것을 생각하게 한다. 그의 요지는 자본주의적 경제발전에 필요한 요건을 제시한다. 그것이 그의 목적이었을 것이다. 흔히 후진국의 자본주의 발전과정이 지지부진하고 각종 비리도 자주 발생하는 상황 뒤에는 근면의 윤리, 재투자의 윤리, 부의 사회환원의 윤리, 검약·절제의 윤리가 부족하거나 덜 성숙한 탓이 많다. 자본주나 사장이 벌어들이는 돈을 사재(私財)로만 축적하고, 그것을 흥청망청 사치와 향락에 낭비하고, 재투자에도 사회환원에도 인색하다면, 근로자의 눈에도 착취자로 보일 수밖에 없고, 기업의 계속적 발전에도 원만한 노사관계와 사회관계에도 이로울 리가 없다. 후진국가의 자본주의에서는 그런 사욕(私慾)과 낭비의 기업인, 사주, 사장을 자주 본다.

동시에 베버의 논지는 풍요한 삶의 조건도 제시한다. 풍요한 사회의 사람은 아무리 넉넉해도 일하고 활동하고 근면해야 한다. 한국도 그렇지만, 근자에 중국에서도 당뇨병과 비만증이 급증하고 있다고 한다. 그만큼 잘 먹으면서 게을러졌기 때문이다. 이런 건강문제보다는, 대부분의 사람들이 일, 직업, 근면에서 삶의 보람을 찾게 된다는 사실이 더 중요하다. 그렇다고 일만 알고 일에만 미쳐 있는 일의 강박증, '일중독자'(*workaholic*)를 의미하지는 않는다. 가끔은 일 아닌 것도 보고 즐기는 삶의 여유는 있어야 한다.

풍요한 사회의 사람은 부 이외의 어떤 다른 목적의식이 있어야 한다. 돈, 돈벌이는 결국 수단이지 그 자체가 궁극적 목적일 수는 없다. 앞에 든 케인즈의 말대로, 아무리 부자가 되더라도 달리 어떤 목적의식이 서지 않으면 삶의 허무감, 무의미감이 엄습해온다. 기독교의 신교, 청교도는 하나님에 대한 신앙에서 그 목적의식의 근원을 찾았다. 그러나 종교인이 아니라도 어떤 신조, 이상, 포부에서 그 목적의식을 찾아야 한다. 그것이 사랑이건 자비(慈悲)건 인(仁)이건 또는 애국이건 민주건 자유건, 무엇인가는 돈 이외의 어떤 목적의식이 서 있어야 한다.

우리는 물론 돈벌 줄 알아야 한다. 어떻게 하면 '깨끗하게' 돈을 많이 벌 수 있는지 배우기도 하고 궁리도 하고 애도 써야 한다. 그런 돈벌이는 모든 사람의 관심이다. 그러나 이제 우리는 돈쓸 줄도 알아야 한다. 번 돈이 많건 적건 어떻게 하면 그것을 보람있게 현명하게 유효적절하게 쓸 수 있는지도 배우고 궁리하고 배려해야 한다. 개인당 GDP 2만 달러 시대에 접어들었으면 더구나 더 그래야 한다. 그런 궁리와 배려에서 삶의 목적의식, 생활철학이 살아난다.

풍요한 사회의 사람은 작게건 크게건 그 처지에 알맞게 남을 위해, 사회를 위해 돈을 쓸 줄도 알아야 한다. 아무리 풍요한 사회에도 어려운 사람들은 있게 마련이고, 어려운 사회문제는 속출하게 마련이다. 넉넉하면 그만큼 남과 사회를 위해 돈을 쓰는 마음의 여유도 있어야 한다. 오랜 가난에 찌들었던 한국사회에서는 좀 넉넉해져도 그렇게 '남을 위해서' 돈을 쓰는 습성이 아직 덜 성숙되어 있는 것 같다. 특히 세칭 부자들이 더 인색한 것 같다. 풍요한 사회에서는 넉넉한 사람도 절약하고 절제할 줄 알아야 한다. 절약은 다음에서 따로 논의할 만한, 풍요한 사회의 긴요한 또 하나의 덕목이다.

위에 든 이런 덕목들이 망각되거나 쇠잔되면, 겉으로는 풍요한 생활이 도리어 자신에게는 허망하고 무의미한 삶이 되고, 남에게는 무정하고 추악한 탐욕의 삶으로 비치게 된다. 이에 이르면 풍요는 축복이 아니라 저주가 된다.

1960, 70년대에도 발전론들이 경제발전을 돈으로만 따지는 GNP만 아니라, GNH(*happiness*), '국민 총행복'을 거론한 적이 있는데, 근자에 그런 관심이 경제학자 자신들 속에서 새로 다시 고개를 들기 시작했다. 작년 2006년 12월 시사주간지 〈이코노미스트〉(*Economist*)가 표지에 "Happiness"라는 표제를 내걸고 그 특집란을 실었다. 요는, 많은 경제학자들이 경제적 풍요만 아닌 심리적 '행복'에 관심을 가지기 시작했고, '행복'을 측정하는 방법도 갖가지 제안하고 있다는 것이다.

여러 연구에 의하면, 부자나라 사람은 가난한 나라의 사람들보다는 더 행복하다고 생각하지만, 미국·일본 등이 지난 50년 동안 더 부자나라가 되었다고, 국민들이 더 행복해졌다고 느끼지는 않는다고 덧붙였다. 풍요가 행복으로 이어지려면 어떤 다른 조건들이 더 충족되어야 한다는 말이다.

절 약

나만 아니라 내 세대 사람들은 거의 다 절약을 필수의 큰 덕목으로 알고 자라났다. 워낙 모든 것이 부족하고 귀해서 그럴 수밖에 없었다. 쌀 한 톨도 귀했고, 몽당연필, 종이 한 장도 귀하고 아껴야 했다. 흔한 것이라고는 '물 쓰듯' 쓸 수 있는 물밖에 없었는데, 우물물이 수돗물로 바뀌면서 물도 아껴야 했다.

지금도 나는 티슈 한 장이 다 필요 없으면, 반 장 또는 더 잘게 찢어서 쓴다. 요새 애들은 한 번에 두 장, 석 장도 쓴다. 나는 수돗물도 '몹시' 아껴 쓴다. 가끔 공중목욕탕에서 물을 잠그지 않은 채 콸콸 쏟아지게 하면서 비누칠하는 친구를 보면 몹시 마음에 걸린다. 여기저기 모임에서 A4 용지로 된 회의자료가 많이 생긴다. 뒷면은 다 아직 하얗다. 나는 그것을 아까워서 버릴 수가 없다. 내 책상 옆에 차곡차곡 쌓아놓고, 복사지로도 쓰고, 원고지로도 쓴다. 지금도 이 글은 그 A4의 이면지에 쓰고 있다.

내 집사람은 뭘 버릴 줄을 모른다. 그 많이 생기는 상품 포장지도 펴서 한 곳에 차곡차곡 쌓아 놓고, 여러 가지 종이상자, 나무상자, 스티로폼 상자도 어느 구석에 잔뜩 쌓아 놓는다. 그러나 다시 쓰게 되는 경우는 아주 드물다. 그저 옛날 무엇이든 아끼고 못 버리던 버릇을 못 버리고 있는 것이다.

경제발전으로 살림이 넉넉해지면서, 우리 주변에 절약의 '미덕'은 점점 희미해져 간다. 각종 쓰레기 양은 50년 전보다 그 몇 배나 늘었을까, 내 집 주거단지에서 매주 실려 나가는 산더미 같은 쓰레기로 미루어, 혼자 짐작에 수백, 수천 배는 늘었을 것 같다. 정말 풍요의 사회에서는 이렇게 홍청망청 사고 쓰고 홍청망청 버려도 되는 것인가?

어떤 한담(閑談)에서 한 친구가 이제는 소비가 미덕이다, 돈 있는 사람들이 돈을 써야 물건도 생산되고 GNP도 올라가고 경제발전도 된다, 움켜쥐고만 있으면 돈이 돌지 않아서 경제도 침체한다고 역설했다. 그럴듯한 말이라서 경제에 문외한인 나로서는 반박은 못했지만, 속으로 어쩐지 찜찜했다. 아직도 나는 긴가민가하다. 그러나 난 혼자 이런 생각을 했다.

내가 휴지를 헤프게 쓰면, 휴지생산자, 휴지장사가 더 돈을 벌어 GNP는 올라갈는지 모르지만, 종이원료인 산의 나무는 더 베어내야 하는 게 아닌가? 그렇게 필요 이상으로 자연자원을 점점 고갈상태로 몰아가면서까지 헤프게 쓰는 것이 꼭 미덕일까? 도리어 나는 그 돈을 아끼고 은행에 저금해서 은행으로 하여금 기업에, 기왕이면 '지속 가능한'(*sustainable*) 산업에 투자하게 하는 것이 더 꿩 먹고 알 먹고 서로 더 이득이 되는 것은 아닐까? 또 너무 도덕군자 같은 생각이라고 할지 모르나, 아낄 수 있는 돈은 아끼고 남을 위해 쓸 수도 있지 않은가? 하기는 남을 위해 쓰는 것도 소비는 소비다. 그러나 그것은 절약이 전제가 된, 절약이 낳은 소비가 아닌가?

이렇게 생각을 이어보면, 부자건 빈자건 분에 넘치는 사치는 하지 않고, 휴지 한 장, 물 한 방울도 아끼는 절약이라는 덕목은 그 뒤에 의외로 많은 엄청난 일들과의 관련이 있다는 생각에 이어진다. 앞에서 언급했듯이 절약은 재투자와 사회복지 증진을 더 가능하게 한다는 관계도 있다. 또한 절약하지 않으면 지구자원 고갈, 환경오염, 생태계파괴, 지구온난화, 그로 인한 각종 자연재해에도 관계된다. 나아가 좀더 어마어마하게 말하면, 절제 없는 방일한 경제성장의 탐욕은 철학, 윤리, 종교, 생명관, 세계관, 신(神)관에까지 연결되어 있다는 생각이 든다. 한두 생각만 예를 들자.

기독교 믿는 사람들은 밥 먹기 전에 눈 감고 하나님께 '이 음식을 주셔서 감사합니다' 라는 기도를 올린다. 불교 믿는 사람들도 식사 전에 고개를 숙이고 합장하는 것을 자주 본다. 아마도 부처님께 감사하고 있을 것이다. 나는 기도도 합장도 안 한다. 그러나 가끔 밥상 위에 놓인 통째로 구운 굴비가 멀끔히 나를 쳐다보고 있으면, '미안하다, 널 잡아먹어서. 나도 먹고살아야 하니 어떡하니!' 하나님도 아니고 부처님도 아니고 나는 굴비한테 '감사'하는 때가 있다. 굴비만 아니다. 따지고 보면, 내가 먹는 쌀밥도 김치도 시금치도 다 생명체의 유기물이다. 사람은 돌이나 쇠 같은 무기물로 살 수는 없다. 사람은 자기가 살려고 숱하게 많은 생명을 잡아먹고 산다.

이런 생각이 들면 굴비를 게걸스럽게 많이 먹고, 먹다 버리고 할 수가 없다. 스님들이 절간에서 검소한 음식을 먹고, 밥그릇에 물 한 방울, 고춧가루 한 점 안 남기고 깨끗이 먹어치우는 것도 생명체에 대한 경외감에서일까?

이런저런 국제학술회의에서 환경오염, 생태계 파괴의 문제가 꽤 자주 거론된다. 나도 그런 회의에 가끔 참석했다. 나는 언젠가 한 국제회의에서 다음과 같은 말을 한 적이 있다.

환경오염, 생태계 파괴 문제는 단순한 환경정책의 문제가 아니고, 그 과학적, 경제적, 사회적, 정치·행정적, 철학·윤리적 측면들을 다각적으로 검토하고 종합적으로 고려해야 할 문제다. 이 문제에는 심지어 종교적, 형이상학적 측면까지 있다고 본다. 예컨대 신(神)은 인간의 모습을 하고 있고, 이 우주에서 인간에게 특별한 자리를 배려해 주었다고 하는 의인적(擬人的) 신관, 인간중심적 세계관은 인간에게 인간 이외의 것을 마음대로 부수고 죽이고 착취해도 된다는 오만(傲慢)을 심어 놓을 수가 있는데, 그것이 환경파괴의 큰 원인일 수 있다. 그에 비하면, '천도무친'(天道無親), 하늘은 인간을 특별히 친하게 돌보는 것은 아니며, 따라서 인간은 우주질서 속에서 다소곳이 제자리를 지켜야 한다는 뜻의 노자(老子)의 우주관이 환경보존에 더 유리할 것이다.

지난날에는 나라도 개인도 가난해서 할 수 없이 절약했고 절약을 미덕으로 삼았다. 그러나 이제 풍요의 사회에서는 가난해서가 아니라 인간 전체의 삶의 터전이 위협받고 있기 때문에 절약해야 하고, 그래서 절약은 여전히 미덕으로 남아야 한다. 이렇게 어마어마하게 생각하지 않아도 본래 인간의 배는 너무 적게 먹으면 허기지지만, 너무 많이 먹으면 탈이 나게 되어 있다.

자유와 민주주의

- 민주주의
- 민 족
- 북 한
- 통 일
- 자 유
- 자 율

내 세대는 정치에 시달려 온 세대다. 본래 어느 시대 어느 나라건 사람들은 그 나라의 정정(政情) 여하에 크게 영향을 받게 마련이다. 하지만 직접 겪어서 그런지, 한국 근대 정치사는 유난히 큰 파도도 잔 파도도 마구 밀려와서 숨 돌릴 틈도 주지 않았다는 기분이 든다. 그런 시달림 속에서 거의 모든 한국사람들은 어쩔 수 없이 정정에 관심을 가지게 되고 다 반(半)정치인이다. 사람들이 서넛 모이면 한담에 으레 정치얘기가 나오고, 택시 운전기사도 손님에게 심심지 않게 정치얘기를 꺼낸다.

때로는 정치에 별 관심을 안 가져도 되는 사회가 그리워진다. 옛날 중국 요순시대에 백성들이 불렀다는 격양가(擊壤歌)가 생각난다. "해 뜨면 일 나가고, 해 지면 쉬고, 우물 파 물 마시고, 밭 갈아 밥 먹으니, 임금의 힘이 내게 무슨 소용이리요"라는 노래다. 만사가 태평이니, 임금이 누군지 뭐하는지 관심을 둘 필요도 없다는 말이다. 세상이 태평이면 사람들은 정치에 관심 없고, 세상이 어지러우면 사람들은 다 정치가가 된다.

위에서 '시달려 왔다'고 했지만, 정치파도 때문에 나 개인 신변의 안위가 이때 저때 흔들린 것은 아니다. 굳이 든다면, 일제시대 2주간의 군 입대와 5·16 군사혁명 시절 2주간 유치장 생활은 조금 변고였으나, 그밖엔 반체제 인사들처럼 많은 고초를 겪은 적 없는 평탄한 삶이었다.

그러나 한국사회는 정치로 인한 변고와 비극을 너무 많이 겪었다. 일제시대 애국투사들의 순사(殉死)와 투옥과 유민(流民), '대동아전쟁'의 희생자들, 해방 후 혼란 속의 암살사건들, 한국동란의 수많은 처절한 죽음들, 민족 대이동과 같은 피란민들의 대열, 4·19에 산화한 젊은 영혼들, 반체제인사들의 고초, 5·18의 억울한 죽음들…. 그 중에는 내 가까운 일가친척도 많았고, 가까운 친구도 많았고, 제자도 많았다. 이런 속에 살아남은 내가 기적으로만 느껴진다. 정치파동으로 인한 이러한 수많은 변고를 목도할 때마다 자주 정신이 혼란과 고민, 분통과 비통, 성찰과 사색에 빠져들었던 것은 나만 아닐 것이다.

지난 반세기 한국정치의 중심 화두(話頭)는 역시 '민주주의'였고, 민주주의와 관련해서 자유, 평등, 민족, 공산주의, 남북통일, 국제관계 등의 개념들도 자주 거론된 그리고 지금도 거론되고 있는 화두들이다. 이들 화두는 그것에 대한 나의 견해를 강요했다. 그런 견해는, 정치학자나 철학자가 아니라도, 그저 한 시민으로서도 가지게 되는 견해지만, 명색이 대학교수인 나로서는 강단에 서기 위해서라도 어느 정도는 뚜렷이 그 어떤 견해를 형성하고 간직하고 밝히지 않을 수가 없었다.

민주주의

'민주주의'라는 단어를 내가 언제 처음 들었는지는 생각나지 않는다. 틀림없이 일제시대 중등학교 시절에 처음 들었을 것이다. 그땐 한참 '대동아전쟁'이 치열한 시절이어서, 학교에서도 미국과 소련이라는 나라를 여러 가지로 비방하는 말들이 난무했다. 학교에선 미국의 민주주의는 우중(愚衆)들의 천박한 정치체제고 소련의 공산주의는 폭도(暴徒)들의 적색독재 정치체제라고 비방했다. 거리의 포스터엔 미국인은 머리에 뿔이 난 양귀(洋鬼) 도깨비로 그려지고 소련인은 피 묻은 팔의 붉은 적마(赤魔)로 그려져 있던 것도 생각난다. 그때의 나는 민주주의에도 공산주의에도 별 관심을 가졌을 리 없고, 요란한 선전대로 '그게 그저 그런 건가 보다' 라고 생각했을 것이다.

그래서였는지, 해방 직후 종로거리 저만치에서 서울에 진입한 생전 처음 보는 서양인 미국병사들이 걸어 들어오는 행군을 만났을 때, 속으로는 좀 두려웠다. 양귀와 적마를 연상했기 때문이다. 그러나 내 눈 가까이 지나가는 병사들은 좀 기이하기는 했지만 미소도 던지고 손도 흔드는 내 또래 젊은이들, 그들도 사람이었다. 안도의 가슴을 쓸어내렸다. 더구나 그들은 조선사람들에게 '해방군'이지 않는가! 앞에서 언급한, 피아노 인연으로 알게 된 음대생 미국병사는 상냥하고 자상하고 예의 바르고 앳되기까지 한 내 또래 젊은이였다.

해방 직후부터 민주주의, 자유, 인권, 평등 등의 용어들이 봇물 터지듯이 쏟아져 나왔고, 헌법, 선거, 삼권분립, 언론자유 등의 용어들을 자주 듣게 되어 그런 것에 관한 생각도 하지 않을 수 없었다.

해방 이듬해 만사가 엉성했던 대학에 미국의 어떤 대학총장이었다는 건장하고 쾌활한 미국인 교수가 와서, 영어 수업시간에 몇 번인가 특별강의를 했다. 제목은 '민주주의와 교육'이었다. 그는 유창한 웅변조의 영어로 처음 듣는 희한한 얘기를 많이 했다. 나는 눈이 트인 기분과 더불어 많은 것을 생각했다. 그의 이름이 에버셀(Eversell)이었던 것으로 기억하지만, 강의시간에 딱히 무슨 말을 했는지는 지금은 기억에 없다. 그러나 그의 민주주의 해설에 깊은 감명을 받은 것은 기억하고 있다. 나는 슬그머니 그의 웅변조의 영어화법도 흉내내고 있는 나 자신을 발견하기도 했다.

시중에는 미군이 미국 병사들의 학력 향상을 위해 출판한 각종 서적들이 많이 쏟아져 나왔다. 나는 주로 교육학, 심리학, 철학에 관한 서적들을 뒤졌다. 특히 *Fundamentals of Modern Education* (현대교육의 기초)라는 책은 세계교육사와 같은 책이었는데, 그때 교육학도들은 거의 필독도서로 여겼다. 그 책 곳곳에 민주주의가 심어져 있었다. '미국 사람들에게는 교육과 민주주의는 언제나 붙어다니나 보다' 라고 느꼈다.

1950~1952년 미국 유학시절에 들은 "미국 교육사" 강의는 그 반 이상이 미국 민주주의의 발달 그리고 그것과 교육과의 관계 강의였다. 강의에서 여러 가지 책이 필수 내지 권장도서의 책으로 지정되어 있었다. 달(Dahl)의 비교적 얇은 《민주주의 이론》과 토크빌의 두꺼운 《미국의 민주주의》 속 몇 장(章)이 깊은 감명을 주었던 것을 기억한다. 달은 지금은 나이도 많을 텐데, 최근에도 *On Democracy* 라는 작은 그러나 간명한 책을 펴내서, 내 기억을 새롭게 해주었다.

귀국 후 나는 민주주의 신봉자로 자처했고, 대학강의에서, 여러 기고 논문에서, 여러 가지 교사·교장 '강습'에서 직접 주제로 또는 간접적 부제로 민주주의를 자주 거론했다. 그런 처지에서 볼 때 주변에서 벌어지는 이런저런 사태에는 못마땅한 것이 한둘이 아니었다. 그나마 1961년 5·16 이후는 '민주주의'라는 말을 입에 올리는 것 자체가 금기상황이 되어 버렸고, 대신 '한국식 민주주의'라는 야릇한 용어마저 생겨났다. 퍼런 서슬에 눌려 또는 경제발전의 영광에 밀려 드러내고 말을 못했을망정, 못마땅하고 답답하기는 너나가 같았다.

1980년대에 들어와서 겨우 민주주의는 다시 긴 동면(冬眠)에서 깨어났으나, 그 민주주의가 갈 길은 한참 멀었다. 나는 지금도 한국의 민주주의는 미성숙 단계에 있고 그 성숙과 선양에는 극복해야 할 많은 문제가 있다고 믿는다.

옛 영국의 명수상 처칠이 "민주주의는 다른 어떤 제도보다도 좋은 최악의 정치제도다"라는 한숨 반, 익살 반의 말을 한 적이 있다. 그의 말은 많은 것을 생각하게 한다.

고대 희랍에서 시작했다는 민주주의, 좁은 의미에서의 민주주의는 다수결에 의한 선거제도 내지 합의제도를 의미했다. 민주주의는 근본적으로 사람이면 너나 나나 다 같다는 인권의식, 인권평등의식에서 출발한다. 그래서 너 나에게 다 반가운 최선의 제도다.

그러나 한 나라를 그 민주주의로 차질 없이 운영해 나가려면 수많은 선결조건, 부수조건이 필요한데, 그 조건들을 충족시키는 것이 여간 어려운 일이 아니고, 그것이 충족되지 않은 상황에서는 '이건 최악의 정치형태'라는 생각이 들게 된다. 그래서 심지어는 '민주고 뭐고 다 집어치우자'라는 허탈상태에서 어떤 강력한 전제·독재마저 바라게 된다.

민주주의의 성숙과 성공을 위한 필수적 선결조건과 부수조건은 많다. 그 조건들의 연구가 정치학자 기타 사회과학자들의 몫이고, 그 조건들의 구현이 통찰적·창의적인 정치리더십의 몫이다. 그 조건들을 충족·구현하는 데에는 의외로 긴 세월이 걸리고 난관도 많다. 그래서 민주주의, 좀 더 정확하게 말해서 '자유민주주의'는 호락호락한 길이 아니다.

자유민주주의의 가장 근간적이고 핵심적인 조건은, 자유민주주의는 단지 보통선거나 다수결제도 훨씬 이상의 것이라는 사실, 자유민주주의는 한 제도이기 전에 인간 존엄성을 기저로 하는 한 윤리의 체계, 한 지적·도덕적 특성의 체계라는 사실, 그리고 자유민주주의는 그것을 계속 천명하고 육성하고 수호하려는 의지에 의해서만 유지될 수 있다는 사실일 것이다.

어쩐지 우리에겐 아직도 자유민주주의는 다수결 제도로만 이루어지는 것이라는 환상이 계속되고 있고, 자유민주주의에 필수인 도덕적·지적 특성의 육성은 등한시되고 있으며, 자유민주주의 수호의 결의가 자주 혼미해지고 희박해진다는 느낌이 든다. 내일의 한국 민주주의의 여정에는 생각해야 할 문제가 많아 보인다.

민 족

나는 한반도의 한민족으로 태어났다. 사람이 태어나는 것은 그저 태어나는 것이지, 제가 골라서 태어나는 것은 아니다. 지나온 긴 세월의 여러 가지로 어려웠던 시절에는 '왜 내가 하필 한반도에 태어났을까!' 가끔은 한스러운 순간들이 없지는 않았다. 그러나 사람에겐 어쩔 수 없는 처지는 체념으로 받아들이는 능력도 있었지만, 우리보다 훨씬 못하고 비참하기까지 한 아프리카나 동남아의 어떤 나라에 태어나지 않은 것이 천만다행이라는 생각이 들기도 했다.

사람들이 자기가 태어난 나라를 그리워하고 사랑하게 되는 데는 자라나는 시절의 부모의 사랑이 결정적인 힘으로 작용하는 것 같다. 어려운 처지에서도 내 부모의 사랑 때문에 내 나라사랑, 겨레사랑도 간절해진다. 아니면 나라사랑, 겨레사랑도 엷어진다. '고향'이란 어머니 아버지가 나를 길러주던 곳이고, 그 고향의 추억이 곧 사람들 마음속의 '모국'이고 '조국'이기 때문이다. 대개 부모들의 자식사랑은 지극하다. 그래서 부모들은 자연히 아이에게 나라사랑, 겨레사랑을 길러주게 된다. 나도 나의 어머니 아버지의 사랑을 듬뿍 받으며 자라났다.

따라서 나도 한국과 한민족을 사랑한다. 내가 무슨 유난스러운 애국자, 애족자라는 말이 아니다. 부모의 사랑 속에 자라난 대부분의 사람들은 다 그 근본에서 애국자고 애족자다. 나라와 겨레는 대부분 사람들의 삶의 질을 크게 결정하기 때문에도 사람들은 나라와 겨레를 사랑하고 아끼고 그 내일을 걱정하기도 한다.

흔히 국가와 민족 둘을 두루뭉술하게 생각하는 경우가 많은데, 실은 국가와 민족은 엄격히 구분해야 할 두 개념이다. 혼동해서 생각해도 써도 안 되는 두 개념이다.

민족은 종족, 생활문화, 언어 등이 같은 사람들의 '집합'을 지칭하는 말이고, 국가는 한 정체(政體) 또는 정치체제를 이루는 사람들의 '조직'을 지칭하는 말이다. 민족이라는 말에는 어떤 조직의 개념이 들어가 있지 않다. 국가는 왕이나 대통령, 정부, 법률 등의 조직을 함축하는 개념이다. 둘은 같지가 않다.

또 한국이나 일본처럼 단일민족으로 구성된 국가도 있을 수 있고(한민족이 정말 문자 그대로 순수한 한 단일민족이냐는 또 다른 문제다), 미국이나 남미의 나라들처럼 인종 전람회같이 다수의 여러 민족들로 구성된 나라도 있을 수 있다. 반대로 한 민족이 두셋의 국가로 나누어져서 아옹다옹 싸우며 때로는 처참한 동족상잔의 혈전을 벌이는 수도 있다. 한국의 옛날 삼국시대가 그랬고 지금 남북분단이 그렇다. 국가를 잃었거나 국가가 불안해지고 위태로워질 때에는 민족정서는 더욱 강해진다. 국가가 없던 일제시대에는 민족만이 의지하고 호소하고 위안받고 삶의 의지를 지탱해 주는 관념이었다.

그러나 사람들을 먹여 살리고 사람들의 생명과 재산을 지켜주는 것은 민족이 아니고 국가다. 군대가 있고 법이 있고 경제조직을 갖추고 세금도 거둬들이는 국가가 나를 지켜주고 먹여 살리는 것이지, 민족이 나를 지켜주거나 먹여 살리는 것은 아니다. 일제시대에 아무리 울고불고 해도 민족이 나를 먹여 살려주지는 못했다. 따라서 정서적으로는 민족이 앞설지 몰라도 삶의 현실에서는 국가가 더 앞서고 더 중요하다.

지난날 한국인이 겪은 국가의 경험은 그리 달갑지 않았다. 먼 옛날은 고사하고, 왕가와 양반이 지배하던 조선조에서 백성을 위한다는 말이 가끔 그 지배층의 입에 오르내리기는 했어도, 그 말을 뒷받침하는 정치제도는 미비했고 대다수 서민들은 가렴주구(苛斂誅求)의 대상일 뿐이었다. 아무리 그 시대를 미화한다 해도 그 당시 서민들에겐 나라란 도리어 지긋지긋한 대상이었을 것이고, 따라서 간절한 국가의식이나 애국심도 별로 없었을 것이다. 애국심은 그것으로 이득을 볼 수 있는 지배층만의 것이었을 것이다.

그런 일종의 국가 혐오증은 일제시대에 더 짙어졌고, 해방 후에도 광복의 기쁨은 잠시 곧 이어진 여러 독재정권 속에서 그 동안 경제발전의 영광에도 불구하고 충분히 청산되지 않았다. 그것이 아직도 사람들이 나라보다 겨레, 국가보다 민족을 더 자주 운운하는 까닭일 것이다.

그러나 현실은 현실이다. 국가를 바로세우고 숙성하게 기르고, 굳게 지키지 않으면 사람들의 생명도 재산도 위태로워진다. 지금 우리에게 그 국가는 대한민국, 바로 반쪽이나마 자유민주주의를 국시로 하는 정치조직체인 대한민국이다. 북한이 우리가 자신을 의탁할 수 있는 정권은 아니다. 그리고 비록 그것이 내일에 거는 간절한 염원이라 할지라도, 현실이 아닌 '통일국가', '민족통일'의 꿈에 우리를 의탁할 수도 없다. 북한도 통일의 꿈도 우리를 먹여살리거나 지켜주지는 못한다.

국가와 민족은 확실히 구별해야 한다. 한민족은 그립지만, 지금 우리가 삶을 의탁할 수 있는 곳인 대한민국이다. 그렇다고 나는 국가가 개인 위에 군림해야 한다는 국가지상주의자(*nationalist*)는 아니다. 그저 국가의 중요성을 소중히 여기는 애국주의자(*patriotism*)일 뿐이다.

북 한

한국은 해방 후 줄곧 남북분단에 시달려 왔다. 북한이 공산주의이기 때문에 공산주의에도 시달려 왔다. 남북분단은 애당초 한민족 자신이 갈라놓은 것도 아닌데, 다른 여러 나라와는 왕래하면서도 같은 한민족이라는 남과 북은 '개미새끼 한 마리' 오가지 못하는 철천지원수처럼 갈라섰고, 처참한 골육상잔의 전쟁까지 치렀다. 근자에 우리 정부가 '햇볕정책'이라는 유화책을 써 왔지만, 북한은 조금도 부드러워지는 것 같지도 않고, 일촉즉발의 긴장감은 예나 지금이나 똑같다. 그런 긴장 속에서 한국사람은 나나 너나 반세기 넘게 살아왔다. 한국사람은 거의 다 일종의 '북한 노이로제'에 걸려 있는 셈이다. 이런 상황에서 나도 공산주의, 북한, 통일 등의 문제에 어떤 견해를 아니 가질 수가 없었다.

광복과 더불어 나도 일본군대에서 풀려나와 집에서 한 달쯤 쉬고 나서, 다니던 경성사범학교에 가보니, 벌써 옛날 급우였던 일부 아이들이 '학도대'를 조직하고 뭔지 부산하게 오가고 있었다. 그들이 붙인 벽보의 문구나 가끔 외치는 구호는 어딘지 좀 살벌했다. 그 학생들은 내게 저희들에게 동참해 달라고 자꾸 권했다. 그저 조용히 공부만 하기로 결심한 나는 끝내 응하지 않았다. 나중에 알고 보니, 그들은 좌익운동을 하고 있는 학생들이었다.

나의 계속적인 거절이 그들의 비위를 상하게 했던 모양이다. 그들은, 내가 우익학생운동을 하는 것도 아닌데 나를 '반동분자'로 지목했다. '학도대' 학생들은 자주 모든 학생들을 강당에 소집해서 학생회 총회를 열었다. 그것은 무슨 회의라기보다는 강압적 정치선전과 저희들의 결정사항에 아무 소리 말고 듣고 동의하고 박수쳐야 하는 공포분위기 속에서 진행되었다. 회의장 뒤에는 깡패 같은 아이들도 버티고 서서 학생들을 노려보고 있었다. 나는 그 분위기가 몹시 싫었다. '해방은 이런 것이 아닐 텐데….'

참다못해 한두 번 나도 모르게 손들고 일어서서 부당한 처사를 거의 발작적으로 항의했다. 얼마 후 친구들이 내게 몸조심하라고 귀띔했다. 내가 테러대상이라는 것이다. 그전에 몇 번 학내에서 구타 테러사건도 있었다. 그 후엔 한참동안 학교가기가 두려웠다. '공산주의, 공산주의자란 이렇게 행동하는 것인가?' 그때부터 나는 공산주의가 뭔지 알지도 못하면서 그저 감정적으로 역겨워졌다.

그러나 알고는 있어야 하겠기에 공산주의에 관한 책자를 이것저것 읽어보았다. 맑스의 《자본론》은 펼쳐보니 너무 어려웠고, 대부분 얇은 소개서였다. 무산계급, 프롤레타리아 혁명, 계급투쟁, 유물사관, 잉여가치 등 알 듯 모를 듯한 말들을 처음 접했다. 친구들하고 생각도 나누고 토론도 했다. 그래도 그 정체는 또렷이 잡히지 않았다. 그러나 이런 책들에서 읽은 것보다는 그 후 줄곧 여기저기 보도에서 듣기도 하고 읽기도 한 북한 내부에서 그리고 소련 또는 중공(中共) 내부에서 벌어지고 있다는 여러 사건·사태들은 점점 더 나를 공산주의에서 멀어지게 했다.

나는 좌익이건 우익이건 학생들의 정치운동엔 아무 관심도 없었는데, 어쩌다 나도 모르게 학생들의 좌우익 싸움에 말려들었다. 내가 다니던 경성사범학교엔 좌익아이들이 거셌다. 그들은 보기에도 정치운동에 부산했다. 나는 이제는 공부할 때라고 결심하고, 그런 정치운동과는 애써 멀리했고, 뜻을 같이하는 친구들과 '죽순회'라는 작은 모임을 만들어, 같이 책을 윤독(輪讀)하기도 하고 토론도 벌였다. 일종의 '독서회'였고, '죽순'은 죽순처럼 우리의 지식을 쑥쑥 자라게 하자는 뜻이었다. 그 '죽순회'가 좌우익 학생싸움에 말려드는 발단이 된 셈이다.

1948년엔가 국립으로 운영되는 많은 대학들을 합해서 하나의 국립대학교로 만든다는 '국대안'(國大案)이 발의되었다. 좌익아이들은 극렬하게 그 안을 반대했다. 미군정이 발의한 것이기 때문이었을 것이다. '죽순회' 회원 그리고 몇몇 뜻이 맞는 학생들은 거기에 가담하지 않았다. 좌익이건 우익이건 정치운동 같은 것에는 가담하지 않기로 했기 때문이다. 밖에서 '건설학생회'니 '서북청년학생회'라는 '우익'단체의 유인도 받았으나 정치활동은 끝끝내 거절했다.

좌익아이들은 맹렬히 학생들의 대학수강 등록을 반대했고, 등록하려는 학생들을 등록 못하게 설득도 하고 여러 모양의 위협도 가했다. 학교에 등록하러 온 학생들이 그 기세에 눌려 매일 이러지도 못하고 저러지도 못하고 겁먹고 교정에서 서성거리곤 했다.

우리들 몇몇은 그 사태에 대항하기로 결심하고, 그 서성거리는 학생들을 독려하면서 등록장소로 같이 가서 등록을 도와주기로 했다. 또 좌익아이들에게 이끌려 교내에서 행렬을 지어 등록반대 데모를 벌이고 있는 학생들의 대열에 '용감하게' 맞서서 그러지 말고 등록하라고 고함도 질렀다. 등록한 학생들의 수가 점점 늘어가자, 그 학생들은 좌익아이들의 '학생회'와는 다른 '학우회'를 만들자고 결정하고, 극구 사양하는 나를 그 회장으로 뽑았다.

3월 중순의 등록 마지막 날에 '대회전'이 벌어졌다. 폭력사건은 없었으나, 등록반대 학생회 학생들은 본관건물 입구 위에서 빨간 글씨로 등록반대의 구호를 쓴 길고 큰 플래카드를 걸었다. 그것을 본 학우회 학생들은 질세라 등록하자는 구호를 적은 큼지막한 입간판을 급조해서 교문 바로 안에 세웠다. 학생회 아이들이 학교건물 안팎 여기저기에 구호벽보를 붙이기 시작했다. 학우회 아이들도 지지 않았다. 학교 안팎이 벽보로 뒤덮였다. 여학생들까지 아직도 찬 날씨에 손을 호호 불어가며 벽보에 풀을 발라 여기저기 부지런히 뛰어다니며 붙이고 있었다.

나중에 들리기를, 벽보에 뒤덮인 그 학교 모습이 하도 어지럽고 요란하고 '희한해서' 길을 지나가던 행인들은 물론 전차도 멈춰서 구경하고 있었다고 했다. 상대방의 벽보를 떼어버리는 일이 생기자, 그렇게 상대의 것을 떼지는 말자는 신사협정까지 했다. 지금 생각해 보아도 희한하게 신사적인 회전(會戰)이 하루종일 계속되었다. 나는 방에 들어앉아 마치 무슨 사령관이나 된 듯이 이것저것 사태를 챙겼다. 그런 내 모습이 속으론 내 자신에게도 우스웠다.

등록시간이 끝났을 때, 학생들의 약 90%가 등록을 마쳤다. 우리는 '승리'를 만끽하면서 넋을 놓고 주저앉았다. '결국 이 세상은 자칫하면 10%가 90%를 당기고 밀고 하는 세상인가' 하는 생각이 스쳐갔다.

학생들은 거의 다 등록했는데, 이번에는 몇몇 교수들이 사태에 겁을 먹었던지 수업시간에 학교에 나타나지 않았다. 우리는 선생님들이 야속했다. 그 교수들의 집까지 찾아가서 출강을 간청하고 애원했다. 한 달 후 4월에 학교가 '정상화'되었다.

이제 공산주의는 약 70년간 세계에서 수천만의 생명을 앗아간 후에 1987년 소련 공산주의의 붕괴로 소란스러웠던 수명을 끝내고 역사의 뒷전으로 사라졌다. 세계 다른 곳에서 사라진 원형적 공산주의가 지금 북한에 그대로 남아 있으며, 남한 자유민주주의와 대치하고 있다.

북한은 내가 직접 가 보지는 못했지만, 들려오는 여러 정황으로 미루어 우리와는 너무나 큰 차가 나고, 극심한 독재와 가난에 시달리고 있는 것은 명백하다. 나는 어렸을 때 뛰놀던 북한 산야를 그리워한다. 북한사람들을 얼싸안고도 싶다. 그러나 북한의 공산독재정권은 싫다. 그 공산주의도 싫고 그 독재체제도 싫다.

내 눈에는 북한정권은 그 국민에게 크나큰 비애만 안겨 주고 있는 것으로만 보인다. 그런 정부와 어떤 지나친 타협을 하는 것은 옳지 않다고 본다. 따라서 이른바 햇볕정책에는 그리 찬성하지 않는다. 북한사람들의 극심한 궁핍은 어떤 모양으로든 도와주어야 한다. 그러나 그 도움은 확실하게 북한사람들의 손으로 들어가야지, 많은 사람들이 우려하는 것처럼 군비확장에 혈안인 북한정권 자체의 손에 들어가서는 안 된다는 것도 명백하다.

이런 생각 때문인지, 내 주변의 많은 친구들이 다녀왔어도 나는 아직 금강산 관광을 하지 않았다. 속으로는 무척 가고 싶다. 나는 세 살에서 열 살까지 함경도 북청에 살았다. 그래서 북청이 내 마음의 고향이다. 얼른 가서 아직도 살아 있을지도 모르는 옛 동무도 찾아보고 싶고, 다녔던 학교도 놀러다니던 산도 개울도 다시 무척 가보고 싶다.

그러나 내가 지불하는 여행비가 북한정부에 들어갈 것이 뻔하고, 갔다 온 사람들의 말을 들으면, 남한 관광객들은 금강산 이외에는 새장처럼 버스 속에 갇혀서 거리의 행인과 이야기할 수도 없고, 가고 싶은 곳에 마음대로 가지도 못한다고 했다. 그것은 관광이 아니라, 수인(囚人)신세가 되는 것이고, 도리어 속만 더 상하는 여행이 될 게 뻔했다. 아무 날에나 그렇게 새장의 수인 신세가 아니라, 마음대로 북한사람을 얼싸안을 수 있고 가고 싶은 곳에 갈 수 있게 될 때, 북한관광을 갈 것이다. 그 날이 언제나 올까?

통 일

한국사람은 모두 남북통일을 원한다. 나도 그렇다. 그러나 성급한 통일로 뒤탈이 더 많아진다면 그런 통일은 안 하느니만 못하다. 도리어 통일을 위해 지금 우리가 해야 할 일은 대한민국의 자유민주주의를 유지·성숙·발전시키며, 정치적 안정과 경제적 역량을 기르고, 언젠가는 올 통일에 대비하여 그 '충격'을 최소화할 수 있는 방안을 모색하는 노력일 것이다.

통일의 시나리오는 세 길밖에 없어 보인다. 첫째는 남북합의에 의한 평화통일이고, 둘째는 한쪽의 붕괴나 '양도'에 의한 '흡수통일'이고, 셋째는 전쟁에 의한 강제통일이다. 아무리 생각해도 이 세 길밖에 없다. 굳이 넷째를 보탠다면 당분간 통일의 염원을 접어두는 길이다.

첫째 평화통일은 모두가 원하지만, 세계사에 그런 선례가 드물어 그 실현을 기대하기는 아주 어렵다. 둘째의 흡수통일은 동·서독 통일에서 보듯이 그래도 평화통일에 가까운 길이다. 셋째의 전쟁에 의한 통일은 치러야 할 참극을 생각한다면 결단코 피해야 할 비극이다. 문제는 어느 시나리오의 통일이건 다 갖가지 충격과 후유증을 수반할 것이라는 데 있고 그 대비가 있어야 한다는 데 있다. 어쩐지 우리의 통일정책에 그런 대비가 잘 보이지 않는 것이 불안하다.

약 15년 전, 한담을 겸한 작은 비공식적 모임에서 통일문제가 화제로 떠올랐다. 그 자리에서 동석했던, 국가안보에 책임이 있는 한 기관장에게 나는 단도직입적으로 묻는다고 전제하고, "가령 내일이라도 북한에 어떤 정변이 일어나서 수천, 수만의 북한의 피란민들이 강원도 양구의 휴전선을 뚫고 남한으로 밀려 내려온다면, 그런 사태에 대한 대비책이 정부에 있습니까? 있다면, 그리고 내가 알아도 되는 것이라면, 어떤 대책들이 있습니까?" 라고 물었다.

그는 확실히 좀 당황하는 기색이었다. "있기는 있지만 … " 하고 답을 얼버무렸는데, 내겐 필시 그런 대책이 없는 것으로 여겨졌다.

그 이듬해인가 내가 있는 대학에 러시아의 사회과학연구원 원장이었던 학자가 와서 세미나에서 발표도 하고 질의응답도 했다. 주제는 "동·서독의 통일과정"이었다. 그는 유창한 영어로 발표했다. 그의 발표가 끝난 다음 나는 '당신들의 동서독 통일의 경험으로 미루어, 남북한의 통일문제에 대해서 가장 먼저 충고하고 싶은 것이 무엇이냐'고 물었다. 그는 잠깐 생각하더니, 다음과 같은 의외의 대답을 했다.

> "남북한 사이에 어떤 통일의 계기가 터지면, 당장은 북한 피란민들이 남한으로 몰려 넘어오지 못하게 우선 국경을 막아야 한다. 하지만, 단일민족이라는 한국사람들에게는 그것이 대단히 어려울 것이다. 대부분은 당장에라도 받아들여 얼싸안고 싶을 것이다. 그러나 그들이 갑자기 하루수입이 천 원인 사회에서 만 원, 십만 원인 사회로 들어오면, 넘어온 북한사람들에게도, 받아들이는 남한사회에도 온갖 문제가 발생할 것이다. 오히려 북한의 경제가 소생하도록 도와주고, 어느 정도 비슷해진 다음에 국경을 서서히 여는 것이 훨씬 통일의 충격을 최소화할 것이다."

전혀 생각 못했던 의외의 대답이었다. 그의 제안이 얼마나 타당한 것이냐는 둘째치고, 통일에는 생각하고 대비해야 할 문제가 엄청 많다는 것을 절감했다.

어떻게 통일이 되든 그것은 자유민주주의를 이념으로 하는 국가로의 통일이라야 한다는 것이 내 신조다. 다른 이념으로의 통일은 나로서는 생각할 수 없다. 그럴 바에야 차라리 여러 전제조건이 성숙할 때까지 통일은 유보하는 것이 낫다. 다시 자유 없는 독재사회로 돌아가기는 싫다. 아마 대부분의 한국사람이 그럴 것이다. 그러나 어쩐지 작금의 통일정책의 논의와 그 진행에서 자유민주주의라는 이념의 문제가 등한시되고 제외되고 망각되고 있다는 감이 짙어 이 또한 불안하다.

통일의 가장 중요한 전제조건은 반세기에 걸쳐 정치, 경제, 교육, 언어 등 여러 분야에서 이질화된 제도와 관습을 풍부한 교류로 충분히 동질화(同質化)하는 단계가 먼저 있어야 한다는 것이다. 이런 동질화에는 다방면으로 우리의 노력이 필요할 것이다.

그리고 또 하나 깊이 생각해야 할 문제가 있다. 남북한 사람들이 아무리 통일을 원하고 어떤 계기에 막상 그 준비를 한다 해도, 주변 강국들, 중국, 러시아, 일본, 미국들이 한반도에 자기들 구미에 맞지 않는 7, 8천만의 '대국'이 생기는 것을 가만히 보고만 있을까, 지금대로 둘로 갈라져 서로 으르렁대면서 힘을 소모하게 놓아두는 것이 낫다고 생각하는 것은 아닐까 하는 의심이 들 때가 있다.

이런 의심이 의당하다면, 그것은 곧 통일문제의 반 이상이 외교력의 문제라는 것을 뜻하고, 통일을 위해서 열강을 설득할 수 있는 탁월한 외교력이 우리에게 필요하다는 것을 일깨워준다.

자 유

자유(自由)! 참 좋고 그립고 반가운 말이다. 새장에 갇힌 새도 문만 열면 창공의 자유를 찾아 날아간다.

사람들이 보통 뜻하고 원하는 민주주의(民主主義)는 정확하게 말하면 '자유민주주의'다. 그것을 짧게 민주주의라는 한마디로 대신하고 있을 뿐이다. 그래서 그 뜻을 확실하게 전달하려면, 미국 대통령들이 연설에서 입버릇처럼 뇌듯이, '자유와 민주주의'(*freedom and democracy*)라고 하든지 또는 좀 학술적 냄새가 나는 자유민주주의(*liberal democracy*)라는 말을 쓴다.

자유민주주의는 자유와 민주주의의 합성어다. 자유와 민주주의는 서로 관계는 있지만 뜻은 다른 별개의 개념이다. 민주주의, 좁은 의미에서의 민주주의는 다수결에 의한 선거 내지 합의에 의한 '권력획득'의 원리고, 자유는 그렇게 획득한 권력을 국민 각자의 자율적 행복 추구권을 최대로 보장하면서 행사하는 '권력행사'의 원리다. 다시 말해서, 민주주의는 세습이나 혁명이나 폭력이 아니라 선거나 합의에 의한 권력획득의 원리고, 자유는 각종 강제나 규제를 최소한도로 줄인 권력행사의 원리다.

자유와 민주주의 중에 보다 근본적인 것, 사람들이 원초적으로 희구하는 것은 자유다. 권력에 의해서 지나친 위협·강제·규제·간섭을 받지 않으려는 자유다. 가령 세습 또는 무력혁명으로 왕이 되었다 해도, 그 왕이 국민의 자유를 폭넓게 보장한다면, 옛날 어떤 어진 명군의 선정(善政)처럼 국민들은 그를 용납하고 찬양까지 한다. 그것은 이름지어 '자유 비민주주의'인 셈이다. 다만 흔히 세습·혁명으로 나타나는 왕에게는 그런 '명군'을 기대하기가 어렵다는 것이 문제다. 그래서 우리는 민주주의를 바란다.

그러나 반대로, 민주주의적 선거에 의해서 나타나는 대통령이 그 권력행사에서는 무자비한 탄압·강제·타율을 일삼는다면, 그것은 아주 고약한, 도리어 '자유 비민주주의'보다도 못한 이른바 '비자유 민주주의'(*illiberal democracy*)다. 누군가 그것을 '민주독재자'(*democratator*)라는 묘한 이름으로 불렀다.

근대사에는 비자유 민주주의, '민주독재자'의 사례가 엄청 많다. 가장 대표적인 것이 나치 독일의 히틀러다. 히틀러는 혁명 아닌 보통선거로 태어난 대통령이다. 그러나 그는 그 권력으로 포악한 탄압을 일삼은 희대의 독재자였다. 이런 비자유 민주주의의 반열에 끼는 독재자는 수도 없이 많았다. 남미의 페론, 후지모리, 피노체트, 필리핀의 마르코스, 유고의 밀로셰비치다. 제 2차 세계대전이 끝난 후에 민주주의의 매력에 끌려 신생민주주의 국가로 출범한 나라들이 거의 대부분 얼마 안 되어 이런 비자유 민주주의로 전락하곤 했다. 광복 이후 줄곧 한국도 그 예외가 아니다. 민주적 선거는 있었지만, 행정은 줄곧 지금까지도 독재 또는 중앙집권적 관료권위주의 체제였다.

민주주의, 정확하게 말해서 자유민주주의의 길은 순탄한 길이 아니다. 그 쟁취도 어렵지만, 그 수성(守成)은 더 어렵다. 그만큼 계속적인 천명과 성찰과 수호의 결의가 있어야만 그 수성이 가능하다.

자유민주주의는 보통선거 제도 이상의 것이다. 보통선거만으로는 '민주독재자'도 나오고, 부정부패자도 나올 수 있고, 분열주의자와 무능자도 나올 수 있다. 그리고 세습, 혁명, 보통선거, 어느 방법으로 획득했든 권력은 근본적으로 하나의 폭력이라는 점에 우리는 특히 유의해야 한다. 그 권력은 선용할 수도 있고 악용할 수도 있고, 활용할 수도 있고 오용할 수도 있고 무용지물이 되게 할 수도 있는 예리한 칼과 같다. 그 선용, 활용, 유용을 위해서는 보통선거 이상의 조건이 필요하다. 그 조건이 자유의 보장이다.

나의 경우, 자유민주주의의 감정적·소극적인 정의는, 개·돼지처럼 살지 않아도 되고, 노예처럼 살지 않아도 되고, 로봇처럼 살지 않아도 되는 사회다. 우리 세대는 지난날 그런 세상을 지겹도록 겪은 세대다. 그런 세상에, 지금 북한이 그렇다는 그런 세상에는 다시는 돌아가고 싶지 않다. 내 자손들에게도 그런 세상을 물려주고 싶지 않다. 그러나 그럴 위험성이 가끔 어른거리는 것이 불안하다.

자유민주주의의 개념적·적극적 정의는, 앞에 말했듯이, 국민들이 필요 이상의 통제 또는 탄압이나 강제를 받지 않고 최대한 자율적으로 자기 행복을 추구할 수 있는 사회다. 먹고 싶은 것 먹을 수 있고, 가고 싶은 곳에 마음대로 갈 수 있고, 하고 싶은 일을 할 수 있고, 말하고 싶은 것을 마음대로 말할 수 있는 사회를 뜻한다.

나는 여러 우여곡절을 겪었어도 그런 대로 이럴 수가 있는 자유민주주의가 국시인 대한민국에 살고 있는 것을 정말 천만다행으로 여긴다. 그럴수록 북한 사람들, 동포들이 더 불쌍하게 그려진다.

어떤 이들은 자유민주주의는 외래사상 서양사상이며, 우리는 우리에게 알맞은 예컨대 '한국적 민주주의' 같은 것을 찾아야 한다고 말한다. 그랬던 때도 있었다. 나는 이 말에 찬성하지 않는다. 사람들이 개·돼지나 노예나 로봇처럼 살기 싫어하는 한, 그는 자유민주주의 신봉자다. 그 유래가 서양이었건 또는 어떤 이들이 주장하듯이 옛날의 동양과 조선에도 비슷한 제도가 있었건 아니건 간에, 자유민주주의는 근본적으로 자유를 갈망하는 인간의 본성에 그 뿌리를 두고 있는 것이다.

그러나, 앞에서도 말했듯이, 자유민주주의의 길은 그리 호락호락 아무 노력 없이 평탄하게만 걸어갈 수 있는 길은 아니다. 바로 '자유'라는 개념은 여기 저기 '걸리는 데'가 많기 때문이다. 자유에 관계되는 사항들이 많기 때문이다.

우선 첫째, 이 세상에 문자 그대로 마음대로의 자유는 있을 수가 없다. 자유는 법(法)의 지배를 받아야 한다.

새 아닌 사람이 날아다니고 싶다고 마음대로 높은 건물에서 뛰어내릴 자유는 없다. 지구의 낙하의 법칙 때문이다. 살려면 낙하의 법칙은 지켜야 한다. 인간의 세계에도 법칙・법률・율법이 있다. 인간의 자유는 법을 지키는 한도 내에서의 자유다. 그것이 한 사회의 법이 정하는 실정적(實定的) 자유 또는 실정법적 자유다.

하지만, 인간에게는 극한상황에서 실정법을 어길 수 있는 자유도 있다. 그러나 그렇게 법을 어기는 자유는 그 결과로 따라올 수도 있는 책임・벌 때로는 죽음까지도 감수할 각오를 해야 한다. 어떤 실정법이 악법이라고 믿는 독립운동가나 혁명가들은 목숨 걸고 그런 자유, 이름지어 실존적(實存的) 자유를 행사한다. 그것은 여느 사람들은 행사하기 어려운, 그 책임을 피할 수도 없고 때로는 피해서도 안 되는 비장한 자유다.

따지고 보면, 자유를 제약하는 또 제약해야 하는 조건에는 법만 아니라, 도덕과 정서도 포함된다. 화난다고 함부로 욕을 퍼붓거나 주먹질을 할 수는 없다. 통곡하고 싶어도 참아야 할 때도 있다. 내 갈 길이 급해도 행길에 넘어져 피 흘리고 우는 아이를 보면, 걸음을 멈추고 도와주는 것이 인지상정이다.

둘째, 보다 일반적으로 모든 자유는 책임(責任)과 표리의 관계에 있다는 것을 통절하게 인식하고 있어야 한다.

책임이 자유를 향유하고 행사할 수 있는 근본적 전제조건이다. 노예는 자유가 없다. 그러나 그에겐 책임도 없다. 책임은 주인의 몫이다. 자유인이 되려면, 즉 자유를 행사하려면, 그 결과의 책임은 용기 있게 감수할 수 있어야 한다. 아니면 자유인의 자격은 없고 '방종인'일 뿐이다.

자유란 이것이냐 저것이냐 선택의 갈래에서 그 선택을 내가 할 수 있고, 그 선택의 결과가 좋은 것이건 나쁜 것이건 그것을 내가 책임지고 책임질 수 있는 상황을 말한다. 때로는 그 선택이 아주 어려운 선택이고 그에 따르는 책임도 아주 무겁고 무서운 것일 때가 있다. 그래도 자유인은 선택도 하고 책임도 질 용기를 가져야 한다.

이러고 보면 자유란 호락호락한 길이 아니다. 그래서 사르트르(Sartre)는 "자유는 희한한 보물이지만, 지고 다니기가 아주 무거운 보물이다"라고 말했다. 버리자니 아깝고 지고 다니자니 무척 힘든 보물이라는 말이다. 또는 "인간은 자유이기로 축복받은 것이 아니라, 자유이기로 저주받고 있는 존재다"라고도 했다. 그래서 자유민주주의의 길은 희한한 그러나 힘이 드는 길, '가장 좋은 최악의 길'이다. 따라서 자유는 무거운 책임과 '저주'를 받아들일 용기가 있는 사람만 진실로 향유할 수가 있다.

셋째, 자유는 안정감(安定感)과도 서로 걸린다.

자유를 슬기롭게 행사할 자신이 없고, 책임 있게 행사할 용기가 없을 때 사람들은 자유상황에서 도리어 불안에 사로잡히게 된다. 어찌 해야 할지를 모르고 책임지기도 두렵기 때문이다. 즉 '자유의 능력'이 부족하기 때문이다. 그런 불안이 쌓이면 개인들의 안정감도 흔들리고 사회의 안전성도 흔들리면서, 사람들은 자유를 버리고 어디엔가 의지하고 의탁할 수 있는 힘 또는 귀의할 수 있는 곳을 찾고 갈망하게 된다. 심지어는 자아마저 포기하고 굴종할 수 있는 대상도 찾게 된다. 그렇게 안정감을 잃은 사람들과 사회는 그 귀의의 대상을 각종 독재자, 사이비 종교, 대중과 유행에 찾고, 결국은 자아상실에 이르게 된다. 이것이 정신분석학자 프롬

(Fromm)의 유명한 《자유에서부터의 도피》라는 저서의 주장이다.

지적 수준이 상당히 발달되어 있고 자유의 가치도 충분히 인식하고 있는 현대사회에서, 왜 그렇게 히틀러나 무솔리니 같은 전제자·독재자가 출현하는지, 왜 그렇게 미신에 가까운 사이비 종교들이 가끔 많은 사람들 때로는 상당한 지성인들마저 사로잡는지, 왜 그렇게 많은 사람들이 개성도 자발성도 버리고 잊고 잃어버리면서 대중적 유행에 휩쓸리는 것인지, 그 이유를 프롬은 '자유의 능력'의 부족에 따른 불안, 불안정이 원인인 '자유에서부터의 도피'에서 찾았다.

'자유에서부터의 도피'의 주장은, 민주혁명과 혼돈과 독재와 다시 민주혁명이라는 몇 번의 악순환을 거듭했던 해방 후 한국 현대사에도 무관하지가 않다는 것은 긴 설명이 필요 없을 것이다. 문제는 그런 악순환을 다시 겪지 않으면, 자유의 개념과 그 능력과 그 행사에 관한 계속적 성찰이 필요하다는 데에 있다.

넷째, 자유는 평등(平等)과도 걸린다.

자유가 지나치면 평등이 희생되고, 반대로 평등이 지나치면 자유가 희생된다는 관계다. 경제적으로 말하면, 자유경쟁이 지나치게 강조되면 경제적 평등이 깨지고, 그에 따라 심한 빈부격차로 사회가 양극화되고 불안해지면서, 급기야 자유민주주의 존립 자체를 위태롭게 한다. 반대로 평등과 분배가 너무 강조되면, 자유가 깨지고, 그에 따라 생산의욕이 꺾이면서 생산이 하락하고, 결국 분배할 부가 줄어들면서, 그 경제적 침체로 이어져 이 또한 사회불안을 조성하고 자유민주주의를 위태롭게 한다.

벌써 20여 년 전, 우리집 산에 밤나무가 꽤 많았다. 어느 가을 친구들 가족을 산에 초대했다. 한 열 가구가 왔다. 마음대로 밤을 따서 가져가라고 했더니, 부모 아들 딸들이 신나서 밤을 따기 시작했다. 산을 떠날 때쯤에 얼마나 땄는지 살펴보았더니, 어떤 집은 실히 한 말은 땄고, 어떤 집은 반 되도 못 되었다. 아이들의 수와 크기, 아버지 어머니가 게으르냐 부지런하냐에 따라 생긴 차이다. 어떤 집의 아버지는 술만 마시고 소풍만 즐기고 있었다. 비교해 보더니 밤이 적은 집 아이들의 얼굴이 울상이 되었다.

나는 그 울상을 보고, '그리 비싸고 긴요한 것도 아니고 그저 재미로 딴 밤이니, 다 모아서 비슷하게 나누어 가지자'고 제안했다. 이번에는 밤을 많이 딴 집 아이들이 시무룩해졌다. 그러나 아버지들이 '그럽시다' 하는 통에 잠자코 있을 수밖에 없었다.

그 이듬해 그 가족들을 다시 산에 초대했고 다시 밤 따기를 했다. 떠날 때 보니, 모든 집이 딴 밤의 양이 전 해의 8분의 1도 안 되어 보였다. 나누고 자시고 할 것도 없었다. 게으른 집은 게을러서 별로 따지 못했고, 부지런했던 집은 따야 뺏길 것이기 때문에 별로 따지 않았던 것이다.

나는 속으로 무릎을 쳤다. '이래서 공산주의가 안 되는구나!' 나는 자유와 평등, 생산과 분배를 지배하는 어떤 경제원리를 깨달은 듯했고, 그 원리가 작용하는 한 표본을 본 듯한 기분이 들었다.

대표적 민주국가에는 대개 보수당이 있고 진보당이 있다. 그 까닭은 자유와 평등, 생산과 분배는 언제나 계속 그 균형을 잡아가야 할 문제이기 때문이다. 불란서 혁명의 슬로건이 '자유, 평등, 박애(博愛)'다. 그것은 셋 다 좋은 말을 직선(直線)으로 나란히 늘어놓은 것이 아니라, 삼각형의 저변 두 꼭지점인 자유와 평등은 자칫 쉬 갈등관계에 접어들 수 있는데, 그 갈등을 그래도 완화시킬 수 있는 박애라는 원리가 정점에 있는 삼각형으로 도식화해야 한다. 부자가 빈자의 처지를 이해하고 돕고, 빈자도 부자의 노고를 이해하고 밀어주는 박애의 정신이 자유와 평등의 균형을 잡아준다.

지난날의 한국의 자본주의경제는 자유를 지나치게 강조했다. 그것이

격렬한 노사문제 등 여러 가지로 그 후유증을 낳았다. 요즘에 와서는 평등・분배를 너무 강조해서 생산의욕이 떨어지고, GNP도 오랫동안 제자리걸음이고 경제불안도 역력하다. 다른 여러 복합적 원인들이 작용하고 있겠지만, 자유와 평등에 관한 안일한 생각, 일방적 편집(偏執)이 그 큰 한 원인인 것만 같다.

자 율

자유와 자율(自律)은 동의어, 같은 말이다. 영어의 freedom과 autonomy보다는 '자유'와 '자율'은 둘 다 '자'(自)자가 들어가 있어서 닮은 말이라는 어감을 더 풍긴다. 자유는 '상황'을 가리키고, 자율은 그런 상황 속에서의 '행동'을 가리킬 뿐이다. 자율은 앞에 말한 자유의 정의에서 핵심개념이다. 자율이 없으면 자유도 없다.

사회현실에서 실제로 얼마나 자유가 있느냐는 바로 각계각층의 여러 사회활동에 대해서 얼마나 통제·규제가 적고 얼마나 자율이 넓게 허용되어 있느냐에 달려 있다. 예컨대 기업들이 얼마나 정부의 통제·규제·간섭을 받지 않고 자율적으로 기업체를 경영할 수 있는지, 그리고 기업체의 각 부서 직원들이 얼마나 경영진의 통제·규제 없이 자율적으로 맡은 일에 열중할 수 있는지에 달려 있다. 또는 대학들, 학교들이 얼마나 교육부의 통제·규제·간섭 없이 자율적으로 학교운영을 할 수 있느냐에 달려 있다. 병원들이 얼마나 보건복지부의 간섭을 받지 않고, 의사들이 얼마나 병원장의 간섭을 받지 않고 일할 수 있느냐에 달려 있다.

사회활동에 규제나 각종 통제가 없을 수는 없다. 최소한의 법적 통제, 최소한의 행정적 규제는 불가결하고 불가피하다. 그러나 그런 규제·통제가 얼마나 작고, 얼마나 최소한에 그치느냐가 문제다.

이런 견지에서 보면, 한국의 자유민주주의는 갈 길이 멀고, 아직도 비자유 민주주의를 벗어나지 못하고 있다고 말할 수밖에 없다. 지난 20여

년 동안, 기업들은 여러 규제를 풀라고 줄곧 아우성쳤으나 역대 정부는 실질적으로 마이동풍(馬耳東風)이다. 금융계도 규제 · 통제가 적은 자율을 줄곧 호소했고 의료계도 매한가지다. 특히 내 관심사인 교육계, 대학교육계에서는 내내 자율을 달라는 비명에 가까운 읍소(泣訴)를 해도 역대 교육부는 요지부동이다. 도리어 통제 · 규제 · 간섭이 더 심해져 가는 감마저 짙다.

어제도 한 조간신문의 제 1면에 "교육부 손떼야 일류대 나온다"는 표제의 기사가 실리고, 대학에 대한 교육부의 간섭을 조목조목 비판했다. 외국기업들이 한국 진출을 기피하는 가장 큰 이유로 언제나 정부의 지나친 규제와 강성 노조를 들고 있다. 오늘 아침에는 한국 밖의 국제기관인 국제통화기금(IMF)마저도 '한국의 서울 강남의 집값 폭등은 교육수요를 폭넓게 충족시키지 못한 규제위주(*restrictive*) 교육행정의 탓'이라고 고언(苦言)했다는 보도가 있었다.

나는 많은 사람들이 개탄하는 학교교육의 황폐상, 대학교육의 침체상의 가장 큰 원인은 그간 교육부의 관료권위주의적 교육행정이었다고 주장한다. 그리고 그런 주장을 연장해서, 내 전공영역은 아니지만, 경제계, 금융계, 의료계 등 다른 여러 영역에서 벌어지는 무성의, 무책임, 무성과, 몰인정 그리고 그에 따른 갖가지 크고 작은 황폐 · 침체 · 부패의 근본원인 또한 지나친 중앙집권적 관료권위주의적 타율(他律)행정의 탓이라고 생각한다.

나는 한국의 내일을 위한 가장 급선무인 현실적이며 역사적인 과제는 모든 영역에서 자율(自律)을 획기적으로 신장하는 일이라고까지 주장하기를 서슴지 않는다. 본시 사람은 부당하게 간섭당하는 것을 싫어한다. 자기가 원하지도 않고 필요하지도 않은 부림받기를 싫어하는 존재다. 자기 힘으로 하고 싶고 자기 힘으로 능히 할 수 있다고 생각하는 일에 누가 옆에서 자꾸 이래라저래라하면, 화를 내고 "그렇다면 네가 해라. 난 모른다" 라고 그 일을 집어치운다. 그래도 먹고살아야 하기에 마지못해 해야 한다면, 시무룩해져서 일은 건성으로 적당히 해치운다. 그게 사람이다.

강한 중앙집권의 권위주의적 명령·지시·규제대로 일해야 하는 정도에 따라, 사람들은 그만큼 더 의욕과 사기가 떨어지고 성의·열의·책임감을 잃게 마련이다. 노예의 경우를 생각해 보면 된다. 심지어는 그만큼 죄악감마저 잊혀지면서 비도덕적이고 잔인한 행동마저 태연히 일삼게 된다. 틀림없이 개인으로서는 선량한 사람들이었을 독일 병사들이 히틀러의 명령하에서는 '눈 깜짝 안하고' 무고한 유태인들을 가스실로 몰아넣어 죽여버렸다. 타율상황은 도덕적 감정을 마비시킨다. 무엇보다도 타율상황이 짙을수록 사람은 스스로도 남에 대해서도 인간적 질감(質感)을 잃는다. 자기도 남도 사람 아닌 어떤 짐승으로 전락하고 있다고 느낀다.

온갖 민주주의의 구호와 구실에도 불구하고, 중앙집권의 권위주의가 좀처럼 걷혀지지 않고 도리어 더 강경해지는 감마저 있는 데에는 몇 가지 이유를 생각해 볼 수 있다. 첫째, 한국은 역사적으로 역대 왕조에 걸쳐 지방분권의 경험, 그에 따른 자율의 경험이 없었고 줄곧 중앙집권제였기 때문에 그것을 '당연한' 것으로 보는 습성이 우리에게 남아 있는지도 모른다.

둘째로 가까이 현대사에서 군사정부의 '개발독재'를 자주 비난하면서도, 그것이 취했던 강력한 중앙집권체제와 권위주의적 타율행정은 역대 정부가 그대로 답습하고 있다. 또한 그것을 버리지 못하는 것은 민주주의란 선거제도만 성취하면 다 되는 것이라는 안이한 생각 때문이라고 볼 수도 있다.

셋째로 권력이란 본래 한 번 거머쥐고 그 '맛'을 보면 여간해서는 내놓기 싫고 도리어 더 큰 권력을 차지하려는 속성을 가지고 있다. 권력자나 권력기관 자체가 시대의 흐름을 깊이 멀리 통찰해서 스스로 권력을 차차 이양하든지, 아니면 어떤 정치변혁으로 강제로 권력 재분배가 되든지 하기 전에는 권력이란 비대해져가는 성질이 있다.

넷째로 탐욕자에게는 권력을 움켜쥐고 있는 것이 아주 긴요한 부정부패의 수단이 되기 때문에도 권력은 내놓기 싫은 것이다. 지난날에도 요새도 부정부패, 특히 대형의 부정부패는 거의 대부분 권력 주변에서 일어난다는 것을 우리는 너무 자주 보아왔다.

성숙된 자유민주주의를 달성하려면 각 영역에서 자율의 획기적인 신장은 필수조건이다. 단, 거기에 명백히 밝혀두어야 할 또 하나의 필수조건이 있다. 자율은 응당한 책임 책무를 수반하기 때문에 자율에 따른 결과의 평가와 감사는 어떤 모양으로든 반드시 있어야 한다는 조건이다. 그리고 자율을 행하는 당사자는 기꺼이 그 평가・감사에 스스로를 개방하고 그것을 받을 수 있어야 한다. 아니면 그것은 자율이 아니고, 방임(放任)이고 방종(放縱)일 뿐이다.

정부는 각계각층에 대한 규제를 대폭 풀고 자율을 최대한 허용하는 대신, 그 업무 수행과정의 감독기능을 더 철저히 강화해야 한다. 손발을 묶어놓고 내버려두는 것이 아니라, 손발은 풀어놓고 그 손발로 제대로 일하는지를 면밀히 살펴야 한다. 기관들이 법은 지키고 있는지, '체질'은 건강한지, 혹 부정은 없는지, 소기의 목적을 얼마나 달성하는지 등을 살필 수 있어야 한다. 그런 평가・감시・감독을 하려면 관료에게도 담당영역의 기본적 전문지식도 필요할 것이다. 그런 기본지식 없이는 제대로 평가・감독을 할 수가 없고, 대신 타율적 규제만 강화하게 된다. 규제강화와 감독소홀, 규제완화와 감독강화 사이에는 큰 차이가 있다.

반면 각계각층의 기관들은 언제라도 그 감시・감독을 받을 수 있는 개방적 자세를 유지할 수 있어야 한다. 민주주의는 그렇게 종횡으로 엮여 있는 개방적인 상호견제(*check and balance*) 속에서 발전한다. 자율·자치의 이름 아래에서 폐쇄와 '치외법권'을 일삼을 수는 없다. 그런 폐쇄적 자율은 쉬 무능 은폐, 책임 은폐, 부정 은폐 등 각종 비리의 온상이 되기 때문이다.

별자리

초등학교 2학년 때였을 것이다. 어느 늦가을 동무네 집에 갔다가 저녁까지 얻어 먹고 놀다가 이젠 돌아가려고 집을 나왔다. 밖은 이미 밤이었고, 시원한 바람이 얼굴을 스쳐갔다. 칠흑 같은 밤하늘에 총총히 들어박힌 별들은 당장이라도 쏟아져 내릴 듯 무섭게 반짝이고 있었다.

유난히도 밝고 맑고 빛나는 별들이었다. 문득 동쪽 하늘에 포도송이처럼 다닥다닥 붙어있는 별들이 보였다. 전에는 본 적이 없는 희한한 포도송이 별들이 보였다. 서로 가까이 붙어서 무슨 정다운 얘기라도 주고받는 듯 번갈아 반짝이고 있었다. 나는 한동안 홀린 듯이 쳐다보면서, 머리 속에서 여러 가지 동화 같은 상상들을 이어갔다. 정다운 형제들도 연상했고, 엊그제 동화책에서 읽은 작은 요정들도 연상했다.

무슨 얘기를 하고 있을까? 별들이 어떻게 저렇게 모여 있게 되었을까? 한참동안 물끄러미 쳐다보면서 나는 무척 여러 가지가 궁금했다. 어린아이 같은 순진한 호기심과 상상은 언제나 앎의 근본적인 동기(動機)고 동력(動力)이다.

그 밤의 기억이 지금까지도 생생하고 내내 가끔 생각도 나는 것은 그때 밤하늘 포도송이별이 유난히 강렬한 인상을 남겼기 때문일 것이다. 대학시절에, 칸트가 그의《도덕형이상학》서론에서, 세상엔 생각할수록 그 불가사의에 경탄을 금할 수 없는 두 가지가 있으니, 하나는 밤하늘에 빛나는 찬란한 성좌(星座)들이고 또 하나는 사람 속에서 빛나는 도덕률(道德律)이라고 한 구절을 읽었을 때, 거의 반사적으로 나는 그날 밤 밤하늘의 별들과 그 포도송이별을 머리 속에 떠올렸다.

그때 밤하늘이 유난히 찬란했던 기억 때문인지, 그 후 줄곧 지금도 나는 천문학에 아마추어적 흥미를 가지고 있다. 한 저명한 미국 천문학자가 어릴 때 도시에서만 살다가 어쩌다 시골에 가서 칠흑 같은 밤하늘의 찬란한 별들을 보고 경탄했고, 그것이 남긴 강렬한 인상이 자기가 커서 천문학자가 된 동기였던 것 같다고 회고한 글을 읽은 적이 있다.

나는 초·중등학교 시절 내내 밤하늘의 성좌를 쳐다보는 것을 즐겼다. 그러나 이제는 그런 칠흑 같이 캄캄한 밤도, 찬란한 별하늘도 서울에서는 전혀 볼 수 없고, 시골에 가도 보기 힘들다. 공해와 전등불 때문이다. 어쩌다 세찬 태풍이 지나가서 공해가 좀 걷혀도, 시내의 그 많은 전등불 때문에 서울의 밤하늘은 언제나 뿌옇고, 몇 안 되는 일등성마저도 보일까 말까다. 이젠 시골에 가도 사방에 전등불이 하나도 없는 캄캄한 밤을 만나기 어렵다. 그래서 별이 잘 안 보인다.

언젠가 자동차를 타고 시골길을 가다가 사방에 전등불이 하나도 없는 정말 암흑의 밤을 오래간만에 만났을 때, 나는 일부러 차에서 내려 한참 동안 그 완전한 암흑을 즐겼다. 하늘엔 별들만 찬란했다. 무척 마음이 가라앉는 고요함을 즐겼다. 이제는 칠흑 같은 밤도, 찬란한 별 하늘도 영영 못 보는 잃어버린 고향처럼 아쉽다.

물리화학부

초등학교 다닐 때 나는 싫은 과목은 별로 없었다. 5학년 때쯤부터 유난히 재미 들었던 과목은 '이과'(理科)였다. 요즘의 '자연'이다. 아마 그때 선생님이 이과를 더 재미있게 가르쳐 주셨기 때문이었을 것이다. 또는 그 옛날의 '찬란한 성좌'의 기억이 작용했을지도 모른다. 이과 시간에 변변한 실험 같은 것을 해본 기억은 별로 없다. 그러나 뭐가 재미있었는지, 심심하면 이과 교과서에 설명도로 그려져 있는 그림들, 지렛대 원리의 그림, 꽃 씨방의 그림, 곤충 몸 구조의 그림 따위를 그대로 베끼곤 했던 기억은 생생하다. 책방에 들러 어쩌다 사는 책에는 그림이 많이 실린 별자리 얘기, 기계 얘기, 구름 얘기책도 있었다. 그때부터 나는 장차 과학자가 되겠다고 마음먹었던 것 같다.

중등학교 시절에 해당되는 경성사범학교에서는 입학하자마자 상급생들이 1학년을 모아놓고 어떤 운동부를 골라 거기에 들어올 것을 반강제로 권유했다. 나는 테니스부를 골랐다. 그리고 2학년이 되면 다시 상급생들이 와서 각자 자기들 과외활동부에 들어오라고 꼬이는 모임이 있었다. 그것은 강제는 아니었다. 미술부, 음악부, 박물부, 지력(지리역사)부, 공작부 등 여러 과외활동부가 있었는데, 나는 물화부에 들어가기로 했다. 물화부는 물리화학부의 약칭이다.

방과후면 정해 놓은 시간에 상급생과 같이 물리학교실, 화학교실에서 갖가지 실험을 했다. 나는 어머니가 지어주신 흰 실험복 가운을 실험실에서 입고 다녔다. 그 가운을 입고 다니면 내가 무슨 과학자나 된 듯한 기분이 들었다. 실험하다가 희류산이 묻어 그 가운에 탄 구멍이 생기기도 했다. 지금 생각해 보면, 2학년짜리 꼬마가 흰 가운을 입고 으스대고 다니는 꼴이 당돌하기도 하고 우습기도 했을 것이다. 실험실의 기구·기재와 화학약품 창고는 물화부 학생에겐 완전 개방이었다. 마음대로 꺼내고 마음대로 쓸 수 있었다. 물리와 화학의 선생님들도 '조심해서 다루고 아껴서 써라'는 말 이외에 아무 간섭이 없었다. 지금 한국의 중·고등학교에 이런 개방된 물리·화학실험실을 운영하고 있는 데가 있을까?

한 번은 수업시간에 화학 선생님이 비교적 간단한 장치와 약품을 써서 물에서 수소와 산소를 분해하는 실험을 보여주었다. 생겨 나오는 수소와 산소를 2:1의 비율로 사이다 병에 넣어 담더니, 그 병 구멍에 성냥불을 갖다 댔다. 펑! 하고 터지는 요란한 소리에 학생들은 기절초풍으로 놀라면서 희한해 했다.

그 실험이 하도 재미있고 희한해서 그 학기 여름방학에 그때 강릉에 있던 집에 갈 때, 그 장치의 재료와 약품을 선생님의 허락도 없이 조금 '실례'해서 집에 가지고 갔다. 동네 아이들을 모아놓고 똑같은 실험을 해 보였다. 아이들도 사이다 병이 펑! 하는 소리에 놀라면서 퍽 희한해 했다. 나는 의기양양했다.

방학이 끝난 뒤 돌아와서 선생님 몰래 기제와 약품을 실례한 것이 마음에 걸려 선생님께 이실직고했다. 선생님은 펄쩍 뛰듯 일어나서 화를 냈다. 나는 허락없이 빼낸 기제와 약품 때문일 것으로 짐작하고 머리를 조아렸다.

"다시는 그런 짓 하지 마라. 그게 얼마나 위험한 실험인지 아느냐! 나는 그 실험을 할 때, 미리 사이다 병을 샅샅이 들여다보고 조그만 흠도 없다는 것을 확인한 다음에 실험에 쓴다. 조금이라도 흠이 있으면 병이 폭발하기 때문이다. 다시는 그런 짓 해서는 안 된다."

나는 가슴이 철렁했다. 그러나 선생님은 선생님 모르게 빼내간 기제와 약품에 대해서는 일언반구 말이 없었다.

또 한 번은 오후 늦게 혼자 실험실에서 시험관, 플라스크 따위로 꽤 복잡한 장치를 꾸며 놓고 염산을 가지고 어떤 실험을 하고 있었다. 뭔가를 잘못 건드려 실험장치를 엎어버려 많은 시험관과 플라스크를 박살냈다. 염산이 흩어져 실험대에 흉한 자국도 생겼다. 난감했다. 다음 날 아침 다시 선생님께 이실직고하고 조아렸다.

"괜찮아. 과학자가 되려면 더 많은 실험관과 플라스크를 깨 박살내야 해."

정말 의외였고 고마웠다. 나는 눈시울마저 뜨거웠다. 과학교육을 진흥해야 한다면서 지금 한국에 이런 선생님이 몇이나 있을까?

물리실험실에 있는 꽤 큰 천체망원경이 있었다. 그것을 꺼내서, 한밤중에 학교 교정 한가운데에 장치해 놓고, 밤늦도록 밤이슬을 맞아가며 천체관측에 며칠을 열중하기도 했다. 달, 새벽이나 일몰에만 볼 수 있는 수성과 금성, 붉은 화성, 꼭 갈쭉한 보리알처럼 생긴 토성, 흐릿한 목성도 신비했다. 여러 성좌의 윤곽도 하늘에 그려보았다. 나는 오리온좌가 제일 좋았다.

한 번은 여름밤에 망원경을 돌리다가 멀리 낙산의 집들이 바로 눈앞처럼 가까이 보였다. 이 집 저 집 집안의 광경도 바로 옆에서 들여다보듯 보였다. 더워서 웃통 벗고 있는 남자, 거의 반나체로 허벅다리를 드러내놓고 있는 여자, 별별 광경이 다 보였다. 그들은 틀림없이 내가 엿보고 있는 것을 모를 것이다. 나는 못 볼 걸 보고 있다는 생각이 들어 얼른 망원경을 다시 밤하늘로 돌렸다.

팽창하는 우주

대동아전쟁이 터지자 실험실의 기자재와 약품도 앙상하고 부족해져서 물화부 활동은 뜸해졌다. 나는 대신 과학에 관한 책을 이것저것 꽤 많이 사 읽었다. 그 중 특히 두 책이 내게 거의 혼미스러울 정도로 강한 감명을 주었다. 있다면 지금도 다시 읽고 싶은 책이다.

하나는, 에딩턴이라는 저자의 《팽창하는 우주》라는 책이다. 요새 말로는 태초에 '대폭발'이 터져 우주가 시작했고 지금도 무서운 속도로 팽창하고 있다는 '빅뱅 이론'을 설명한 책이다. 그야말로 여러 가지 천문학적 숫자들이 난무하는 처음 듣는 얘기는 퍽이나 혼미스러웠지만, 나를 어떤 신비의 세계로 이끌어갔다.

또 하나는 가모프라는 저자의 《불가사의한 나라의 톰킨스 씨》라는 책이다. 상대성 이론을 쉽고 재미있게 만화그림도 넣어 가면서 풀이한 희한한 책이었다. 휜 공간, 줄고 늘고 하는 공간과 시간, 4차원 공간, 어린 딸을 집에 두고 광속에 가까운 엄청 빠른 비행기로 며칠 동안 우주를 여행하고 돌아온 아버지가 호호백발의 할머니가 되어 있는 딸을 만난다는 얘기, 우주는 무한하기도 하고 유한하기도 하다는 얘기 등 모두 다 알 듯 모를 듯한 정말 불가사의하고 기괴하기까지 한 얘기들이 담겨 있었다.

"팽창하는 우주"는 그래도 좀 알 만한데, "상대성이론"은 이해할 듯하면서도 도무지 그 까닭을 짐작할 수 없는 희한한 얘기들이었다. 그럴 수밖에! 정말 그 까닭을 알려면 어려운 고등수학을 먼저 알아야 한다고 누가 일러주었다. 그럴 수 있을 만한 고등수학 실력에는 나는 영영 이르지 못했다.

이 두 책을 읽은 것이 틀림없이 1941년쯤이었을 텐데, 지금 생각해 보면, 그 두 이론을 어떻게 벌써 60여 년 전에 엉터리로나마 접하게 되었는지, 그것도 희한한 일이다. 지금도 그 두 이론에 관련된 아마추어 과학기사나 논문이 눈에 띄면 즐겨 읽는다.

책 저자 이름도 잊어버리고, 물론 지금 내 서가에도 없지만, 그때 서너 권으로 된 《세계과학사》라는 책도 큰마음 먹고 사서 그때 책상 위에 꽂아 놓고 틈틈이 읽었다. 제법 과학자연 했던 셈이다. 희랍의 데모크리토스, 피타고라스, 프톨레미로부터 코페르니쿠스, 갈릴레오를 거쳐 뉴턴, 라부아지에를 지나 다윈, 맥스웰, 아인슈타인 등 기라성 같은 과학자들의 행렬을 따라가면서.

언젠가 비슷한 해에 일본에서 아주 유명한 공학박사라는 학자가 당시 경성제국대학에 와서 강연하게 되었다는 말이 무슨 중대한 소식이나 된 듯이 요란하게 물화부에 전달되었다. 얼마나 요란했던지, 지금도 그의 '바바'[馬場]라는 이름을 외우고 있다. 나는 호기심에 그의 강연을 들으러 갔다. 무슨 제목으로 무슨 얘기를 했는지는 기억이 없다. 중학교 3, 4학년짜리가 알아들을 수 있는 강연도 아니었다.

그러나 반백 머리의 학자다운 모습과 언동이 퍽 인상적이었다. 더 인상에 남은 것은 그의 강연의 반이 영어일 정도로 영어단어를 많이 썼다는 점이다. 대동아전쟁이 터져서 영어가 적의 언어라고 이단시되고 학교에서도 영어시간이 없어졌던가 크게 줄었던 시절이었다. 그런 시절에 영어단어를 마구 쏟아내는 그에게 적지 않게 놀랐다. '아하, 과학을 하려면 영어공부를 해야 하는구나'라는 생각이 번쩍했다. 내게 그게 그날 강연의 소득이었다. 혼자 영어공부하는 날이 많아졌다.

대동아전쟁 말기에 학교 기숙사에 들어가게 되었을 때에도 영어책 두 세 권과 콘사이스를 가지고 들어갔다. 어느 날 사감에게 들켰다. 적성(敵性)언어를 왜 공부하느냐고 그는 윽박질렀다. 나는 임기응변으로 기막힌 답을 했다. "적을 이기려면 적을 알아야 하지요." 사감은 "이게!" 그러더니 더는 아무 말이 없었다.

여 운

광복·해방과 더불어 나는 과학도의 꿈을 접었다. 대동아전쟁 말기에는 학교의 물화부도 '폐점 휴업'이었고, 해방 후엔 과학공부를 계속하려 해도 가르쳐줄 선생님도 없었고 시설·기재·책도 마땅치 않은 환경 때문에 그 꿈을 접을 수밖에 없었다. 그러나 그 때문이라기보다는, 해방된 나라에는 뭔가 더 급하고 더 긴요한 일이 있을 것만 같다는 생각이 자주 들었기 때문이다. 나는 내가 갈 길을 교육과 교육학으로 급선회했다.

거기엔 까닭이 있었다. 내가 7년간 다닌 경성사범학교는 초등학교교사 양성기관이었고, 아무리 내가 '교사될 생각은 없다, 과학자가 될 게다'라고 작정하고 있었다 해도 그 학교교육에서 나도 모르게 교육과 교사의 중요성의 인식이 길러져 있었는지도 모른다. 그러나 그보다 더 결정적인 이유가 있었다. 해방 후의 교사(敎師) 부족으로 몇 달 동안 부속국민학교에서 자원 임시교사로 아이들을 가르쳤다. 그때 수업시간에 해면이 물을 빨아들이듯이 열심히 내 수업을 듣고 있는 아이들의 애틋하고 영롱한 눈동자들이 더 결정적으로 나를 교육과 교육학의 길에 들게 했다.

대학에서 전공학과를 교육학과로 정했다. 그후 나는 지금까지 줄곧 자칭 타칭 교육학도다. 그러나 어쩔 수 없이 옛날의 과학적 관심은 꽤 긴 여운을 내게 남겨놓았고, 그 여운이 길게 내 사고를 지배해오지는 않았나 하는 생각이 가끔 든다.

대학생 시절 내가 적을 둔 사범대학 교육학과에는 죄송한 말이지만 신

나는 강의가 없었다. 대신 나는 철학관계 강의를 많이 택했다. 아마 사상·이념의 문제에 관심이 가기 시작하는 청년 후기였고, 해방 후의 어지러운 사회에서 마음의 가닥도 잡고 싶었고, 교육과 교육학도 결국 어떤 이상을 실현하려는 일이라는 생각이 들었기 때문일 것이다.

그보다는 그때 사범대학에는 철학·윤리학 분야에서 강의로나 인격적으로나 새로운 감동을 주시는 세 분의 명교수가 계셨다는 것이 더 큰 이유였을 것이다. 김기석, 김계숙, 김석목 교수다. 대학의 학사운영도 엉성하던 때였다. 각 학과에서 필수과목도 별로 없었고, 있었다 해도 잘 지켜지지도 않고 지킬 수도 없는 시절이었다. 그래서 학생들은 아무 학과의 아무 강의나 마음에 드는 강의를 골라서 듣고 학점만 채우면 되는 시절이었다. 나는 멀리 동숭동의 문리대까지 '원정'가서 심리학과, 철학과, 불어불문학과의 강의를 마음대로 등록해서 또는 청강해서 들을 수가 있었다.

지금 생각해보면, 그때에는 마지못해 그랬겠지만, 그런 '엉성한' 학사운영이 더 좋고 더 재미있고 원칙적으로 더 타당한 학사운영이었다고 회고하게 된다. '엉성해서' 좋다는 것이 아니라, 학생들이 아무 강의나 마음대로 들을 수 있어서 좋다는 말이다. 지금 한국의 대학들은 극심한 '학과 몬로주의', 학과 폐쇄주의에 빠져 있다. 학과들 사이에 높은 벽을 쌓아놓고, 온갖 구실을 다 하면서 '자기' 학생을 '자기' 학과에 묶어놓는다. 자기학과 학생들이 다른 학과과목을 기웃거리는 것도, 타과 학생들이 와서 자기학과를 기웃거리는 것도 백안시한다. 그것은 좁은 기술교육을 하는 전문학교나 전문대학이나 할 일이지, 대학 더구나 '종합' 대학이 할 짓은 아니다.

애당초 대학의 학과는 학생들을 '자기학과 학생'으로 받아들이고 꼼짝 못하게 하는 학생학과(*student department*)가 아니라, 학생들이 골라서 들으라고 여러 과목을 마련하고 가르치기 위한 수업학과(*instructional department*) 그리고 한 영역의 과목들을 담당하는 교수들이 교과운영상 자주 만나게 되는 교수학과(*faculty department*)일 뿐이다.

미국 하버드대학에서 전산학, 문학인류학, 철학 세 분야를 '3부 전공'(*triple major*)하는 학생을 만난 적이 있는데, 무척 재미있어 하고 발랄했다. 미국의 명문대학의 학부는 거의 다 학과가 없는, '학생학과'에서는 벗어난, '일반대학'(*general college*)으로 진화하고 있다. 다만 대학원에 가서는 전공학과나 전문대학원으로 뚜렷이 갈라지지만 거기에서도 학과간의 왕래는 많다. 나는 이런 종합화의 추세가 현대 학문 그리고 현대 대학교육이 가야 할 방향이라고 믿는다. 한국의 대학들도 그 폐쇄주의적 관성 때문에 어렵기는 하겠지만, 그 방향으로 진화해야 할 것으로 믿는다.

대학 시절 세 분 선생님의 덕으로 나는 철학관계 책도 자주 뒤졌고, 프로타고라스, 플라톤 또는 데카르트, 칸트, 듀이니 하면서 여기저기에서 꽤 철학자인 양했던 모양이다. 졸업하기 전에 졸업논문을 써야 했고 그 논문에 관한 면접시험도 보아야 했다. 풋내기가 오죽했으랴마는 나는 여기저기에서 듣고 읽은 철학적 개념들을 마구 써 가면서 꽤 두꺼운 논문을 써냈다. 면접시험실에 들어가자마자 세 분 교육학과 교수 중 한 분이 "이크, 대철학자가 들어오시는구먼" 하고 농을 던졌다. 나는 멋쩍게 웃을 수밖에.

대학시절에 나는 과학에 대한 향수는 남아 있었으나, 과학은 자연에 관한 것이고 인간사 사회사에는 철학적 사고가 더 중요하다고 생각하고 있었다. 인간사 사회사에 관한 한, 과학적 사고는 별 볼일 없는 것으로 가볍게 여겼다. 그래도 교육의 대상인 인간의 이해에는 심리학이 꼭 필요할 것 같아서, 미국 유학을 마음먹었을 때 우선 심리학을 좀 공부하겠다고 작정했다. 그리고 유학을 떠나면서 속으로는, 기회만 닿으면, 철학적 사고가 빈약하다고들 하는 미국의 교육학계에 어떤 경종이라도 울려볼까 하는 당돌하고 건방진 생각까지 해본 적도 있다.

미국 루이지애나대학 대학원 심리학과에서 1년을 보내는 동안, 과학에 대한 이런 나의 생각을 크게 바꾸지 않을 수 없었다. 그들 심리학자들은 내 생각엔 그저 당연해 보이는 명제를 가지고 그것이 정말 그러냐고 물고 늘어졌다. 예컨대, '지능이 높으면 학교공부를 잘한다' 또는 '사람들은 좌절당하거나 화가 나면 공격적이 된다' 또는 '아이들은 매를 맞아야 버릇이 든다' 등과 같은, 우리가 별로 그 진위를 따지지 않고 그러려니 받아들이는 명제들을 꼬치꼬치 따지고 든다.

정말 그러냐? 그렇지 않은 경우는 없느냐? 그런 예외의 경우가 많다면 그것은 거짓말이 되는 것이 아니냐? 또 애당초 '지능'이란 뭐고, '공부 잘한다'는 뭐고, '좌절', '공격성'이란 정확하게 무엇을 뜻하느냐 등을 따지고 든다.

여느 사람에겐 그저 당연하기만 한 이 명제들을 따지고 드느라고 그들은 수천 수만 달러의 연구비를 쓰고 밤낮으로 많은 시간과 노력을 경주한다. 왜? 왜 그 많은 돈과 애를 써 가며 그런 걸 따지나? 나는 문득 그 많은 노력이 결국은 쉽게 거짓말에 속지도 말고, 자기도 모르게 허투루 거짓말을 하지도 말자는 노력이라고 느껴졌다. 자연의 현상에 관한 입언(立言)에서나, 인간사와 사회사에 관한 입언에서나 과학적 사고란 결국 거짓에 속지도 말고, 거짓을 말하지도 말자는 어떤 도덕적 행위라고까지 느꼈다. 그런 느낌이 들자 그런 심리학자들의 노력에 머리가 수그러졌다. 과학이란 자연사에 관한 것이건 인간사·사회사에 관한 것이건 근본적으로 거짓말과의 싸움이었다. 과학적 노력에 대해서 이런 생각이 들게 된 것도 혹 옛날의 과학적 관심의 여운 때문이었을까?

기실 우리는 어지러울 만큼 많은 말, 말, 말의 세계에서 살고 있다. 이것은 이렇고, 저것은 저렇고, 이게 이런 까닭은 이 때문이고, 저게 저런 까닭은 저 때문이다 라는 수많은 말들의 세계 속에서 살고 있다. 사람들은 대부분의 경우 별로 따지지 않고 그 말들을 그대로 믿고 그것에 따라 행동을 결정하고 생활을 계획한다. 그러나 그 수많은 말들 속에는, 말하는 사람 자신도 그런 줄 모르는 거짓말이나 허튼 말들이 엄청 많다. 옛날의 미개사회에서도 그랬고, 지식이 발달됐다는 지금의 문명사회에서도 크게 다르지 않다. 그만큼 거짓말과 정말을 가려내는 일은 힘들고, 그래서 학문이 계속 필요해진다.

이런 생각이 들면, 자연과학, 사회과학만 아니라 철학 · 윤리학도 결국 다같이 거짓말, 허튼 말과의 싸움이고, 나아가 문학이나 예술도 거짓과의 싸움을 함축하고 있다는 생각에까지 이르게 된다. 그 거짓말과 전쟁을 우리는 흔히 '진리탐구'라고 부르고 있는 것이다. 거짓말과 전쟁을 뒤집어 놓은 것이 진리탐구다.

진리의 생태학

진리(眞理)! 참 좋은 말이다. 학문을 논할 때엔 으레 '진리탐구'를 운운하고, 대학을 운운할 때에도 으레 '진리탐구의 전당'이라는 말이 오르내린다. 명색이 대학교수인 나의 사명도 진리탐구다. 사람들은 누가 열변을 토하면서 "이것이 진리다!" 라고 목청 높여 외치면 괜히 그 말을 그대로 믿어야 하나 보다 하는 기분에 사로잡힌다.

'진리' 하면 흔히 어떤 고상하고 심오하고 궁극적인 유일의 진리! 라는 식으로 어마어마하게 생각하는 사람들이 있는데, 나는 그렇게 생각하지 않는다. 진리는 비근한 데에도 널려 있다. '비가 와야 채소가 자란다', 'IQ가 높아야 공부 잘한다'도 사실이 그렇다면 진리다. 그러나 진리가 뭐고 진리란 도대체 어떻게 알아낼 수 있는 것이냐를 캐들어가면 문제는 그리 간단하지가 않다.

우선 나는, 언제 누가 지어낸 말인지 모르나, 진리(眞理)라는 낱말은 아주 잘 지어낸 말이라고 생각한다. 진리란 '참된 이치'(理致) 라는 뜻이고, 이와 대조적으로 진실(眞實)이란 '참된 사실'(事實)을 뜻하는 것으로 구분할 수 있기 때문이다. Truth나 veritas라는 말은 이에 비하면 이런 구분 없이 진리와 진실을 두루뭉술한 말이다.

진리는 어떤 둘 또는 그 이상의 사실들 사이의 거짓 아닌 참된 관계, 예컨대 상관관계나 인과관계 또는 법칙적 관계, 즉 이치를 의미하고, 진실은 하나하나의 사실 자체가 거짓이 아니라 정말 있다는 뜻으로 나는 가려 쓰고 싶다. '정말 어제 소나기가 왔느냐?'는 그 사실의 '진실' 여부를 묻는 것이고, '정말 저기압이면 비가 오느냐?'는 저기압과 비 사이의 상관, 인과, 법칙 등 이치의 '진리' 여부를 묻고 있는 것이다.

우리 주변에는, 진실 또는 진리라고 주장하는 말에도 일부러 또는 몰라서 하는 거짓말이 많다는 것은 예를 들 필요도 없다. 학문은 그 사이를 헤치며 가려가는 거짓말과의 싸움이다. 이런 싸움에서 사실의 진실 여부도 중요하지만, 학자 그리고 보통사람들도 더 궁금해 하고 알기 원하는 것은 이치의 진리 여부이다.

그러나 이치의 진리 여부의 추정도 관계되는 사실들의 진실을 전제로 한다. 관계되는 사실들이 진실이 아니라면, 그것으로써 주장하는 말은 애당초 진리일 수 없고 허구일 수밖에 없다. 예를 들어, 누가 '귀신이 슬퍼하면 비가 온다'라고 그 진리를 주장하려면, 우선 '귀신'이 뭐고 그런 귀신이 실제로 정말 이 세상에 있다는 진실이 먼저 성립되어야 한다. 아니면, 그 진리의 주장은 허망이다.

진실된 사실을 많이 알고 있다고 진리인 이치를 많이 알고 있는 것은 아니다. 다른 표현을 쓴다면, 사실을 많이 아는 것은 '알고' 있는 것이 아니라 그저 '외우고' 있는 것이고, 사실들간의 이치를 알아야 정말 알고 있는 것이다. 텔레비전의 〈도전! 골든벨〉 프로그램에 나오는 단편적인 박식가, 잡식(雜識)의 박식가는 외우고 있는 거지, 알고 있는 것이 아니다. 노자(老子)도 "지자불박 박자부지"(知者不博 博者不知), 알고 있는 자는 박식하지 않고, 박식한 자는 알고 있는 것이 아니라고 했다. 철학자 화이트헤드(Whitehead)는 다른 것과 이어짐이 없는 '비활성적' 지식의 박식자는 현학(衒學)을 일삼는 '귀찮은 존재'일 뿐이라고도 말했다. 학교교육이 길러야 하는 것은 '박자'(博者)가 아니라 '지자'(知者)다. 골든벨을 못 두드린다고 하등 열등감에 빠질 필요는 없다. 그들은 정말 '알고' 있는 학생이 아니다.

거짓말과의 싸움, 진리의 탐구가 그리 호락호락하지 않은 것은 그 탐구 과정에는 자칫 거짓에 빠져들기 쉬운 함정들이 수없이 많기 때문이다. 옛날 남태평양 어떤 섬에 서양사람들이 지나가는 선박에 일기예보를 알리기 위해 기상대를 세우고, 내일 폭풍이 올 듯하면 높은 깃대에 빨간 기를 달아올렸다. 그 섬 원주민들이 얼마 동안 관찰해 보니까, 그 기상대에서 빨간 기가 올라갈 때마다 그 다음날 폭풍이 몰아쳐서 그때마다 동네가 큰 피해를 입었다. 원주민들은 화가 나서 어느 날 그 기상대를 때려부쉈다. 인과관계를 잘못 짚은 것이다. 지금 우리에게도 그렇게 잘못 짚는 경우가 수두룩하다.

예컨대 감기가 들어 며칠 고생하다가 어느 날 어떤 약을 먹었더니 그 다음날 감기가 나았다고 하자. 그러면 대개는 '그 약 때문에 감기가 나았다'고 속단하게 마련이다. 그러나 그게 아닌 다른 여러 가지 이유도 가설적으로 상정할 수 있다. 감기가 나은 것이 실은 자연히 나을 때가 되어서 나은 게 아니냐, 날씨가 따뜻해져서 나은 게 아니냐, 그 전날 매운 것을 먹어서 나은 게 아니냐, 그 전날 어떤 우스운 일이 있어서 한바탕 포복절도하고 웃었는데 그 때문에 나은 것이 아니냐 등 무수히 많은 이른바 적대가설(*rival hypothesis*)을 들고 반문 · 반론을 제기할 수 있다.

이런 적대가설 중에서 하나라도 들어맞는 날에는 '약 때문'이라는 주장은 거짓이 되고 만다. 따라서 자신있게 '약 때문'이라고 그 진리를 주장하려면 이런 적대가설들이 들어맞지 않는다는 증거를 대면서 하나씩 하나씩 물리칠 수 있어야 한다. 많은 경우 그렇게 물리칠 수가 있다. 그렇게 적대가설들을 물리칠 수 있는 동안은 그 주장은 진리로 남는다. 그러나 어떤 경우엔 엉뚱한 그리고 아주 강력한 적대가설이 나타나서 그 적대가설이 사실인 것이 증명되면, 먼저 주장은 진리의 자리에서 물러나야 한다. 그런 엉뚱하고 강력한 적대가설이 어디에서 튀어나올 가능성은 언제나 있다.

나는, 1962년 두 번째 미국유학을 갔을 때, 과학철학에 관한 책들을 읽으면서 뒤늦게 처음으로 진리에 관한 이런 식의 사고방식에 접했다는 것을 고백한다. 그때까지는 명색이 대학교수면서, 그저 아는 것은 아는 것이고 모르는 것은 모르는 것이고, 학문이란 덮어놓고 읽고 생각하고 조사・실험・연구해서 아는 것을 넓혀가는 것 정도로만 '소박'하게 생각했던 셈이다. 과학철학에 접한 다음에는 생각이 좀 복잡해졌다. 이것도 옛날 과학공부의 여운일까?

과학철학자 포퍼(Popper)는, 우리는 진리를 진리라고 '실증'(*verify*)할 수는 없고, 다만 허위를 허위라고 '허증'(*falsify*)할 수 있을 뿐이고, 진리의 주장은 '이것은 아직 진리가 아닌 것은 아니다'라는 이중(二重) 허증에 의해서 잠정적으로 주장할 수 있을 뿐이라고 말한다. 즉, 진리 그 자체를 꼭 짚어 요것이 진리라고 밝힐 수는 없고, 거짓만 이것은 거짓이라고 밝힐 수 있을 뿐이고, 다만 아직 거짓은 아니라고 밝힐 수 있는 것을 잠시 진리로 받아들일 뿐이라는 것이다.

좀 알쏭달쏭한 말이지만, 위에서 추리한 것처럼, 한 진리의 주장은 언제 어디에서 어떤 강력한 적대가설에 부딪혀 허물어질지 모르기 때문에 원칙적으로 끝내 절대진리라고 우길 수 있는 성질의 것이 아니라는 점을 감안하면 이해할 수도 있는 말이다.

나는 과학철학의 이런 주장을 읽으면서, 이 세상에 진리가 존재해 있는 모습을 가상(假想)해 보았다. 나는 그 가상을 '진리의 생태학'이라고 불러 보았다. 이 세상엔 주옥같이 아름다운 무수히 많은 진리들이 널려 있다. 다만 대부분은 양파같이 겹겹의 그럴듯한 거짓의 껍질을 뒤집어쓰고 그 속에 꽁꽁 숨어 있다. 특히 귀하고 심오한 진리일수록 더 겹겹의 거짓 껍질 속에 깊숙이 숨어 있다.

그렇게 숨어 있다가 진리를 알고 싶다고 자기에게 접근해오는 사람이 있으면, 그 양파 맨 겉의 거짓 껍질을 그럴듯한 진리로 보이게 하고, 그것을 좋다고 가지고 가게 한다. 더구나 진리를 알아서 어디에 급히 써먹기 위해서 접근하는 자는 허겁지겁 덤벼들어 그것을 진리로 알고 좋아서 가버린다. 진리는 속에서 들키지 않았다고 안도의 숨을 쉰다.

다음에 그것이 거짓임을 알아차리고 다시 찾아오면 그 다음의 더 그럴듯한 거짓의 껍질을 보여주고 가져가게 한다. 가지고 갔다가 또 거짓임을 알고 또 덤벼들면 그 다음의 껍질을 내보인다. 그러면서 그 속내는 좀처럼 내보이지 않는다.

그러다가, 어디에 써먹으려는 것이 아니라, 다른 아무 욕심 없이 진리 자체를 그저 순수하게 사랑하기 때문에 접근해 오는 이가 있으면, 더 깊은 속의 것을 보여주면서 그 아름다운 자태를 어슴푸레 엿보인다. 그것은 마치 요조숙녀가 출세나 치부를 위한 정략의 수단으로 이용하려고 자기에게 접근해오는 자를 역겨워하고, 그저 자기에 대한 순수한 사랑 때문에 구애하는 이에게 가슴을 여는 것과 같다.

노자(老子)의 도덕경(道德經) 첫머리에 가만히 생각해보면 기가 막힌 희한한 구절이 있다. "상무욕이관기묘 상유욕이관기요"(常無欲以觀其妙 常有欲以觀其徼), 욕심이 없어야 사물의 오묘한 진리를 볼 수 있고, 욕심이 있으면 사물의 번들번들한 겉모양만 보게 된다는 뜻이다.

그러면서도 진리는 영영 자체를 적나라하게 드러내지는 않는다. 주옥같이 아름다운 그 적나라한 모습은 아마도 조물주만이 알고 있고, 인간은 거기에 끊임없이 접근할 수는 있지만 그 끝은 알아낼 수 없는 신비로 남는다. 도리어 그렇기 때문에 인간의 호기심은 계속 발동하고, 그에 따라 학문은 계속 자체수정을 하면서 계속 발전할 수도 있다. 따라서 인간이 알아낼 수 있고 주장할 수 있는 진리란 절대적인 것일 수는 없고, 언제나 가설적·유보적인 진리고 언제나 겸손하고 그리고 개방적이어야 할 진리다.

이런 진리의 생태학을 그려보자. 옛날 대학시절에 배운 플라톤의 "idea"(관념)의 세계에 관한 주장이 떠올랐다. 그 주장은 대충 이러했다. 즉, 이 세상에는 어디엔가 본체(本體)의 세계가 있는데 그것은 관념들로 이루어진 세계다. 우리가 보고 있는 현상적 세계는 그 본체를 흉내낸 가상(假像)의 세계, 말하자면 가짜세계다. 사람은 여간 깊은 사색과 성찰을 하지 않고서는 그 본체, 진짜의 세계의 모습을 볼 수 없다. 그럴수록 그 진짜세계를 무척 그리워한다.

나는 플라톤의 이런 이야기를 처음 읽고 들었을 때, 말도 안 되는 그야말로 궤변이라고 생각했다. 도대체 내가 보고 있는 이 세계는 가짜고, 진짜 '본체'의 세계는 따로 있다는 게 무슨 말이냐? 어디에 있다는 말이냐? 더구나 그 '본체'가 구름잡는 듯한 '관념'의 세계라니, 그건 또 무슨 말이냐? 좀 황당한 말로 여겼다. 다만 관념을 어떤 이상(理想), 이루고 싶으나 끊임없이 접근할 수는 있지만 영영 그대로 실현할 수는 없는, 그래서 언제나 그리운 이상이라고 생각하면 그럴 수도 있겠다 하는 정도로 이해해 버렸다.

그러나 진리에 관한 위와 같은 생각이 들면서, 플라톤의 그 말이 새삼스럽게 수긍이 갔다. 본체와 관념을 진리로 대치하고, 가상·가짜의 세계를 겹겹 거짓의 껍질로 생각하면 수긍이 가는 말이다. 이런 생각에 이른 것도 중등학교의 '과학의 시절'과 대학의 '철학의 시절'이 뒤섞인 여운일까?

교육학계 반세기

내 전공은 교육학이다. 해방 직후 내 대학시절에는 교육학자라야 그 수가 한국을 통틀어 다섯 손가락 내외로 셀 수 있는 정도였고, 그 분들 대부분은 일제시대 일본대학들의 독일학풍을 받아 관념적·사변적인 교육학이었다고 나는 회고한다.

나는 1952년 가을부터 당시 피란수도 부산에 있던 서울사대 교육학과에서 교수생활을 시작했다. 그해 겨울 부산시내 어떤 건물의 작은 강의실만한 방에서 몇 사람들이 한국교육학회를 만들자고 논의하는 모임을 가졌는데 그때 동석했던 사람은 여남은 명이었다. 그 이듬해에 서울사대에서 학회창립 때 회원수는 4, 50명이었던 것으로 기억한다. 모든 학문영역이 다 그랬겠지만, 그때 교육학은 아주 젊었다. 어렸다는 말이 더 맞을까? 그렇게 조촐하게 시작했던 한국교육학회가 반세기가 지난 지금엔 회원수 3천여 명을 헤아린다.

그런 반세기 성장의 역사에서 우여곡절도 많고 논쟁도 많았을 것이다. 이런 우여곡절과 논쟁이 많은 것은 자라나는 학계의 상징이고 도리어 환영해야 할 일이라고 생각한다. 학계가 한 유파의 사고로만 물들어 있는 것보다는 여러 유파의 사고방식들이 서로 비벼대는 상황에서 더 발전할 것이기 때문이다.

하지만, 위에서 '논쟁도 많았을 것이다'라고 남의 일처럼 말한 까닭은, 나는 내 일에 바빠서 그런 논쟁에 끼어들거나 휘말려들 시간이 별로 없었기 때문이다. 그래도 내 귀에도 그 논쟁의 목소리들은 가끔 들려왔다. 때로는 내게 어떤 '딱지', 예컨대 교육을 과학적으로만 생각하려는 과학주의자 또는 행동주의자, 미국식 진보주의 교육논자, 객관식 테스트 주창자와 같은 딱지를 붙이고 비판과 비난의 대상으로 삼고 있다는 말도 자주 들려왔다.

이렇게 또 남의 일처럼 말하는 것은, 내 눈을 똑바로 쳐다보고 내 면전에서 나를 그렇게 비판하는 경우를 한 번도 겪어보지 않았기 때문이다. 그런 비판을 글에서는 가끔 읽었으나, 그 경우에도 고유명사 정범모는 거의 거명되어 있지 않은 일반론들이었다.

어떻든간에, 이런 비판의 소문이 들려올 때마다 내 반응은 아주 담담했다. '그렇게 반론을 제기할 수도 있지, 어느 주장이 더 구미에 맞는지는 제 3자가 판정해야 할 문제지, 과학적 연구를 나무라는 데만 열을 올리지 말고 철학적 연구를 더욱 알차게 하는 데에 더 힘을 써야지, 그리고 본래 사람에게 함부로 이런 딱지 저런 딱지를 붙이는 게 아닌데 …' 하는 것이 대개 내 반응이었고, 대꾸하거나 논쟁에 낄 시간도 없었고 그럴 기회도 없었다.

가끔은 내게 붙여지는 그런 딱지나 비판들이 천박한 오해에서 생긴 것도 많다. 예를 들어, 나는 '교육은 바람직한 행동변화의 과정'이라는 정의를 자주 썼다. 이때 행동이란 심리학에서 말하는 감정, 능력, 적성, 인성, 인격, 양심 등 인간의 심리적 특성을 다 포괄하는 용어로 썼을 뿐이지, 심리학적으로도 철학적으로도 왓슨(Watson)이나 듀이(Dewey) 같은 행동주의자는 아니다.

또 가끔 나는 객관식 선다형 테스트의 '원흉'으로 몰린다. 그러나 1950년대에 쓴 책 《교육평가》에서도, 그리고 그후 곳곳의 강연이나 글에서도 객관식 테스트는 장단이 있는 하나의 평가방법일 뿐이고, 애당초 객관식이건 주관식이건 필답고사는 그 자체가 장단과 한계가 있는 평가방법이라고 명백히 밝히고 주장한 바 있다. 단지 한국에서 처음으로 내가 '교육평가' 책을 써냈고, 각종 표준화검사를 만들어 낸 것이 그 이유였던 모양이다. 부당한 '딱지'다.

나는 벌써 옛날부터 교육은 동시에 철학이고 과학이고 예술이라는 생각을 가지고 있다. 간단하게 말해서, 교육은 관념적으로 어떤 인간이념, 사회이념, 교육이념을 가지고 있어야 하기에 철학이고, 현실적으로 가르침과 배움의 진행과 활동을 지배하는 원리·원칙을 알아야 하기에 과학이며, 실천적으로 훌륭하고 멋지게 교육해낼 수 있는 열의와 기량이 있어야 하기에 예술이다.

따라서 나에 관한 한, 교육학이 철학이냐 과학이냐 하는 논쟁은 거의 무의미하고 무익하다. 교육은 그 둘 다고 교육학도 그 둘 다다. 또한 의학이 실제적으로 사람의 병을 고칠 줄 알아야 의학이고 의사이듯이, 교육학에도 실제로 공자나 소크라테스처럼 훌륭하게 가르치는 실천이 따라야 한다.

이 셋을 교육학자들이 '분업'할 수는 있다. 그런 분업으로써 교육철학도 교육과학도 교육실천도 제각기 그 깊이를 더해갈 수 있다. 그런 점에서는 분업은 있어야 하고, 남의 일을 나무라기에 바쁠 것이 아니라 자기 일에 더 열중해야 한다. 그러나 '교육학자'라고 자칭하는 이상, 세 영역에 관한 어떤 최소필수의 기본적 이해는 있어야 한다는 것이 또한 내 주장이다.

내 교육학 여정의 출발점인 좁은 세부전공은 '교육평가와 통계분석'이었다. 그것이 시카고대학에서 나의 전공 프로그램이었다. 그러나 유학에서 돌아왔을 때의 대학의 사정, 교육계의 사정은 나를 그런 좁은 전공에 남겨두지 않았다. 워낙 인적 자원이 부족한 때라 대학은 물론 외부에서도 내게 여러 가지 분야의 강의, 강연, 연구, 위원회 위원을 마구 맡겼다. 나는 다 사명으로 알고 기꺼이 응했다. 대학강의도 '교육통계'에서 '교육철학'까지 별별 과목을 다 맡아보았다. 강연도 연구도 위원도 별별 것 다 맡았다. 한때는 대학강의를 자진해서 한 학기에 18시간을 맡은 적도 있다. 그러다 보니 출발점의 세부전공은 희미해졌다. 내 시절의 교육학계는 나를 특수전공자(*specialist*)로 자라나기를 허용하지 않았고, 일반론자(*generalist*)가 되게 하는 압력이 더 거셌다.

1954년쯤 서울 환도 직후였을 것이다. 교육학회 월례회에서 내 석사논문의 연구결과를 발표해 달라고 부탁했다. 나는 요인분석(*factor analysis*) 방법을 써서 연구한 것을 발표했다. 나는 진땀을 뺐다. 듣는 회원들도 오리무중인 듯했다. 그때 회원들에겐 요인분석이란 처음 듣는 것이었기 때문이다. 그렇다고 3, 40분간의 발표에서 요인분석 방법을 설명해낼 재간도 없었다. 그때부터 요인분석은 당분간 접어두기로 했다. 자연히 제너럴리스트의 길로 접어들었던 셈이다. 마음대로 좁고 깊은 전공을 추구하지 못하는 아쉬움과 향수를 느끼는 때도 많았다. '그랬더라면 세계 교육학계의 첨단에 설 수도 있었을 텐데' 하는 건방진 아쉬움을 느낄 때도 있었다.

그러나 반세기가 지난 지금 교육학계는 반대로 너무 갈래갈래 세부전공으로 갈라져서, 교육학도들 사이에 어떤 공통분모가 희박해진 듯한 느낌이 들어 퍽 아쉽다. 교육의 철학, 과학, 예술에 걸친 어떤 공통분모는 다 나누어 가지고 있어야 하는 것이 아닐까?

나는 언젠가 다음과 같은 좀 너무 단순화한 생각을 해본 적이 있다. 즉, 모든 지적 탐구, 모든 지적 노력에는 사실(事實)과 논리(論理)와 상상(想像)의 세 요인이 필수다. 다시 말해서, 모든 지적 노력은 사실의 세계에 뿌리를 두고, 논리의 세계에 따라 생각하고, 상상의 세계를 날아다니며 이론을 구상하는 노력이라는 것이다. 순서는 아무래도 좋다. 그리고 철학 · 과학 · 예술의 어느 지적 노력이냐에 따라 세 요인의 비중은 다를 수 있다. 그러나 어느 정도까지는 다 필요하다. 너무 엉뚱하게 한 요인이 무시되면 지적 탐구이기를 멈춘다. 그것은 철학, 과학, 그리고 예술의 경우에도 다 매한가지다.

과학은 다른 어떤 지적 탐구보다도 사실의 세계를 중요시한다. 그러나 사실만 잔뜩 모아놓는다고 과학이 되는 것은 아니다. 그 사실들을 논리에 맞게 조직해야 한다. '구슬이 서 말이라도 꿰어야 보배가 된다.' 과학에도 상상의 날개가 필요하다. 빛나는 발견·발명들은 거의 다 상상의 날개가 낳은 가설의 상상에서 시작한다.

예술은 상상의 세계를 우선 중요시한다. 미술이건 음악이건 시건 소설이건 풍부한 상상은 풍부한 예술을 낳는다. 그러나 예술이라고 사실의 세계, 논리의 세계를 전연 무시할 수는 없다. 그것을 너무 무시하면, 창의적 상상 아닌 환상, 몽상, 남들은 이해할 수 없는 기이하고 해괴한 망상이 되고 만다. 우리는 가끔 그런 이른바 창작시들을 만난다.

철학은 상상의 세계와 같은 관념의 세계를 중요시한다. 그리고 그 관념들을 논리의 세계 속에서 이어간다. 그러나 아무리 철학이라도 사실의 세계를 부당하게 무시할 수는 없다. 궁극에는 사실의 세계에 뿌리를 두고 있는 관념이 아니라면, 그것은 무의미한 궤변 아니면 아무도 못 알아듣는 허구의 독백에 그친다.

한국교육학계에서 자주 등장했던 또 하나의 논쟁은 외래이론 대 한국적 이론의 문제다. 철학적 사고 대 과학적 사고의 논쟁이 부질없는 논쟁이듯이, 교육학이 성숙하려면 이 문제도 이제는 '졸업'해야 할 문제다.

교육학에 관한 한, 나는 어쩔 수 없이 그 대부분을 미국유학에서 배웠다. 미국유학 전에 독일의 페스탈로치, 프뢰벨, 헤르바르트, 딜타이 등의 교육이론을 얻어는 들었는데, 감회는 있었지만 별 큰 감명은 받지 못했다. 그래서 교육에 관한 내 생각에 미국유학의 영향이 꽤 남아 있는 것을 부인할 수도 없고, 부인할 필요도 느끼지 않는다.

내겐 한 신념이 있다. 그것은 모든 이론은 보편적·일반적일수록 더 좋고, 모든 실제는 특수적·독자적일수록 더 좋다는 신념이다. 내가 생각하고 말하는 교육이론은 이왕이면 한국에도 미국에도 아프리카에도 타당하고, 어제도 지금도 내일에도 영원히 타당할 수 있는 것일수록 더 좋다. 학자로서의 나는 그런 보편타당성을 겨눈다. 모든 학문이 추구하는 이론, 원리, 원칙은 언제 어디에서나 적용된다는, 또는 적용되기를 바라는 보편타당성의 희구를 내포하고 있다. 다만 '진리의 생태학'의 한계 때문에 그런 보편타당성을 뜻대로 지닐 수 없는 것이 한(恨)일 뿐이다.

그러나 한국교육의 실제는 한국의 현실을 철저하게 감안한 지극히 한국적 교육이어야 한다. 한국적인 것만으로는 도리어 부족하다. 더 나아가 치밀하게 '강원도'적이고 '정선'적이고 '철수'적으로 더 독특하고 특수한 것일수록 좋다. 한국교육을 걱정하는 나로서는, 그 구상에 내가 아는 이론을 참고는 하되, 구상 그 자체는 특수한 한국역사, 한국문화, 한국의 경제적·사회적 현실의 여러 사정과 조건들을 철저하게 샅샅이 다 참작하는 구상이라야 한다. 다만 이 또한 현실적, 인간적 한계 때문에 충분히 그렇게 하지 못하는 것이 한일 뿐이다.

가끔 미국이론은 한국에 맞지 않는다는 말을 자주 듣는다. 맞지 않을 수 있다. 그럴 경우, 그것을 '미국산'이기에 잘못이라고 하는 것은 그 자체가 잘못이다. 그럴 경우 두 가지 가능성이 있다. 하나는 미국이론 자체가 한국 현실을 다 포섭할 수 있을 만큼 충분히 넓게 타당한 이론이 아닌 경우, 충분한 보편타당성이 부족한 경우다. 그렇다고 판단된 경우, 한국의 교육학자의 야심은 '한국적 이론'을 만들려는 좁은 생각이 아니라, 한국도 미국도 아프리카도 포섭할 수 있는 세계적 이론을 구상하는 일이라야 한다.

또 한 경우는, 미국산 이론이 원칙적으로 충분한 보편타당성이 있는 이론인데, 다만 그 이론을 한국의 현실에 적용하는 사람들이 한국의 여러 특수여건을 충분히 참작해서 교육실제를 구상·계획·운영하지 못한 경우다. 교육이론도 이론인 이상, 그 적용에서 이런 잘못을 저지를 수 있다.

미국산 교육이론은 미국의 토양에서 자라난 것이기 때문에 어차피 미국적 이론일 수밖에 없다. 그러나 그들 학자들의 뜻은 세계적 이론이기를 암묵적으로 바랐을 것이다. 한국의 토양에서 길러진 교육이론은 어차피 한국적 이론일 수밖에 없다. 그러나 한국학자들도 그것이 세계적으로 적용이 될 수 있는 이론이기를 암묵적으로 바란다. 또 그래야 한다. 나도 한국의 토양에서 여러 가지 조사연구도 했고 실험연구도 했다. 거기에서 나온 결론은 싫건 좋건 우선 한국적일 수밖에 없다. 그러나 내 뜻은 더 넓은 보편타당성에 있다.

한국교육학계에서 여러 가지 특정 문제에 관한 학문적 이견·갈등·논쟁은 어쩌면 지금보다 더 활발한 것이 도리어 바람직한 일이라고 해야 한다. 그러나 철학 대 과학, 외래이론 대 한국이론이라는 부질없는 논쟁을 이제 졸업하고, 보다 종합적 안목과 넓은 시야를 유지하면서 제각기 세부전공에 매진하고, 그러면서도 어떤 최소한의 공통분모는 다같이 나누어 가지고 있으면 하는 것이 나의 희구다.

지정의체

- 경성사범학교
- 전인적 인간상
- 전인교육
- 전인평가

교육학 하는 사람들이 자주 쓰는 말의 하나가 전인(全人)이다. 내 인간관, 교육관에서도 전인, 전인교육은 꽤 무거운 비중을 차지한다. 영어로는 whole person, holistic education에 해당된다. 쉬운 말로 전인은 지(知)·정(情)·의(意)·체(體)를 고루 갖춘 사람을 말하고, 전인교육은 그렇게 고루 갖춘 전인을 길러내려는 교육을 뜻한다. 그러나 이런 간단한 정의 뒤에는 생각해 보아야 할 대목이 많다. 어쩐지 그런 전인적 인간관이 우리 사회에서 좀 엷어 보이고, 특히 학교교육, 그 중에서도 중·고등학교 교육에서는 거의 망각지대에 놓여 있는 것 같아 안타깝다.

나는 초등학교·중등학교 시절에 요새 아이들처럼 입시라는 심리적 압박 속에서 자라나지 않은 것을 극히 다행으로 안다. 초등학교 때에도 학기말마다 '통신부'라는 성적표를 받았으니까, 학기말 시험은 있었을 텐데 시험 보았던 생각은 하나도 안 난다. 별로 짐스럽지 않고 속도 썩인 적 없는 시험이었나 보다. 중등학교 시절에는 학기말 시험 전 한 주 가량은 몇 번인가 머리 싸매고 시험공부한 기억은 있지만, 시험은 학기말뿐이고 학기 내내 월말고사니 일제고사니 하는 시험은 없었다. 나는 시험공부 입시공부의 공포는 모르고 공부했고 자라난 셈이다.

초등학교 때엔 놀 수 있는 시간이 많았고, 여기 저기 산을 오르고 버섯도 따고(나는 지금도 먹어도 되는 버섯과 안 되는 독버섯을 조금은 가릴 줄 안다), 들도 쏘다니고 자주 벌거벗고 개울에서 멱도 감고 물장구도 쳤다. 시장바닥을 이리저리 기웃거리고, 설날·단오·추석날이면 동네에서 벌어지는 자전거 경주·춤놀이·그네뛰기·연싸움 등 여러 가지 구경거리는 부지런히 쫓아다녔다. 난 방패연을 만들 줄 안다. 초등학교 5학년 때 어떤 할아버지한테 졸라서 배운 솜씨다. 가오리연은 쉽게 만들 수 있지만, 공중에서 자유자재로 곡예를 부릴 수 있는 방패연은 그리 만들기 쉬운 것은 아니다. 그 비결은 전수받아야 한다.

내 초등학교 시절은 이렇게 마음대로 놀던 기억으로 가득 차 있다. 어린아이들이 '논다'는 것은 어른들처럼 그저 술 마시고 노름하고 흥청대고 재미로만 노는 것이 아니다. 어린이들에게는 그렇게 논다는 것이 놀이가 아니라, 실은 이 세계가 어떻게 생긴 것인지, 그 갖가지 이치들을 탐색하는 '심각한' 공부다. 나는 그렇게 산야를 쏘다니고 거리를 기웃거리면서 이것저것 만져보고 건드려보고 만들어보고 한 일들의 기억이 내가 가지고 있는 전인적 인간관과 교육관의 바닥에 깔려 있는 것이 아닌가 하는 생각이 가끔 든다. 그러나 더 결정적인 영향은 중 · 고등학교 시절에 해당하는 7년간 다닌 경성사범학교의 교육이었다고 회고한다.

경성사범학교

경성사범학교는 당시 보통학교(초등학교)를 졸업하고 들어가는, 오늘의 중등학교와 전문대학에 해당되는 8년제의 초등학교 교사양성 교육기관이었다. 내가 들어갈 때에는 '보통과' 5년, '연습과' 2년의 7년제였으나, 2차대전 말기에 '예과' 5년에 '본과' 3년의 8년제로 개편되었다. 나는 본과 2학년 때인 1945년에 '해방'되어서 졸업을 못했고, 해방 후 경성사범학교는 서울대학교 사범대학으로 이어졌다.

그때 경성사범학교는 들어가기가 꽤 어려웠다. 한 학년에 100명을 뽑는데, 80명은 일본인 학생들에게 배정되고 조선인 학생은 20명만 받아들였다. 내가 지망했을 때 경쟁률이 52:1이었던 것을 지금도 기억한다. 사범학교에 간 것은 담임선생님의 권유가 결정적이었고, 내 부모님도 사범학교는 '풀 스칼라십'이어서 학비도 덜 들었고 또 당시 일제시대엔 초등학교 교사가 조선인에게 허락된 그래도 반반한 직업이라고 생각하셨을 것이다.

입학시험에서 이과시험 시간에 시험감독선생이 들어오더니, 물에 불은 콩 하나와 시험지 한 장씩 나누어주더니 "그 콩을 관찰하고 그 결과를 적어라" 라고 칠판에 써놓고 앉아 있던 것을 생생하게 기억한다. 지금 생각해도 기상천외의 희한한 시험문제였다.

입학식이 끝나고 교실에 들어가자, 온갖 물품들을 학생 한 명 한 명에게 지급했다. 교복(정복과 작업복), 학교모자, 구두, 교과서 일체, 학교가방, 유도복, 검도복, 공작도구 보따리, 해부도구, 제도기 등이 기억난다.

다 무료였다. 수업료는 물론 없었고, 다달이 5원(지금의 5만 원은 될 게다)의 용돈까지 주었다. 대동아전쟁이 터지자 3학년 때부터는 용돈지급은 중지됐다.

2, 3년 전에 어떤 일본책에 일제시대 일본의 사범학교 정책을 설명한 글이 있었다. 일본 근대화의 개화기인 '명치(明治)시대'에 일본정부는 특히 사관학교와 사범학교에 우선 역점을 두었다는 것이다. 사관학교는 국토방위(그 밑에는 동양침략의 야심도 숨어 있었겠지만)를 위한 전위대로 군대간부를 길러내기 위한 기관으로 창설했고, 또 한편 국민 전체의 근대화를 위한 전위대로서 초등학교의 교사양성 기관으로 사범학교를 두고 역점적으로 지원했다는 것이다. 이 기록을 읽고 보니, 옛날 일본 전국에 편재해 있던 사범학교의 그 풍성한 '풀 스칼라십'의 까닭이 새삼 이해가 갔다. 그래서 사관학교처럼 옷, 구두, 학습도구 일체를 무료로 지급했던 모양이다.

경성사범학교의 교육은 본래 목적도 그러했지만 때가 때인지라 철저하게 '황국신민(皇國臣民)교육'이었다. 우리보다 7, 8년 선배들 얘기로는 전쟁이 없던 그 당시엔 경성사범학교는 상당히 자유주의적이었다고 했는데, 우리가 다닌 전쟁시대엔 그렇지가 못했다. 나는 나이가 들면서 조선사람이라는 생각이 더 뚜렷이 들기 시작하고 나서는 그 황국신민 교육이 가끔 역겨웠으나, 나도 모르게 거기에 어지간히 세뇌당하고 있었던 것은 부인 못한다.

그러나 그런 '황국신민 교육'의 측면을 제외하면, 경성사범학교 교육은 전형적인 전인교육의 표본으로 나는 그립게 회고한다. 그것은 아마도 초등학교에서는 교사가 전 교과를 다 가르쳐야 했던 이유도 있었겠지만, 학교는 그런 이유의 기색을 전혀 내지 않았다.

국어(일본어), 작문, 수학, 영어는 물론, 지리, 역사, 수신(도덕)과 물리,

화학, 박물에 미술, 습자, 음악, 공작, 농업과 체육, 유도, 검도, 교련은 다 시간표대로 틀림없이 그대로 수업했다. 그리고 오후 서너 시부터는 각종 스포츠활동과 과외활동이 활발했다. 나는 학교성적이 좋은 편이었으니, 이런 수업들을 꼬박꼬박 열심히 들었던 셈이다. 다음에 수업시간 그리고 과외활동 시간의 다양한 활동의 샘플을 들어본다.

입학 며칠 후 하루는 1학년 학생들을 강당에 불러모으고는 상급생 여남은 명이 들어와서 번갈아 자기 운동부를 소개했다. 유도부, 검도부, 테니스부, 농구부, 배구부, 수영부 등이다. 그 중에서 하나 골라잡는 것은 의무사항이라고 했다. 나는 테니스부를 택했다. 1주일 오후 서너 번은 꼭 그 연습을 했다. 1, 2학년 때는 소프트볼의 연식정구를 하고, 3학년부터는 하드볼 테니스였다. 내가 3학년이 되자 테니스 코트에 무도장이 들어서면서 테니스부는 해산되었다. 겨울에는 따로 럭비부와 아이스하키부를 선택할 수 있었다. 나는 아이스하키부에 들어갔고, 4, 5학년 때엔 준선수급은 되었다.

체육시간에는 배구, 야구, 농구, 럭비, 수영 등 거의 모든 종목을 몇 시간씩은 조금씩 다 해보았다. 유도와 검도는 필수과목으로 1주일에 각각 두 시간쯤 있었다. 학교엔 수영장도 있었고 검도장, 유도장도 있었다. 5학년 때엔 나도 유도 1급, 검도 2급쯤 되었다. 매년 겨울방학 중 제일 추운 1월 20일 전후 1주일간 매일 새벽 7시에 유도장, 검도장에 나가 한두 시간 내한(耐寒)연습을 해야 했다. 영하 15도 20도의 새벽에 도복 하나만 입고 도장에 앉아 있으면 처음에 오들오들 떤다. 그러나 연습하고 시합하고 나면 땀이 난다. 끝나면 땀을 닦고 얼른 옷을 갈아입어야 했다.

3, 4학년 땐가 글라이더부가 생겼다. 하늘을 난다는 것도 솔깃했고, 전쟁에 조선인 학생도 지원병 징병으로 끌려가게 되어, 전쟁에서 기왕 죽어야 한다면, 총알을 맞아 고통 속에서 죽느니보다는 비행기 추락이나 폭파

로 순식간에 죽어버리는 게 낫겠다는 생각도 들었다. 글라이더 비행연습은 일요일마다 지금의 여의도에서 했다. 앞에서도 언급했지만, 글라이더는 초급은 굵은 고무줄을 잡아 당겨서 튕겨 올라 날게 하고, 중급은 자동차가 당겨 달리면서 날리고, 상급은 비행기로 당겨 날린다. 초급은 50cm 높이로부터 1m, 3m, 5m, 7m를 차차 높여서 10m 높이까지 날 수 있다. 5m 높이로만 날아도 하늘을 나는 기분을 만끽한다. 중급은 100m 상공까지 날고, 상급은 거의 비행기와 같다. 나는 초급은 끝내고 중급을 한두 번 날다가 그만뒀다.

3학년 때, 서울 신당동에서 인천 시내 어느 중학교까지 전교생의 마라톤이 있었다. 장장 45km는 될 것이다. 힘들어도 될 수 있는 대로 걷지 말고 끝까지 뛰어가라고 했다. 나는 끝까지 그러리라 혼자 다짐했다. 이태원을 지날 때 다리가 아프기 시작했고, 영등포를 지날 땐 찢어지게 아팠다. 그래도 걷지 않고 뛰기는 했다. 부천을 지나갈 쯤엔 환각마저 생겼다. '내가 미쳤다고 이 고생을 하고 뛰고 있나? 집어치울까?' 그러다가도 머리를 흔들어 다시 정신을 차렸다.

주안을 지나갈 때 왠지 혼자 엉엉 소리내며 울었다. 다리는 거의 무감각할 정도로 아프고 지쳐 곧 쓰러졌으면 좋겠는데, 이를 악물고 뛰기는 해야겠고, 어쩔 줄 몰라서 엉엉 울음을 터트렸던 모양이다.

종착점에 도착하니 나는 500명 중의 30등이었다. 주저앉아 가쁜 숨을 허덕이면서도 끝까지 걷지 않고 뛰어낸 내 자신이 대견했다. 그리고 그때부터 마라톤 선수들을 존경하기 시작했다. 마라톤은 자기와의 싸움이었다.

4학년 때 여름 대천 바다에서 5km의 원영(遠泳)시합이 있었다. 감시선이 따르기는 했지만 정 힘들어 뻗기 전에는 건져주지 않았다. 마라톤보다는 덜했지만 그래도 무척 힘들었다. 두세 시간의 평영(平泳), 개구리 헤엄을 끝내고 기진맥진으로 걸어 나오려는데, 이상하게도 다리가 앞뒤로 움직이지 않고 개구리 다리처럼 자꾸 옆으로만 벌어지려고 해서 간신히 기어 나왔다. 두세 시간 평영으로 개구리 노릇했다고 다리가 잠시 개구리 다리가 되었던 모양이다.

1학년 때 음악시간은 오르간을 배우는 것이 필수였다. 오르간 음악책의 곡들을 순서대로 하나씩 연습하고, 자신이 생기면 음악선생님에게 가서 그것을 쳐 보이고 '검열'을 받고 지도도 좀 받고 나면, 선생님은 그 곡 악보 위에 검열도장을 콱 찍어준다. 합격이라는 도장이다. 그리고 그 다음 곡으로 넘어간다. 음악실에는 오르간 하나씩 들어가 있는 방이 스무 개 있었다. 나는 그렇게 찍힌 검열도장이 무슨 훈장이나 된 듯한 기분이 들어서 자꾸 앞서갔다. 어떤 친구는 오르간 치는 손가락과 오르간 바람페달을 밟는 발이 따로 움직이지 않고 자꾸만 같이 움직이는 통에 무척 애를 먹는 친구도 있었다.

2학년 때부터 오르간의 진도가 빠른 학생에겐 음악실에 둘, 강당에 하나 있는 피아노를 칠 수 있는 '특권'이 부여되었다. 나도 그 특권을 땄다. 그러나 자주 연습하고 싶어도 전교에 세 개밖에 없는 피아노를 차지하기란 여간 어렵지 않았다. 차지하려면 점점 이른 아침시간에 해야 했다.

어떤 때는 새벽 네 시에도 피아노 연습하러 학교에 갔다. 새벽 네 시, 혼자 텅 빈 넓은 강당 한구석에서 밖의 희미한 가로등 빛을 받으며 피아노 앞에 앉으면 좀 으스스했다. 더구나 부슬비라도 내리는 새벽이면 무슨 유령이라도 나타날 것 같이 무섭기도 했다. 그러나 피아노를 치기 시작하면 그런 건 다 잊는다. 나는 바이엘, 체르니, 소나티네를 거쳐 5학년 때엔 소나타도 쳤다. 리스트의 '헝가리 광시곡'은 내가 특히 좋아했다. 이런 오르간, 피아노 공부는 어떤 오르간 교사, 피아노 교사가 있어 한 것은 아니다. 선생이라고는 검열해 주는 음악선생님밖에 없었다. 내 피아노 공부는 거의 '독학'이었던 셈이다. 그래서 내 피아노는 혼자 즐기는 아류(亞流)였다. 그나마 오랜 세월 치지 않았더니, 이제는 손가락이 장작개비가 되어 버렸다.

공작시간엔 톱질, 대패질, 끌질 등 목공을 익히면서 필통, 상자, 책꽂이도 만들어 보았다. 박물시간에 개구리도 해부해 보았고, 토끼 해부도 옆에서 보았다. 해부는 징그러웠고 내겐 못할 짓이라고 느꼈다. 미술시간엔 수채화도 그리고 동양화도 그려보았다. 그림도 그림이지만 동양화에선 '여백'(餘白)이 중요하다고 했다. '그럴듯한 말이다. 사람도 여백이 중요한 게 아닌가?' 하는 생각이 들었다. 유화(油畵)도 그려보고 싶었지만, 그것은 미술부 아이들에게만 주어지는 특전이었다. 책상 제작, 간단한 건물 건축을 설계하는 제도(製圖)도 해보았다.

매주 화요일 오후엔 동대문에서 궤동차라는 작은 기차를 타고 뚝섬에 있는 학교농장에 농사실습하러 갔다. 농장은 아주 넓었고 별별 작물이 다 있었다. 씨도 뿌리고 김도 매고 똥통도 지고 다녔다. 새끼도 꼬아보고 짚신도 지었고 접목도 해봤다. 쓰고 난 농기구는 깨끗이 물로 씻어 두어야 했다. 똥통 농사 짓던 손을 씻고, 학교에 돌아가 그 손으로 피아노를 연습했다. 지금 생각해도 희한한 콤비네이션이었다.

과외활동부로 택한 물리화학부에서 한 여러 가지 활동은 앞에서 적었으니 여기에 더 자세히 쓸 필요는 없다. 다만 그 활동이 내 경성사범학교 생활에서 어쩌면 제일 중요한 부분이었던 것만 같다.

나는 요새 가끔 학교교사나 대학생에게 대충 위와 같은 경성사범학교의 여러 가지 활동 얘기를 들려준 다음, 여러분 중에 중·고등학교 시절 이와 비슷한 학교를 다녀본 사람 있느냐고 질문해본다. 대개는 부러운 눈으로 쳐다보면서 고개를 저었다. 거의 없다는 말이다.

전인적 인간상

사람들이 남을 좋지 않게 평할 때 이런 식의 표현을 잘 쓴다. 그 친구 머리는 좋은데 좀 인정머리가 없어 … 그애는 공부는 잘하지만 몸이 너무 약하고 다른 재주는 별로 없어 … 그 사람 언제나 공손하기는 한데 뭘 할 줄을 몰라 … 등의 표현이다. 반대로는 좋게 평할 때엔 그 친구 희한하네, 머리만 좋은 줄 알았더니 알고 보니 대운동가야, 스키도 타고 승마도 하고 … 그 사람 축구 국가대표 선수일 줄만 알고 있는데, 서도(書道)솜씨도 대단해 … 그 학자 그저 꽁생원일 줄만 알았는데, 피아노도 수준급이고 축구도 선수래 … 등의 표현을 쓴다.

이런 표현 뒤에는 사람들에게 기왕이면 외곬이 아닌 어떤 전인적(全人的) 인간이기를 기대하는 심리가 있다. 즉, 사람들은 남에게 전인적 인간이기를 기대하고, 또한 남의 인간적 가치를 가늠할 때에도 어떤 전인적 인간상을 척도로 적용한다.

뿐만 아니라, 사람들은 자기자신도 어떤 전인적 인간이기를 바라고, 남들도 자기를 그렇게 전인적 인간으로 보아주기를 바란다. 공부만 아니라 계제만 닿으면 가끔은 운동도 잘하고 싶고, 노래도 부르고 춤도 추고 싶어지고, 기왕이면 다 수준급으로 잘할 수 있으면 좋겠다고 생각한다. 또 남들이 자기를 공부만 하고 노래는 음치고 운동 하나 할 줄 모르는 꽁생원이라고 말하면 좋아할 사람은 없다. 자기를 능력은 있지만 인정머리도 버릇도 없는 망나니라고 한다면 더구나 좋아할 사람 없다.

나는 이 나이에 지금도 하고 싶은 게 많다. 대금(大笒)도 배우고 싶고,

판소리도 배우고 싶고, 한국 춤사위도 배우고 싶고, 중국말도 배우고 싶다. 가르쳐 주겠다는 분들은 있는데, 아직 그 계제를 찾지 못해서 벼르고만 있다. 패러글라이더를 좀 해볼까 말했더니, 아이들이 극구 말리는 통에 단념하기로 했다.

앞에서도 말했지만, 나는 우리말의 '멋'을 전인적 인간상과 관계가 깊다고 생각한다. 멋은 꼭 집어내서 정의하기 어려운 말이다. 멋은 조금은 상궤(常軌)에서 벗어난 일탈(逸脫)에서도 풍긴다. 그래서 김삿갓엔 멋이 있다. 때로는 언제나 완전무결하기보다는 가끔 좀 빠지고 실수하고 모자라는 듯한 행동이 더 멋있어 보일 때가 있다. 모양 낸다고 기름을 쳐 발라서 빗어 넘기는 머리보다는 때로는 아인슈타인의 머리처럼 부스스하게 헝클어진 머리 그대로 더 멋이 있다. 청산유수 같은 연설보다 가끔은 막히고 더듬기도 하고 가벼운 실언도 하는 것이 더 멋이 있다.

그러나 그런 일탈행위가 멋있어 보이려면, 먼저 어떤 전인적 배경이 있어야 한다. 김삿갓은 명백히 정이 많고 글 잘하는 사람이었다. 아인슈타인은 세계적 석학이었고 동시에 피아노와 바이올린도 즐겼다. 그런 배경 때문에 그들의 일탈행위가 멋있어 보인다. 그런 전인적 바탕이 없으면 그것은 아무것도 아니고 도리어 야하고 조악(粗惡)하기만 하다.

남을 전인적 인간으로 대접하는 것이, 그래서 교육에서는 그런 전인을 길러 주는 것이, 인간을 인간으로 대접하는 것이라고 나는 믿는다. 가령 어떤 고용주가 사원들을 일만 시키고 월급만 주면 되는 경제적 존재로만 생각하고, 사원들의 신체·생리적 필요, 정서적 욕구, 사교적 희망, 자아실현의 희구는 하나도 살펴봄이 없다면, 그는 사원들을 인간대접하지 않는 비인간적 사장일 것이다. 교장이나 교사가 학생은 공부만 해야 하는 존재로만 보고, 가끔은 뛰놀고도 싶고 노래도 목청껏 부르고 싶고 고민의 상담도 받고 싶은 존재로는 생각하지 않는다면, 그도 비인간적 교장・교사다. '인권'(人權)이란 사람들이 전인적 취급을 받을 수 있는 권리라고 정의할 수도 있을 것이다.

전인(全人)은 아주 자연스러운 인간관이다. 그래서 거의 모든 부모는 아이들이 전인적으로 자라나기를 원한다. 공부는 잘하지만 몸이 허약한 아이가 되는 것을 부모는 바라지 않는다. 동네에서 자기 아들이 운동선수고 싸움은 잘하지만 공부는 못하고 버릇도 없는 아이라는 소문이 나면, 그것을 좋다고 할 부모도 없다. 공부, 운동도 잘하고 예의도 바르고 인정도 있는 아이가 되기를 바란다.

고대의 중국 주나라 때에는 훌륭한 사람, 선비가 갖추어야 할 덕목으로 여섯 가지 재질, 육예(六藝)를 쳤다. 즉, 예악사어서수(禮樂射御書數)다. 오늘날 말로는, 예(禮)는 윤리・도덕이고, 악(樂)은 음악이지만 넓게 해석하면 시문학・무용・미술 등 예술 전반을 포함한다. 사(射)와 어(御)는 활쏘기와 말타기인데, 넓은 개념으로는 각종 무술과 스포츠를 의미했을 것이다. 서(書)는 책 읽고 글씨 쓰고 글 짓는 것을 의미하지만, 그 넓은 뜻은 학문 전반을 가리켰을 것이다. 수(數)는 산수지만, 넓게는 수량이 관계되는 모든 자연과학과 공학기술을 포함했을 것이다. 이렇게 해석하면, 현대적 기준으로도 아주 탁월한 전인적 인간상이고, 도리어 현대의 현실, 특히 한국의 현실이 그것에 뒤지는 전인적 인간상이었다.

그랬던 중국이 약 2천 년 전 진나라에 이어 한나라에 의해서 전국이 통일되고, 강력한 중앙집권체제에 필요한 고급관리를 선발하기 위해서,유교 교리 습득 정도만 재는 필답고사, 즉 과거(科擧)라는 제도를 실시한 다음부터 그 인간관이 급변하면서 전인적 인간관은 빛을 잃었다. 선비의 덕목에서 '사'와 '어'는 실질적으로 사라지고, '악'과 '수'도 선비 아닌 '장이'들이 하는 일로 추락했고, 겨우 '예'와 '서'만 으뜸가는 덕목으로 간주되기 시작했다. 전인적 인간관이 심하게 왜곡되고 말았다. 예나 지금이나 사람들, 학생들은 주로 평가받는 방향으로 공부하고 노력하게 마련이기 때문이다.

공자 자신은 비파도 타고 피리도 불면서 음악을 즐겼다고 한다. 그리고 예와 악은 밀접한 관계에 있다고도 말했다. 그러나 그 후계자들은 음악을 '장이'의 일로 추락시켰다. 우리나라 옛 양반 선비들 그리고 지금도 뜻있는 문사들은 시·서·화를 즐긴다고 하지만, 스포츠와 과학은 송두리째 빠져 있다.

일제시대 초기에 초등학교가 처음 시작했을 때, 아이가 학교에서 그린 그림을 집에 가지고 오고 학교에서 배운 노래를 부르면서 집에 들어가면, 할아버지한테 혼나게 꾸중받았다는 한 명사의 회고담을 들은 적이 있다. 글 배우라고 학교에 보냈지, 그림 그리고 노래부르는 장이들이나 하는 객쩍은 짓을 해서는 안 된다는 말이었다.

나는 중국이 그러한 과거제도의 도입으로 말미암아 '육예'의 전인적 인간관을 상실한 것이, 한나라 이후로 2천 년간 중국이 스스로는 '중화'라고 자만했지만, 세계문화사에서는 별 볼일 없는 나라, 결국은 아편전쟁이라는 수모까지 겪는 나라로 전락한 가장 중요한 원인이라는 생각을 가지고 있다.

그런 과거제도를 고려 광종은 똑같은 동기에 똑같이 그대로 도입했다. 그때부터 우리의 인간상도 일그러졌다. 옛 문헌에서 읽고 유적에서도 보는 고조선, 고구려, 신라의 인간상은 폭넓고 아주 활달했다. 조선조 시대의 지도층 양반 선비들이 풍기는 글만 아는 꽁생원은 아니었다. 나는 그것이 조선조 멸망의 한 큰 원인이라고 본다. 문제는 옛날 과거제도가 빚어낸 협소한 인간관이 아직도 한국사회 특히 교육계에 그 긴 잔영을 짙게 드리우고 있다는 사실이다.

전인적 인간관이 아주 자연스러운 인간관이라는 사실은 근래의 대뇌생리학이 밝혀낸 몇몇 사실로도 밑받침된다. 대뇌 구석구석을 들여다볼 수 있는 MRI와 그 각 부분의 움직임마저 들여다볼 수 있다는 fMRI 장치 덕분으로 대뇌신경 생리는 최근 4, 5년 무섭게 발달했다. 얼마 전에 다마시오(Damasio)라는 신경생리학자가 《데카르트의 오류》(*Descartes' Error*)라는 문제작을 펴냈다. 앞에서도 간단히 언급했듯이, 약간 도전적인 책이름대로, 옛 철학자 데카르트의 주장, 정신과 물질은 별개의 것이라는 이원론, 따라서 인간의 마음과 몸은 전연 별개의 것이라는 심신(心身)이원론은 근본적으로 잘못이라는 것이다. 많은 뇌 상해자와 정신이상자의 임상사례를 분석하면서, 그는 결론적으로 그가 "신체표지이론"(*somato-marker hypothesis*)이라고 부르는 이론을 주장했다. 그 요지는 다음과 같다.

사람의 생리와 감정과 추리작용은 따로 움직이는 것이 아니라, 하나가 다른 것을 서로 자극하면서 같이 움직이는 말하자면 '삼위일체'로 진행되는 작용이다. 몸의 한 생리적 상황이 한 감정을 유발하고, 그 감정이 추리작용, 흔히 말하는 이성의 작용을 좌지우지한다. 그러니까 어떤 신체상황이냐가 어떤 감정을 일으키는 표지(標識)가 되면서, 이성은 그 감정의 지배를 받는다는 것이다. 어떤 위험한 또는 불리한 상황에 직면하면, 내분비선 등 신체생리가 먼저 발동하고, 그것이 공포 또는 분노의 감정을 촉발하고, 그 감정이 추리나 사고를 지배한다는 것이다. 그래서 사고중에 어떤 생각이 의식에 떠오르려 하다가도, 그것이 과거의 어떤 사건 때문에 심히 불쾌한 생각이라면, 그 생각이 아예 의식에 떠오르지 못하도록 감정이 미리 눌러 버린다는 것이다. 몸의 경황이 곧 감정이고, 그 감정이 이성작용을 거르는 체의 역할을 한다는 것이다.

최근에 또 하나의 놀라운 사실이 발견되었다. 노인들에게서도 에어로빅 등 신체운동을 계속하면, 대뇌의 신경세포와 신경연접(연결)이 새로 생긴다는 것이다. 수 년 전까지도 노년기엔 신경세포가 줄어들기만 하고 새로 생기지는 않는다고 믿어왔던 것이다. 운동에 의한 그런 신경가소성(*neuroplasticity*)은 청소년기에 훨씬 더 활발하다고도 했다. 운동이 두뇌를 기른다는 의미심장한 말이다. 지금 대부분의 중・고등학생처럼 공부만 하고 운동은 안 한다면, 머리가 도리어 나빠진다는 말이다.

어떤 사람들에겐 공감각(共感覺, *synesthesia*)이라는 현상이 있다. 어떤 음(音)을 들으면 동시에 눈앞에 파란색, 또 다른 음에는 붉은 색이 보이는 현상이다. 청각이 색감을 수반하는 색청(色聽) 공감각 소유자는 어떤 교향악을 듣고 있으면 눈앞에 오색찬란한 그림이 펼쳐진다.

벌써 옛날에 〈판타지〉(fantasy)라는 영화를 본 적이 있는데, 베토벤의 제 6번 교향곡의 음악에 맞추어 각양각색의 추상화의 율동이 화면에 펼쳐지는 희한한 영화였다. 그 편집자는 틀림없이 색청각의 소유자였을 것이다. 색청각 현상만 아니라, 삼각형 같은 모진 모양을 보면 입에서 쓴 맛이 나는 사람도 있다. 또 어떤 사람은 종이 위에 인쇄되어 있는 숫자 중에 다른 숫자는 다 까맣게 보이는데, 유독 5자만은 붉게 보이는 경우도 있다.

이렇게 두 감각이 뒤섞이는 현상을 종전 심리학자들은 그저 아주 특이한 체질을 가진 사람이든지 아니면 과거의 특이한 경험 때문이라는 정도로 가볍게 여기고 별로 더 추궁하지 않았다. 그러나 최근에 대뇌신경생리학의 발달로 이 문제가 새로운 관심사로 떠올랐다. 그 대충 잠정적 결론은 다음과 같다.

머리 정수리 근처 대뇌의 부분 두정엽(頭頂葉) 속에는 대뇌에 들어오는 온갖 감각을 통괄하고 정리하는 기능을 가진 부위, 말하자면 전화교환대 같은 부위가 있는데, 공감각 소유자의 경우 그 교환대 속의 전선들이 생득적으로 좀 비정상적으로 연결되어 있어서, 어떤 음의 자극을 청각에만 전달하는 것이 아니라 색감각에도 전달한다는 것이다. 말하자면 외부에서 걸려온 한 전화를 내부의 두 사람에게 연결하는 것과 같다. 그리고 이런 감각 교차작용은 특히 음악, 미술, 시문학 등의 영역의 창의적인 인물들에게 많이 나타난다고 했다. 간단해 보이는 이 잠정적 결론은 실로 엄청나게 많은 것을 시사한다.

우선 모든 감각 자극은 일단 통합되었다가 정리된 후에 적절한 감각반응으로 배분된다는 점에서 인간의 여러 심리작용의 상호교차의 가능성을 시사한다. 학문에서도 예술에서도 시문학에서도 아주 중요한 위치를 차지하는 비유(比喩)나 유추(類推)는 대부분 다 어떤 감각교차를 함축한다. 유추는 시문학에서는 특히 풍부하다. "산산이 부서진 이름", "추위의 면도날", "머언 먼 젊음의 뒤안길", "뷔인 밭에 밤바람소리 말을 달리고", "전설바다에 춤추는 밤물결 같은 검은 귀밑머리" 등이 그것이다. 일상용어에도 "모난 성격", "달콤한 사랑" 등의 표현이 있다.

이 말은 나아가 다마시오가 말한 신체생리・감정・추리작용의 통합성도 함축하면서 전인적 인간관을 뒷받침한다. 더 나아가 과학, 철학, 자연과학, 음악, 미술, 문학 등 모든 분야(分野)는 본질적으로 구분되는 별개 영역들이 아니라 편의상의 구분일 뿐, 각기의 사고방식들이 서로 교차하기도 하고 통합될 수 있다는 것도 시사한다.

창의적 인물에게서 공감각의 감각교차작용을 더 자주 본다는 사실도 의미심장하다. 이런 언급이 없어도, 종래 창의력에 관한 이론들은, 창의적 인물들은 그의 창의적 아이디어를 다른 영역의 아이디어에서 암시받는 경우가 많다고 말해왔다. 시와 소설의 창작에서는 감각교차적 표현이 유난히 많다는 것을 우리는 잘 알고 있다. 다윈은 맬서스의 《인구론》을 읽다가 진화론의 한 아이디어를 사사받았고, 그의 진화론의 아이디어는 철학, 윤리학, 역사학, 사회학, 정치학, 심리학 할 것 없이 거의 모든 분야에서 '따 갔다'. 아이디어의 교차작용이다. 음악과 수학도 교차하고, 물리학과 철학이 교차하고, 미술과 사상이 교차하면서 서로의 창의력을 자극할 수 있다는 말이다.

다양을 포섭하는 전인적 배경, 전체론적 배경이 제 각기 영역에서 창의력 출현에 큰 힘이 된다는 말이다. 그렇다고 경성사범학교에서 내가 겪은 다양한 활동의 전인교육 때문에 내가 무슨 창의력이 있다고 암시하려는 것은 아니다. 창의력 출현에는 다른 여러 개인적, 사회적인 조건들이 마련되어 있어야 한다. 내겐 그런 조건들이 별로 없었다. 그러나 나에겐 전인교육은 무척 신나고 재미있는 교육이었다.

전인교육

한 나라를 경영해 나가려면 예나 지금이나 많은 인재(人材)가 필요하다. 옛날에는 잘 싸울 줄 아는 병사와 장수가 필요했고, 나라 일을 잘 관리하는 하급관리와 고급관리가 필요했고, 농사 등 갖가지 일을 잘하는 서민들도 필요했다. 더 말할 나위 없이, 오늘날 현대사회에서는 그런 인재의 수요가 훨씬 다양하고 전문화 · 고급화되어 옛날보다 훨씬 복잡하다.

옛날 서민들은 자기가 할 수 있고 또 해야 할 일은 거의 다 집안이나 동네에서 제가 알아서 찾고 배우고 익혀서 그 능력을 스스로 길러나갔을 것이다. 나라에 그런 능력을 가르쳐주는 학교교육은 없었다. 4천 년 내내 조선조시대까지 그랬다. 여러 가지 기술을 가진 중인(中人)계급도 그 기술은 기껏해야 얼마 동안 어떤 기술자의 도제(徒弟)가 되어 배웠을 뿐, 직업학교는 다니지 않았다.

양반층, 관리층, 지도층도 오늘처럼 초 · 중등학교 · 대학을 다니지는 않았다. 서당, 서원, 향교가 있었다고는 하나, 다 좀 엉성한 교육기관이었고, 양반 자녀의 대부분이 집에서 부모에게 '천자문'에서 시작해서 '사서삼경'까지 배우고, 서울가서 과거보고 급제해서 고급관료의 길에 들어섰을 뿐이다.

지금은 사정이 아주 다르다. 초 · 중등학교는 실질적으로 거의 100%로 모든 청소년들이 가는 의무적인 개학(皆學)이고, 각양각색의 대학에도 근 80%의 젊은이들이 가고 있다. 그런 '교육열'을 우리는 자랑하고 있다. 이 모든 학교에서 학생들은 교육만 받는 것이 아니라, 성가실 정도로 많고 고된 '시험', '고시'를 자주 치러야 한다. 월말고사, 기말고사, 일제고사, 입학시험, 그리고 졸업하고 나면 자격고시, 입사고시, 고등고시 등이다.

나는 1964년 박사학위라는 것을 따고 나서, 소감을 묻는 친구들에게 던진 제일성이 "그놈의 시험이라는 걸 다시는 안 보게 된 것이 제일 시원하다" 였다. 그러나 그때까지의 내가 겪은 '시험고생'은 요새 초·중등학교 학생들, 대학생들의 시험고생에 비하면 그 10분의 1도 안 될 것이다.

한 나라의 인재를 확보하는 방법에는 크게 둘이 있다. 교육(敎育)과 고시(考試)다. 하나는 '길러내서', 또 하나는 '골라내서' 인재를 확보하는 방법이다.

하나는 나라가 나서든지 다른 단체가 나서든지 간에, 철저하고 충분한 교육으로 필요한 자질을 갖춘 사람을 길러내는 방법이다. 이런 교육에서는 테스트, 고사, 평가는 아예 없든지, 있어도 아주 부차적이다. 있다면 그것은 무슨 '선발용'이 아니라, 학습결과를 알아서 교정 또는 보충을 하기 위한 '지도용'이다. 학생에겐 아무 위협도 되지 않을 뿐만 아니라, 학생들은 그런 테스트를 도리어 환영한다. 자기향상에 도움이 되기 때문이다.

또 하나의 방법은 국가나 공공단체가 그런 교육에는 별 큰 관심이 없고, 사람들이 어디서 어떻게 길러졌건 간에 고시·시험을 봐서 필요한 인재를 뽑아들이는 방법이다. 옛날 중국과 조선의 과거제도가 그 대표적인 예다. 지금 사법고시도 비슷하다. 이때 고시나 시험은 순전히 '선발용'이다. 일반적으로 전통사회, 후진사회일수록 고시·선발에 의한 인재확보가 관행이고, 현대사회일수록 교육·훈련에 의한 인재확보가 더 관행이 되고 있다. 그래도 옛날 넓게 '강호(江湖)의 제현'(諸賢)을 구(求)한다는 과거제도가 순전히 세습에 의해서만 지도층이 계승되는 제도보다 낫다고 생각할 수는 있다.

문제는 이런 고시·선발에 의한 인재확보방법과 교육·훈련에 의한 인재확보방법은 자주 상충(相衝)관계에 들어선다는 점이다. 고시가 거세지면 교육이 허약해지거나 훼손되고, 교육이 강력해지면 그만큼 고시가 필요 없어진다는 관계다. 지금 한국사회는 그 높은 '교육열'에도 불구하고 실질적으로 교육보다 고시가 더 거세다. 그럴 때 학교의 전인교육은 빈사상태에 들어선다. 학생들은 더도 말고 덜도 말고 그저 '시험에 나오는 대로'만 공부하기 때문이다. 학생들은 주로 평가받는 방향으로만 공부하게 마련이다. 책과 시험문제로만 평가받으면, 실험해 볼 생각, 음악을 즐길 생각, 운동해 볼 생각은 거의 안 하게 마련이다.

다시 문제는, 고사·테스트·평가가 제 아무리 완벽을 기한다고 노력해도 여간해서는 사람의 전인적, 전체론적 인간상을 여실히 파악할 수는 없다는 데 있다. 정 그러려면 많은 평가전문가와 많은 시간과 경비와 연구가 필요한데, 그런 부담을 감당할 생각을 하는 기관은 거의 없다. 그 결과 모든 고사·고시·테스트는 사람들의 특성의 극히 일부, 흔히는 돌돌 암기만 한 지식·'잡식'을 잴 뿐, 그들의 사고력, 창의력, 사명감, 책임감, 도덕성, 리더십 등 인재에 긴요한 특성은 재 내지 못하는 편협된 평가에 그치고 만다.

그리고 또 다시 문제는, 그런 편협된 방법으로 선발된 지도층이 과연 지도층다운 행동과 실적을 나타낼 것인지도 문제지만, 고사·고시의 편협성이 교육의 편협성을 부채질한다는 심각한 문제로 이어진다. 다시 말해서, 자고로 사람들은 자기가 평가받는 대로 그 방향으로 공부하고 노력하게 마련이기 때문이다. 고시위주 교육에서는 전인교육이 그래서 무너진다.

지금 한국교육에서 전인교육이 가장 심하게 훼손되어 있는 곳은 중·고등학교다. 내일에 대학입시의 위협이 있기 때문이다. 초등학교에서는 그래도 전인교육이 살아 있는 편이지만, 그나마도 입시 위협의 여파에 밀려, 거기에 부모들의 성화도 가세하면서, 아이들의 일상생활은 전인적 삶과는 아주 멀어져 있다. 나는 이런 때의 초·중등학교를 다니지 않았던 것을 천만다행으로 안다. 요새 아이들이 더없이 불쌍하다.

전인교육이란 별거 아니다. 무슨 유난스러운 것도 아니다. 한국의 초·중·고등학교의 교과과정 자체는 그래도 전인적으로 규정되어 있어서 여러 교과영역을 비교적 고루 갖추고 있다. 그저 학교 교과과정에 정해져 있는 모든 교과를 빼거나 줄이거나 소홀히 하지 말고 다 그대로 가르치는 교육, 여러 가지 과외활동을 마련해 주는 교육, 그런 교과활동과 과외활동을 활발하게 할 수 있는 여러 가지 시설과 기재가 갖추어져 있는 교육, 그리고 선생님들이 학생들의 지적 발달만 아니라 신체적·정서적·사회적·도덕적·철학적 발달에도 관심을 가지고 있는 교육일 뿐이다.

문제는 입시의 압력, 때로는 부모들의 압력 때문에 어떤 과목은 빼먹거나 건성으로 다루고 있는 데 있다. 어떤 교장이 공부에만 시달리는 아이들이 불쌍해서 하루는 전교생의 운동회를 가졌더니, 다음날 몇 학부모가 교장실에 전화를 걸어 "왜 공부는 시키지 않고 객쩍은 운동회가 다 뭐냐!"고 항의했다고 그 교장이 한숨지었다.

더 심각한 문제는 과외활동의 실질적 부재다. 과외활동은 실은 '과외' 활동이 아니다. 도리어 과외활동이 '정과'(正科)고, 정과과목들이 '과외'다. 과외활동은 자기가 택한 '삶'이고, 정과활동은 그 수단을 기르는 '도구과목'이기 때문이다. 아이들이 신이 나서 자발적으로 배우고, 자기 적성을 탐색·발견하고, 그 적성을 뛰어난 재능으로 길러갈 수 있고, 아이들과의 사교성도 기르고, 무엇보다도 '개별화'된 지도와 학습이 가능한 시간은 정과시간이 아니라 과외활동 시간이다. 그런 과외활동이 빈약한 상태에서 '적성교육', '진로교육', '재능교육', '영재교육'을 운운한 것은 연목구어(緣木求魚)다.

더욱 심각한 문제는 학교에 그런 전인적 교과과정과 과외활동을 제대로 운영할 수 있는 각종 시설과 기자재가 턱없이 부족하다는 것이다. 기실 입시준비에만 골몰하는 학교에서는 과학실험기구도 미술실도 음악실과 피아노도 필요 없고, 공작실도 미술실도 필요 없고, 여러 가지 운동시설도 무도장도 풀장도 필요 없다. 있다면 도리어 귀찮은 '무용지물'이다. 입시준비 교육엔 책과 참고서, 칠판과 백묵만 있으면 되기 때문이다.

긴 세월의 전인교육 부재 때문에 한국사람들은 이젠 학교에는 그런 시설·기자재가 없어도 된다는 착각에마저 빠져 있다. 교사도 학생도 학부모도 행정당국도 그렇다. 일제시대에는 웬만한 중학교에 다 수영장이 있었다. 지금은 눈 씻어도 보이지 않는다. 한국의 학교는 이래저래 과외활동의 '불모지'다.

전인교육 하면 어떤 사람들은 아무짝에 쓸모 없는 '팔방미인'을 기를 작정이냐 라고 반박하는 수가 있다. 그러나 그것은 큰 오해고 편견이다. 전인교육 체제에는 두 가지 측면이 있다. 하나는 모든 학생에게 공통된 기본적 전인성을 기르려는 측면이다. 장차 물리학을 할 학생도 기본적 언어능력은 필요하고, 장차 음악가가 될 학생도 기본적 예의는 알아야 한다. 아인슈타인처럼 물리학에 피아노가 어울리는 것이 '멋'도 있을 뿐만 아니라, 대뇌 속에 수학을 다루는 부위와 음악을 다루는 부위가 바로 인접해 있다니, 피아노가 물리학 연구에 도움이 될 수도 있을 것이다.

그러나 전인교육의 또 하나의 측면은 학교에서 학생이 그의 개별적 재능을 탐색·발견하고 그 기초적 학습경험을 할 수 있는 시설과 기회를 준다는 점이다. 학교에 음악시간이 있고 피아노가 있어서 학생이 그것을 쳐볼 수 있는 기회가 있어야 학생의 음악재능이 발견될 수가 있다. 학교에 과학실험 기재와 그것을 써볼 기회가 있어야 학생의 과학에 대한 흥미도 자극받고 그 재능도 발견될 수 있다. 집에 피아노가 없고 과학기재가 없고 공작실이 없더라도, 학교에 가면 있어야 특수재능이 발견되고 그 초보를 익힐 수 있다. 나는 초·중등학교 시절 집에 피아노도 과학실험 기구도 없었다. 그러나 학교에 가면 있었다. 대부분의 집안에는, 특히 가난한 아이들의 집안에는 그런 것들이 없다. 학교에는 있어야 한다.

전인평가

벌써 옛날, 버스들이 사람들을 짐짝처럼 꾸려 집어넣고 다니던 시절, 하루는 그런 만원버스를 타고 서서 가는데, 등 뒤에서 두 젊은이들이 얘기를 주고받고 있었다.

"무슨 사법고시 시험이 그래? 법조문이나 돌돌 외우면 되는 그런 시험 문제를 갖고 정말 법관이나 변호사에 필요한 자질을 알 수 있나!"

둘이서 맞장구치며 사법고시에 나온 문제를 맹비난하고 있었다. 아마도 막 사법고시를 치르고 나온 모양이다. 그들은 앞에 서 있는 내가 '측정·평가' 전공의 교수일 줄은 알 리가 없었다. '그야 그렇지' 나도 속으로 맞장구 치면서 빙그레 웃었다. 그날 대학의 교육평가 강의시간에 '측정 타당도'의 문제를 똑같이 사법고시의 예를 들어 설명했기 때문이다.

한국학생들은 수많은 시험·고사·고시·테스트를 치러야 한다. 초·중·고등학교에서 학기마다 보는 그 잦은 시험, 대학수능고사, 대학입학고사, 졸업하고 나면 입사시험, 공무원시험, 각종 자격시험, 채용고사, 그리고 사법고시, 행정고시 등이다. 출세의 관문인 이런 모든 고시의 결과에 따라 개인의 인생이 좌우되고 나라 지도층의 질도 좌우되는데, 그 모든 고시에도 "무슨 고시가 그래!"라는 비난이 들어맞는다면 문제는 심각하다. 정작 마땅히 붙어야 할 사람은 못 붙고, 도리어 기억력만 있지 사고력·창의력도 없고 책임감·도덕성도 없고 사명감·리더십도 없는 '모자라는' 사람들이 붙는다면, 한국 내일의 문제가 심각하지 않을 수 없다.

본래 사람은 모든 일에서 지·정·의·체가 다같이 작용하는 전인적·

다면적 존재다. 따라서 사람을 제대로 평가하려면 그 모든 면들을 다 살펴보는 전인평가 방법을 취해야 마땅하다. 중요한 선발, 발탁, 채용의 경우일수록 더욱 그렇다. 귀여운 딸의 신랑을 골라야 하는 부모는 다 이 원리를 알고 있다. 머리 좋고 학교성적이 좋다는 것만으로 신랑을 결정할 부모는 없다. 대개는 신랑감이 몸은 튼튼한지, 성미가 부드러운지, 몸가짐이 경솔하지나 않은지, 예의도 바른지, 그래서 내 딸을 행복하게 해줄 수 있는 성품인지 두루 살필 것이다.

중요한 일을 맡을 사원, 사운(社運)이 걸려 있는 사장, 사활이 걸린 부대지휘관을 종이 한 장의 테스트로 발탁할 사람은 없다. 사명감, 책임감, 리더십 등 두루 살피고 결정할 것이다. 따지고 보면, 대학에 어떤 학생을 입학시키고, 법조계에 어떤 사람을 뽑아들이느냐도 이런 일 못지 않게 중요한 일이다. 그에 따라 개인의 희비애락(喜悲哀樂)은 부당하게 갈라질 수도 있고, 여러 국가활동의 효능도 크게 좌우될 것이기 때문이다.

비록 그런 전인적 평가방법이 조금은 주관적이고 오차도 있을 수 있으나, 그것이 옳은 방법이라는 것은 사장도 회장도 사령관도 다 알고 있다. 알고 보면 객관식 테스트를 포함해서 모든 필답고사의 점수도 실은 다 엄청 주관적이고 오차의 범위가 놀랄 만큼 넓은 흐릿한 수치다. 그 수치의 사이비 객관성·과학성에 속아넘어가서는 안 되는 수치다. 그저 한 참고자료로 한다면 모르되, 그런 흐릿한 수치만 가지고 국가대사, 인간대사를 결정지을 수는 없다.

나는 미국 하버드대학의 입학전형 제도를 자주 인용한다. 1970년쯤에 시작한 그 입학전형 제도는 이제 미국의 명문대학들은 거의 다 채택하고 있는 추세다. 나는 1985년경 직접 하버드대학의 입학사무처를 찾아가서 그 제도의 실제를 '답사'하기도 했다. 그 제도는 대충 다음과 같다.

하버드대학에서는 신입생 입학전형에서 네 가지 특성을 살펴본다. 즉,

학구능력, 과외활동실적, 스포츠의 실력, 성격의 넷이다. 학구능력은 지망생의 고등학교 성적, SAT(우리의 수능고사)의 성적, 자서전 수기 등을 고려해서 추정한다. 과외활동은 고교시절의 학생회 활동, 문학부・음악부・공작부 등에서의 활동을 본다. 스포츠는 고교시절 무슨 운동을 어떤 수준으로 했는지를 따진다. 그리고 성격은 여러 가지 입학지원 자료를 토대로 주로 리더십, 사명감, 책임감, 사회봉사 등의 정도를 추정해낸다. 그런 다음 네 가지 특성의 정도를 각각 1에서 6까지의 6단계로 평점을 매긴다. 우리처럼 115점이니 252.5점이니 하는 식으로 따지지 않는다.

한때는 그 네 가지 평점들을 그대로 합산해서, 그 합계 점수 순으로 1천 명 입학생 중 700명을 우선 뽑고, 다음 300명은 1,300번까지 내려간 600명 중에서 전혀 다른 기준으로 뽑아들였다. 출신 주(州), 종족, 부모의 직업, 사회경제적 지위 등을 될 수 있는 대로 다양하게 반영하도록 뽑았다. '다양성 속에 발전이 있다'는 하버드대학의 교육철학 때문이다.

근자에 와서는 그런 합산도 그만두고, 평점은 그저 참고로 하고, 입학전형 위원들이 여러 자료를 참작한 다음 합의에 의해서 입학 여부를 결정한다. 그런 과정에서 약 95%의 입학생은 비교적 쉽게 합의로 결정되고, 합의가 안 되는 나머지는 투표로 결정한다. 하버드대학의 입학지원 설명서에는 "우리는 숫자놀음은 안 한다"라고 적혀 있었다.

이 전형방법은 하버드대학의 한 역사학 교수의 제안으로 시작되었다고 하는데, 그는 그 취지 설명에서 "인류역사의 견지에서 보나 현대사회의 견지에서 보나 필요한 인물은 반드시 머리만 좋은 사람이 아니다"라고 말했다고 한다. 그 발안자가 교육학 교수도 아니고 심리학 교수도 아닌 역사학 교수였다는 데에 내 마음에 약간의 수치심이 스쳐갔다.

따라서 하버드대학엔 공부만 잘한다고 들어갈 수는 없다. 학업성적이 어지간하기만 하면, 고등학교 시절에 학생회 회장을 지냈다든지, 지방 고등학교 아이스하키 선수였다든지, 어떤 시집을 냈다든지, 미술전에 입상했든지 하면 결정적으로 유리하다. 따라서 한 고등학교에서 하버드대학에 열 명 가량 지망했을 경우, 고등학교 학교성적 1, 2등은 떨어지고 2, 30등이 합격되는 경우도 비일비재다.

이민 간 어떤 한국부모가 아들을 꼭 하버드대학에 입학시키려고 일류 사립고등학교에 넣고 가정교사도 대가면서 고등학교 3년을 내리 1등으로 졸업하게 했다. 그러니 하버드대학 입학은 따 놓은 당상으로 여기고 원서를 냈다. 얼마 후 통지가 왔는데 덜컥 낙제였다. 그 부모는 가만히 있지 않고, 한국의 부모답게, 입학사무처에 항의하러 갔다. 떨어질 리가 없는데, 어디가 잘못된 것이 아니냐는 것이다. 사무처 교수는 관계자료를 보여준 다음 이렇게 말했다.

"잘못된 데는 없다. 당신들의 아들은 참 머리가 좋고 공부 잘하는 아이다. 그러나 스포츠 하나 할 줄 아는 것 없고, 공부 외의 취미활동은 하나도 없고, 헌혈 한 번 해본 적도 없다. 하버드대학은 그런 공부벌레를 바라지 않는다. 하버드대학은 미국의 각계각층의 지도자를 길러내려는 대학이다."

그 부모는 한마디 대꾸도 못하고 나왔다.

근자에 한국 대학의 입학전형 제도에도 약간은 이런 전인평가의 방향으로 개선되는 기미는 보인다. 그러나 학업성적 위주의 관성은 거의 그대로 미동도 하지 않는다. 게다가 '사회봉사'를 참작한다니까, 고교에서 '억지' 사회봉사까지 유행하고 있다. 고교 내신성적을 꼭 참고하라고 교육부가 엄명을 시달하고 있지만 고교 내신성적 그 자체가 전인평가에 의한 것이 아니라 필답고사에 의한 학업성적 위주의 성적이다. 자질구레한 개선의 시도는 보이지만, 우리의 대학입학전형 제도는 아직 갈 길이 멀다. 그 뒤에는 옛날의 과거제도의 그림자가 짙게 깔려 있어 보인다.

더 갈 길이 먼 것은 사법고시, 행정고시 등 채용고시다. 나는 현행 사법고시나 행정고시는 없애야 한다고 주장한다. 그것이 법조인, 행정관료의 전인적 자질을 평가해내지 못하기 때문이고, 또 그 때문에 법조인이나 행정관료의 자질을 길러내야 할 교육이 등한시되고 소홀해지기 때문이다.

1960, 70년대 초기 경제발전단계에 필요했던 '인력'은 단순지식, 단순기술의 소유자였다. 그만큼 경제활동 자체가 단순했기 때문이다. 그러나 지금 현대의 경제발전, 국가발전의 인력은 그것으론 안 된다. 인력의 개념을 훨씬 넓혀야 한다는 것이 나의 지론이다. 전인적 바탕이 정말 긴요한 인력의 기본이라는 지론이다. 상품도 그저 쓸모만 아니라, 아름답고 인정이 깃들어 있어야 팔리는 시대다.

교육도 고시도 전인적이라야 한다. 그것은 지난날 내가 자라나던 시절의 경험이 육감적으로 내게 일러주고, 그것을 내가 전공한 교육학이론, 교육평가이론이 말해주고, 그것을 현대의 대뇌생리학이 밑받침해주고, 그것이 문제라고 한국의 역사와 현실이 나에게 다짐해주기 때문이다.

말, 말, 말

- 독서력
- 한국말
- 일본말
- 영 어

한국인으로서는 못할 말이지만, 내 독서력(讀書力)은 기형적이라는 것을 고백한다. 어쩌면 나만 아니라, 내 세대 사람들은 거의 다 조금은 기형적일 것이다. 내가 제일 빨리 읽는 것은 옛날 책처럼 한자(漢字)가 많이 섞인 국문책이고, 그 다음으로 빨리 읽는 책은 영어책이고, 그 다음이 근 반세기나 뜸했지만 한자가 많은 일본책이고, 순 한글로 된 글읽기가 제일 느리다. 순 한글책 읽기는 중학교에 다니는 내 손자가 나보다 몇 배 빠르다. '내가 살아온 시대가 그랬으니, 할 수 없지 뭐' 라고 하다가도, '어쩌다 이 지경이 됐나', 한글책을 빨리 읽어내는 손자를 보면 나 자신을 돌이켜보게 된다.

나는 물론 한국말 속에서 태어나고 한국말을 쓰고 자라났다. 그래서 한국말의 구화력(口話力)은 그런 대로 괜찮을 게다. 그러나 글읽기는 초・중등학교 시절엔 일본말 책으로만 익혔다. '가갸거겨'는 초등학교 들어가기 전에 깨쳤고, 초등학교에서 '조선어' 시간이 일주일에 한두 시간 있었으나, 그 외에는 조선어 읽을거리는 거의 없었다. 책방에도 일본말 책뿐이었다.

그러다가 1945년 광복 후엔 일본책 일본말과는 긴 세월 절연상태에 들어갔고, 책읽기는 돌연 대부분 영어책으로 바뀌었다. 국학 계통을 전공으로 택했다면 그렇지도 않았겠지만, 내가 택한 교육학이나 심리학 분야에선 한국책도 일본책도 읽을 만한 게 별로 없었던 시절이었다. 게다가 미국유학 경험은 나를 더 영어에 밀착하게 했다. 해방 후에도 교육학에 관한 일본책을 가끔 펼쳐보았지만 도대체 다 시원치 않았고, 많은 책들이 미국교육학의 재판이어서 읽을 생각이 안 났다. 나는 지금도 한국의 교육학 수준이 일본보다 훨씬 앞서 있다고 생각한다. 이래저래 반세기 넘어 주로 영어로 된 책과 씨름했다. 그래서 내 순한글 독서력은 이 지경이 됐다.

해방 후에 한자가 섞인 책은 이것저것 많이 읽었다. 자랑 같지만, 한 여름방학 집에 들어앉아서 진단학회에서 나온, 한 권이 800페이지 내외인 여섯 권의 '한국사'를 재미있게 꽤 빨리 읽어냈다. 한자가 많은 책이다. 그러나 순 한글로 된 소설류는 재미가 있어서 가끔 읽었지만, 다른 책은 정 누가 읽어볼 만한 책이라고 권하기 전에는 별로 손이 안 갔다. 자연히 한글읽기 시간이 적었던 셈이다.

독서력

얼마 전에 독서력 발달단계에 관한 어떤 글을 읽었는데, 세 단계가 있다고 했다. 첫째는 단어습득 단계, 단어와 소리와 뜻의 연결을 익히는 단계다. 'Spring'이라는 문자의 발음은 '스프링'이고 뜻은 '봄'이라고 아는 단계다. 둘째는 문장해독 단계, 단어들의 연결과 그 의미를 아는 단계다. 'Spring has come'이 무슨 뜻인지를 알아차리는 단계다. 형식적 문법은 몰라도 된다. 여기까지는 상식적으로도 이해가 가는 단계다.

셋째의 자동화 단계가 그럴듯했다. 'Winter is gone and spring has come' 이라는 문장을 단어를 하나하나 따지거나 문법을 따지거나 해서 무슨 뜻이냐를 파악하는 것이 아니라, 그저 문장을 송두리째 단번에 보고 별 힘 안 들이고 거의 자동적으로 그 뜻을 파악해내는 것이 자동화 단계다. 이 단계에서는 한 문장을 한 덩어리로 읽어낸다. 읽기가 숙련되면 두 문장 세 문장도 한 덩어리로 보고 그 뜻을 파악한다. 그렇게 한 문장 두 세 문장을 한 덩어리로 보는 길이 내지 너비를 옛날에도 독서심리학에서 '눈뼘'(*eye span*)이라고 불렀다. 빨리 읽는 사람은 눈뼘이 길고 넓고, 더디 읽는 사람은 눈뼘이 짧고 좁다. 그런 자동화 단계에 이르고 눈뼘이 점점 길고 넓어지려면 긴 세월의 많은 독서가 필요하다는 결론이다.

나는 긴긴 초·중등학교 시절 한글책을 읽지 않아서 '자동화'로 긴 한글 눈뼘이 형성되지 못한 것이 내 더딘 한글 독서력의 근본 원인이고, 전공관계로 해방 후엔 주로 영어책을 읽어 온 것이 그 부차원인이다.

중학교 시절 내가 살고 있던 큰댁에 정인보 씨가 큰아버지와 환담하러 자주 오셨다. 하루는 사랑방에서 어떤 세로로 쓴 한문책을 읽고 계셨는데, 옆에서 보기에 책장을 읽는 게 아니라 그저 천천히 넘기기만 하는 듯했다. 궁금해서 나는 "아저씨, 책을 읽으시는 거예요? 그냥 구경하려고 책장만 넘기시는 거예요?" 라고 물었다. "이 녀석아, 책은 이렇게 읽으면 돼" 하시면서 손가락으로 책 한 페이지에 오른쪽에서 왼쪽으로 천천히 사선을 그으셨다. 그 양반은 눈뼘이 무척 길고 넓었던 것이다.

한 20년 전, 미국 시카고에서 샌프란시스코로 가는데, 약 네 시간쯤 걸리는 비행시간에 심심할 것 같아서, 읽을거리로 공항 책방에서 문고판 소설책 하나를 사 들었다. 어떤 친구가 책방에 들어와서 이 책 저 책 고르더니 두께가 4cm는 되는 문고판 소설 네 권을 주섬주섬 사 들고 나갔다. 비행기를 타고 보니 그 친구가 바로 내 옆좌석이었다. 그는 벨트를 매자마자 좌석 등받이에 척 기대서 책을 들고 읽기 시작하는데, 곁눈으로 보니 이건 숫제 책장을 차례차례 넘기는 거였다. 다 읽고 나서 또 한 책을 꺼내서 읽기 시작했다. 세 시간쯤 걸려서 네 권 다 읽고 나더니, 손털고 낮잠에 들어갔다.

나는 좀 질렸다. 소설은 다른 책보다 좀 빨리 읽히는 편이지만, 이건 좀 '너무했다'. 내릴 때 나는 한 권도 다 못 뗐는데, 그 친구는 그 네 권을 다 읽고 나서 좌석에 버리고 내렸다. 귀신같은 독서력의 친구였다. 속으로는 '야, 나도 어려서부터 영어로만 씨름했더라면 너만큼은 빨리 읽어냈을 게다, 뭐' 라고 푸념했다.

나는 생애에서 여러 가지 언어를 자의반 타의반으로 배워야 했고, 어느 정도 익히기도 해야 했다. 한국어는 물론 일본어, 한문, 영어, 독일어, 불란서어 들이다. 가끔 이렇게 여러 나라 말의 공부에 시달리지 않아도 되는 영국이나 미국사람 같은 신세가 부럽기도 했다. 그러나 또 가끔은 다른 언어로 다른 세계를 들여다보는 기분도 들어서 보람 있는 일이라고 생각하기도 했다. 독일어, 불란서어는 대학시절 '중급'까지 했고, 사전을 찾아가며 원서를 겨우겨우 읽기도 했으나, 대학졸업 후엔 내 전공과 별 관계가 없어 긴 세월 손을 뗐더니, 이제 그나마 배웠던 것이 다 망각지대로 들어가 버렸다.

언어는 인간생활에 아주 중요하다는 것은 더 말할 필요도 없다. 사람은 언어를 통해 삼라만상을 파악하고, 언어로써 사고하고, 언어로써 서로 의사를 전달한다. 언어는 사람들이 만든 것이지만, 언어는 거꾸로 사람들을 지배한다. 그래서 나는 물론 언어학자는 아니지만 언어에 관해서는 자연 생각하게 되는 문제들이 많았다. 여러 나라 언어에 시달리다 보면 더욱 그렇다.

한국말

다음은 1956년에 내가 써 낸 《敎育課程》이란 책 속 한 구절이다.

"專門學者들도 重要한 資源人이다. 各學科의 專門學者, 哲學, 社會學, 經濟學, 心理學 … 等等의 모든 學者들은 敎育課程 問題에 應當히 參與할 수 있는 立場에 있다."

한자투성이였다. 본래 어원이 한자인 단어는 다 한자로 썼다. 모든 저자들이 그랬다.

그 16년 후 1972년에 써 낸 《敎育과 敎育學》에서는 예를 들어 다음과 같이 써 내려갔다.

"敎育은 그 자체가 발 벗고 經濟發展에 나서는 것은 아니다. 경제발전의 직접적인 前線活動은 産業活動이고 經濟活動이다. 교육은 이런 活動에 필요한 人間을 만듦으로써 경제발전에 기여하는 관계에 있다."

한자가 많이 절제되기 시작했다.

다시 17년 후 1989년에 써 낸 《미래의 선택》은 책이름부터 한글이었고, 다음이 그 책 구절의 예다.

"하여간 결론은 服從의 危害는 이렇게 무섭다는 것이다. 그것은 인간의 도덕적 감수성과 감각을 무디게 하여, 잔혹한 행위도 서슴지 않게 하고, 자기 스스로 행동의 책임을 진다기보다는 … "

한 페이지에 한자가 많아야 4, 5개 정도로 줄었다.

다시 8년 후 1997년의 《인간의 자아실현》에서는

"따라서 정치적 압제만 아니라 경제적 빈곤도 自由制限(자유제한)

의 조건이 된다."

한자가 한 페이지에 두셋으로 줄었고, 이번엔 들어간 한자의 음까지 친절하게 괄호 속에 적어 넣었다.

다시 7년 후 2004년의 《한국의 내일을 묻는다》에서는

"그럴수록 인간은 수유 안에서 어떤 영원을 찾고, 미물이면서 어떤 광대무변(廣大無邊)을 찾고, 무의미 속에서 어떤 의미를 찾으려 하는 가엾은 존재, 그러기에 함부로 해서는 안 되는 더 소중하고 존엄한 존재가 인간이라는 것이다."

한자가 한 페이지에 하나나 둘, 그 한자도 이번에는 괄호 속에 들어가 있다.

시류(時流)에 따라야 한다는 출판사의 요청도 있었지만, 반세기도 안 되는 세월에 글 표기양식의 시류가 이렇게까지 급변한 것이 내 자신 한편 재미도 있고 이상하기도 하고 서운하기도 하고, 또 한편 '반드시 그래야 하나' 하는 생각도 든다. 구세대인 탓일까?

여기에서 한글전용이냐 아니면 한글·한자 혼용이냐 하는 논쟁에 끼어들 생각은 없다. 다만 전용하건 혼용하건, 한국의 언어문화에서 한자는 완전히 추방할 수도 없고 추방해서도 안 된다고 나는 생각한다.

우선 거의 모든 한국사람의 이름이 한자다. 어쩌다 '이 빛나리'같이 한글이름을 붙이는 경우도 보지만, 그래도 성(姓)인 '이'는 빼지 못한다. 정순한글로 하려면 '오얏 빛나리' 식으로 해야 할 텐데, 그런 경우는 본 적이 없다. 그리고 싫건 좋건 우리 선조들은 대부분 한문으로 문화유산을 남겼다. 역사기록도 한문이고, 저서도 서한 왕래도 시도 한문이다. '언문'으로 된 것은 별로 없다. 따라서 한자 완전추방은 과거와의 단절, 우리 역사와의 무모한 단절을 뜻하는 게 아닐까? 또한 한 국문학자에 의하면, 국어사전에 수록된 단어의 약 70%가 본디 한자말이라고 한다.

그러나 나는 더 심각한 것은 기왕 우리 언어문화 속에 깃들어 있는 한자를 완전히 추방하면 우리는 '많은 것을 잃는다'는 점이다. 많은 아름답고 멋있고 뜻있는 그래서 아까운 '의미의 세계'를 잃는다는 아쉬움이다.

호남고속도로를 가다 보면, 광주 근처에 '비아'라는 동네이름의 표지판이 있었다. '비아? 발음이 참 좋은데, 무슨 뜻일까?' 바로 그 아래를 보니, 작은 글씨로 '飛鵶'라고 적혀 있었다. '나는 까치'였다. 멋있는 이름이다. 그냥 비아보다 飛鵶가 많은 의미를 풍긴다. 영동고속도로를 지나가면, 멋있는 동네의 이름이 많다. 玉笛(옥적), 綿溫(면온), 梨木亭(이목정) 등이다. 그대로 한글로만 알고 있으면 발음 이외에는 아무 뜻이 없다. 한자로 알면, 옥적을 지나갈 때 옥피리를 부는 여인도 연상하게 되고, 면온을 지나갈 때엔 겨울에도 솜처럼 따뜻한 동네인가 하는 연상이 스쳐간다. 이목정은 '옛날에 배나무가 어디 있었나?' 찾아보게 된다. 그저 무의미한 발음이 아니다. 그 뒤엔 동네의 어떤 역사도 숨어 있을 것 같이 느껴진다.

서로 다른 언어에는 제각기의 독특한 뜻과 멋이 있다. 그 뜻과 멋을 번역으로써 어느 정도는 짐작할 수 있지만, 원어 그대로 뜻과 멋을 맛보기는 어렵다. 나는 가끔 한 언어의 아름다움은 특히 그 나라의 시문학에 응축되어 있다고 느낀다. 한국어 시(詩)는 그것대로, 영어 시는 또 그것대로, 일본어 '하이쿠'는 또 그것대로 독특한 맛이 있다.

언젠가 누가 김소월의 시를 영역한 것을 보았는데, 영 멋도 감흥도 없었다. 일본말의 '하이쿠'를 한국말로 번역하면, 이건 거의 만화가 된다. 나는 이순신 장군의 한시, "水國秋光暮/ 驚寒雁陣高/ 憂心輾轉夜/ 霜月照弓刀"를 자주 뇐다. 처절한 우국지심에 숙연해지는 시다. 이것을 "물나라에 가을해는 저물고/ 추위에 놀란 기러기는 진 위 높이 나는데/ 나라걱정에 잠 못 이뤄 뒤척이는 밤/ 서릿 달빛이 궁도를 비추네"라고 번역할 수는 있다.

그러나 내겐 어쩐지 한시가 더 애절하다. 이것이 혹 내가 한자를 좀 안다는 구세대인 탓일까? 나는 그렇게 생각하지는 않는다. 모르면 몰랐지, 언어는 제각기 다른 맛이 있다. 이순신 장군은 이 시를 먼저 한자로 생각하고 한문 맛으로 읊었을 것이다.

한글을 전용하건 국한을 혼용하건 어디엔가 한자는 살아 있어야 하고, 어떻게 배우든 초·중등학교에서 기초적 상용한자는 배우고 익혀야 한다고 난 믿는다. 기왕 우리 어문 속에 깊이 깃들어 있는 한자문화를 말소한다는 것은 '많은 것을 잃는' 소치라고 생각한다.

나는 거리의 교통표지판에 영어는 있는데 한자는 없는 것이 가끔 기이하게 느껴진다. 거리에 벽안의 서양사람이 다니는 것은 별로 못보고, 외국인 관광객은 일본사람, 중국사람이 제일 많다는데. 그보다도 우리 자신이 살고 있는 고장을 좀 '의미 있게' 알기 위해서도 원래 한자로 된 동네 이름, 길 이름은 한자로 병기해 주는 것이 옳을 것 같다. 그 뒤에 고장의 사연과 역사와 문화가 숨어 있을 것이기 때문이다. 동네 이름이 서울, 배우개, 두물머리 식으로 순 한글말일 경우를 빼고는.

한자는 그런대로 많이 알고 있다 해도, 내 한문 실력은 얼치기다. 한문은 끙끙 매야 겨우 문장 의미를 알까 말까 할 정도밖에 안 된다. 초등학교에 들어가기 전에 아버지께서 《천자문》 운은 떼어주시고, 한자 붓글씨 공부도 자주 도와주셨다. 그러나 당신께서는 한문서적을 자주 읽으시고 낭랑한 목소리로 반 노래처럼 한문을 낭독도 하시고 형제분과 편지는 한문으로 왕래하시면서도, 내겐 《천자문》 이상의 《명심보감》이나 《소학》 같은 한문책을 가르쳐 주시지 않았다. 아마 한문의 시대는 지나갔다고 생각하셨던 모양이다. 초등학교에 들어가자 한자공부는 많이 해야 했다. 일본어는 예나 지금이나 한자혼용이기 때문이다.

한문은 중등학교 시절에 배웠다. 일본식은 한문을 그대로 내려가며 읽는 것이 아니라, 일본말의 어순에 맞춰 한문문장을 오르락내리락하며 해석하면서 읽는다. 지금 생각해보면, 이런 한문읽기 방법은 언어학습이론에는 전연 합당하지 않은 방법이다. 앞에서 말한 문장을 한 덩어리로 파악하는 넓은 '눈뻠'이 길러지기가 어렵기 때문이다. 내 한문실력이 시원치 않는 데에는 그런 '오르락내리락' 식 한문독해의 탓도 없지 않다고 자위한다. 나와 동년배의 학자들 중에서 한문을 술술 읽어대는 사람을 만나면 나는 아주 부럽다. 그럴 때엔 나도 어려서 아버지께서 《명심보감》과 《소학》 정도는 떼어주셨더라면 하는 아쉬움이 들기도 했다.

그러나 이제 대부분의 사람들에게 한문(漢文)의 시대는 지나갔다. 한문은 옛날과 같이 '내(內)국어'가 아니라 이제는 외(外)국어다. 배워도 좋고 안 배워도 좋은 외국어다. 그러나 한자(漢字)는 다르다. 한자는 우리 자신의 이름 석자에서부터 우리나라 어문의 구석구석에 박혀 있기 때문에 우리 자신을 알려면 한자는 어느 정도까지는 알아야 한다.

셰익스피어 문학의 출현으로 말미암아 영어의 어휘와 표현이 풍부해지면서, 영어의 격조가 비약적으로 높아졌다는 말을 들은 적이 있다. 그 전까지는 유럽에서 자타가 영어를 일종의 미개국의 언어로 여겼는데, 그의 〈햄릿〉, 〈맥베스〉, 〈시저〉 등 수십 편의 희곡은 영어를 일약 문명국의 언어로 격상시켰다는 말이다. 한 문호(文豪)의 힘은 그렇게 크다는 것이다. 좀 그것이 과장된 말일지는 모르나 그럴 법도 하다고 느껴진다.

나는 물론 국문학자도 아니고 시인도 극작가도 아니다. 그러면서도 한국에 그런 대문호가 나타나서 한국어문을 유려하면서도 힘차고 조리가 정연하면서도 정서가 깊게 스며있는 격조 높은 언어로 비약하게 할 수는 없나 하는 희망을 이때 저때 가져본다. 가끔 외래어의 범람, 비어(卑語)·잡어(雜語)의 침범을 걱정하면서 국어 정화(淨化)의 필요를 외치는 사람들이 많은데, 그것도 좋지만, 어떤 적극적인 국어 '풍요화', '격상화'의 운동과 그 계기도 마련되었으면 하는 생각이 든다. 그러면 나도 그 본을 따서 내 말과 문장도 이런 글의 이 모양이 아니라, 더 격조가 높아지게 말이다.

옛날 한참 영어를 배우던 시절에 나는 몇몇 명문장을 돌돌 외운 적이 있다. 특히 〈햄릿〉의 그 유명한 "To be or not to be …"로 시작하는 대사, 그리고 〈시저〉에서 브루투스가 시저를 죽이고 나서 죽인 이유를 들어 주위를 납득하게 한 열변에 맞서서, 반격을 가해 역으로 주위를 감동하게 하는 안토니오 웅변의 명대사는 신이 나서 소리 높여 외우곤 했다. 과문의 탓인지 모르나, 나는 아직 한국문학에서 그렇게 소리 높여 외우고 싶은 문장을 별로 발견 못했다. 나는 진단학회의 《한국사》에서 구한말 국치를 한탄하며 자결한 민영환의 유서에는 감동의 눈물을 흘렸다. 하지만 그것은 한문이었다. 삼일운동의 독립선언서는 명문장이지만, 거기에도 한자가 대부분이다.

나는 문학에서 소설도 좋고 시도 좋고 논설도 좋으나, 셰익스피어의 작품 같은 희곡이 줄 수 있는 감동이 제일 크지 않을까 생각해본 적이 있다. 소설에는 상황묘사가 많지만, 희곡엔 대화가 많다. 대화는 독자에게 직접 와 닿아서 그 힘이 더 진솔하게 울려온다. 괴테의 〈파우스트〉도 희곡이다. 그러고 보면 한국문학엔 희곡이 좀 빈약하다는 생각이 든다.

한 국문학자가 어떤 글에서 사전에서 잠자고 있는 단어가 많다고 개탄하면서, 수백 개의 단어들을 예로 들었다 — 신신하다, 나스르르하다, 소들소들, 불치, 발타다, 자분치, 결곡하다, 갈쌍하다, 동살, 저뭇하다, 자오록하다, 물꾸다, 득하다, 너테, 철겹다, 가루다, 거추하다, 느줄하다, 붙좇다, 짓나다, 방나다, 알음장, 날밥, 타울거리다. 이런 낯선 단어들이 엄청 많은 모양이다.

이런 낱말들의 뜻을 대부분을 모르고 있는 내 자신이 좀 한스러워졌다. 이 글을 읽고 사전을 들춰보니까 페이지마다 내가 모르거나 쓰지 않는 단어가 엄청 많다는 것을 새삼 발견했다. 전부 해서 수천이 아니라 수만은 되는 듯했다. 물론 개중에는 생활양식과 생활도구가 옛날 같지 않아서 이제는 사장되어갈 수밖에 없는 단어도 많을 것이다. 그러나 되살려야 할 단어도 무척 많을 것이다. 내가 모르는 것은 물론 내 책임도 있다. 그러나 이런 '쓸 만한 말'을 '사전 밖으로' 보급하고 한국사람들의 정서와 사고를 더 풍요하게 하는 책임이 한국의 문필가, 소설가, 시인, 수필가, 논설가들에게 더 있는 것은 아닐까? 옛날 영국에서 셰익스피어가 그런 일을 했고, 독일에서 괴테가 그런 일을 한 것처럼. 나는 소설을 읽다가 어쩌다 내가 모르는 단어가 나오면 반갑다. 얼른 국어사전을 찾아본다. 새 단어의 새 뜻이 반가워서다.

또 하나, 이런 생각이 들 때가 있다. 근 2천 년 전에 한자문화를 받아들이고 써온 통에 잊고 잃어버린 본디 우리 낱말이 엄청 많은 것이 아닌가? 예컨대, 동·서·남·북의 방향을 가리키는 낱말은 아주 기본적 낱말이기 때문에 그 순우리말이 틀림없이 아주 옛날엔 있었을 터인데, 한자문화 때문에 잃어버린 것이 아닌가? 아니면 있는데 내가 모르고 있나? '어제', '오늘'은 순우리말인데 '내일'(來日)은 한자다. 그리고 '모레'는 또 우리말이다. '來日'의 우리말이 언제 어디에서 없어졌을까? 틀림없이 있었을 텐데. 이것도 내가 모르고 있는 것인가? 이런 예는 수두룩하다. 몇몇 국문학자들처럼 한자를 없애려고만 열을 올릴 것이 아니라, 긴 세월 그렇게 잊고 잃은 순 우리말을 찾아내고 쓰고 넓게 펼치는 일에 더 마음을 쏟아야 하는 게 아닌가?

언젠가 근 열 권으로 된 장편소설을 읽기 시작했는데, 거기엔 모르는 단어가 한 페이지에 댓 개 넘게 너무 많이 나왔다. 사전에 없는 단어도 많았다. 사전찾기가 힘들어서 세 권째에 그만두었다. 각 페이지에 아래에 주를 달아 생소하다고 생각되는 단어는 풀이를 해주었으면 좋았을 것이라고 생각했다.

나는 한국의 여러 지방의 사투리, 방언도 될 수 있는 대로 다 국어대사전에는 실어야 할 것으로 생각한다. 사투리 중에는 참 재미있고 그럴듯한 낱말들이 많다. 그것을 방언이라고 버려두기는 아깝다. 적절한 경우에 적절히 자주 쓰다 보면, 그것이 표준어도 될 수 있는 것이 아닐까?

나는 글을 꽤 많이 자주 쓰는 편이면서도 그때마다, 이 글을 쓰고 있는 지금도 가끔 고민이다. 맞춤법도 가끔 사전을 뒤져야 하지만, 띄어쓰기와 구두점엔 망설일 때가 많다. 망설이다가 '에이, 모르겠다'고 적당히 써 버리는 경우도 없지 않다. 친구 국문학 교수들에게 이따금 물어보아도 대답이 각각이다. 심지어 "뜻만 통하면 적당히 해도 돼"라는 국문학 교수 친구도 있다. 그럴 때면 마음은 좀 놓이지만 허전하기도 하다. 다른 문필가들의 글을 보아도 서로 다른 경우가 많다. 따옴표 표기도 제각각이다. 이런 고민은 영어문장을 쓸 때에도 없지는 않지만 훨씬 덜하다. 이런 내 고민은 내가 국어문법을 정식으로 배우지 않았고 지레짐작으로 혼자 배운 탓일까? 아니면 국어의 표기법 자체가 아직도 덜 다듬어져 있는 것인가, 그렇다면 그것을 다듬는 것은 누구의 책임일까?

이 모두가 문학자도 아니고 어학자도 아닌 자의 실없는 넋두리라고 해두자.

일본말

나는 일본말을 잘했었다. 내 세대 그리고 내 바로 앞세대도 거의 다 그랬다. 일제시대에 초·중등학교 시절은 일본말로 공부했고, 내 앞세대도 일제치하에 벌어먹고 살려면 일본말을 안 배울 수가 없었을 것이다. 지금 생각해 보면 그것은 하나의 비극이었다. 나는 일본말 말하기, 듣기, 읽기, 쓰기 다 일본학생에 못지 않게 잘했다. 아마도 아버지에게 이어받은 취미였겠지만, 나는 초등학교 때부터 책을 많이 읽는 편이었다. 동화그림책, 소년잡지, 어른들이 읽는 월간 소설잡지, 가릴 것 없이 읽었다. 물론 다 일본말로 된 책들이다. 작문도 초등학교 6학년 때 "집에 가는 길"이라는 제목의 작문으로 상도 받았고, 중등학교 시절 3학년 때에는 "고향"이라는 제목으로 작문상도 받았다. 일본말로 쓴 작문이다.

그런데 이 말이라는 게 참 요상한 물건이다. 안 쓰면 그만큼 잊어버리고 잃어버리기까지 하는 것이 언어였다. 그렇게 잘했던 일본말이 나도 모르게 퇴색했다. 1952년 여름에 미국 유학에서 돌아오는 길에 구경삼아 일본 동경에 3, 4일 들렀다. 처음 들러보는 일본이었으나, 일본말엔 자신이 있어서 별 두려운 생각 없이 공항에 들어갔다. 입국수속 때 그 관리가 일본말로 뭔가 물었다. 나는 갑자기 일본말을 더듬는 내 자신에게 놀랐다. 영 혀가 잘 돌아가지 않았다. 시내 호텔에서도 상점에서도 그랬다. 일본말을 해보지 않고 읽어보지도 않은 지가 7년이 되었다고 그 모양이 되었던 것 같다.

1957년에 어떤 유네스코 관계 국제회의가 있어서 태국의 방콕에 갔는데 일본대표도 두 명 와 있었다. 영어 국명의 알파벳순서 때문에 국제회의에서 일본대표와 한국대표는 서로 옆자리에 앉게 되는 경우가 많다. 자연 이런저런 얘기가 오가는데, 일본대표는 영어가 시원치 않고, 나는 일본말을 더듬는 통에 몹시 갑갑했다.

1959년에 또 다른 국제회의 관계로 동경에 갔는데, 기간이 열흘쯤으로 꽤 길었다. 회의는 영어로 진행되었으나, 여타 시간에는 거리나 상점 같은 데에서 일본어를 써야 하는 기회가 많았다. 열흘 동안의 회의가 끝날 무렵에는 꽤 일본말이 되살아났다고 느꼈다. 그러나 돌아와서는 일본어가 다시 망각지대로 들어갔다. 나는 지금 어쩌다 일본책을 읽게 될 때엔 옛날 같지는 않지만 그런 대로 큰 갑갑증 없이 읽는다. 그러나 듣기는 좀 떨어진다. 제일 갑갑한 것은 말하기다. 그래서 영어를 아는 일본사람과는 영어로 얘기한다. 정 일본말로 해야 할 경우엔 하기는 하지만 더듬는 꼴이 사납다. 그래도 어떤 일로 1, 2개월만 일본에 체재한다면 옛 일본말 솜씨를 어지간히 되살릴 수 있으리라는 생각은 가지고 있다.

하나 기묘한 현상이 있다. 일제시대에 학교 동창이었던 친구들은 지금도 일본말을 꽤 잘한다. 왜 그럴까? 내 언어능력이 좀 떨어지는 것은 아닐 텐데? 해방 후 30년쯤에 어떤 할아버지 한 분이 30년 만에 처음 대면하는 일본사람에게 유창하게 일본말을 건네는 것에 놀란 적이 있다. '이 양반이 무슨 특별한 능력을 가지고 있나?' 하는 생각을 하다가 잠정적인 결론을 내렸다. 옛 동창들과 그 할아버지의 공통점은 영어를 잘하지 않았다는 점이다. 따라서 일본말 후에 영어라는 제 2 외국어가 깊이 끼어들지 않았기 때문에 그래도 일본말이 비교적 고스란히 남을 수가 있었다. 그러나 내 경우에는 그 후에 영어가 짙게 끼어들었기 때문에 그 영어가 앞의 일본말을 눌러 그 망각을 도왔다는 결론이다. 심리학에서 '반동억제'(*retroactive inhibition*)의 현상이다. 예컨대, 학기말시험 준비로 A과목을 외우고 나서 그대로 자면 외운 것이 그대로 잘 남는데, A과목을 외운 다음 곧 이어 B과목도 외우면 앞의 A과목의 기억은 좀 희미해지는 현상이다.

아이들은 두 언어를 동시에 배우면 둘 다 마스터하는 능력이 있다. 일제시대의 우리가 그랬다. 어떤 조사연구에 의하면, 아이들은 세 가지 언어까지도 동시에 소화해 낼 수 있다고 한다. 예컨대, 집안에서 엄마와는 불란서어, 아빠와는 독일어, 밖에서는 다른 아이들과 영어를 해야 할 경우에도 대개 아이들은 세 언어를 너끈히 소화해 낸다는 것이다. 그러나 한 언어를 배워 익숙해진 다음에 또 다른 언어를 배우면 그것의 반동(反動)으로 먼저 배운 언어가 '눌린다'. 이런 '반동억제' 현상이 사실이라면, 그것은 외국어의 학습이나 교육에 여러 가지 참고가 될 것이다. 예컨대 영어와 중국어를 둘 다 배우고 싶으면, 동시에 둘 다 배우는 것이 하나 다음 또 하나 식으로 배우는 것보다 효과적일 것이라는 말이 된다.

하여튼 몇 개의 언어를 배워야 한다는 것은 고생스러운 일이다. 우리 세대는 그런 고생을 견뎌야 했다. 그러나 지금의 세계화된 현대사회에서 웬만한 일을 해내려면 그런 다(多)언어 학습은 불가피한 조건이 된 것인지도 모른다. 영어는 이제 세계 공용어가 된 셈이고, 경우에 따라서는 다국적기업이나 무역회사에서처럼 두셋 외국어도 어느 정도는 해야 하는 세계에 접어들고 있기 때문이다.

한국과 일본은 지리적으로는 일의대수(一衣帶水)의 관계에 있으면서도 역사적으로는 영 감정이 잘 안 풀리는 앙숙 같다. 그러나 어족(語族)으로서는 같은 알타이어족에 속하는 것은 명백하고, 일본 천황 자신이 시인한 것처럼, 일본의 옛 지배계급은 조선에서 건너간 '도래인'(渡來人)인 것은 거의 틀림없어 보인다.

한국말과 일본말은 닮은 데가 아주 많다. 나는 국어학자도 언어학자도 아니지만 그런 문외한의 눈에도 닮은 데가 수도 없이 많이 보인다. 우선 문장에서 단어들의 순서, 어순(語順)은 거의 완전히 같다. 문법의 기본구조가 같다는 말이다. 같은 어원일 것이라고 짐작되는 단어도 많다. '소'는 일본말로 '우시'고, '말'은 '우마'다. '구름'은 '구모'고, '절'은 '데라'다. 이렇게 둘 다에 같은 자음이 들어가 있는 경우가 무척 많다. 일본 오사카 근처에서 '神足'이라는 동네 이름을 본 적이 있는데, 그것을 '간다리'라고 발음한다고 적혀 있었다. 足은 우리말로 다리다. 한자도 한국말로 읽고 있는 셈이다.

언어학자들은 어떻게 생각할는지 모르지만, 나는 언젠가 문득 한국말의 어미(語尾)와 일본말의 어미에 비슷한 것이 퍽 많다는 생각을 해본 적이 있다. 우리말의 '갔다', '갔습니다'는 일본말로 '잇다', '이키마시다'로 '다'라는 어미가 같다. 우리말의 '갔어요'는 일본말 '잇다요'로 '요'라는 어미가 같다. 우리말의 '갔습니까?'는 일본말로 '이키마시다까?'로 '까'가 같다. 우리말의 '어디로 갔노?'는 일본말로 '도코에 잇다노?'로 '노'가 같다.

한국도 일본도 한자문화권에 들어가 있어서, 두 언어에 다 같은 뜻으로 쓰는 한자가 엄청 많다. 예는 들 필요도 없다. 바로 위 문장에서 한국, 일본, 한자문화권, 언어, 한자, 필요라는 단어들은, 우리는 한글로 쓰지만, 한자로 바꾸면 그대로 일본말에서 사용되는 말들이다. 그래서 한자만으로도 문장의 뜻을 서로 어지간히 짐작할 수 있는 경우도 많다.

이러고 보면, 한국어와 일본어는 같은 어족(語族)인 것은 거의 확실하다. 그래서 일제시대에 우리가 비교적 쉽게 일본말을 배웠을는지도 모른다. 그런 같은 어족이 카인과 아벨을 연상하리만큼 앙숙지간으로 '가깝고도 먼 나라'로 지내야 하니, 그것도 역사의 한 아이러니다.

그렇게 일본말을 잘했던 나도 일본에 대해서 '상반된'*(ambivalent)* 감정을 가지고 있다고 고백하지 않을 수 없다. 가끔 친하게 지냈던 일본학생 생각도 나고, 옛날에 불렀던 일본 노래가 그립기도 하다. 그러나 이때 저 때 조선인이기 때문에 멸시받고 윽박지름을 받았던 생각, 나라 없던 시절의 설움을 회상하면, 그래서는 안 되겠다는 생각과 함께 어쩐지 일본이 꺼려진다. 도리어 일제지배의 설움을 겪어보지 않은 해방 후의 세대들 사이에서나 한일 간에 거리낌없는 화해를 이루게 될까? 그것도 지난 역사가 엄존하는 한, 그리 낙관은 되지 않는 것 같다.

참고로 우리가 쓰고 있는 현대 학문의 한자로 된 술어들은 대부분이 일본학자들이 '명치유신' 시대에 서양문화를 수입하면서 서양학문의 술어를 번역해서 만들어 낸 말들이다. '유감이나마' 인정할 수밖에 없다. 서양말의 philosophy, economics, science, sociology를 어떻게 무슨 생각으로 철학, 경제학, 과학, 사회학이라고 번역했는지 모르지만, 이런 말들은 중국사람들이 아니라 대부분 일본사람들이 번역한 말이라는 것은 거의 확실하다. 그도 그럴 것이 당시 조선은 쇄국으로 서양을 배척하던 때고, 중국은 아편전쟁 등 나라 사정이 어수선할 때라, 서양학문의 도입에 정신차릴 사정이 못되었을 것이다. 나는 가끔 '애지'(愛知)라는 뜻의 philosophy를 엉뚱하게 밝을 철(哲) 철학이라고 했으며, '안다'는 뜻의 science를 왜 하필 과정 과(科)자로 과학이라고 했는지 궁금하지만, 이제는 관용어가 되었으니 그대로 쓸 수밖에 없다. 그때 번역에 들인 그들의 수고에는 감사해야 할까?

영 어

내가 처음 영어에 접한 것은 중학교시절에 들어와서다. 일제시대에도 중·고등학교에선 영어가 필수과목이었다. 세계 곳곳에 영국의 속령들이 있어서, '영국엔 완전히 해가 지는 때가 없다'고까지 위세등등했던 Pax Britanica의 시대였기 때문일 것이다. 영어선생님은 학교에서 몇 분 안 되는 한국인 선생님이셨는데, 재미있게 가르쳐 주셔서 나는 영어시간이 즐거웠다. 예나 지금이나 학생의 학습의욕은 선생님이 어떻게 가르치느냐에 달려 있다.

4학년 땐가 대동아전쟁이 터진 후 어느 해에 영어시간이 없어졌다. 적성(敵性)언어였기 때문이다. 그래도 나는, 앞에서도 말했지만, 한 유명한 일본 과학자의 강연이 거의 반이 영어인 것에 자극받아 집에서 혼자 영어공부를 계속했다.

해방이 되어 그때 시골에 있던 집에 몇 주일 있다가 학교에 와 보니, 학교 일부에 미군이 진주해 있었다. 미군병사와 얘기해야 할 일이 생기면 친구들은 급한 대로 나를 불러댔다. 내 엉터리 영어가 그래도 다른 친구들보다는 좀 나았던 모양이다. 거기에, 앞에서도 언급했듯이, 피아노 취미로 맺어진 미국 음악대학생 병사와의 약 6개월간의 친분이 영어로 얘기할 기회를 많이 주었고, 해방 후 쏟아져 나온 미국병사 교육용의 갖가지 영어서적들도 나를 영어에 침잠하게 한 셈이다.

1946년 가을부터 1년간 한 미국 부인이 사범대학에서 약 20명 가량의 학생들에게 거의 일주일에 나흘 반나절을 집중적으로 영어를 가르쳐 주었다. 이름은 샌더스(Sanders)였고 미국에서 고등학교 교사였다는 자원교사였다. 온갖 보조교재까지 동원하면서 정말 열심히 가르쳐 주었다. 한 번은 영어소설 책을 잔뜩 가지고 들어오더니, 한 권씩 학생들에 나누어주면서, 일주일 내에 다 읽고 감상문을 써내라고 숙제를 냈다. 내가 받은 것은 근 400 페이지나 되는 소설책이었다. '이걸 일주일 내에 다 읽으라고?' 당시의 내 영어실력으로는 상상도 못할 일이었다. 나는 정말 일주일 만에냐고 반문했다. 샌더스 선생은 빙그레 웃으면서 "너는 할 수 있어"라고 대답했다. 나는 머리 싸매고 읽어갔다. 결국 일주일 안에 다 읽어냈다. 나는 내 자신이 대견했다. 그 후엔 두꺼운 영어책이 별로 무섭지 않았다.

하루는 그 영어 선생이 "영어를 좀더 영어답게 쓰려면 서로 영어이름으로 부르는 것이 좋을 것 같아, 어제 밤늦게까지 궁리해서 여러분에게 영어 이름을 하나씩 지어왔다"고 말하더니, 반 학생 하나 하나에 존(John), 로버트(Robert), 아담(Adam) 등 영어이름을 붙여주었다. 내 차례가 되자 나는 손을 들고 말했다. "선생님, 한국사람은 일제시대에 창씨개명이라는 지긋지긋한 경험이 있어서, 또 다른 나라 이름을 가지는 것이 염증이 납니다. 그러니 영어이름 붙이는 것만은 거두어 주십시오." 선생님은 안색이 변했다. 이건 그저 영어 배우기 위한 영어시간의 이름인데, 뭐 그렇게 감정적으로 생각해야 하느냐고 반문을 하면서 몹시 언짢아했다. 나는 이런저런 이유를 들어 그래도 안 된다고 우겼다. 결국 선생님은 시무룩하게 없는 일로 하자고 했다. 나는 안 해도 될 항의를 괜히 돌발적으로 한 것 같아서 속으로 굉장히 미안했다. '저렇게 열심히 가르쳐 주시는 선생님을 … .'

다음날 선생님은 여전히 명랑한 얼굴로 방에 들어왔다. 나를 보더니 "너, 어제 보니까 화가 나면 영어를 더 잘 하더라"라고 웃었다. 나는 영어 잘 하고 못하고보다 선생님의 노기가 풀려 있는 것이 고마웠다.

앞서도 말했듯이, 한 미국대학 총장이었다는 풍채 좋은 미국 학자가 와서 "민주주의와 교육"에 관해서 몇 번인가 연속강의를 했다. 멋있는 노신사가 감탄할 정도로 멋진 웅변조의 강의였다. 나는 그의 영어를 슬그머니 닮아보려고 했던 모양이다. 어디선가 주최한 전국대학생 영어웅변대회가 있었다. 나는 재미 삼아 '교육의 중요성'이라는 주제로 그 대회에 참가했다. 의외로 내가 일등이 되어 큰 영어사전을 상으로 탔다. 그 총장의 덕이라고 생각했다.

1950년 1차 미국유학을 갔을 때, 처음 두 달은 미시간대학의 어학연수원에서 다른 여러 나라에서 온 유학생들과 같이 영어공부를 했다. 반을 편성하기 전에 연수생들의 영어실력을 테스트했다. 한국에서 간 다섯 명 유학생의 실력이 최상급이었다. 그러나 한결같이 다 말하기·쓰기는 시원치 않으면서도 어법·문법에 관한 시험은 대단히 좋았다. 나도 만점을 받았다. 그럴 수밖에. 한국에서 영어공부는 문법위주이기 때문이다.

1985년쯤일까, 미국의 사회과학교육학회의 초청을 받아, 캐나다 밴쿠버에서 열린 그 학회 연례대회에서 세 사람의 기조강연자 중 한 사람으로 40분간 강연을 했다. 주제는 "발전과 교육"이었다. 청중이 근 2천 명 넘는 대강당이었다. 강연하면서도 청중의 반응으로 보아 강연은 괜찮게 진행된다고 생각했다. 강연을 끝냈을 때, 전연 기대치 않게 요란한 기립박수를 받았다. 내 강연에서 박수는 자주 받아보았지만, 기립박수를 받은 것은 생전 처음이었다. 얼떨결에 고맙다고 손을 흔들고 강단에서 내려왔는데, 기립박수는 여전했다. 주최측에서 다시 한 번 답례하라고 일러주어서 다시 한 번 돌아서서 손을 흔들었다. 그제야 사람들이 다 앉았다. 강연은 성공이었던 모양이다. 나는 또 다시 옛날 멋진 미국대학 총장 생각을 했다.

이렇게 얘기하면, 내가 영어를 엄청 잘하는 것 같지만 결코 그렇지는 않다. 내게 영어는 다 커서 학교에서 배운 제 2 외국어다. 지금도 영어 주간잡지를 읽을 때 모르는 단어, 잊어버린 단어가 가끔 튀어나오면 그때마다 사전을 뒤지고, 말하기와 쓰기도 자주 더듬는다. 옛날 일제시대의 내 일본어 실력과는 다르다. 그렇게 거의 일생을 두고 영어와 씨름했는데도 말이다.

이제 영어는 거의 세계의 공용어다. 세계 상거래의 90% 내외가 영어로 이루어지고, 정치 · 경제 · 사회 · 학술 등 각종 국제모임에서도 영어가 점점 더 독점적 위치를 차지하고 있다. 체면상 또는 정 필요해서 다른 언어로 동시통역을 하는 경우는 있으나, 그것도 점점 줄어들어 가고 있다. 인터넷의 공용어도 영어고, 세계의 모든 비행장에 국제항공기의 통제용어도 영어다. 세계가 영국의 시대에 이어, 모든 영역에서 미국의 패권이 매우 강해진 Pax Americana의 시대에 들어갔기 때문이다. 중국이 급속도로 발전하고 있다고 해도 중국말이 세계의 공용어가 되기는 당분간 또는 영영 어려울 것 같다.

이제 이른바 세계화 시대에 국제적으로 '놀지' 않으면, 정치도 경제도 기업도 학술도 예술도 살아남지 못하고, 그런 국제적 활동엔 우선 영어가 필수다. 그래서 영어교육은 모든 나라의 관심사가 되었다. 한국도 예외는 아니다. 초등학교에서도 자격 갖춘 교사가 있건 말건 느닷없이 영어를 가르치기 시작했고, 많은 부모들이 아이들의 조기 영어교육에 열을 올리고 있다.

그러나 나는 요즈음 한국의 이런 조기 영어교육의 추세에 회의(懷疑)를 품는다. 아직도 연구에서 더 밝혀야 할 문제지만 우선 나는, 앞에서도 말한 것처럼, 어려서부터 될 수 있는 대로 긴 세월의 지속적인 외국어 생활환경이 있어야 한다는 것이 제일 중요한 외국어학습의 조건이라고 생각한다. 이 조건이 충족되지 않는 만큼, 그만큼 외국어 학습은 불확실해지고, 좀 공부했다 해도 곧 망각지대로 미끄러진다. 따라서 지금과 같은 영어교육 추세는 별 효과 없는, 망각을 위한 노력의 허비, 시간의 허비, 돈의 허비라고 생각한다.

언어란 이상한 물건이다. 어느 정도의 숙달도에 도달하기 전에 오랫동안 그 언어환경에서 멀어지거나 쓰지 않으면, 망각으로 미끄러 떨어지게 마련이다. 뒤늦게 대학 때 배운 외국어지만, 그래도 중급까지 갔던 내 독일어와 불란서어는 안 썼더니 거의 완전한 망각지대에 들어가 버린 지 이미 오래다. 지금 초등학교에서 영어를 배운다는 아이들의 90%는 그렇게 되리라고 나는 예언한다. 오랜 세월 지속적인 영어로 생활하는 환경이 없기 때문이다. 그 아이들은 지금 영어공부를 할 필요가 없는 아이들이다.

어려서 유학 가는 부모를 따라 또는 미국에서 태어나서 3, 4년 영어를 하면서 지내다가 귀국한 아이들의 사례를 나는 여럿 알고 있다. 그런 사례에서 한 가지 결론을 얻었다. 즉, 미국에서 같은 3, 4년을 지내도 초등학교 1, 2학년만이라도 다닌 아이와 안 다닌 아이의 귀국 후 영어실력이 크게 차이가 난다. 학교를 다니지 않아서 글씨로 된 영어문장을 익히지 못하고 한국에 돌아온 아이들의 영어는 그 유창하던 것이 급속하게 망각된다. 그러나 1, 2학년이라도 학교를 다니다 돌아온 아이들은 대개 영어가 는다. 이유는 만화건 동화건 지속적으로 영어책을 읽고 있기 때문이다. 책읽기는 가냘픈 영어생활이지만, 그렇게라도 영어생활이 계속 유지되는 것이 긴요하다는 말이다.

한 번 배우고 나면 어떤 모양으로든 계속 그 언어생활을 해야 한다. 아니면 곧 다 잊어버린다. 나는 근래 한 25년 동안은 영어로 말하고 쓰고 할 기회는 아주 절연상태일 정도로 드물다. 그래도 어쩌다 미국사람을 대하면 과히 크게 더듬지 않고 얘기를 나눌 수 있는 것은, 그 동안 내가 계속 읽어온 영어책, 영어주간잡지 덕임에 틀림없다. 해방 후 내가 계속 일본책을 읽었더라면, 내 옛 일본어 실력을 그렇게 심하게 잊지는 않았을 것이다.

따라서 중학교부터 영어를 가르치더라도 충분한 영어환경을 만들어 줌으로써 일정수준 이상의 숙달도에 이르게 하고, 그 다음에 좁게건 넓게건 지속적으로 영어생활을 계속할 수 있게 해주는 것이 더 절실한 조건이다. 그리고 아무리 국제화시대고 영어가 긴요하다 해도, 초등학교 영어교육이 의도하는 것처럼 국민전체가 그런 숙달도에 이르러야 할 필요는 없다고 본다.

초등학교에서 안 배워도 나중에라도 배울 수 있다. 어쩌면 가장 시급한 것은 첫째 중등학교 영어교육의 질을 획기적으로 개선하는 일, 그리고 둘째 그 중 원하는 학생, 일부 학생이라도 계속 영어생활을 할 수 있게 조건을 마련해 주는 일일 것이다.

서울 청담동의 어느 거리를 지나가면, 거리의 상점들이 한글 간판은 거의 보이지 않고, 온통 영어 아니면 불란서어나 이태리어로 씌어 있는 것을 볼 수 있다. 한글글씨로 된 간판도 영어를 한국발음으로 적은 것들이다. 거리를 둘러보면 외국사람이라곤 하나 없다. 거기만 아니다. 전국 방방곡곡 영어 간판이 넘친다. 외국사람이라곤 단 한 사람도 들르지 않을 곳의 구멍가게도 퇴색한 영자 상호가 씌어진 데가 있다. 어쩌다 외국사람이 지나가면, 도리어 조소(嘲笑)의 눈으로 흘겨 볼 것만 같은 광경들이다. 꼭 이래야 하나?

나는 국수주의(國粹主義)는 아니다. 그러나 한국말로 써야 할 만한 곳은 한국말로 쓰고, 꼭 영어로 써야 할 곳은 영어로 쓰는 것이 말의 정도(正道)일 것이다. 공연히 영어의 '후광'을 빌려 행인을 현혹케 해서 돈이나 좀더 벌려는 얄팍한 상혼이 미워진다.

그러나 장사들만이 아니다. 학계의 논문이나 저술에서도 필요 없는 영어들이 괄호 속에 너무 많이 들어가 있는 것을 자주 본다. 1950, 60년대 또는 그 후에도 새로운 영어 술어들이 쏟아져 들어왔을 때에는, 그 번역어의 뜻을 확실하게 하기 위해서 원어인 영어를 괄호 속에 병기할 필요가 있을 때가 많이 있었다. 나도 그렇게 많이 영어를 썼다. 이 책에서도 그렇게 영어를 넣는 곳이 꽤 있다. 그러나 그런 술어들 중에는 이제는 그 한국말 번역어가 널리 쓰여지는 거의 공용어가 된 경우가 많다. 예를 들어, 교육학이나 심리학에서, learning, instruction, evaluation, reinforcement 등이다. 이런 단어는, 문맥상 꼭 원어를 밝혀야 할 때가 아니면, 그저 학습, 수업 또 교수, 평가, 강화라고 쓰면 됐지, 굳이 영어를 병기할 필요는 이제 없다.

마지막으로 영어의 한글표기에도 문제가 많다. 누가 또는 어느 단체에서 그런 규정이나 관례를 만들었는지는 모르나, 예컨대 internet를 '인터넷', robot를 '로봇'이라는 식으로 끝 't'를 'ㅅ'으로 쓰고 발음도 그렇게 하는 것은 잘못이다. 인터네트, 로보트가 문자로도 발음으로도 영어에 더 가깝다. 't'가 'ㅌ'이지, 'ㅅ'이 아닌 것은 명백하다. 그리고 영어는 본래 그 단어의 끝 자음은 밖으로 터지게 발음해야 하는 이른바 외파(外破, *explosive*)언어이기 때문에, 예컨대 but, bud, bus, buzz는 버트, 버드, 버스, 버즈로 뒤 자음을 가볍게 밖으로 터뜨려 발음해야 한다. 영어의 dad도 mom도 one도 끝 자음 'd', 'm', 'n'이 다 가볍게 터진다.

우리말의 낫, 낮, 낟, 낱은 뒤에 모음이 따라오지 않는 한, 그 자음이 밖으로 터지지 않고, 안으로 다물어지는 내파(內破, *implosive*) 언어이기 때문에 발음상으로 다 같다. 그렇다고 그것을 영어에 옮겨서 but도 '벗'이고 bud도 '벗'이라고 하는 것은 잘못이다. 언젠가 '인터네트'라고 원고를 써냈더니 출판사에서 '친절'하게 '인터넷'으로 고쳐 주었다. 그것을 다시 '인터네트'로 고쳤더니 또 다시 '인터넷'으로 고쳤다. 입씨름하기도 싫어서 나도 '인터넷'으로 쓰고 있지만, 이치엔 맞지 않는다.

영어 모음 'o' 발음의 한글표기도 문제다. 영어 not를 '낫', popular를 '파퓰러'라는 식으로 악센트가 있는 'o'를 '아'로 쓰고 있는데, 이것도 잘못이다. 악센트가 있는 'o'가 들어가 있는 음절은 우리말의 '오'보다는 입안에서 혀를 좀더 아래로 떨어뜨려서 발음해야 하기 때문에 '아'에 가깝게는 들린다. 그러나 '아'는 아니고 '오'에 가깝다. 다만 턱이 좀 떨어지고 입이 좀 크게 벌려지는 '오'일 뿐이다. 미국 아닌 영국사람들의 'o'발음은 턱도 좀 덜 떨어지고 입을 덜 벌리기 때문에 미국사람 발음보다는 훨씬 더 '오'에 가깝다. 선입견일지 모르나, 악센트가 있는 'o'를 지나치게 '아'로 발음하면 좀 천하게 들리기도 한다. 또 길을 지나다 보면 '웰빙'이라는 간판 글씨가 자주 보인다. 알고 보니 영어 well-being의 한글표기다. 명백히 영어의 글자에도 발음에도 가까운 발음은 '웰비잉'이다.

하기는 한 언어학자가 이런 말을 하는 것을 들은 적이 있다. 즉, '외국어'와 '외래어'는 구별해야 한다. 'Internet'은 외국어고, 그런 외국어는 될 수 있는 대로 원어대로 쓰고 원어대로 발음해야 한다. 그러나 '인터넷'은 외국어에서 빌려와서 우리말로 쓰고 있는 외래어고, 그런 외래어는 꼭 원어대로 쓰고 발음할 필요는 없다는 주장이다. 예컨대 우리가 한자를 쓰지만, 중국식으로 발음하지 않는 것과 같다. 수긍이 가는 주장이다. 그 주장을 수긍한다면, 나는 위의 얘기를 철회해야 할 판이다. 그러나 기왕이면 원어에 가까운 것이 낫지 않을까?

영어학자도 아니고 언어학자도 아닌 내 이런 말이 주제 넘는 말일지도 모른다. 그러나 누군가 어디에선가는 영어의 한글표기법을 기왕이면 영어 글자에도 발음에도 가깝게 규격화했으면 하는 생각은 가끔 든다.

기억의 평야

- 녹색의 장원
- 소양강
- 연 날리기
- 바위섬
- 진달래
- 북한산

사람마다 지난날의 일들이 펼쳐져 있는 기억(記憶)의 평야(平野)를 간직하고 있다. 높은 산에 올라가 보면 눈앞에 멀리서부터 넓은 평야가 펼쳐지고, 그 평야의 여기저기에 높은 봉우리도 있고 깊숙한 골짜기도 있고 나지막한 구릉지대에 작은 숲과 꽃밭도 보이듯이, 내게도 그런 기억의 평야가 있다.

높은 봉우리들은 지난날에 크게 희한했고 행복했던 일들이고, 깊은 골짜기는 슬프고 아프고 절망까지 했던 일들이다. 나지막한 구릉지대는 그저 별 탈 없이 지낸 일들, 그리고 작은 숲과 꽃밭들은 회고하는 마음에 잔잔한 감흥을 일게 하는 일들이다.

그렇게 기억의 평야에 그려지는 일들은 다른 사람들에게는 별 뜻도 재미도 없는 하찮은 일들이겠지만 당자에게는 소중하고 그리운 기억이고, 어쩌면 그런 기억 전체가 사람들의 자아의식, 인간의식을 형성하는 것인지도 모른다. 그런 기억의 평야가 바로 '나'고 '나'라는 사람인지도 모른다.

사람들의 기억의 평야에는 대개 깊은 골짜기는 많지 않다. 있어도 야트막하게 되어버린다. 아프고 쓰렸던 일은 될 수 있는 대로 잊어버리려고 하는 기억의 낙천주의(樂天主義) 때문이다. 프로이트가 사람들은 그런 언짢았던 일들은 무의식 속에 눌러 집어넣고 의식에는 안 떠오르게 한다고 말한 것도 같은 얘기일 것이다. 사람들이 그 처참했던 6·25 동란의 경험도 재미있었다는 듯이 회고하고 '신이 나서' 얘기하는 경우를 가끔 보는데, 기억 속의 깊은 골짜기를 좀 얕게 메워버린 얘기들이다.

이제껏 이 책 앞에서 말한 얘기들은 내 기억의 평야에 비교적 높은 봉우리들을 중심으로 그 언저리를 그려본 얘기들이다. 그러나 내 기억의 평야엔 수많은 작은 숲, 작은 꽃밭, 작은 시냇물도 많다. 그리고, 다시 말해서, 그것이 남에겐 별 뜻도 재미도 없겠지만 나에게는 소중한 추억들이다. 그것들이 '나'라는 사람을 이렇게 저렇게 다듬질했을 것이기 때문이다.

나는 조선 팔도를 평안도와 전라도만 빼고는 다 몇 년씩 살아보았다. 그래서 가끔 나는 '내 말이 진짜 한국 표준어'라고 우겨댄다. 내 말에는 조선 팔도의 거의 모든 사투리가 들어가 있기 때문이다. 해방 후엔 대학에 평안도와 전라도의 친구도 많아서 그 말투도 자주 흉내 냈으니, 내 말에는 팔도의 말이 다 들어가 있는 셈이다.

아버지의 직장은 전근(轉勤)이 잦았다. 그래서 앞에서도 말했듯이 태어나서 3년은 서울에서 살았는데 그때 기억은 물론 없다. 다음 7년은 함경도 북청, 다음 1년 반을 강원도 춘천, 다음 1년 반은 충청도 청주에서 살았다. 그 다음 집은 강원도 강릉에 3, 4년 그리고 경기도 용인에 2, 3년 있었는데, 그동안 나는 서울 큰댁에서 학교를 다녔고, 방학 때만 지방에 있던 집에 갔다. 해방은 용인에서 맞았고, 그해 말에 집은 다시 서울에 돌아왔다. 1950년에 미국으로 유학 가서 2년 머물렀다가, 6·25 동란에 수도가 피란간 부산에 돌아와서 약 2년 살다가 다시 서울에 돌아왔다.

어지간히 쏘다닌 셈이다. 나는 그렇게 여러 곳에 살아본 것을 결코 후회하지 않는다. 도리어 한 곳에 줄곧 살아오기보다는 큰 경험적 자산이라고 생각한다. 초등학교 시절 새 학교에 전학가면 반의 새 아이들 앞에서 좀 서먹서먹했던 기억은 나지만, 그것도 내 인간관계 능력의 훈련이 되었을지도 모른다. 살아본 곳마다 나지막한 구릉지대에 작은 숲, 시냇물, 꽃밭들이 많았다.

녹색의 장원

함경도 북청은 나에겐 실질적인 고향이다. 태생은 서울이지만, 누구에게나 간절한 어린 시절의 기억은 거의 다 북청이 그 무대다. 중학교 때 상을 탄 '고향'이라는 작문도 그런 사연을 담은 글이었다.

초등학교 2학년 때쯤 9월 초가을의 어떤 청명한 날, 어쩌다 혼자 산에 놀러가서 슬슬 걸어들어 가다가 꽤 깊은 산 속까지 들어갔다. 점점 어두워질 정도로 녹음이 짙어져 갔다. 그러다가 산 속의 한 작은 언덕을 나무를 헤치고 넘어 들어갔더니, 눈이 번쩍 뜨이는 아주 희한한 자그마한 천지가 펼쳐져 있었다.

울창한 나무와 그야말로 녹음방초(綠陰芳草)에 둘러싸인 작지도 크지도 않은 아늑한 공간이었다. 위의 푸르디푸른 하늘로 동그랗게 알맞게 터져 있는 녹음의 구멍 사이로 햇볕이 쏟아져 내려 그 아늑한 공간에 가득 차 있었다. 가끔 한두 마리 날아다니는 하루살이 같은 작은 벌레들은 그 햇볕을 받아 황금빛으로 빛나는 금가루 같기도 했고, 동화책에서 읽은 금빛의 작은 요정(妖精) 같기도 했다. 그 금빛으로 날아다니는 벌레들이 도리어 그 공간의 공기가 마치 맑디맑은 수정(水晶) 속 같이 더없이 청명함을 드러내주고 있었다. 발 아래에는 작은 물줄기가 시원하고 잔잔한 소리로 속삭이며 흐르고 있었다.

나는 어떤 동화 속의 세계에 들어온 듯한 기분이 들었다. 실컷 그 맑고 서늘한 공기를 몇 번인가 깊게 들이마시고, 눈 감고 얼마 동안 햇빛을 얼굴에 받았다. 구슬 같이 흐르는 물을 두 손으로 떠서 실컷 수없이 마셨다.

나는 이 깊은 산 녹음 속 황금의 공간이 어린 나에게 왜 그렇게 깊은 인상을 남겼는지 아직도 그 이유를 모른다. 그러나 지금도 '북청' 하면 언제나 제일 먼저 떠오르는 것이 그 녹음 속 황금의 공간이다. 통일이 되면 나는 그곳에 제일 먼저 가 보고 싶다. 북한의 산들이 땔감 때문에 벌거벗었다고 하니, 지금 그곳이 남아나 있을까? 1950년대 후반엔가 〈녹색(綠色)의 장원(莊園)〉이라는 영화가 있었다. 그 광고간판을 보자마자 떠오르는 추억이 나의 '녹색의 장원', 그 녹음 속 황금의 공간이었다. 요즈음도 환경공해나 생태계 파괴문제를 공론에서 보고 듣고 할 때마다 나는 그 한없이 깨끗하고 맑고 밝고 시원했던 내 녹색, 황금색의 장원을 떠올린다.

북청보통학교, 당시의 초등학교는 동북쪽에 직각으로 꺾인 긴 성벽이 둘러 있는 옛 성터에 자리잡고 있었다. 교정은 네 팀이 축구나 야구를 해도 좋을 정도로 넓었고, 학교 교사는 북쪽에 좀 높게 둔덕이 진 곳에 남향으로 길게 지어져 있었다.

그리고 그 교사 뒤는 좀더 둔덕진 곳에 높고 길게 가지가 늘어진 노송(老松)들이 한두 줄로 길고 짙게 드리워져 있었고, 그 뒤가 성벽이었다. 북쪽 성벽의 길이가 한 300m는 됐을까. 성벽에는 활 쏘는 구멍이 군데군데 터 있었고, 그 성벽 밖 아래는 물 없는 긴 해자(垓字)였다. 해자 바닥에서 성까지의 높이는 족히 10m는 되어 보였다. 어릴 때는 모든 것이 더 길고 넓고 깊고 크게 보였는지도 모른다.

교정의 동쪽도 둔덕진 곳에 역시 울창한 노송들이 가득 서 있었고, 성벽 길이는 약 200m는 됐을 것이다. 아주 아름다운 학교 터였다. 북쪽 성벽은 교사 뒤가 좀 어두침침해서 자주 가볼 생각이 안 났으나, 동쪽 성벽은 학교 마당으로 훤히 트여 있고 소나무들의 더 멋진 굵은 가지들이 늘어져 있어서 자주 올라가서 놀았다.

한 번은 저녁 먹고 아이들하고 학교에 가서 성벽에서 늦게까지 뛰놀았다. 보름에 가까운 달은 휘영청 밝았다. 멋지게 휘어져 늘어진 소나무의 굵은 가지 사이로 흘러내리는 달빛에 땅에는 그 그림자가 드리워져 있었다. 나는 문득 동화에 읽은 〈나무꾼과 선녀〉 얘기를 상기하면서, '하늘에서 예쁜 선녀가 이런 달밤에 이런 소나무 가지에 내려오나 보다' 생각하면서, '하늘 선녀의 하얀 비단 옷자락이 어디에 걸려 있는 것은 아닐까' 상상도 해보았다. 나는 그 후에도 보름달 밤이면 동무들하고 또는 혼자서 학교 동쪽 성벽의 소나무 언덕에 자주 갔다.

일본사람들이 예나 지금이나 꽤 좋아하는 〈황성(荒城)의 달〉이라는 노래가 있다. 가사도 곡도 산뜻하고 감상적인 노래다. 가사의 뜻은 대충 "봄에 높은 누대의 꽃의 향연/ 돌아가는 술잔의 그림자 지고/ 천년 노송의 가지가 또렷이 드러나는데/ 그 옛날의 달빛은 지금 어디에"라는 노래다. 달과 꽃과 술잔과 노송과 그 그림자가 눈앞에 선한 노래다. 나는 좀 고학년에서 이 노래를 배워서 부르거나 들을 때면, 으레 북청보통학교 동쪽 성벽 밤의 달과 소나무를 연상했다. 우리의 노래 〈황성옛터〉를 듣거나 부를 때도 그렇다. 나는 그 성벽 소나무들을 반드시 연상한다.

학교 마당 남쪽엔 넓은, 아마도 길이 100m, 너비 50m쯤은 되었을 넓은 화단이 있었는데, 그곳은 가을이면 코스모스 꽃으로 덮였다. 내 키만 한 코스모스 꽃밭 사이를 걸어가면, 햇볕은 따갑고 푸른 하늘에서 불어오는 산들바람에 코스모스 꽃들이 일제히 나불거리고, 꿀벌들은 부지런히 날아다니고 …. 그곳을 나는 자주 찾았다.

북청은 어디에서나 물이 특히 맑았다. 산골짜기에 흐르는 물은 언제 어디에서 떠 마셔도 좋았다. 마을에서 좀 떨어진 시냇물도 무척 맑고 시원했다. 거기에서 멱 감고 나와서 따끈따끈 흰 모래사장과 자갈밭에서 놀다가 목이 마르면, 냇물에 들어가서 나무 밑 그늘진 곳에 까만 작은 벌레가 물 위에서 뱅뱅 도는 물가를 찾아, 그곳 물을 그대로 들이마셔도 좋았다. 그 까만 작은 벌레가 뱅뱅 돌고 있는 곳의 물은 아주 깨끗한 물이라고 했다. 그렇게 깨끗한 그대로 마셔도 되는 시냇물은 그후 딴 곳에서는 별로 만나지 못했다. 요새 물오염 문제와는 너무나 거리가 먼 옛날이다. 북청의 그 시냇물도 이제는 오염되었을 것이 거의 틀림없다. 지난날은 지나간 것이다.

북청은 인심 좋고 인정도 많은 곳이었다. 그때 북청 인구가 1만인가 1만 2천 정도였다고 하니 그리 시골도 아니고 그렇다고 큰 도시도 아니어서, 이웃의 정이 짙게 남아 있었다. 어느 집에서 생일이나 고사나 제사로 특별한 음식을 만들면 으레 이웃에 한 접시씩 돌아가며 나누어주는 게 거의 법도 같은 관례였다. 우리집에서도 떡이나 빈대떡이나 팥죽 같은 것을 요리하면 으레 한 접시씩 이웃 일곱 여덟 집에 돌렸다. 배달 책임은 내가 맡았다. 어느 집에선 빈 접시에 엿도 담아주고 밤도 담아주었다. 나는 이 세상은 반드시 그렇게 나누어 먹어야 하는 세상인 줄 알았다. 좀 큰 도시였던 춘천에 와서 그런 이웃돌림이 없는 것이 아주 이상했다.

나는 버릇없는 짓을 하면 가끔 어머니한테 싸리 회초리로 종아리에 매를 맞았다. 일장 훈계를 들은 다음, 어머니 명령에 따라 회초리를 가져오고 종아리를 걷어붙인다. 어머니가 매를 들자마자 나는 미리 큰소리로 울어댄다. 그러면 으레 금방 옆집 아주머니가 우리집으로 달려와서 '귀여운 아드님을 왜 그러십니까' 라고 말리고 때로는 나와 어머니 사이를 가로막기도 한다. 그러면 어머니는 못 이기는 체하면서 회초리를 놓는다. 이게 자주 조건반사가 되어서, 어머니가 매를 들면 지체하지 않고 나는 큰 울음소리로 '사이렌'을 울린다. 그러면 곧 옆집 아주머니가 와서 말리고 매는 끝난다.

나는 세상이 으레 그렇게 되어 있는 법인 줄 알았다. 춘천에 이사가서 얼마 후 다시 어머니가 저기압으로 매를 드셨다. 나는 곧 사이렌을 울렸다. 그러나 아무도 옆집에서 말리러 오지 않았다. 나는 '무슨 세상이 이런 세상이 다 있어?' 몹시 의아해 했다.

이런 이웃 인정의 세계도 이제는 꼭 옛말이 되어야 하나? 아니면 현대 도시생활에 알맞은 또 다른 형태의 이웃 인정이 있을 수는 있는 것인가?

소양강

강원도 춘천에는 소양강이 있다. 지금은 위에 소양댐이 생기고 아래엔 의암댐이 있고 더 아래엔 청평댐 · 팔당댐으로 막혀서, 곳곳이 호수 같고 어떤 데는 졸졸 흐르는 개울 같지만, 옛날에는 상당히 도도히 흘러가는 강이었다. 그 강에 얽힌 추억도 많다.

춘천 북쪽에 소양강 다리가 있었다. 지금은 넓게 걸친 철제교량이지만 옛날에는 좁은 콘크리트 다리였고, 양쪽엔 폭이 약 20cm쯤 되는 긴 난간이 있었다.

나는 조심성은 있는 편이었으나, 가끔 꽤 위험한 장난도 많이 했던 모양이다. 초등학교 4학년 때, 하루는 몇이 소양강에 놀러갔다가, 다리 이쪽 난간 끝에서 시작해서 저쪽 끝까지 난간을 타고 건너기를 했다. 혼자 했는지 동무들과 시합했는지는 기억나지 않는다. 만약 건너다 다리 아래로 떨어지면 큰일날 짓이었다. 아래 물은 퍼렇게 깊었고, 나는 그때 수영도 할 줄도 몰랐다. 그래도 왠지 자신이 있었다. 난간 이쪽에 올라서서 정신을 바짝 차리고 한 발짝 두 발짝씩 걷기 시작했다. 어떻게 건넜는지, 하여튼 저쪽 난간 끝에 가 섰다. '하아' 하고 한숨을 내쉴 때, 기분은 득의만면 더없이 최고였다. 무슨 큰일, 큰 모험을 이겨낸 듯한 만족감이었다. 그날 집에 가서 어쩌다 그랬다는 얘기를 어머니한테 했다가, 매는 안 맞았지만 호되게 꾸중을 들었다. 당연했다.

실존주의 철학자 니체(Nietzsche)가 그의 책에서, 인생은 심연(深淵) 위에 걸려 있는 밧줄을 건너가는 것과 같다고 했다. 인생이란 아래엔 검푸른 물이 사납게 파도치고 있고, 밧줄은 좁고 흔들거려서 발을 앞으로 옮기기도 무섭고, 그렇다고 뒷걸음질해서 뒤로 돌아가기는 더 위험하고, 어쨌든 앞으로 가야만 하는 외나무다리와 같다는 것이다. 자칫하면 심연에 떨어져 파도에 삼켜지는 비탄(悲歎)에 빠지고, 그러나 애써 정신차려 건너고 나면 득의만면의 희열(喜悅)이 찾아온다. 그렇게 계속 여러 외나무다리를 건너가듯 해야 하는 것이 인생이라는 것이다. 니체의 이 얘기를 읽었을 때, 옛 소양강 다리 난간을 떠올리면서, 나는 어려서부터 실존주의자였나보다 혼자 웃음을 지었다.

요새는 여기저기 강에 댐들이 많아서, 여간해서는 홍수(洪水)나는 경우는 드물다. 옛날에는 어느 강에서도 걸핏하면 물난리가 났다. 어느 여름 강원도 일대에 큰 비가 내려서 사람들이 소양강에 물구경하러 갔다. 내가 난간을 건넜던 그 다리도 도도히 흐르는 사나운 물결에 위험해서 폐쇄되었고, 사람들은 강 옆 높은 지대에서 구경했다.

나도 처음 보는 광경이었다. 죽은 소와 돼지가 둥둥 떠내려오는가 하면, 책상도 장롱도 떠내려 왔다. 초가집 짚지붕도 몇 채 둥둥 떠내려 다. 물 아래에 집채는 보이지 않았다. 지붕 위엔 닭이 서너 마리 올라가 있기도 했다. 살아 있는 돼지 한 마리가 올라가 있는 지붕도 떠내려 왔다. 오늘날 같으면 모터보트로 구제작전도 폈겠지만, 그 시절엔 구출은 엄두도 못 내고 사람들은 그저 "저걸 저걸 어쩌나!" 안타까워만 했다.

초가지붕 하나가 강기슭 가까이에서 흘러 내려갔다. 가까이 오는 지붕 둘레를 뭔가 시꺼멓게 움틀거리는 것이 둘러싸고 있었다. 더 가까이 온 것을 보니까 그것은 뱀들이었다. 수백 마리, 수천 마리의 뱀들이었다. 나는 징그럽기도 하고 신기하기도 했다. '저 많은 뱀들이 어디서 다 왔을까?' 어른들은 홍수 때면 으레 저렇게 많은 뱀들이 온갖 부유물에 묻어 내려온다고 했다. 멀리 계속 떠내려오는 큰 부유물 둘레에는 그런 꺼먼

띠가 자주 보였다. '산과 들엔 뱀투성이였나?'

홍수는 이래저래 무서웠다. 학교에서 강에 댐을 만들면 홍수를 막을 수 있다는 얘기를 들었을 때 나는 소양강 홍수를 떠올렸고, 연전에 미국의 뉴올리언스에 카탈리나 허리케인 때문에 대홍수가 났을 때 거기에서도 뱀들이 시꺼멓게 떼를 지어 떠돌아다니지나 않았나, 잠깐 궁금했다.

아버지는 가끔 이른 아침 또는 늦은 석양질 무렵 소양강 둑을 산책하셨고 나도 자주 데리고 가셨다. 어떤 때는 강가에 안개도 자욱했고, 어떤 때는 아지랑이도 어른거렸다. 둑에 있는 버드나무들이 바람에 나부끼고, 새도 자주 날아다녔다. 저어가는 배도 있었고, 기슭 버드나무 아래에 매여 있는 배도 있었다. 계절따라 때에 따라 조용히 벌어지는 갖가지 풍경을 나는 아버지를 따라다니면서 꽤 즐겼다.

"지당(池塘)에 비 뿌리고 양류(楊柳)에 내 끼인 제/ 사공은 어디로 가고 빈 배만 남았는고/ 석양에 무심한 갈매 오락가락 한다"라는 시조를 처음 읽었을 때 나는 전에 거닐던 소양강둑의 한 풍경을 떠올리기도 했다.

연 날리기

충청도 청주에는 초등학교 5학년 2학기 초에 전학했다. 집에서 학교까지 가려면 한 30분은 걸렸다. 오가는 길은 북청이나 춘천보다는 훨씬 더 번화한 '본정통'이었고, 온갖 유혹적인 가게들이 많았다. 그래도 학교에 갈 때에는 한눈팔지 않고 종종걸음으로 갔지만, 학교가 파하고 집에 돌아오는 길은 시간도 넉넉해서 여기저기 기웃거리며 걸어가는 것이 거의 매일이었다. 금은방, 철물가게, 옷가게, 떡집, 극장과 그 광고판 그림 등 멈춰서 기웃거리고 한참 동안 들여다볼 곳이 그렇게 많았다.

내 단골은 책방이었다. 책방은 아주 넓었다. 여기저기 대 위에는 많은 책들이 놓여 있었고, 양쪽 벽에 붙어 있는 높은 층층의 책꽂이에도 책들이 빽빽하게 꽂혀 있었다. 제일 반가운 것이 그 책꽂이 아랫부분에 걸터앉아 책읽기에 딱 좋은 긴 평상같이 생긴 곳이었다. 요새 큰 서점의 풍경과 별 다름이 없다.

나는 거의 매일 들러서, 그 긴 평상에 걸터앉아 이것저것 책을 집어 읽다가 출출해져야 집에 갈 생각을 했다. 주인아저씨는 일본사람이었던 것으로 기억하는데, 무척 상냥하고 인심이 좋았다. 아무리 오랫동안 이 책 저 책 뒤져 읽고 있어도 아무 말이 없었다. 내가 들르면 으레 올 줄 알았다는 듯이 손을 흔들고 미소를 짓기도 했다. 나는 5, 6학년 때 많은 시간 많은 책을 읽었다. 그랬던 이유의 대부분은 그 책방 때문이고 그 주인아저씨 때문이었을 것이다. 내가 본래 무슨 독서 취미가 남달랐던 것이 아니라, 그 책방과 그 주인아저씨가 내 독서 흥미를 자극하고 길러주었다고 믿는다. 책방에서 재미있어 보이는 책이 있으면 가끔 어머니 아버지에게 졸라서 사기도 했지만, 그보다는 책방에서 평상에 걸터앉아 공짜로 읽은 책이 훨씬 많았다.

얼마 전까지도 서울의 서점에서 아이들이 책을 골라잡고 바닥에 주저앉아 좀 길게 읽고 있으면, 그만 보고 일어나 가라고 짜증내는 서점 주인을 가끔 보았다. 그때마다 내 옛날 생각하면서 기분이 언짢았다. 나는 지금 서점들이 '용단'을 내려서, 서점 면적의 5분의 1 가량은 독서공간, 특히 아이들의 독서공간으로 할애하고 편한 의자도 즐비하게 마련해 주었으면 하는 생각을 가끔 하게 된다. 그것이 아이들의 독서흥미를 자극하고 길러주는 데에 큰 역할을 할 것으로 믿는다. 그리고 나아가 다른 나라 사람들에 비해 책 읽는 버릇이 적다는 비판을 듣는 우리의 독서문화를 바로잡아 주는 일도 되리라고 믿는다. 또 그것이 결국은 서점들의 판매고를 올리는 길도 되리라고 믿는다.

요새는 큰 서점들이 아이들의 '무료독서'에 짜증내는 일이 드물어 보인다. 그리고 어떤 서점은 아이들을 위한 조그마한 독서코너도 마련해 놓은 곳이 더러 눈에 띈다. 그것을 좀더 확대할 수 없을까?

해 저물 무렵 책방에서 나와 집으로 걸어가다가, 집 방향으로 꺾어들면 그 모퉁이에 영락없이 중국사람의 호떡집 호떡냄새가 풍겨온다. 배도 출출할 때 그 옆을 지나가면 그 구수하고 달콤한 냄새가 거의 매일같이 '고통스러울' 정도로 매혹적이다. 그 당시의 호떡은 요새 고속도로 휴게소 같은 데에서 파는 호떡과는 유가 다르다. 거의 전봇대를 옆으로 잘라낸 단면같이 넓적한 직경 근 25cm는 되고, 얇고 고소한 겉껍질을 한 조각 찢어 들면 속에는 흑설탕이 녹은 꿀이 흥건했다. 찢어낸 겉껍질 조각으로 그 꿀을 묻혀 먹을 때, 까딱하면 꿀이 흘러 옷에 떨어질 정도로 많았다.

유혹을 받을 때마다 사 먹을 돈도 없어서 그 유혹을 물리치느라고 그 호떡집 옆은 빨리빨리 지나가곤 했다. 나는 지금도 어디에서 그런 큼직하고 뜨끈뜨끈하고 구수하고 꿀이 넘치는 호떡을 다시 한 번 먹어보았으면 한이 없겠다. 지금은 어디에도 그런 호떡을 만드는 곳이 없다. 옛 향수로만 남아 있다.

청주에서 5학년 말에 나는 연(鳶)날리기와 네모난 방패연 만들기를 배웠다. 음력 설날 전후 한 달은 연의 계절이었다. 여기저기에서 연 날리기, 연 싸움이 벌어졌다. 그때 배운 솜씨로 그 후 70년이 지난 지금도 설날이면 가끔 연을 만들어 날리기도 한다.

연 날리기에는 많은 절차가 있고 재주가 필요하다. 우선 연실을 둘둘 말아두는 연 자새가 필요하다. 돈을 주고 목수에게 만들어 달라고 하든지, 아니면 자기가 손수 만들어야 한다.

연실, 연줄은 한껏 길어야 한다. 연 싸움을 하려면 더 그렇다. 연싸움은 두 사람이 연을 날리다 서로 연줄을 엇갈리게 걸어서, 상대방의 연실을 끊어 날려버리는 싸움이다. 그런 연 싸움에서는 연줄을 건 다음 계속 연줄을 풀어주어야 상대방 연줄을 자를 수가 있지, 가만히 있든지 감아들이면 도리어 자기 연줄이 잘리기 때문이다. 연이 잘려 날아가면 구경하던 아이들은 신이 나서 그 연을 차지하려고 뛰어간다. 연 싸움에 져서 날아가는 연은 더 이상 주인의 것이 아니기 때문이다.

연실은 아교를 녹인 풀을 살짝 바르고, 거기에 곱게 빻은 사금파리 가루를 묻혀야 한다. 그 작업은 공이 많이 들고 한나절은 걸린다. 그러나 연 싸움을 하려면 이 절차는 필수다. 이런 연실은 날카로워서 잘못하면 사람의 살도 베고 옷도 찢는다.

방패연은 아이들이 잘 만들어 띄우는 꼬리 달린 가오리연과는 다르다. 잘 만든 방패연은 연실을 조종하기에 따라 공중에서 온갖 재주를 다 부린다. 직선으로 솟아오르기도 하고 그러다 옆으로 비스듬히 날아오르기도 하며, 아래로 곤두박질도 하고 그러다 다시 고개를 들어 원하는 방향으로 치솟아 오르기도 한다.

방패연은 만들기가 어려워서, 나도 처음에 동네의 연 만드는 할아버지 집에 가서 돈주고 사서 날렸다. 그러나 연 싸움에 질 때마다 또 사야 하기 때문에 돈도 적지 않게 들어가서, 하루는 그 할아버지의 허락을 얻고 거의 온종일 연 만드는 과정을 옆에서 구경했다. 그 다음날 집에 가서 그대로 흉내 냈다.

우선 대나무를 사다가 적당한 길이로 잘라서 적당한 가늘기로 쪼개서 연살을 만들어야 하는데, 이 과정이 제일 힘이 든다. 연살을 적당한 가늘기로 고르고 매끈하게 칼로 깎아 다듬어야 하는데, 두 손으로 끝을 쥐고 휘어보면, 완전히 대칭적인 포물선을 그려야 한다. 조금이라도 어긋나면 연은 날아오르지 않고 뱅뱅 돌기만 한다.

연 백지종이도 완전히 대칭적으로 마름질해야 하고, 거기에 붙일 다섯 개의 대나무 연살도 완전히 대칭으로 붙여야 한다. 그리고 연실을 제대로 매면 끝이다. 이 모든 일은 한나절 또는 그 이상이 걸린다.

다 만들고 나서 밖에 나가 연을 땅바닥에 놓고 좀 멀리서 획 연줄을 잡아당겨 올려 본다. 이때가 결정의 순간이다. 잘 만든 연은 곧바로 솟아오른다. 그러면 성공이다. 잘못 만든 연은 비스듬히 솟아오르기도 하고, 오르자마자 빼빼 돌기만 한다. 한나절의 일이 헛수고가 된다.

방패연은 온갖 재주를 부리기도 하지만, 연줄만 풀어주면 한없이 멀리 멀리 날아간다. 50m, 100m는 물론 500m도 창공으로 날아가서 보일까 말까 하는 점으로 보일 때까지 멀리 간다. 그렇게 멀리 가서도 조종하는 대로 상하좌우로 곡예를 부린다. 그 연날리기의 멋은 비할 데가 없다. 이렇게 온갖 곡예를 부리고 한없이 멀리 가는 방패연은 다른 나라에는 없는 것 같다. 일본에서도 중국에서도 서양에서도 못 보았다. 가지각색 모양의 연은 많고, 여러 개의 연을 줄에 묶어 그저 날리기만 하는 연은 많이 보았으나, 방패연같이 곡예를 부리는 희한한 연은 못 보았다.

나는 지금도 설날이면 방패연을 만들어 날려 보기도 하고 장식(裝飾)으로 방에 걸어놓기도 한다. 내가 초등학교 5학년 때 배운 솜씨가 지금도 그대로 있다. 충북대학에 있을 때, 한 번은 방패연을 만들어 총장실 건물 옥상에 올라가 연을 날렸더니, 총장이 연을 날린다고 소문이 자자하다 해서 더는 안 했다. 연날릴 때엔 문자 그대로 동심(童心)으로 돌아간다. 내가 즐기는 방패연 문양은 태극문(太極紋)의 태극연이다.

바위섬

중학교 시절 나는 서울 큰댁에서 살면서 학교를 다녔고, 우리집은 강원도 강릉에 있었다. 방학 때면 으레 강릉에 갔다. 강릉 시내에서 한 시간쯤 걸어가면 바닷가에 안목이라는 동네가 있고 거기에 해수욕장이 있었다. 요새처럼 무슨 시설이나 음식점이 즐비한 지저분한 해수욕장이 아니었다. 그저 깨끗한 모래사장에 뒤는 소나무 숲이 해변따라 길게 드리워져 있고, 앞은 푸른 바다에 놀기 좋은 바위섬들이 해변 가까이에 있는 소박하고 아름다운 바닷가였다.

나는 여름방학에는 거의 매일같이 도시락을 싸들고 안목 해수욕장에서 하루종일 놀다가 오후 늦게나 집에 돌아왔다. 하도 해에 많이 그을려서, 피부가 콧등은 네 번 벗겨져 빨갛고 이마는 세 번 벗겨져 불그스레하고, 볼은 두 번, 턱 밑은 한 번 벗겨져 피부색이 서너 층으로 얼룩이 져서 좀 꼴사나운 모양이 되기도 했다.

안목 해변의 사장은 모래가 아니라, 영롱하게 반짝이는 좁쌀알만한 구슬로 덮여 있는 '구슬의 비치'였다. 돌과 조개껍질이 그렇게 묘하게 닳고 닳은 것들이다. 물에서 나와 그 사장에 좀 누웠다가 일어나서 팔 다리를 손으로 쓱 쓸어내리면 그 작은 구슬들은 몸에 붙은 것 하나 없이 다 깨끗이 떨어진다. 그대로 옷을 입어도 괜찮았다.

해변에서 약 50m 쯤 되는 거리에 바위섬들이 안성맞춤으로 배열되어 있어서, 사장에서 여러 길이로 수영해 갈 수 있어서 수영의 초보자에게도 베테랑에게도 어린아이들에게도 다 좋았다. 동해바다로 향해서 바른쪽에 큰 바위산이 있고, 그 아래에서부터 네다섯 작은 바위섬들이 약 300m의 거리에 띄엄띄엄 머리를 드러내 '열도'(列島)를 이루면서 바닷물에 찰랑거렸다. 바위섬들의 높이는 50cm, 1m, 1.5m, 길이는 3m 쯤이고 물가에서 한 4, 50m 또는 7, 80m 쯤 떨어져 있어서 수영하고 가서 기어오르고 쉬고 놀고 하기에 더없이 좋은 곳이었다.

왼쪽엔 훨씬 크고 넓은 바위섬이 있고, 물가에서 무릎 깊이 정도의 물을 철벙거리고 30m 쯤 걸어가면 닿을 수 있는 곳이다. 그 바위섬 중심부 근처엔 작지만 꽤 넓은 무릎 깊이의 물웅덩이가 있었고, 파도가 치면 바닷물이 드나들었다. 아이들이 물장난하기에 딱 알맞은 곳이었다. 그 큰 바위섬 위에 올라가 보면, 동쪽은 망망대해고, 바위섬 아래는 무섭게 짙은 검남색으로 깊었다.

안목의 바위섬 바닷가에서는 수영 말고도 할 일이 많았다. 그것이 더 재미있고 신이 났다. 바다에 갈 때에는 실장갑과 드라이버나 철 꼬챙이를 가지고 간다. 때로는 실 망태기도 가지고 간다. 밤송이 같은 성게도 따고 소라도 따고, 재수가 좋으면 전복, 해삼을 따고 게도 잡을 수 있기 때문이다.

작은 바위섬의 열도는 언제 가도 성게의 보고였다. 물 아래로 바위틈을 뒤지든지, 깊어야 한 1m만 잠수하면 으레 성게 몇 개를 잡을 수 있었다. 바위섬 위에 올라가 바위에 성게를 쳐서 깨면 노란 알이 나오는데, 그 맛은 천하일품이다. 옛날에 원시인들도 나처럼 이렇게 성게를 따 먹었으리라고 생각했다. 그 맛은 요새 가끔 일식집에서 나오는 성게알 맛이 아니다. 바닷물에 젖은 성게알이라서 훨씬 더 싱싱하고, 먼 바다바람 쐬면서 맛보는 성게알이라서 더 풍미가 있었는지도 모른다.

소라는 좀더 깊은 곳에 있다. 큰 바위섬의 물 속으로 2m 쯤 잠수해 내려가면, 편편한 바위표면에 소라들이 다닥다닥 붙어 있는 곳도 있었다. 실 망태기를 가지고 들어가서 훑어내려서 한꺼번에 여러 마리를 잡을 때도 있었다. 전복, 해삼, 게는 해녀 아닌 사람에겐 눈에 잘 띄지 않는다. 그래도 움틀거리는 놈을 유심히 보고 있으면 가끔 한두 마리는 잡는다.

동해(東海)의 물은 한없이 맑았다. 물 속에 들어가면 저 아래도 저 멀리도 바로 눈앞처럼 또렷이 보인다. 그래서 처음엔 도리어 더 무섭기도 하다. 바다 속에 들어가면 시야가 좀 퍼레진다. 깊이 들어가면 약간 어두울 정도로 더 퍼레진다. 그런데도 빨갛고 노랗고 푸르고 꺼멓고 울긋불긋한 것들이 가까운 것이나 먼 것이나 다 선명하게 보이기 때문에, 무슨 유령의 도시에 들어온 것 같은 기분이 들 때가 많다. 더구나 잠수해 내려가다가 무슨 작은 동굴 같은 것을 보면 기겁하고 얼른 올라와 버린다. 가끔 영화에서 깊은 곳까지 잠수해서 동굴 같은 데까지 들어가 보는 사람을 보면 나는 '참 용감도 하다'고 생각한다. 동해바다의 물은 차다. 수영하거나 잠수하거나 물 속에 10분 이상 있으면 한기를 느낀다. 그러면 따끈따끈한 바위돌 위에 누워서 쉬든지, 뜨끈뜨끈한 좁쌀 옥돌의 모래사장에 누워서 쉰다.

그렇게 하루를 보내고 집에 돌아가는 길에, 해풍을 받는 솔밭길 길섶에서 감자부침을 부치는 아주머니 옆에 주저앉아 그 감자부침을 사 먹으면, 그 또한 천하일미였다. 요새 어쩌다 음식점에서 먹어보는 감자부침과는 유가 다르다. 그때 그 아주머니가 풋고추와 참기름 이외의 다른 어떤 고소한 양념을 넣었는지, 아니면 그 감자부침이 해풍(海風)을 받아 그랬는지, 그것도 아니면 그때쯤엔 내가 몹시 출출해서 그랬는지 기막히게 맛있었다. 그런 감자부침을 다시 한 번 먹어보면 그 또한 한이 없겠다.

반세기 넘어 지난 몇 년 전에 안목을 찾아갔더니, 옛 모습은 온데 간데 없었다. 그 정답던 작은 바위 열도들은 훨씬 낮아지고 작아져서, 물가에서 100m 이상 멀리 떨어져 나가 앉았고, 그 중 한두 개는 거의 물 속에 들어가 사라질 지경이었다. 왼쪽은 큰 바위섬도 훨씬 작아져서 헤엄쳐서 건너야 할 깊은 물 저쪽 저 멀리에 떨어져 있었다. 해변의 모래사장은 근 반쯤이나 좁아졌고, 그 아름답던 '구슬의 비치'도 물 속으로 들어갔는지 자취가 없었다. 바다 해수면이 높아진 것이다.

내 머리에는 순간 공해, 지구 온난화, 북극·남극 빙산의 해빙, 해수면 상승이라는 자주 들어온 연쇄반응이 떠올랐다. 그 연쇄반응은 영락없이 여기 안목 해변에서도 드러나 있었다. 어제의 아름다운 모습과 내일의 더 황량해질지도 모르는 모습이 내 눈앞에 엇갈렸다.

진달래

경기도 용인에는 해방 2, 3년 전부터 해방 후 6개월쯤까지 우리집이 있었다. 나는 여전히 서울 큰댁에 있었고, 방학 때만 용인에 가 있었다.

용인 시가지에서 좀 떨어진 곳에 동서로 긴 산이 있었다. 어느 이른 봄, 그 산아래 길을 걸어가다가 북면 긴 산자락 일대가 저 멀리까지 온통 진달래꽃으로 덮여 있는 광경이 황홀하게 내 눈에 들어왔다. 그것은 보기 드문 광경이었다. 가는 길을 멈추고 나는 그 진달래꽃 산 속으로 들어갔다. 거기에서 오랫동안 서성거렸다. 봄 햇볕도 즐기고, 멀리에서 피어오르는 아지랑이도 바라보고, 옛날 어릴 때처럼 진달래꽃도 따먹으면서 그 넓게 펴져 있는 진달래 꽃 산기슭에서 반나절을 보냈다. 그후에도 봄이면 그곳을 자주 찾아갔다.

한국사람에게 진달래는 한 독특한 정서를 자극하는 것 같다. 한국의 산야에는 어디를 가나 이른 봄에 진달래는 볼 수 있다. 어려서 겨울동안 추위에 웅크리고 지내다가 이른 봄에 산야에 나가 뛰놀면 제일 먼저 반겨주는 것이 진달래다.

진달래꽃은 화려하거나 요란하지 않다. 언제나 뭔가를 애소(哀訴)하는 듯 가냘프게 피어 있다. 진달래꽃은 양지바른 남쪽 산기슭보다는 좀 그늘진 북면 산기슭에 더 많다. 그리고 편편한 기름진 곳보다는 바위틈, 가파른 바위절벽과 같은 척박한 곳에 더 많이 피어 있다. 그래서 더 가냘퍼 보이는 것일까? 일제시대에 한국사람들은 나라 없는 서러움을 그러한 모습의 진달래꽃에 위탁했는지도 모른다. 그래서 더 한국인의 정서(情緖)에 가까운 꽃인 것만 같다.

한국사람은 시 하면 으레 김소월의 〈진달래꽃〉을 제일 먼저 떠올릴 것이다. 웬만한 대표적 한국시 시집에는 〈진달래꽃〉이 제일 첫머리에 나온다. 그 시가 그렇게 널리 한국사람에게 회자되는 데에는 진달래에 깃든 한국인의 정서가 엿보인다. 요새는 갖가지 장미 등 요란한 꽃들이 우리 주변에 널려 있어서, 어쩐지 진달래꽃은 점점 한국인의 마음에서 멀어져 가는 것 같아서 좀 아쉽다.

용인에서 서북쪽으로 한 한 시간쯤 산길을 걸어가면, 성산이라는 깊은 산골마을이 있었다. 성산은 아마 그 근처 높은 산의 이름이었을 것이다. 거기에 우리집에 자주 드나드는 한 농부아저씨의 집이 있었다. 언제나 미소를 띠고 너털웃음도 잘 웃는 호탕한 그 아저씨는 가끔 산다래, 머루, 밤도 갖다주고, 봄철이면 산나물도 가져다주었다.

어느 늦가을 심부름 겸 그 집에 놀러간 적이 있다. 집은 전형적인 초가집이고, 집 옆에는 높은 오동나무가 서 있고, 좀 떨어진 곳에 물레방아도 있었다. 물이 말라서 물레가 돌고 있지는 않았다. 집 안팎 그리고 사방을 둘러싼 산 여기저기를 구경하고 다니다가 좀 늦었다. 권에 못 이겨 저녁까지 맛있게 먹고 났더니 날은 이미 어둑어둑했다. 산길을 밤에 걸어가기가 어려우니, 아예 자고 내일 아침에 가라고 권해서 하룻밤을 자기로 했다. 깊은 산속 시골농가의 하루는 첫 경험이었다.

농가의 저녁밥이 무척 맛이 있었다. 밤에 밖에선 세차게 부는 바람소리가 가끔 들리고 그에 따라 장지문 문풍지는 울었지만, 사랑방은 뜨끈뜨끈해서 여간 아늑하지 않았다. 저녁 먹고 나서 아저씨와 그 아들이 짚단을 하나 가지고 들어오더니, 그것을 방 윗목에 놓고 새끼를 꼬기 시작했다. 나도 학교 농장에서 배운 솜씨가 있어 거들었다. 그 아저씨는, 도시에 사는 사람이 웬 새끼는 그렇게 잘 꼬느냐고 감탄하기도 했다.

방안에 짚 냄새가 가득해졌다. 방바닥에서 올라오는 뜨듯한 공기가 그 냄새를 더 짙게 하는 것 같았다. 짚 냄새는 좀 달콤하기도 하고 구수하기도 하고 정말 정다운 냄새다. 쌀밥을 먹고사니 그랬을까? 아침에 동쪽으로 난 높은 창에 햇볕이 환히 비쳤다.

나는 그 산 속 시골집의 경험이 없었다면, 몇몇 한국의 시나 유행가를 실감 있게 감상하지는 못했을 것으로 생각한다. "동창이 밝았느냐 …"라는 시조는 물론, 정지용의 〈향수〉를 읽거나 중얼거릴 때, 그리고 〈물레방아 도는 사연〉이라는 유행가를 부를 때면, 나는 언제나 그때 그 산 속 시골 농가에서 보낸 하루를 회상하게 된다.

해방의 8월 15일에 일본군대에서 풀려나자, 나는 환호소리가 요란한 서울을 떠나서 용인에 가서 한 달쯤을 보냈다. 용인에 가자마자 나는 집 근처 좀 높은 산에 올라가서, 눈앞에 펼쳐진 넓은 들과 저 멀리의 산과 흰 구름이 군데군데 떠있는 푸른 하늘을 무심히 바라보고 있었다. 불현듯 눈시울이 뜨거워지더니, '이제 눈앞은 내 땅이다. 저 들도 저 산도 그리고 저 하늘과 저 구름도 다 내 들, 내 산, 내 하늘이다'라는 생각이 짙게 떠오르면서, 모든 것이 신천지같이 새롭고 새삼스럽게 느껴졌다. 나는 눈을 지그시 감고 긴 심호흡을 했다. 들이마시는 공기도 새롭고 달았다. 용인은 내가 우리땅 우리 하늘을 다시 찾고 다시 느끼면서 어떤 결의도 다진 곳이다.

북한산

나는 서울을 사랑한다. 태생이 서울이고, 가장 추억이 간절한 어린 시절과 초등학교 시절은 다른 곳에서 자라났다 해도, 그때만 빼고는 일생 거의 전부를 서울에서 지냈다.

가만히 생각해 보면 서울 지형은 정말 명소다. 저 뒤에는 도봉산, 북한산, 보현봉이 있고, 들판 가까이에는 북악산, 인왕산, 낙산이 드리워져 있으며, 들판 남쪽은 나지막한 남산, 그 너머에 유유히 흐르는 한강이 있고, 저 남쪽에 관악산 … , 하나 뺄 것도 보탤 것도 없는 명소다. 이렇게 산과 들과 강이 어우러져 있는 명소는 세계의 다른 나라 수도엔 드물다. 옛날 한양을 수도로 정했다는 무학대사의 예지(叡智)는 두고두고 감탄하고 감사하지 않을 수 없다.

서울시내와 근교에는 긴 세월 많이 쏘다녀서 내 발자취가 남겨져 있는 곳이 많다. 요새는 서울시가 하도 커지고 많이 변해서 어디가 어딘지 모르는 곳이 많지만, 1960, 70년대까지도 큰길은 물론 웬만한 골목까지도 손바닥 보듯 알고 있었다. 지금 서울은 옛 서울이 아니라, 공룡(恐龍)의 도시가 되어 있다. 그래도 나는 서울이 좋고 서울을 사랑한다.

나는 특히 도봉산과 북한산에는 1950, 60년대엔 수도 없이 자주 등산 갔다. 등산로가 많은데, 웬만한 데는 다 다녔다. 비오는 여름날의 북한산도 올라갔고, 눈이 20cm 덮인 도봉산 산길도 오르내렸다. 점심은 반합에 계곡물을 떠서 마른 나뭇가지와 검불을 주워 모아 불을 지펴 밥을 짓고 찌개도 끓여 먹었다. 그때엔 등산객도 그리 많지 않아서 그래도 됐는데, 이젠 등산객이 워낙 많아서 그러다가는 산이 곧 벌거벗을 것이다.

미국에 유학갔을 때, 미시간, 루이지애나, 시카고 다 가는 곳마다 산 하나 없는 평야지대여서 제일 그리운 것이 산이었고, 북한산, 도봉산이었다. 나중엔 좀 익숙해졌지만, 처음 몇 달 동안은 내가 하늘에 짓눌려 사는 것 같아, 숨은 쉬면서도 가슴이 답답했다. 산들이 여기저기에서 하늘을 좀 받쳐주어야 숨 좀 마음대로 쉴 수 있을 것 같았다. 산신(山神)이 있다고 믿고 산신제를 지내면서 산에 의지하는 마음이 드는 것은 산이 많은 지대에 살아온 사람들에겐 당연한 심리일지 모른다. 평야지대에만 살아온 사람들은 반대로 크고 높은 산을 보면 어떤 위압감을 느낄까?

서울의 거리는 하루 아무 때나 좋다. 대낮에 인파가 밀려오고 밀려드는 종로 4가 네거리도 좋았고, 더 많은 인파가 술렁이던 광화문 네거리도 좋았다. 요새는 네거리의 인파가 땅속으로 몰려 내려가고, 구름다리로 몰려 올라가고, 표정 없는 자동차들만 홍수를 이루고 있으니, 도시에서 사람들의 정이 점점 엷어져 가는 것만 같다. 나는 서울에 지하도와 구름다리가 너무 많다고 생각한다. 사람들이 너무 두더지처럼 땅속으로 길을 건너고, 메뚜기처럼 구름다리 위로 튀어올라 건너야 하는 것이 어쩐지 사람대접을 하지 않는다는 느낌이 들 때가 많다. 자동차 교통을 좀 원활하게 하는 것은 어쩔 수 없다 해도, 도심(都心)의 몇 군데만은 사람들이 당당히 걸어 건너갈 수 있는 네거리가 있었으면 좋겠다. 내 기억으로는 뉴욕이나 시카고, 런던이나 파리에는 도심에 지하도와 구름다리가 이렇게 많지는 않았다.

동대문 시장, 남대문 시장에서 사람들이 복작거리는 시간은 활력이 넘치는 시간이다. 대낮에 도시는 바쁜 곳이다. 나도 가끔 그렇게 북적거리는 패 속에 끼어서 같이 북적대지만, 때로는 혼자 가만히 서서 그 북적거림을 구경만 해도 신이 난다. 사람들이 뭔가 부지런히 일하고 열중하는 모습을 보는 것은 언제나 신이 나는 일이다. 따지고 보면 그런 모습이 사람들의 삶 그 자체가 아닌가?

서울의 밤거리도 좋다. 어둑어둑해지면 전등과 네온사인들이 휘황찬란하게 켜지고, 깊은 밤까지 행락인들이 어슬렁거리고 환락가는 그들을 유혹한다. 거기에도 삶이 있다. 물론 나도 가끔 그런 밤거리의 행락인의 무리에 끼인다. 큰 추태만 안 부린다면, 도심 밤의 삶도 아름답다.

하지만, 내가 도심에서 제일 즐기는 시간, 즐긴다기보다는 제일 감상에 젖어드는 시간은 종로거리에 해가 뉘엿뉘엿 지는 시간과 새벽 동녘이 어슴푸레 밝아오기 전의 시간이다. 종로거리 서쪽에 큼지막한 빨간 태양이 저물면서, 마지막 낙조(落照)가 거리의 높은 건물 낮은 건물 할 것 없이 모든 건물들을 붉게 물들이는 시간, 그때가 나는 서울도심이 가장 아름답고 동시에 어딘지 환희와 애수(哀愁)가 동시에 깃들어 있는 애환(哀歡)의 시간이라고 생각한다. 건물들에 물든 붉은 빛이 어떤 환희를 자극하고, 그 사이로 어둑어둑 보이는 검은 그림자들이 어떤 애수를 자극하기 때문일까?

새벽 도심이 깊은 푸른 바다 속처럼 어슴푸레한 시간, 도시가 아직 잠에서 채 깨어나지 못하고 몇몇 행인들만 종종걸음으로 지나가는 어슴푸레한 시간은 어쩐지 나에겐 사람들의 삶은 그 자체가 하나의 애수라는 생각을 들게 한다. 어딘지 차분하면서도 구슬픈 시간이다. 아직도 태양이 떠오르지도 않고 밝지도 않은 새벽 공기의 푸른 빛 때문일까?

요새는 자동차의 홍수, 밤 새우고 새벽까지 질주하는 차들 때문에 옛날보다는 이런 정취가 덜하다. 그래도 그 여운은 남아 있다. 내가 어떤 인상파 화가라면 이런 낙조와 새벽녘의 도심거리를 그려보고 싶고, 어떤 시인이라면 그 정취를 읊어 보고 싶지만, 내겐 그럴 재간이 없는 것이 한이다. 번잡하고 정신없이 돌아가는 서울 도심에서도, 낙조와 새벽녘 시간의 도심에서도, 명화와 명시(名詩)와 어떤 철학도 탄생할 수 있을 것이라는 생각이 가끔 든다. 예컨대, 나는 가끔 어떤 애수가 깃들어 있는 실존주의 사상은 도시의 산물이 아닌가 하는 생각이 들 때가 있다.

지도자

해방 후 격동의 역사 속에서 나라가 어렵고 어지러울 때마다 사람들은 정치에 관심이 많아지고, 그런 정치적 관심은 자연히 누가 대통령, 장관, 국회의원이 되느냐 라는 지도자 여하의 관심으로 이어졌다. 앞에서도 인용했듯이, 누가 임금이건 그게 내게 무슨 상관이냐 라는 격양가를 부를 수 있는 사회가 도리어 그리워진다. 누가 지도자가 되건 제대로 굴러가는 사회가 정말 태평일 것이다.

문제가 많은 격동의 시절일수록 지도자의 문제는 중대한 문제가 된다. 나라가 망하는 것도 대부분 지도층의 탓이고, 나라가 성하는 것도 대부분 지도층의 덕이다. 한 기관의 흥망도 그렇다. 경제발전도 민주발전도 지도층이 견인차(牽引車)가 된다. 그래서 대통령에서부터 장관, 사장, 과장에 이르기까지 지도자는 '문제의 존재'다.

나는 조선 망국 전후부터 지금까지 한반도는 참다운 지도자의 빈곤에 허덕여 왔다는 생각이 가끔 든다. 그리고 그것은 우리가 전통적으로 가지고 있는 어떤 왜곡된 지도자상(像) 때문이라고 추리한다.

사람은 두 사람만 모여도, 한 사람은 지도자가 되고 또 한 사람은 추종자가 된다. 어떤 일에서 "이러자" 하는 사람은 지도자고, "그러자" 하는 사람은 추종자다. 경우에 따라 지도자, 추종자가 바뀔 수도 있다. 보다 많은 경우에 "이러자" 하는 사람이 한 집단의 지도자, 영도자, 장, 리더로 지목된다. 그러나 누구나 다 경우에 따라 지도자 노릇을 하게 마련이다. 그런 의미에서 모두가 지도자고 동시에 추종자다.

지도자는 사람들의 행동에 영향을 주는 사람이다. 사람들에게 잔잔한 또는 깊은 감동을 주어 그들이 전과는 다르게 행동하게 할 수도 있고, 극단의 경우 다른 사람의 행동을 이래라저래라 좌지우지하고 심지어 생사여탈(生死與奪)까지 할 수 있다.

그런 지도자가 어떤 경로를 거쳐 출현하든 간에, 지도자는 사람들에게 좋게건 나쁘게건 큰 영향을 주고, 집단의 향방에 큰 방향타(方向舵) 역할을 한다. 사장이 시원치 않으면 멀쩡했던 회사가 파산하고, 대통령이 시원치 않으면 기껏 잘 나가던 나라경제가 침체된다. 물론 그 반대로 파산 직전의 회사를 크게 회생시킨 사장도 있고, 도탄(塗炭)의 민생을 풍요로 이끌어낸 대통령도 있다.

지도자는 여러 가지 경로로 출현한다. 옛날처럼 주로 무력·혁명으로도 출현하고 세습으로도 출현하고, 현대처럼 주로 선거나 임명에 의해서도 출현하고, 덕망이나 전문성에 의해서도 출현한다. 원칙적으로 혁명·세습에 의해서도 '명군'(名君) '폭군'이 다 출현할 수 있고, 임명·선거에 의해서도 유능 무능의 지도자가 다 출현할 수 있다. 우리는 그 예를 다 자주 보아왔다. 임명, 선거, 덕망이 그 자체로서만 유능한 지도자의 출현을 약속하지는 않는다. 임명은 정실에 치우치고, 선거는 일시적 인기나 선동에 편승해서 무능력·무도덕자가 출현할 수도 있고, 덕망 있는 사람을 장(長)으로 앉히면 행정·경영에는 전혀 무능한 사람도 나온다. 그래서 지도자의 문제는 중요하고 어렵다.

똘마니

나는 초등학교에 제 나이대로 만 6살에 들어갔다. 들어가서 키 순서대로 '앞으로 나란히' 하면 나는 팔을 안 들어도 괜찮은 위치에 있었다. 키가 제일 작아서 제일 앞에 섰기 때문이다. 반의 다른 아이들은 거의 다 7살, 8살, 9살 심지어 12살짜리 아이도 있었다.

초등학교 시절의 아이들에겐 완력과 달리기, 뛰기, 씨름하기, 자치기 등 운동실력이 또래집단의 필수적인 입장권이다. 또래집단 속의 위계질서도 그 실력에 따라 결정되게 마련이다. 힘이 시원치 않으면 끼워주지도 않고, 끼워주더라도 말석의 똘마니 신세가 된다. 힘이 센 놈이 대장 '왕초'가 되고, 그 다음이 '중초'가 되고, 그 아래 똘마니들은 '잡초'가 되게 마련이다. 나는 자연 노는 시간에는 똘마니 잡초일 수밖에 없었다.

그래도 기를 쓰고 같이 놀려고 애썼다. 그 시절엔 또래집단의 경험은 필수적인 발달과업이다. 나도 똘마니로라도 뒤에서 졸랑졸랑 따라다니고, 왕초가 저것 가져오라고 '명령'하면 부지런히 뛰어가서 가져오고 해야 했다. 지금 생각해도 참 가련한 인생이었다. 한 번은 용돈을 아껴서 '왕초', '중초'에게 과자를 듬뿍 사 주었더니, 얼마 동안 잘 끼워주고 대접도 좋았다. 뇌물이다. 줄 놈, 받을 놈이 여간 깨끗하지 않고서는 권력주변은 그래서 썩게 마련이다. 춘천, 청주의 초등학교에서도 사정은 비슷했다. 거기에도 나이 많은 학생들이 많았다.

공부시간에는 꿀릴 것이 없었으나, 노는 시간에는 아이들 위계질서의 아래였다. 지금 생각해보니, 공부는 내내 우등생이었는데, 학급 급장은 한 번도 못 해봤다. 당연했다. 반에서 제일 어리고 키도 작은 아이로는 급장의 권위가 설 리가 없었기 때문이다. 그런 것 하고 싶은 생각도 해본 적이 없다.

중등학교 격인 경성사범학교에서는 학생들의 나이는 비교적 서로 비슷했다. 그러나 학급 급장은 으레 일본학생의 차지였지, 조선학생에겐 한 번도 돌아오지 않았다. 조선학생들은 생각도 안 했다. 일제시대엔 그것도 당연했다. 가끔 과외활동부나 운동부의 부장이나 주장은 출중한 조선학생이 맡는 수가 있었으나 그것도 드물었다. 초등학교 시절, 중등학교 시절 내내 해방되던 해까지 나는 무슨 일을 꾸며서 남을 선도(先導)한다거나 남들 앞에 나서서 무슨 리더 노릇을 한다거나 하는 일은 도대체 생각해본 적이 없다.

그리고 애당초 자연과학자가 되려던 꿈은 그런 일과 관계가 없는 꿈이었다. 내 일만으로도 재미있고 바빴다. 가끔 우쭐거리고 나서는 친구를 보면, 속으로 '별것도 아닌게 … 할 일도 없나보다' 하는 생각이 먼저 들었다.

해방 후 사범대학 시절엔 사정이 좀 달라졌다. 앞에서도 말했지만, 학생정치운동 같은 것에는 일체 끼지 말고 공부에만 열중하자는 친구들이 가끔 여기 저기에서 모여 얘기를 나누었다. 그러던 중, 마침 동숭동에 있던 우리집이 좀 널찍했고 외딴 방도 있어서, 누가 거기 가서 모여 얘기하자고 제안해서 나도 그러자고 응낙했다. '죽순회'라는 이름으로 열 명 가량이 꽤 자주 모였다. '본부'가 우리집이 된 셈이니 자연 내가 그 모임을 차차 주관할 수밖에 없었다. '국대안' 찬반소동으로 학교가 소란해지자, 정치운동 말고 공부만 하자는 학생수가 훨씬 많아져, 2, 30명이 모여 '대책회의'를 자주 가졌는데, 그 모임의 장소도 우리집이 안성맞춤이었다.

마침 몇 달 전 용인에서 농사를 지어 가지고 온 고구마 두 가마가 있었는데, 그 잦은 모임에서 간식으로 두 가마 다 깨끗이 먹어치웠다. 그때에도 내가 그 모임을 주관하고 이것저것 주선할 수밖에 없었다. 어쩌다 나도 모르게 슬슬 리더격인 위치에 밀려 올라간 셈이다. 그러나 나는 마음이 그리 편하지 않았다. 그 일에 시간을 너무 빼앗기는 것 같기도 했고, 그리고 나는 본래 좀 겁이 많은 편이어서 무거운 짐이 싫었다. 그래도 해야 한다기에 그 역할을 맡았을 뿐이다.

앞에서도 얘기한 '국대안' 찬반 '격전'의 날, 나는 부득이 '사령탑' 노릇을 했고, 결과는 우리 주장대로 약 90%의 학생들이 공부하겠다는 등록을 마쳤다. 등록한 학생들이 모여 임시 학생회를 조직하고 그 이름을 '학우회'라고 하기로 했다. 그 회장을 선임하는 절차에 들어가자 몇 학생들이 나를 추천하겠다고 했다. 나는 벌컥 화를 냈다. '그만큼 그 동안 나를 부려먹었으면 됐지, 이제 또 학우회 회장마저 시키려 드느냐, 안 한다'라고 화를 내고 회의장을 나왔다. 나중에 보니 그래도 나를 회장으로 뽑았다. 주위에서 '뽑혔으니 할 수 없지 않으냐'고 설득해댔다. 나는 할 수 없이 일 년 동안 그 일을 맡았다. 일 년 후 그만두었더니, 그렇게 편하고 시원할 수가 없었다.

기관장

1952년 유학에서 돌아와서는 줄곧 가르치는 일과 연구하는 일로 벅찼다. 그 일에 열심히 몰두했다. 그래도 내 나름으로는 그 후 20년 남짓한 동안 몇몇 기관의 창설에 그 산파(産婆)역할을 했다. 중앙교육연구소, 교육학회, 서울사대의 교육행정관 연수원, 서울대학의 학생지도연구소, 장기종합교육심의회, 행동과학연구소, 한국교육개발원이다. 굳이 따지면 이런 일에서 권력은 없는 지도적 역할을 좀 했던 셈이다.

1972년엔가 서울대 총장실에서 와 달라고 해서 갔더니, 총장이 전임 학장후임으로 사범대학 학장을 맡아달라고 했다. 나는 생각 없다고 말하고 이런저런 이유를 들었다. 그래도 총장은 막무가내로 밀어붙여, 할 수 없이 2, 3일 말미를 달라 하고 나왔다. 그 다음날 발령절차를 시작했다고 알려왔다. 내가 좀 우유부단하게 보였던 모양이다.

그 전 1960년 4·19가 일어난 다음 얼마 후에 사범대학에서 학장 선거가 있었는데, 혁명의 새 시대 바람이 대학에도 좀 불어들어 왔던지, 몇몇 교수들이 나를 학장으로 밀 계획이라고 전해왔다. 나는 펄쩍 뛰었다. 나이 40도 안됐는데 말도 안 되는 소리 하지 말라고 애원하듯 만류했다. 그래도 그들은 그 계획을 단행했던 모양이다. 결과는 보기 좋게 낙선이었다.

사대학장은 2년 임기를 마치고 그만두었다. 재임 권고도 받았지만 사양했다. 나는 대학에서 무슨 특별한 계재가 아니면 넥타이는 잘 매지 않는 편이다. 그랬던 내가 학장이라고 넥타이를 계속 매고 지냈더니 한 달

후에 목에 벌겋게 두드러기 같은 것이 났다. 그래도 안 맬 수 없어서 계속 맸더니 한 두세 달 후엔 '할 수 없이' 두드러기는 가라앉았으나, 답답하기는 매한가지였다. 학장 그만두고 넥타이를 안 매기 시작했더니 그렇게 시원했다.

1978년 초두에 어느 날 문교부장관이 와 달라고 해서 갔다. 새로 종합대학으로 승격할 충북대학교 총장을 맡아달라고 했다. 나는 할 생각 없다고 대답했다. 그랬더니, 이것은 박정희 대통령의 특명이라고 으름장을 놓았다. 그래도 내 버릇대로 2, 3일 말미를 달라고 했다. '말미를 좀 달라'는 말을 이런 분들은 '수락할 뜻이 있다'는 뜻으로 받아들이는 모양이다. 그 다음다음 날인가, 발령 진행중이니 몇 월 며칠에 임명장을 받으러 오라고 전갈이 왔다.

나는 충북대학에서는 정신없이 열심히 일을 했다. 그때까지 제 3장까지 썼던 《자아실현》이라는 책의 집필은 중단할 수밖에 없었다. 총장 집무 틈틈이 계속 써보려 해도 정신집중이 안 됐다. 나는 두 가지 일을 동시에 할 수 있는 재간이 없었다. 임기 4년을 마치고, 마침 신설된 한림대학의 교수로 갔다.

한림대학에서, 모처럼 자유로운 시간을 얻게 되어, 《미래의 선택》이라는 책을 써낼 수 있었다. 그리고 오랫동안 벼르던 《자아실현》을 계속 쓰려고 했더니, 전에 쓴 석 장이 세월이 지나서 마음에 들지 않아, 처음부터 다시 쓰기 시작했다. 한 넉 장쯤 써냈을 때, 그때 한림대학 총장 현승종 선생이 국무총리로 전출하게 되었다.

이사장이 다음 총장을 어떻게 물색했으면 좋겠느냐고 조언을 바랐다. 나는 세 가지 조언을 했다. 첫째, 교수 직선제는 절대 안됩니다. 둘째, 될 수 있는 대로 많은 교수들을 만나서 넓게 의견을 수렴하고 학교 밖의 인사들의 의견도 참고하십시오. 셋째, 될 수 있는 대로 한림대학 밖에서 물색하십시오 라고 조언했다. 내 나름으로는 다 그래야 할 이유가 있었다.

그리고 나서 나는 마침 볼일이 있어서 미국에 한 열흘 다녀왔다. 돌아온 나에게 이사장은 나를 총장으로 내정했다고 선고했다. 항의해도 별 소용이 없었고, 너무 사양하면 나를 좋은 조건의 교수로 초빙해준 신임을 배신하는 것 같은 기분도 들었다. 덕택에 근 4년간 《자아실현》의 집필은 또 포기해야 했다. 임기를 마치고 다시 쓰기 시작하려 했는데, 또 몇 년 전에 쓴 넉 장이 마음에 들지 않아, 또 다시 새로 썼다.

기관장(機關長)도 지도자라면 나도 지도자였다. 그러나 나는 그런 행정·정치의 지도자적 자질은 없나 보다. 우선 그런 '자리'를 즐기지 못한다. '엔조이'가 안 된다. 끄느름한 걱정만 많아지고, 내가 하고 싶은 일은 못한다. 봉급은 좀 많지만 많지 않아도 난 먹고 살 수 있다. 장(長) 대접을 받지만 나는 그보다는 정(情)이 그립다. 장 대접한다고 너무 어려워하면, 그야말로 꼭 경원(敬遠), 위하면서 멀리해서 나를 외톨이로 만드는 기분이 든다. 그렇다고 내가 장의 일을 소홀히 했던 것은 아니다. 내 나름으로 혼신의 정열을 다 쏟았다. 고민도 많이 했고 가끔 밤도 지새웠다. 그리고 임기를 마칠 때엔 보람도 느꼈다.

정치·행정엔 관심도 없고 그 자질도 아니라고 생각은 하면서도, 가끔 어떤 장관, 국회의원, 대통령이 신통치 않게 굴 때에는 '에라, 내가 해도 더 잘하겠다' 라고 속으로 푸념하는 오기(傲氣)는 남아 있었다. 그러다가 곧 내 길은 아니라고 제정신으로 돌아온다.

가끔 내게 이런 질문을 하는 이들이 있다. "선생님의 후배나 제자 중엔 장관도 지내고 부총리도 지내고 총리도 지낸 사람이 많은데, 왜 선생님은 안 나가셨습니까? 와 달라고 청을 받은 적이 없습니까? 그렇지도 않을 텐데 … ." 그럴 때면 나는 "그런 청을 받은 적이 없었다고 해야 믿겠소, 아니면 있었다고 해야 믿겠소?" 라고 웃으면서 얼버무려 버린다.

지난날 나의 '장'(長)의 행적엔 몇 가지 특징이 있었다고 내 자신 회고한다. 우선 나의 '장'은 다 선거가 아니라 임명에 의한 장이었다. 옛날 학생회장이나 교육학회장에 선출되었을 때에도 입후보는 하지 않았다. '나 뽑아 주시오' 하고 나서는 것이 어딘지 구걸하는 것 같아서 구미에 맞지 않았다. '부름을 받으면 나가고, 아니면 유유자적 책 읽고 산수(山水)를 즐긴다'는 옛 어른들의 말을 자주 들어서 그랬는지도 모른다. 또 대학생 때 로마의 학자 황제 마르쿠스 아우렐리우스(Marcus Aurelius)의 《명상록》에서 읽은 '지도자는 하겠다는 사람은 시키지 말고, 안 하겠다는 사람을 간청해서 모셔야 한다'고 한 말의 영향을 받았을는지도 모른다. 삼고초려(三顧草廬)의 제갈량의 경우다. 지금 같은 선거만능의 시대였다면 나는 아무 기관장 노릇을 못했고 안 했을 것이다. 나는 지금도 대학총장은 선거에서 선출해서는 안 된다고 믿고 있다.

또 나는 장(長)을 즐기지는 않았다. 그러나 어떤 내 나름의 의무감 때문에 참고 견디며, 임기가 끝나기만 기다리면서 의무수행엔 최선을 다했다고 믿는다. 한림대 총장은 만 70세를 핑계로 임기 8개월 전에 사임했다.

그리고 나는 모든 '장'을 단임(單任)으로 끝냈다. 재임하지 않았다. 나 말고도 이 세상엔 장을 할 수 있는 사람이 많다. 오래하면 매너리즘에 빠진다. 간혹 한 번 임기는 너무 짧아서 원하는 일을 다 할 수가 없다고 말하는 사람이 있다. 그러나 그 일이 할 만한 일이면 그대로 다음 '장'에게 인계하면 된다는 게 내 생각이다.

나의 '장' 행적과 나의 지도자관이 현대 민주사회에서는 합당하지도 않고 적절하지 않은 것인지도 모른다. 그러나 머리 싸매고 '장'이 되고 '출세'하려 하고, 만사를 선거로 처리하려는 것 자체도 문제라고 생각한다.

이순신과 변 사또

나는 한국 전래의 지도자상(像), 많은 사람들이 그렇게 되고자 했고 그렇게 행동하기도 했던 옛날의 지도자의 모습에 대해서 많은 회의(懷疑)를 품고 있다. 오늘날에도 지도자가 되고 '장'(長)이 되려는 사람들, 이미 '장'인 사람들 사이에도 그런 옛 지도자상의 잔영(殘影)이 많이 남아 있는 것 같아서 가끔 마음이 괴롭다.

지도자에 두 가지 유형이 있다. 하나는 이순신 형이고 다른 하나는 변 사또 형이라고 나는 이름짓는다. 이순신 형은 지도자의 자리에 주어진 '의무'가 주된 관심인 지도자고, 변 사또 형은 거기에 주어지는 '권세'가 주된 관심인 지도자다. 하나는 '의무지향'이고, 또 하나는 '권세지향'이다.

높건 낮건 모든 지도자의 자리에는 해야 하고 이루어야 할 임무가 있다. 그 의무를 어떻게 하면 훌륭하게 해내느냐에 주야로 노심초사(勞心焦思)하는 지도자는 이순신 형이다. 또 높건 낮건 모든 지도자의 자리에는 그것에 응당한 권력과 보수와 명예가 따라오게 마련인데, 그 권세를 어떻게 하면 더 많이 차지하고 누리고 즐기느냐에 주야로 눈에 불 켜고 밝히는 사람이 변 사또 형이다. 본래 지도자 자리의 권세는 의무를 수행하기에 편리하라고 주어지는 부차적인 것인데, 변 사또 형은 그 앞뒤를 바꾸고 본말(本末)을 전도(顚倒)하고 있는 셈이다.

각계각층의 지도자들은 대개 그 중간의 어디쯤에 있을 것이다. 그러나 어쩐지 한국사람들이 추구하는 지도자상은 변 사또 형 쪽으로 너무 기울어져 있다는 관찰을 아니 할 수가 없다. 예나 지금이나 그 수많은 유세자(有勢者)들의 수뢰 · 횡령 · 부정축재 · 독직 · 오직사건들은 백년하청(百年河淸)이고, 지금도 많은 그들의 '술자리'들은 동헌(東軒)에서 벌어지는 변사또의 술잔치를 방불케 한다. 그 비용은 대부분 '공금'이다. 하다못해 동사무소 사무직원 중에도 그 쥐꼬리만한 권세로 유세 떠는 것을 보기 어렵지 않다.

사회 전체가 누가 무슨 '장'(長)이 되느냐에 신경을 곤두세우고 있고, 누가 '출세'하면 신문도 대서특필하고, 축전 · 축화가 쇄도한다. 다른 나라에도 약간은 있는 풍경이겠지만, 한국은 너무 심하다.

나는 내 친구나 친지들이 장관 등으로 '영'전하면, '축하'를 하지 않는다. '축전'을 보낼 때 나의 전문은 "축하합니다"가 아니라, "중책에 큰 업적이 있기를 기원합니다"라는 문구다. 중책에 노심초사할 것을 생각하면 '축하!'라고 하는 것이 맞지 않는다는 생각이 들기 때문이다. '영'전도 아니고, 도리어 고생길에 든 것이다. 또 '장' 자리는 고생길이라야 한다.

지도자의 자리는 즐길 자리가 아니다. 까딱하면 회사가 거꾸러지고 대학이 기울고 나라가 거덜날 판에, 그 자리를 한없이 즐기듯이 싱글벙글 웃고 지낼 자리는 아니다. 어쩌다 무슨 일로 파안대소(破顔大笑)하거나 성격 때문에 잔잔한 미소를 띨 수는 있어도, 자리를 즐기는 듯이 공연히 싱글벙글대는 '장'들이 텔레비전에 보이면 진지해 보이지가 않는다. 도대체 요새는 장삿속 웃음이 퍼진 때문인지, 심각하게 생각하고 진지하게 얘기해야 할 경우에도 빙글빙글 웃는 사람이 많다. 신문 논단란에도 경제위기를 운운하는 심각한 그 글 위에 싱글벙글거리는 논자의 사진이 나오는 경우가 많은데, 그런 사진은 꼭 나쁜 일을 좋아하는 마귀 같아 보인다. 초상집에 가서 싱글벙글하는 것처럼 도대체 어울리지가 않는다.

지도자의 자리는 누가 '선우후락'(先憂後樂)이라고 했듯이, 언제나 앞서 걱정하고 있어야 하고 즐거움은 후로 미루어 두어야 하는 자리라고 해야 한다. 즐길 시간이 별로 없는 자리다. 그렇다고 언제나 송충이라도 씹은 듯한 인상을 짓고 있을 필요는 없지만 웃음이 헤플 수 있는 자리는 아니다.

나는 한국사에서 제일 존경하고 흠모하는 분이 이순신 장군이다. 그분이 문무를 겸한 명장이었고, 신출귀몰의 전략가였고, 모함을 받고 영어(囹圄)의 몸이 되어도 애국충정을 버리지 않았고, 언제나 온화하면서 근엄했다는 여러 기록 때문에만이 아니라, 그분이 내게는 애처롭도록 의연한 지도자상의 전형(典型)이었기 때문이다. 앞에서도 인용한 그분의 시 "水國秋光暮 驚寒雁陣高 憂心輾轉夜 霜月照弓刀"(수국추광모 경한안진고 우심전전야 상월조궁도)를 읽을 때마다 나는 숙연해진다.

그분의 또 하나의 시를 나는 가끔 된다. "四遠雲俱黑 中天日正明 孤臣一掬淚 灑向漢陽城"(사원운구흑 중천일정명 고신일국루 쇄향한양성), 사방에서 몰려오는 구름들은 다 검다, 중천에는 아직 해가 바로 밝건만, 나라 걱정에 외로운 신은 한 줌 눈물을, 한양성을 향해서 뿌리노라.

'선우후락'(先憂後樂)의 애처로운 지도자 모습에 눈시울이 뜨거워지는 숙연한 시다. 그분은 '선우'는 했지만, '후락'은 보지 못했고, 그 후락은 나라의 몫이었다. 그분의 비장한 의무감은 전시의 장군의 것만이 아니라, 각계각층 모든 지도자가 언제나 간직해야 할 의무감이라야 한다고 나는 믿는다.

전통적 지도자상에 의무지향보다는 권세지향이 더 드센 뒤에는 틀림없이 어떤 역사적 연유가 있을 것이다. 가까운 조선조시대까지도 양반에 끼어 벼슬의 반열에 올라서 크고 작은 권력을 잡아야 먹고살 수 있었다. 먹고살기 위해서만 아니라, 치열한 당쟁 속에서 생명을 부지하기 위해서도 권력은 필요했다. 그래서 그야말로 기를 쓰고 벼슬하고 권력을 잡아야 했다. 지도자의 자리를 일할 자리이기보다는 우선 먹고살 자리로 여겼던 셈이다.

그 첫 관문이 과거시험에 급제하는 일이었기 때문에 과거급제를 위해서 양반 자제들은 머리를 싸매고 공부했다. 그때부터 교육과 학문은 '아는 재미', '진리탐구의 희열' 때문이 아니고 '실제 실용'을 위한 것도 아니고, 그저 출세의 수단, 벼슬과 권력획득의 수단으로 간주되었다. 그 유습(遺習)과 잔영은 아직도 한국의 교육계, 학계에 짙게 남아 있다. 말인즉 권력에 관심 없다고 하면서도, 학자로 있다가 장관으로 가는 사람도 많고, 그런 자리를 기웃거리는 학자도 많다고 한다. 그들에게 학문은 관변(官邊) 출세의 수단일 뿐이다. 대선 때가 가까워지면, 정당 문앞에 학자들이 줄을 잇는다는 말은 듣기에도 민망하다.

내가 충북대 총장으로 부임할 때, 나는 서울에서 혼자 가려고 했는데, 몇 친구들이 우리집에 찾아와서 '신행'(新行)하러 왔다고 했다. 신행이 뭐냐고 물었더니 "옛날엔 벼슬하면 첫 취임하는 날에 친구들이 동행하는 법"이라고 했다. 여기에도 옛날의 잔영이 있었다.

앞에서도 언급했지만, 조선조 말기 약 100년 동안 권세가들의 가렴주구와 부패는 이른바 '삼정(三政)의 난'이라고 이름 붙여질 정도로 극에 치달았고, 문 닫고 집안 권력싸움에 몰두하는 통에 당시 세계의 제국주의의 격랑(激浪)도 보지 못했다. 나는 그때 지도층의 당쟁과 가렴주구와 쇄국이 조선조 망국의 원인이라고 본다. 조선은 권력에 눈이 어두웠던 당시 지도층 때문에 망한 것이다. 그때의 권세지향성이 지금의 한국사회에서도 각계각층에 아직도 짙게 남아 있어 보인다.

출 세

옛날에는 출세해야, 특히 관변으로 출세해야 먹고살 수 있었다. 궁핍의 사회에서는 '파이'가 작아서, 권세가들이 큰 조각을 차지하고 나면 남는 게 별로 없었다. 권세 없는 사람들은 굶주리고 눌려서 살 수밖에 없었다. 그래서 사람들은 기를 쓰고 출세하고 기어올라 가려고 했다. 기득권자들은 기득권을 지키고 아랫것들이 기어오르지 못하도록 한국의 반상(班常)계급, 일본의 무사계급, 인도의 사성(四姓)계급과 같은 사회제도까지 만들어 냈다. 그래서 자주 폭동도 일어나고 혁명도 일어났다.

그러나 지금 한국사회는 궁핍의 사회도 아니고 계급사회도 아니다. 관변출세를 하지 않아도 먹고살 수 있는 사회고, '아랫것'이라고 짓눌림을 받아야 하는 사회도 아니다. 그러니 이제는 출세에 관한 생각, 특히 관변출세, 권력형 출세에 관한 생각도 조금은 바꿔야 할 때이다.

하기는 현대사회에도 옛날과 같은 생득적인 '계급'은 없지만, 주로 개인의 노력 여하에 따라 이루어지는 이른바 사회경제적 '계층'이 생기게 마련이다. 그리고 누구나 사람에겐 어떤 면에서든 남보다 출중하려는 욕망이 있다. 그 욕망은 근본적으로 인간에게 필연적인 자아실현 욕구에 뿌리를 두고 있다. 따라서 문자 그대로 '세상에서 드러난다'는 뜻의 출세(出世)는 인지상정이라고 해야 한다. 모든 사람은 다 출세를 원하고 또 그 나름으로 출세해야 한다.

그러나 문제는 현대사회에서는 그 출세의 사다리가 하나가 아니라 여러 개가 있다는 사실이다. 현대는 옛날처럼 시골에서 공부하고 한양 가서 과거보고 급제해서 어사되고 판서되어 떵떵거리고 잘 산다는 도식의 출세 사다리만 있는 사회가 아니다. 사농공상(士農工商)의 서열은 이젠 옛말이다. 옛날에는 벼슬하는 '사'가 으뜸이고 '공상'은 밑바닥의 '쟁이'나 '꾼'이었으나, 이제는 '공상'이 더 잘 사는 시대다. 그리고 문인도 예술인도 연예인도 스포츠 선수도 이름을 날리고 억만장자로 출세할 수 있다. 학자도 억만장자의 길은 아니지만, 옛날 가난한 선비처럼 굶지는 않고 명성을 날리고 출세할 수 있다.

이렇게 이젠 출세의 사다리가 많다는 사실이 우리 사회에서도 젊은이들 사이에서는 점점 넓게 인식되어가고 있는 것 같다. 그래도 고교 졸업생들의 대학 학과지망 추세에서 보듯이, 아직도 틈만 있으면 관변출세를 기웃거리는 사람들이 더 많아 보이고, 그 길이 트이지 않으면 할 수 없이 다른 길로 들어서는 것만 같다.

흔히 일본은 종(從)의 사회 또는 수직사회라 하고, 한국은 횡(橫)의 사회 또는 수평사회라고 한다. 그것이 일본과 한국의 출세관의 차이에 관계가 있어 보인다.

일본에도 우리처럼 옛날에 지금은 사라진 계급이 있었지만, 지금도 계층의식 또는 '종'의 의식이 우리보다 강하다. 일본 회사의 직원들은 퇴근하는 길에 술 한 잔 나누며 잡담을 벌이고 있을 때에도 여간해서는 상사나 사장 욕을 하지 않는다고 한다. 공적 석상이면 모르되, 그렇게 사적 석상에서 자주 상사험담을 하는 사람은 버릇없는 사람으로 슬슬 따돌림을 당한다는 것이다.

일본에는 우리나라의 〈춘향전〉만큼이나 유명하고 영화나 연극으로 자주 상영되는 실화였던 〈충신장〉(忠臣藏)이라는 극이 있다. 억울하게 죽은 성주의 복수를 하려고, 47인의 사무라이들이 와신상담(臥薪嘗膽) 끝에 그 원수를 갚고 나서, 다 법에 따라 할복자살한다는 이야기다. 거기에도 '종'(從)의 의식이 엿보이지만, 그보다 더한 이야기가 있다. 그 원수의 이름이 '기라'인데, 그 기라가 성주였던 지방에서는 지금도 〈충신장〉을 상영하지 않는다는 이야기다. 자기들의 옛 성주가 몰골 사납게 그려져 있는 극을 차마 볼 수 없다는 것이다. 춘향전에서는 고을의 원님인 변 사또가 혼쭐이 나면, 도리어 그런 '윗사람'의 당하는 꼴을 보고 즐기는 우리와는 대조가 된다.

어떤 한국사람과 일본사람이 바둑을 두었다. 일본사람이 연장자라서 백을 쥐었다. 둘이 다 꽤 상수(上手)고 적수였던 모양이다. 근소한 차이로 일본사람이 졌다. 두 번을 더 두었는데, 세 판 다 일본사람이 근소한 차이로 졌다. 그러자 그 일본사람이 벌떡 일어나더니, 무릎을 꿇고 공손히 절을 하고는 "항복합니다. 지금부터 상수로 모시겠습니다" 라고 했다. 그 한국친구는 좀 놀랐다고 했다. 자기 같으면 근소한 차이로 진 것이 분해서라도 '재수지 뭐, 다시 한 번 두자'고 오기(傲氣)를 냈을 것이라고 했다.

일본사람들은 좀 나쁘게 말하면, 위에는 찍소리 않고 굴복하고 아랫것은 짓누르는 습성이 좀 있다. 그것을 어떤 이는 2,000m가 넘는 고산이 유난히 많아 고저가 심한 일본의 지형과도 관계가 있다고 보았다. 또 어떤 논자는, 그 옛날 일본열도의 정복자가 위를 넘보는 반항자는 씨를 말릴 정도로 무자비하게 '잘라'버렸기 때문에, 살아남으려면 위를 무서워할 줄 아는 것이 제일이었다는 고대역사에 연유했을 것이라고 했다.

'영리하다'는 일본말에 '가시고이'라는 말이 있는데, 그것을 한자로는 '可畏'(가외)라고 쓴다. 즉, 무서워할 줄 아는 것이 영리하다는 뜻이다. 그래서 어떤 이는 일본에서는 인권과 개인주의를 근본으로 하는 민주주의가 성숙되기 어렵다고도 말한다. 일본도 크게 근대화되었고 민주화도 되었으니, 이런 옛 습성도 많이 변했겠지만, 어쩔 수 없이 그 여운은 좀 남아 있을 수밖에 없을 것이다.

위에서처럼 일본 얘기가 좀 길어진 이유는 그것이 일본사람들의 출세관에 관계가 있어 보이기 때문이다. 즉, 일본사람들은 권력형 지배자를 넘보지 않는 대신, 출세의 길을 권력지향 외길이 아닌 여러 갈래의 여러 직업에서 찾고, 제각기의 직업에서 출중해지는 데에서 찾는다고 볼 수 있기 때문이다. 지금도 일본의 수상, 장관, 정치인들은 대부분 옛날의 성주인 '번주'(藩主)나 사무라이의 후손들이라고 한다. 기껏 동경대학을 나오고 검사·법관이 된 사람도 스시집 명가인 자기 아버지가 별세하면, 그 가업을 이으려고 검사를 그만두고 스시집으로 귀향하는 경우도 있다고 한다.

일본에서는 '천하제일'이라는 말이 자주 쓰인다. 천하제일의 조각가, 천하제일의 목수, 천하제일의 도공, 천하제일의 우동집, 천하제일의 '나라즈게' 집들이다. 그들에 관한 전기나 소설도 많고 사회적 인정과 대접도 받는다. 직업이 몇 대를 이어져 내려오는 가업(家業)인 경우가 많다. 조선처럼 '일인지하 만인지상'의 길에만 출세의 길을 찾지는 않았고, 찾을 수도 없었다. 일본도 직업의 세계가 급변하고 있는 현대사회에서는 이런 가업 승계의 습성에 많은 변화가 있었을 것이다.

일본에서는, 본래는 옛날에 조선에서 건너간 기술이 많았겠지만, 근대화를 시작한 '명치유신' 때 벌써 각종 기술들이 조선보다는 훨씬 앞서 있었다. 유감이지만 인정할 수밖에 없다. 해방 반세기가 지난 지금도 한국의 목공들, 건축 실무자들 사이에서는 '시다', '시아게', '빠네루' 등 옛날 일본용어가 횡행하고 있다.

이에 비하면 한국은 훨씬 '횡'(橫)의 사회, 수평의 사회다. 옛날에는 종적(縱的)으로 골품제도나 반상제도 등 계급은 있었으나, 그래도 기질상으로는 평등을 강조하는 사회였다. 옛날의 자유분방한 기마(騎馬)민족의 후예라서 그럴까? 아니면 어떤 이의 말대로 산악은 많지만 2,000m 넘는 고산은 백두산밖에 없는, 일본에 비하면 훨씬 평평한 지대 때문일까? 한국사람은 비록 아래에서 눌려 참고 살고 있어도 그리 고분고분하지가 않다. 윗것들은 제가 잘나서가 아니라 그저 운수가 좋아서 위에 있게 된 것일 뿐이라고 생각한다. '돌아서면 임금도 욕하는' 판에 퇴근길 술자리에서 홧김에 사장 흠잡는 것쯤은 보통이다.

게다가 일제강점, 해방, 민주주의, 한국동란의 소용돌이 속에서 이제 옛 반상(班常)은 다 깨끗이 사라졌다. 지금 한국사람은 다 양반이고, 자기를 상놈으로 생각하는 사람은 하나도 없다. 그래서 극단으로 말해서, 한국사람은 누구나 다 자기가 대통령감이고 장관감이고 국회의원감이라고 생각한다. 기실 굳이 해방 후 이런 역대 권세자들의 신분을 조사한다면, 윗대에서 양반이 아니었던 사람도 많을 것이다. 정치지도층이 대부분 옛 사무라이들의 후예라는 일본과는 다르다. 민주사회는 그런 것이고 또 그래야 한다. 이 점에서는 일본이 한국을 따르지 못한다. 한국의 민주주의가 훨씬 생동적이다. 단 그럴수록 한국에서는 전국민에게 지도자의 기본자질을 함양할 수 있는 질 높은 교육이 더 절실하다는 논리도 나온다. 자칫 자질이 없는 사람이 권세의 자리에 오를 가능성이 더 크기 때문이다.

많은 한국사람들은 윗자리는 노력만 하고 재수가 좋고 때로는 술수도 쓰고 하면 누구나 오를 수 있는 자리라고 생각한다. 그래서 출세욕이 더 기승을 부릴 수도 있다는 추리가 가능하다. 모두가 수평적 평등이기 때문에 도리어 수직적 상승의욕이 유발된다는 말이다. 단 문제는, 그 출세욕이 주로 권력지향의 사다리에만 몰린다는 점에 있다. 그것은 현대사회의 각계 다양한 인력수요 구조에도 맞지 않는다. 한 예로, 나는 인문사회계지만, 이대로 가면 자연과학, 특히 기초과학 분야의 인력빈곤이 심각할 것이 걱정된다.

이렇게 아직까지도 권세지향의 출세욕이 강한 데에는 옛 인습의 타성도 있지만, 명색은 민주국가, 정확하게 말해서 각계의 자율을 최대한 존중해야 하는 자유민주주의 국가이면서도, 해방 이후 줄곧 오늘까지 강력한 중앙집권적 관료권위주의가 식을 줄을 모르는 데에도 그 원인이 있다. 아직도 옛날처럼 경제계도 금융계도 교육계도 많은 것을 관료들이 좌지우지하는 사회이기 때문에, 그 권력과 그에 따른 '부수입'의 매력 때문에 권세지향이 더 기승을 부릴 수밖에 없다. 제대로 지도자상이 정립되고 권세지향성이 좀 약화되고 다양한 사다리로 출세욕이 분산되는 날은, 관료권위주의가 차차 지양되고 각계의 자율을 최대한 존중하는 자유민주주의가 성숙하는 정도에 따라서만 기대할 수 있는 것인지도 모른다.

지도자상

나는 각계각층의 지도자가 이랬으면 좋겠다는 나 나름의 지도자상을 가지고 있다. 나는 그것을 의무지향적 지도자의 모습에서 찾는다. 지도자(*leader*, *leadership*)에 관해서는 수많은 주장과 이론들이 있다. 지도자엔 여러 가지 성격, 특성, 유형들이 있을 수 있다. 때로는 상반되는 성격, 특성, 유형의 지도자도 출현한다. 예컨대 지도자에겐 외향적 성격도 내향적 성격도 있고, 민주적 타입도 있고 전제적 타입도 있다. 나는 그 모든 것의 공통분모로 다섯 가지 요건을 꼽는다. 즉, 꿈, 설득력, 믿음성, 도량, 개인배려라는 요건들이다.

첫째, 지도자에겐 꿈이 있어야 한다.

그의 의무를 비전, 이상, 목적으로 형성해야 한다. 여기에서 저기로 가자는 그 저기가 꿈이다. 사람의 경우, 꿈이 없는 잠은 곧 죽음이듯이, 꿈이 없는 기관이나 집단은 죽은 집단이다. 그저 표류하는 기관일 뿐이다. 그 꿈은 지도자가 공급해야 한다.

박정희 대통령은 나라를 빈곤에서 풍요로 이끌려는 집요한 꿈이 있었다. 민주주의 신장, 사회질서 확립, 회사수익의 배가, 전인교육, 성원들의 인화 등이 제각기 꿈이고 목적일 수도 있다. 어떤 꿈이든 그 꿈이 집단성원에게 방향의식과 동기와 목적의식을 준다.

지도자의 꿈은 개인적인 야심이나 야망은 아니다. 언제나 그가 이끄는 기관 내지 집단의 야심이고 야망이라야 한다. 이 말은 곧 지도자의 꿈은 도덕적이라야 한다는 것을 뜻한다. 나 아닌 기관·집단, 나아가 사회 전반의 공익이 그의 꿈이라야 하기 때문이다. 이 점에서 지도자에겐 최소한 도덕성이 요구된다. 그리고 이 점에서 지도자(*leader*)와 두목(*boss*)은 다르다.

지도자의 꿈은 환상은 아니다. 현실을 감안한 실현의 또는 접근의 실천적 방략(方略)을 내포하고 있는 꿈이다. 따라서 그 꿈이 단계적·순차적인 작은 꿈들로 구상되어야 할 경우도 많다. 그런 작은 꿈들의 실현은 집단에 성취감과 더 한층의 성취의욕을 자극할 수도 있다. 꿈은 쉽게 이루어지지 않으며, 지도자는 온갖 난관과 좌절을 경험하게 마련이다. 드높은 꿈일수록 더 그렇다. 그래도 굴하지 않는 집요함이 있어야 한다. 그러나 아무리 노심초사해도 힘에 부쳐 도저히 그 꿈에 접근할 수 없다고 판단될 때에는, 그 자리를 그저 호구지책(糊口之策)으로 여기지 않는 한 그는 미련 없이 물러서야 한다. 그것이 집단·기관·나라를 위하는 길이다.

둘째, 지도자에겐 설득력이 긴요하다.

꿈이 저 멀리 저 높이에만 있는 것이 아니라, 지금 여기 이 현실에서 어떠어떠한 일을 해야 하는 것을 뜻하는지, 그 꿈의 현실적 뜻을 집단성원에 소상히 설명하고 설득할 수 있어야 한다. 될 수 있는 대로 알기 쉽게, 솔깃하게, 자주, 재미있게, 의욕이 나게 설득할 수 있어야 한다.

빈곤탈출이라는 꿈은 우선 지금 여기에서 '근면·자조·협동'해야 함을 뜻하고, 작게나마 하나씩 수입대체 산업을 일으켜야 하는 것을 뜻한다는 이치를 감동이 가게 설득할 수 있어야 한다. 민주주의 성숙이 꿈이라면, 그것이 선거제도 이상의 어떤 도덕성, 어떤 법의식이 가져야 하는 것인지 흉금에 울리도록 설득할 수 있어야 한다. 명령, 결재의 시간보다 그런 설득의 시간이 지도자의 대부분의 시간을 차지해야 한다.

그러려면 지도자에겐 꿈의 실현방안에 관한 어느 정도의 전문지식은 있어야 한다. 경제가 뭔지, 민주주의가 뭔지에 관해서 어느 정도의 소양은 있어야 하고, 따라서 많은 공부도 해야 한다. 그러나 모든 것은 꼭 그 전문가처럼 알고 있을 필요는 없다. 너무 전문가면 전문가의 협견(狹見)에 빠져 큰 그림을 보지 못할 수도 있다. 다만 항상 전문가들의 조언을 귀담아 듣고 소화해내는 열린 자세는 언제나 필요하다.

그렇게 설득하려면, 지도자에겐 기본적 의사소통의 능력이 있어야 한다. 청산유수의 웅변가라야 한다는 말은 아니다. 때로는 진지한 눌변(訥辯)이 그런 웅변보다 더 설득력을 갖는다. 미국 대통령이었던 로널드 레이건은 '무미건조한 전화번호부 책을 주어도 재미있게 읽어 나간다'는 비유가 있을 정도로 설득력이 컸다. 그의 연설은 연설조의 웅변이 아니라, 동네 아저씨가 진지하게 그러나 솔깃하게 타이르는 그런 조용한 어조였다.

셋째, 지도자에겐 믿음성이 있어야 한다.

도덕적 · 정서적으로 듬직하고 믿을 수 있어야 한다. 집단성원들은 무의식중에 지도자에게 '아버지 모습' 또는 '어머니 모습'을 기대한다. 아버지 어머니가 믿음직하지 못하면 아이들은 공황(恐慌)에 빠진다. 지도자에게는 이때 저때 말을 바꾸는 식언(食言)은 용서 안 되고, 이리 붙었다 저리 붙었다 하는 기회주의도 안 되고, '못 해먹겠다, 힘들어 죽겠다'는 비명도 용서 안 된다. 그러는 순간 지도자는 집단성원들에게 지도자이기를 멈춘다. 지도자에게 언행일치(言行一致)만 아니라 '언언일치', '행행일치'가 요구된다.

지도자는 집단의 지주(支柱)고 선장(船長)이다. 지주가 이래다 저랬다 흔들리면 집단성원들은 의지할 곳을 잃고, 격랑에 힘들다고 선장이 동요하면 집단은 할 바를 잃고 우왕좌왕한다. 시종일관성 있는 믿음성은 지도자의 근본적 덕목이다. 그리고 그 믿음성은 근본적으로 도덕적 · 정서적인 덕목이다. 지도자의 '솔선수범'이란 일부러 모범을 보이려 해서 되는 것이 아니라, 시종일관된 지도자의 행위를 성원들이 보고 따르는 데에서 자연히 이루어지는 것이다.

물론 지도자도 계속 배워서 성장해야 하고, 계속 변화하는 주변 추세에 적응하면서 생각을 좀 바꿀 수도 있고, 때로는 절충·타협·양보해야 할 때도 있다. 지도자가 완고한 고집쟁이일 수는 없다. 그러나 자기의 가장 핵심적 신조(信條)마저 저버리고 타협하고 양보해야 하는 지경에 이르면, 그 자리가 호구지책이거나 영화(榮華)의 자리라고 해도 그 자리에서 미련 없이 깨끗이 물러나야 한다. 옛날 어떤 정승이 새 임금과 의견이 맞지 않아 그의 만류를 무릅쓰고 사직하고 향리로 돌아가 주경야독을 즐겼다는 경우가 그것이다.

넷째, 지도자에게는 도량(度量)이 필요하다.

다른 사람의 얘기를 들어주고 자기에 맞지 않는 반론도 들을 줄 아는 넓은 도량도 필요하다. 동향·동창·동색이 아닌 '코드'가 맞지 않는 사람들과도 일할 줄 아는 개방적 도량도 필요하다. 유능한 지도자는 자기 휘하에 자기의 '복제인간'들을 모아놓지는 않는다. 도리어 적극적으로 다양한 배경의 인물들을 선호한다. 그런 다양한 인물들을 조화롭게 통솔할 자신이 있고, 그런 다양성 속에서 발전의 아이디어가 창출된다는 것을 믿기 때문이다.

지도자는 가벼운 때로는 무거운 상벌(賞罰)을 줄 수 있고 또 주어야 할 때가 있는 자리다. 마땅히 주어야 할 상을 주고, 마땅히 벌해야 할 벌을 기필코 주는 신상필벌(信賞必罰)에도 도량이 필요하다. 남에게 벌을 준다는 일은, 가학적 성격의 사람이 아닌 이상, 약한 도량으로는 그리 쉬운 일이 아니다. 그러나 곧 개과천선(改過遷善)할 수 있는 경우엔 관대할 줄도 알아야 한다. 어제의 적을 친구로 전환시킬 수 있는 도량도 있어야 한다.

히틀러는 휘하에 자기를 따르는 '복제인간'들을 모아 놓았다. 그리고 그 심복부하가 술만 마시고 직무를 위협할 정도로 태만해도 벌 주지 않았다. 심복부하를 더 독실한 심복부하로 만들기 위해서였다. 그러나 패전이 가까워지자 배반을 의심하고 수십 명의 장교를 사살했다. 영국수상 처칠은 휘하에 '이색' 부하들을 모아 놓았다. 그리고 가벼운 실수에는 관대했으나, 중대한 실수를 저지른 자는 친구라도 가차없이 파면했다.

지도자의 자리는 외로운 자리다. 가끔 또는 자주 고고(孤高)한 결정을 내려야 하는 외롭고 두려운 자리다. 중대하고 어려운 결정일수록 더 그렇다. 물론 주위 참모들의 조언은 종용한다. 그러나 최후의 결정은 혼자 외로이 자기의 책임으로 결정해야 하는 것이 지도자다. 아니면 그는 괴뢰(傀儡)지 지도자는 아니다. 어려운 결정일수록 아무한테도 미룰 수 없이 혼자 용감하게 결정해야 할 자리다.

미국 대통령이었던 트루먼은 풍채도 볼품없는 농부 같고 연설도 시원치 않았다. 그러나 그는 역대 미국 대통령 중에 굴지의 명대통령 반열에 들어간다. 많은 어려운 고고한 결정을 내렸기 때문이다. 원자폭탄을 투하할 것이냐 말 것이냐, 마셜플랜을 할 것이냐 말 것이냐, 한국동란에 참전할 것이냐 말 것이냐, 명장 맥아더를 명령 불복종으로 파면할 것이냐 말 것이냐, 다 지극히 어려운 선택·결정의 문제였기 때문이다. 그래서 지도자에겐 용기가 필요하고, 그 고고한 짐을 감당해 낼 도량이 필요하다.

마지막 다섯째, 지도자에겐 집단의 개개인을 개인으로 배려하는 인간미(人間味)가 있어야 한다.

물론 조직이나 기관은 그것이 달성하려는 목적을 위해서 존재한다. 공장은 생산을 위해서, 병원은 진료를 위해서, 학교는 교육을 위해서 존재한다. 집단의 입장에서 보면, 집단의 개개인은 거대하게 돌아가는 기계의 한 톱니바퀴다. 그러나 지도자에게는 집단성원들을 톱니바퀴 이상의 한 인간적 존재로 보는 인간미가 있어야 한다.

직원을 그저 계약에 따라 일만 시키고 봉급만 주면 되는 존재가 아니라, 여러 가지 생리적, 정서적, 사회적, 자아실현적 욕구를 가지고 있는 인간적 존재, 각기 독특한 포부와 장단점, 독특한 문제와 고민을 지니고 있는 인간적 존재로 보고 또 그렇게 대할 줄 알아야 한다. 집단성원 개개인들의 이름만 알고 있는 것이 아니라, 그들의 서로 다른 여러 특성도 알고 있고 배려해야 한다. 가끔은 개인사정도 물어보고 걱정도 해주어야 한다. 그는 그것이 궁극적으로 집단의 사기(士氣)에 연결된다는 것을 알고 있다.

특히 집단성원 개개인들에게 인간적 성장, 능력과 자질의 성장, 인생관과 사회관 성장의 기회를 마련해 줄 수 있어야 한다. 그런 인간적 성장의 기회를 직원들은 '장래성이 있는 직장'이라고 부르고, 높은 봉급보다 더 긴요한 직장만족의 조건으로 생각한다.

이상 다섯 가지의 지도자 요건은 따지고 보면 교육자에게 필요한 요건과 똑같다. 교사도 교육목적이 있어야 하고, 가르칠 내용을 잘 알도록 설명·설득해야 하고, 학생들이 믿고 따를 수 있어야 하고, 공부 잘 하는 학생이건 못하는 학생이건 때로는 반항하는 학생까지도 다 넓은 가슴으로 끌어안고 가르쳐야 하고, 학생 개개인의 장단점·문제·고민·포부를 알아주고 그런 개인특성에 맞게 가르쳐야 한다. 그럼으로써 오늘 내일의 학생이 어제의 학생과는 다르고 더 성장하기를 바란다. 지도자의 요건인 꿈과 설득력, 믿음성과 도량, 개인배려의 요건과 똑같다.

그래서 교육자의 일은 학생들의 바람직한 행동변화를 가져오는 일이라고 규정하기도 하고, 지도자의 일도 성원들의 바람직한 행동을 유도하는 일이라고도 규정한다. 같은 일이다. 따라서 진정한 지도자는 언제나 동시에 참된 교육자고, 훌륭한 교육자는 언제나 동시에 훌륭한 지도자다. 동시에 교육자가 못 되는 지도자는 지도자(*leader*)가 아니라, 단지 문지기 같은 관리자(*manager*)에 불과하다. 교육자라야 하는 의무가 의무지향 지도자의 제일의 의무다.

노자(老子)의 도덕경(道德經)에 지도자에 관한 의미심장한 말들이 많다. 그 하나는 "長而不宰"(장이부재)다. 우두머리이면서도 이래라저래라 명령하기보다는 스스로 알아서 할 수 있도록 유도하라는 뜻이다. 명령이 아니라 교육이 지도자의 진수라는 뜻으로 해석할 수 있다. 또 하나는 "太上下知有之 其次親而譽之 其次畏之 其次侮之"(태상하지유지 기차친이예지 기차외지 기차모지)다. 가장 뛰어난 임금은 사람들이 그런 분이 있다는 것을 그저 알고만 있는 임금이고, 다음은 사람들이 친하게 여기고 자랑스러워하는 임금이고, 그 다음은 사람들이 두려워하는 임금이고, 그 다음 제일 시원치 않은 임금은 사람들이 업신여기는 임금이라고 해석할 수 있다.

가장 훌륭한 지도자는 집단의 성원들이 그가 있다는 것을 알고 있지만 그가 드러나 있지 않아도 그의 덕(德)으로 저절로 집단을 잘 돌아가게 하는 지도자다. 앞에서 인용한 격양가에도 담겨 있는 지도자상이다. 제일 꼴찌는 성원들이 '뭐 그런 게 다 있어'하고 모멸(侮蔑)하는 지도자다.

인간 : 삶과 죽음 사이

- 인간의 유래
- 생 명
- 용 기
- 행 복
- 죽 음

나는 20세기의 1925년 한반도의 서울에서 생을 얻었다. 어릴 때부터 본적이 서울시 효제동이라고 적혀 있었으니 난 거기에서 태어났을 것이다. 어머니 아버지가 나를 낳아주신 것은 알지만, 내가 왜 하필 그때 거기에서 그렇게 태어났는지, 무슨 뜻이 있어서 태어났는지 지금도 알 도리가 없다. 그저 멋도 모르고 태어난 셈이다. 내가 태어나기 15년 전에 나라가 멸망하고, 9년 전에 삼일운동이 터졌다는 것을 알고 태어났을 리도 만무다.

사람은 태어나서 살다가 언젠가는 죽게 되어 있다. 그런 인간의 삶은 결국 아무도 알아주지 않는 어느 깊은 산속에서 홀로 태어나 살다가 홀로 죽어가는 한낱 벌레처럼, 그저 무의미한 한 우연의 장난이 아닌가 하는 생각이 들 때가 있다. 친한 친구가 있었는데, 오래 전에 그는 갔다. 이제 그는 깨끗이 잊혀져 살아남은 친구들의 한담(閑談)에도 오르지 않는다. 산속 한낱 벌레처럼 무의미 속으로 망각되어 있다.

이런 생각이 들 때면, 나는 불가(佛家)도 아니고 불교경전도 별로 읽은 게 없지만, 반야심경(般若心經)에 수도 없이 들어가 있는 '공'(空)이나 '무'(無)라는 글자 때문인지, 내 생각이 부처님의 '공'이라는 생각을 닮아간다는 생각도 든다. 그러나 그렇게 '공'이고 '무'라고 해도, 그저 한 환상(幻想)에 지나지 않을지는 모르나, 그 속에서 사랑과 인정, 희망과 행복, 애국과 애족, 진·선·미 등 어떤 의미를 찾아 헤매다 가는 것이 인간이 아닌가 하는 생각이 들 때도 많다.

옛날에 한국동란을 소재로 한 김은국의 《순교자》라는 소설에서 읽은 구절이 떠오른다. 고 대위가 신 목사에 다그쳐 묻는다. 이 전란의 참상을 보고도 목사님은 하느님이 있다고 믿으십니까! 하느님이 어디에 있습니까? 신 목사는 얼굴에 고뇌의 기색을 띠면서 말한다. 이 혹독한 절망의 수난에 신음하는 사람들에게는 환상이라도 어떤 희망이 필요한 것이 아니냐! 인간의 삶은 그 자체가 그런 환상을 쫓고 있는 것인지도 모른다.

인간의 유래

나는 틀림없이 유기물로 된 살덩어리다. 다만 생명이라는 묘한 것이 자리잡고 있는 생물이고, 의식(意識)이라는 희한한 것이 깃들어 있는 인간일 뿐이다. 하지만 스스로를 들여다볼 줄 아는 의식이라는 것이 사람에게만 있는 것은 아니고 다른 생물・동물에도 있는 것인지도 모른다. 물어볼 길이 없으니 알 수가 없다.

내가 태어난 '원인'은 우선 우리 어머니 아버지다. 그리고 어머니 아버지의 원인은 할머니 할아버지다. 우리집 족보에 보면 그렇게 60대를 올라가면서 내 조상들의 이름이 적혀 있다. 그 이상은 어디서 왔는지 모른다. 이름 모를 그 이상의 조상들은 고조선이 망할 때 지금의 만주 옛땅에서 몰려내려 왔다는 기록이 있을 뿐이다. 그 훨씬 전의 조상들은 바이칼 호 근처에 있었고, 그 훨씬 더 이전엔 알타이 산맥 근처를 배회하고 있었을 것이 틀림없다. 몽글로이드 족은 그렇게 이동했다고 한다. 그 이상은 더 오리무중이다.

다시 더 거슬러 올라가면, 나의 원인은 진화론의 말대로 유인원(類人猿), 원숭이, 파충류, 어류(魚類)로 이어지고, 결국은 46억 년 전에 태양계에서 떨어져 나온 지구상에서 40억 년 전에 어쩌다 생겨났다는 최초의 아메바 같은 어떤 생명체가 내 원인이고 조상일는지도 모른다. 생명체는 주로 탄소, 수소, 산소, 질소라는 물질로 구성된 것이고, 이런 물질의 원인은 또 그 이전에 있었을 것이다.

이렇게 생각을 이어 올라가면, 나의 원인은 약 160억 년 전에 까닭 모를 어떤 '대폭발'로 탄생했다는 우주의 기원으로까지 이어진다. 그 '대폭발' 이전은 정말 아무도 모른다. 물리학자들은 '시간'이라는 것 자체가 대폭발의 우주탄생부터 시작했기 때문에 '그 이전'이라는 생각은 애당초 성립되지 않는다는 알쏭달쏭한 얘기를 하고 있다. 그렇다면 '그 이전'을 가상하는 자체가 무의미한 것인지도 모른다. 그리고 지금도 급속도로 팽창하는 그 우주는 그 거리를 몇천 몇만 몇억 광년으로 따질 정도로 현기증 나게 크고 넓다. 맑은 날 하늘의 별들이 손에 잡힐 듯 가까워 보이는 것은 아주 기만적이다. 그리고 물리학자들은 우주는 3차원으로 따지자면 무한하고, 4차원으로 유한하다는 이 또한 알쏭달쏭한 말을 한다. 내가 태어나고 나의 원인이고 태고의 고향인 우주는 이래저래 신비로 가득 찬 존재다.

어떤 이가 이런 계산을 했다. 160억 년을 12개월의 1년으로 본다면, 한 달은 13억 년, 하루는 4,400만 년, 한 시간은 180만 년, 1분은 3만 년, 1초는 500년에 해당한다. 이렇게 본다면, 직립 유인원이 탄생한 것은 1년 열두 달이 다 지나간 12월 그믐날 밤 자정 약 두 시간 전이고, 현대의 인간, 호모사피엔스가 나타난 것은 자정 약 10분 전이다. 그리고 길어야 인생 100년은 마지막 1/5초, 80년이라면 마지막 겨우 1/8초다. 사람의 삶은 문자 그대로 눈 깜빡하는 순간이다.

장구하고 광대무변한 우주를 배경으로 하면, 인간은 제 아무리 잘났다고 생각해도 실은 한 번 반짝하고 사라지는 반딧불 같은 수유(須臾)의 존재고, 공중에 날아다니는 티끌 같은 미소(微小)의 존재다. 누가 그런 반딧불에 의미를 둘 것이며, 누가 그런 티끌에 의미를 찾을 것인가! 수십억 년 동안 지구상에 태어났다가 사라져간 수백억만의 생명들도 다 그렇게 살다가 그렇게 갔다.

천지는 인간에게 가차없이 그 나름의 길을 걸어간다. 예고도 없이 대

홍수와 쓰나미로 수천 명을 죽음으로 휩쓸어가고, 화산폭발과 지진으로 수만 명을 땅에 묻어버리고, 괴질로 수천 명을 괴롭히고 죽인다. 사랑하는 사람을 빼어가고, 더없이 소중한 나라도 앗아간다. 기도해도 애원해도 울부짖어도 소용없는 일들이 수도 없이 많다. 노자의 도덕경의 말 "천도무친"(天道無親), "천지불인"(天地不仁)은 정말 맞는 말이라는 생각이 든다. 하늘의 이치는 본래 인간이라고 별다르게 친절한 것도 아니고, 천지는 본래 인간에게 특별히 인자하게 구는 것도 아니다. 천지는 그저 제 갈 길을 가고 있을 뿐이다. "하늘도 무심하지!" 라고 한탄하는 것 자체가 본래 무의미한 짓이다. 하늘은 본래 무심하게 되어 있다.

그러나, 인간은 그렇게 수유, 미소, 무의미한 존재이면서도, 그의 삶에서 어떤 영원(永遠)과 광대(廣大)와 의미(意味)를 찾아내고 추구하려고 무진히 애를 쓴다. 어쩌다 다른 동물보다 유난히 큰 두뇌에 깃들어 있는 '의식' 탓일 것이다. 다른 동물들은 그렇게 애쓸 것 같지는 않지만, 그것도 그렇게 단정할 수는 없다. 이것도 물어볼 길 없으니 알 도리가 없다.

애당초 인간이 어떤 영원·광대·의미의 존재였다면 그 속에서 그것을 즐기기만 하면 됐지, 굳이 더 그런 것을 찾아나설 필요는 없었을 것이다. 본래가 수유·미소·무의미의 존재이기 때문에, 그 때문에 더 간절하게 애써 영원·광대·의미를 갈구하게 되는 것만 같다.

인간들이 만들어낸 그 많은 문화문명, 신화, 종교, 문학, 시, 음악, 회화, 제도, 학문, 과학, 철학, 사상 등은 그런 추구가 지어낸 소산물들이다. 그 문화문명은, 무의미(無意味)의 황야에 부는 모진 바람을 헤쳐가면서, 수유·미소의 삶이나마 그 속에 안온하게 들어앉아 어떤 의미의 세계를 즐기려는 집과 같은 것들이다. 궁극적으로는 그것이 어떤 절대적 영원함도 아니고 광대함도 아니고 유의미(有意味)도 아닌 신기루(蜃氣樓) 같은 환상일지도 모른다. 그 집도 그 속 물건들도 일시적 환상일 가능성도 많다. 그러나 돌 같은 무기물이 아닌 생명이 있고 의식이 있는 인간이라는 존재에게는 그런 추구는 말릴 수 없는 일이다. 다시 《순교자》의 신 목사의 말대로, 무의미에 허덕이는 인간들에게 환상이라도 어떤 의미가 필요한 것인지도 모른다.

생 명

니체의 《비극의 탄생》이라는 책 속에 옛 희랍의 신화를 빌린 다음과 같은 이야기가 나온다.

> 마이다스 왕은 숲 속에서 마침내 반수신(半獸身)의 현자 실레노스를 찾아내고 그에게 물었다. 인간에게 가장 좋은 것, 가장 바람직한 것이 무엇이냐고. 그 마신(魔神)은 입을 잘 열지 않다가 간청에 못 이겨 깨지는 듯한 목소리로 토하듯이 말했다. '이 불쌍한 하루살이의 종족들이여, 우연과 피땀의 아들들이여, 듣지 않는 편이 몸에 가장 좋은 것을 왜 굳이 들으려 하는가? 가장 좋은 것은 너희들이 도저히 이룰 수 없는 일이니, 태어나지 않은 일이고 존재하지 않는 일이요, 무(無)라고 하는 것이다. 그러나 너희들에게 다음으로 좋은 일은 곧 죽는다는 일이다.'

나는 옛날 이 글을 처음 읽었을 때, 어떤 충격과 더불어 눈 감고 한참 동안 어떤 명상에 빠져 있던 기억이 난다. 지금도 이 글은 많은 것을 생각하게 한다. 생명, 삶, 인생이라는 것은 근본적으로 하나의 비극(悲劇)이라는 말이다.

싯다르타 태자는 어느 날 땅에서 살겠다고 움틀거리는 지렁이를 새가 날아와서 무참하게 쪼아 집어삼키는 것을 보고 생명들의 무자비한 상호살생에 깊은 고민에 빠졌다고 한다. 그리고 도성의 사대문을 돌아보았을 때, 한 문에선 사람들이 서로 살겠다고 아수라장이고, 또 한 문에는 늙어서 힘없는 초췌한 노인들이 즐비하고, 또 다른 문에서는 앓는 병자들이 신음하고 있고, 마지막 문에서 죽은 시체들이 실려 나가는 것을 보고, 생로병사(生老病死) 사고(四苦)에 허덕이는 인간의 덧없음이 못 견디게 괴로워서, 결국 그 해탈(解脫)을 찾아 출가하여 득도(得道)의 길에 나섰다고 한다.

드디어 부처님이 된 그의 해탈득도의 깊은 내용은 불가 아닌 나에겐 능히 짐작할 바가 못 된다. 그러나 그의 출가 동기만은 이해가 갈 것 같다. 싯다르타도 삶을 비극으로 보았던 것이다.

나는 가끔 반찬으로 나온 작은 멸치볶음을 한 입에 수십 마리씩 입에 넣은 나 자신을 되돌아보면서, '나 하나 생명을 부지하려고 수십 수백의 생명을 앗아가는구나. 미안하다. 나도 살아야 하는데 어쩌냐!' 라는 생각이 들 때가 있다. 구운 굴비를 먹을 때 멀끔히 나를 쳐다보는 굴비의 눈이 가끔 민망할 때도 있다. 불고기에는 쇠눈이 없어서 그런 '가책'이 덜하지만, 그것도 따지고 보면 눈앞에 안 보인다고 잊어버리는 간사한 인간의 마음 때문일 것이다.

그래서 나는, 고기를 안 먹거나 덜 먹고 채식을 주로 하는 불가의 마음을 능히 짐작할 수 있다. 그러면서도 나는 가끔 쇠고기 돼지고기를 즐기니, 사람이란 본래 모순덩어리의 존재인가 보다.

하지만, 부처님도 미처 알지 못 하셨고, 꽤 많은 불가들도 모르고 있을 사실이 하나 있다. 모든 동물 그리고 모든 식물마저도 유전학상 인간과는 형제지간이라는 사실이다. 이들 모두의 유전인자 DNA를 구성하는 물질은 다 같이 A, C, G, T 라는 네 가지 염기(鹽基)로 구성되어 있다. 지렁이 · 새 · 멸치도 쇠고기 · 돼지고기도 나무 · 배추 · 콩나물도 그 유전인자는 다 같은 이 네 가지 염기로 구성되어 있다. 다만 DNA의 길이와 그 속의 네 가지 염기의 배열이 다를 뿐이다.

모든 생물은 아주 태고에 처음 탄생한 아메바 같은 단세포 생물의 자손이고 형제인 셈이다. 인간과 침팬지는 그 유전인자의 98%가 같다고 한다. 가끔 신화나 동화에서 나무가 사람처럼 말하고 호소하는 장면이 나오듯이, 원시사회에 많은 물활론(物活論)이 실은 그렇게 허무맹랑한 얘기만은 아닌 것 같다.

이렇게 생각하면, 사람이 멸치 먹는 것도 그리고 콩나물·고사리나물을 먹는 것도 할 수 없이 저지르는 일종의 골육상잔(骨肉相殘)인 셈이다. 부처님도 여기까지는 생각 못 하셨을 것 같다. 그러나 불가들이 밥상을 앞에 놓고 먹기 전에 합장 묵념할 때는 어슴푸레 이런 짐작도 하는 것이 아닌가 하는 생각도 해본다.

이런 생각을 연장하면, 자연히 자비, 절약, 환경의 문제로 이어진다. 생명을 자비롭게 여기고, 필요이상 게걸스럽게 잡아먹지 말고, 될 수 있는 대로 손대지 말고 자연 그대로 놓아두어야 한다는 생각으로 이어진다.

그러나 이런 생각의 가장 중요한 뜻은, 니체도 말하고 싯다르타도 고민했듯이, 생명은 다른 생명을 잡아먹고 살 수밖에 없는, 그래서 먹는 생명도 먹히는 생명도 하나의 비극이라는 점이다. 가끔 자비(慈悲)라는 말에 왜 '슬플 비'(悲) 자가 들어가는지, 부처님의 가르침을 처음으로 한자로 옮긴 사람의 심정을 헤아리게 된다. '사랑할 자'(慈)만으로도 유교의 인(仁)이나 기독교의 사랑과 비슷한데, 왜 '슬플 비'(悲) 자를 더 따라 붙였을까? 나는, 거기에는 가난하고 아프고 슬퍼하는 사람이라는 존재를 사랑하라는 뜻만 아니라, 모든 사람의 생명, 삶 자체가 언젠가는 죽음을 맞이해야 하는 하나의 애처로운 비극이라는 인식이 깔려 있었기 때문이 아닌가 라고 생각한다.

누군가 "인생은 희열(喜悅) 속에 비탄(悲嘆)이 드나들고, 비탄 속에 희열이 드나드는 법"이라고 했다. 삶에는 행복도 찾아오고 불행도 들이닥치게 마련이라는 것이다. 따라서 삶은 행복을 찾을 줄도 알고, 불행도 이겨낼 수 있어야 한다는 말이다.

실존주의 신학자 틸리히(Tillich)는 이보다는 좀더 비장하게 삶을 해석하면서 "삶이란 존재(*being*)와 비존재(*non-being*)의 대결"이라고 보았다. 말하자면 '있다'와 '없다'와의 대결, 살 것이냐 죽을 것이냐의 대결, 성공과 실패의 대결, 승리와 패배의 대결, 합격과 불합격의 대결이다.

다른 실존주의 사상가들은 그 비존재를 '무'(無)라고 부른다. 불교에서 말하는 '무'나 '공'(空)과는 좀 다르지만 비슷하다. 불교의 '무'는 '본래 없다'는 뜻이고, 실존주의의 '무'는 '자칫하면 없다'는 뜻으로 분간할 수 있을 것이다. 실존주의의 '무', '없다'는 "너 그러면 없다!"고 으름장을 놓을 때의 '없다'다. "너 그렇게 공부 안 하면 없다, 입학시험에 떨어진다!" 라고 할 때의 그 '없다'다.

생(生), 삶에는 그런 '없다'가 많다. 굶주림, 추위, 가난도 '없다'고, 좌절, 실패, 패배, 낙제의 함정도 '없다'고, 고민, 어려움, 역경, 절망, 무의미의 심연도 '없다'다. 그리고 도저히 미리 짐작도 할 수 없고 대비도 할 수 없는 운명의 재난이라는 '없다'도 도사리고 있고, 저기 끝에는 반드시 다가올 죽음이라는 '없다'가 기다리고 있다. 죽음은 최종・최대・필연의 '없다'다. 누구도 피할 수 없다.

그런데도 사람들이 흔히 가지고 있는 크나큰 환상의 하나는, 이런 '없다'는 본래 없어야 할 것이 어쩌다 있게 되는 것이고, 제대로의 삶에는 '없다'는 없고 또 없어야 하는 것이라고 생각하는 환상이다. 그리고 많은 사람들이 죽음마저 없고, 다른 사람들은 다 죽어가도 나만은 안 죽고 영원히 살 수 있을 것처럼 행동하는 환상에마저 자주 빠진다.

삶, 생명의 비극의식은 삶에 진지함과 동시에 도전감을 준다. 높은 공중에서 밧줄을 타고 건너가는 곡예사는 진지할 수밖에 없다. 진지하지 않으면 아래로 떨어져 '없을' 것이기 때문이다. 내일 모레 또는 10년, 20년 후에라도 나는 죽을 것이다 라는 생각을 가끔 하는 사람이라면 그만큼 그 사람의 삶은 진지해질 수밖에 없을 것이다. 흉악한 사형수도 죽기 직전엔 선량해진다고 한다.

사람은 비극의 가능성이 보이지 않으면 그것을 일부러 찾아가기도 한다. 고산(高山)등산가, 북극(北極)횡단자와 같은 모험가들의 심경이다. 큰 비극과 대결할 자신이나 용기가 없으면 작고 가벼운 비극을 찾아가기도 하고, 대리비극 대결을 즐기기도 한다. 축구시합을 구경하는 심리다.

보람있는 비극과의 대결도 있고, 별로 보람없는 비극과의 대결도 있다. 일류대학에 도전하는 것은 보람있는 대결일 것이고, 내가 어렸을 때 소양강 다리 난간을 타고 간 것은 별 보람없는 대결이다. 정말 기업가다운 기업가는 1억 원을 벌 수 있는 쉬운 일보다는 5억 원을 벌 수 있는 어려운 일에 도전한다. 더한 기업가는 같이 1억 원을 벌 수 있는 일이라도 쉬운 쪽 아닌 어려운 쪽을 택한다. 실패라는 비극과 대결하려는 도전감 때문이다.

용 기

인간의 삶에는 여러 가지 수많은 '없다'가 도사리고 있고 언제나 어떤 크고 작은 비극이 닥쳐올 수 있다는 사실은, 인간에게 그 '없다'를 직면하는 용기(勇氣), 그것을 참고 견디는 용기, 그것과 대결해서 이겨내려는 용기, 때로는 그것을 찾아가기도 하는 용기가 필수적이라는 것을 뜻한다.

세 살짜리 아이는 예방주사 바늘을 갖다 대면 거의 다 영락없이 무서워 울음을 터뜨린다. 그러나 네다섯 살만 되어도 잘만 타이르면 울지 않고 팔을 걷고, 얼굴을 벌겋게 한 채 아픔도 울음도 참는다. 작은 비극을 직면하는 용기, 참고 견디고 이겨내는 용기가 있는 것이다. 어떤 고교생이 쉬운 이류대학을 제쳐놓고 어려운 일류대학을 지망할 작정으로 밤새우고 고된 공부를 한다. 낙방이라는 비극을 찾아가서 그것과 대결해서 이겨내려는 꽤 엄중한 용기다.

틸리히는 용기란 인간에게 아주 긴요한 덕목인데, 그것을 철학사에서 별로 심각하게 다루어 오지 않은 것은 기이한 일이라고 말하면서, 용기를 "존재가 비존재를 무릅쓰는 자기긍정(自己肯定)"이라고 정의했다. 아이(존재)가 아픔(비존재)을 무릅쓰고 또는 아픔에도 불구하고, 나는 참아낼 수 있다고(자기긍정) 대결하는 것이 용기라는 것이다. 용기는 '때문에 하는' 행동이 아니라, '에도 불구하고 하는' 행동이다. 무릅쓰는 행동이다. 달기 때문에 먹는 것이 아니라, 쓴데도 불구하고 먹는 것을 뜻한다. 그런 의미에서 용기는 합리적이 아닌, 일단은 불합리한 행동이다.

그리고 그는 용기에 세 가지가 있다고 분류했다.

첫째는 예컨대 나라를 위해서 죽음을 무릅쓰고 전쟁터에 나가 싸우고 종교를 위해서 순교하는 등의 용기로서 "참여하는 용기"라고 불렀다. 어떤 집단의 일원으로 참여하고 행동할 때에 필요한 용기다.

둘째는 부르노가 교회 종교재판의 화형을 무릅쓰고 지동설(地動說)을 주장하고, 프로이트가 패륜아라는 사회추방의 두려움에도 불구하고 그의 성욕(性慾)이론을 발표한 용기, 그런 용기를 "자신이 되는 용기"라고 했다. 그것은 도리어 집단에서 벗어나서 외로이 홀로 자기 소신을 말하고 행하는 용기다. 경우에 따라서는 참여하는 용기보다 더 행하기 어려운 용기다.

셋째를 그는 "초월(超越)하는 용기"라고 이름지었다. 이것을 그는 "수락함을 수락하는 용기"라고 알쏭달쏭하게 정의했다. 아마도 말로써는 잘 파악될 수 없는 어떤 고승(高僧)의 깨달음과 같은 고차적인 용기를 말하는 것 같다.

나는 이렇게 해석해본다. 초월하는 용기란 어떤 역설, 모순, 이율배반의 양쪽을 다 받아들임으로써 그것을 초월하는 용기다. 미운 것을 알면서도 그를 받아들이고 그렇게 받아들이는 자기자신도 긍정하는 용기, 절망상태인 것을 알면서도 그것을 받아들이고 그러면서도 희망을 품는 용기가 그 예다. 예쁨과 미움, 옳음과 그름, 절망과 희망, 회의와 믿음, 죽음과 삶의 양쪽을 다 받아들이면서 그런 역설을 받아들이는 자기자신도 받아들이는 용기다. 그것을 할 수 없이 받아들이는 어떤 소극적인 체관(諦觀)이 아니라, 기꺼이 받아들이는 어떤 적극적인 달관(達觀)이다.

《순교자》의 신 목사처럼, 하느님의 존재를 의심하면서도 하느님을 믿어야 하는 역설・모순・이율배반을 받아들이는 것이 초월하는 용기다. 이순신 장군의 "必生卽死 必死卽生"(필생즉사 필사즉생), 살기로 기를 쓰면 죽고, 죽기로 기를 쓰면 산다는 말도 어떤 초월의 용기를 보여준다. 초월한다고 해서 진・선・미를 추구하는 마음이 시들해지는 것은 아니고, 그럴수록 그 추구가 간절해지는 것인지도 모른다. 신 목사에겐 그래도 믿음이 중요하고, 이순신 장군에게도 죽음보다는 삶이 중요했을 것이다. 다만 미련이나 집착 없이 둘 다를 초월했을 뿐이다.

그런 초월하는 용기의 소유자, 달관의 소유자는 아마도 무척 '행복'할 것이다. 빈부도 받아들이고, 선악도 받아들이고, 미추(美醜)도 받아들이면, 집착이 없어서 마음은 편할 수밖에 없고, 이른바 행주좌와(行住坐臥), 가건 멈추건 앉건 눕건 거칠 데가 없는 무애지경(無碍之境)에 들 것이기 때문이다.

A와 B가 싸웠다. A는 분해서 스님한테 가서 'B가 나쁜 놈'이라고 욕했다. 스님은 '그렇겠구먼' 하고 끄덕였다. 좀 후에 B가 와서 A를 욕했다. 스님은 또 '그렇겠구먼' 끄덕였다. 옆에서 듣고 있던 C가 답답해서 'A도 옳고 B도 옳다 하시니, 그게 말이 됩니까!' 라고 항의했다. 스님은 '네 말도 옳다'고 대답했다. 흔히 줏대 없는 사람의 예로 드는 이 우스개 소리가 의외로 어떤 달관의 경지를 말하고 있는 것인지도 모른다.

이렇게까지 까다롭게 생각할 필요 없이, 일상생활에서 어차피 겪게 마련인 갖가지 어려움에 처했을 때, 그것을 직시하고 지그시 참고 견디고 궁리하고 이겨내는 힘을 의연성(毅然性)이라고 불러보자. 그것을 인내, 인고(忍苦), 극기(克己), 의지(意志)라고 불러도 좋다.

의연성은 우선 인생엔 갖가지 어려움이 있게 마련이라는 것을 받아들인다. 본래 마땅히 없어야 할 어려움・불행・좌절이 찾아온 것이 아니라, 찾아올 것이 온 것으로 받아들이고 크게 당황하지 않는다. 그에게 무서움, 두려움, 속상함, 슬픔, 아픔이 없다는 것은 아니다. 그런 감정은 이성으로는 컨트롤할 수 없는 생리적 반응에서 비롯하는 감정이기 때문이다. 다만 그것을 참고 견디고 궁리하고 종당엔 이겨내는 힘을 말한다.

한국전란 때, 수십 번의 격렬한 전투를 겪었다는 그야말로 백전노장(百戰老將)의 얘기를 들은 적이 있다. 그는 '두려움을 모르는 백전노장'이란 거짓말이고, 싸우면 싸울수록 더 무서워지는 것이 전투라고 했다. 아무것도 모르는 신병이 어쭙잖게 더 겁 없이 만용을 부리는 경우가 많다. 다만 전투경험이 많으면, 그 두려움 무서움은 더 느끼지만, 다만 그것을 지그시 참고 냉정하고 침착하게 궁리하는 버릇이 늘 뿐이라고 했다. 용기란 겁 없는 상태가 아니라, 겁을 견뎌내고 이겨내는 능력을 말한다.

사람들, 특히 오늘날 한국의 부모들은 한 환상에 사로잡혀 있다. 사람들에겐 특히 아이들에겐 작은 욕구불만, 좌절, 스트레스라는 '비극'도 없는 것이 정상이고, 따라서 그런 것을 될 수 있는 대로 겪어보지 않게 하는 것이 최상이라는 환상이다. 매스컴에서도 '스트레스'는 본래 없어야 하는 무슨 병균처럼 다루고 있고, 그 '치료법'으로 특집도 자주 내고 있다.

물론 과도한 힘에 부치는 그리고 불필요한 스트레스는 피해야 하고, 그렇게 피할 수 있는 방도를 찾기도 해야 한다. 그러나 삶에는 필연 가볍고 무겁고 때로는 힘겨운 좌절, 욕구불만, 스트레스가 닥쳐오게 마련이고, 때로는 스스로 스트레스 상황을 찾아가기도 해야 한다.

주사는 아파도 맞아야 하고, 해야 할 수술은 고통스러워도 견뎌야 하고, 화난다고 함부로 화내서도 안 된다. 다 스트레스 상황이다. 야심적인 운동선수는 힘겨운 승부에 도전하고, 야심적인 기업가는 모험적인 큰 일에 도전하고, 야심적인 정치가는 구국(救國)에 도전한다. 다 스트레스 상황이다. 애당초 스트레스를 피한다면, 운동, 기업, 정치, 학문, 예술 어떤 영역에서나 큰 성취·성공을 기대할 수도 없고 이룰 수도 없다.

긴요한 것은, 어차피 찾아오고 찾아가기도 해야 하는 스트레스일진대 그 스트레스를 요리하고 이겨내는 힘을 기르는 일이다. 한때 심리학에서도 정신건강 정신위생의 개념을 아무 욕구불만, 좌절, 스트레스가 없는

'문제없는' 평온한 심리상태라고 생각하는 경향이 있었다. 이제는 정신위생 정신건강이란 문제없는 상태가 아니라, '문제를 해결하는' 능력으로 생각해야 하고, 그런 능력을 길러주는 것이 상담이나 정신치료의 주목적이라야 한다.

옛날과 달리 지금의 한국 부모들은 아이들에 대한 지나친 스트레스 기피증 때문에 공부 재촉만 빼고는 아이들을 지나치게 응석받이로 기르는 경향이 있다. 아이들에게 조금이라도 욕구불만, 좌절, 스트레스를 주어서 '기를 죽이면' 안 된다고 생각한다. 그 결과 아이들에게 도리어 각종 심약증(心弱症), 정신적 허약증을 기르고 있다.

허우대는 크지만 조금만 힘이 들어도 헉헉거리는 신체적 심약증, 조금만 화가 나거나 슬퍼도 울부짖고 조금만 무서워도 얼어붙는 정서적 심약증, 조금만 연습문제가 어려워도 혼자 그 답을 찾아낼 생각은 하지 않고 곧 답란부터 뒤지거나 어른을 찾는 지적 심약증도 있다. 조금만 남 앞에서도 수줍어하고 반대로 혼자 있으면 쓸쓸해 하는 사회적 심약증, 조금만 유혹이 있고 조금만 욕심이 나도 참지 못하고 일을 저지르는 도덕적 심약증, 그리고 조금만 솔깃하게 천당 보내준다는 감언이설을 들어도 쉬 백백교나 영생교 같은 사교에 빠져드는 종교적 심약증도 있다.

가벼운 비극, 욕구불만, 좌절, 스트레스도 겪어보지 않고 '기죽지 않게' 길러진 아이들은, 보통 때엔 아주 천하에 무서운 것 없다는 듯이 자신만만하고 기고만장하고 때로는 오만하고 거만하기도 하다. 그러나 일단 사태가 좀 어렵고 힘들고 무서워지면 도리어 '기가 죽어서' 주저앉거나 어쩔 줄 모르고 얼어붙어 버린다.

아이들은 자라나는 과정에서 적절한 작은 비극, 작은 시련, 작은 좌절, 작은 두려움, 작은 어려움은 겪어보아야 한다. 그래야 커서 언제 닥칠지도 모르는, 으레 닥쳐오게 마련인 크고 작은 비극과 시련을 능히 감당해 낼 수 있고, 어려움에도 의연한 용기 있는 사람으로 성장한다. 단, 그 겪는 어려움은 적절한 어려움이라야 한다.

적절한 어려움은 우선 아이가 애써 노력하면 능히 이겨낼 수 있는 곤란도의 어려움이라야 한다. 너무 힘에 부치면 도리어 패배감, 좌절감만 늘어간다. 또 적절한 어려움은 그 일이 아이에게 어떤 의미가 있어야 한다. 재미가 있든지, 보람이 있든지, 자기 장래에 유리하다든지, 집에 도움이 된다든지, 어떤 의미가 있어야 한다. 아니면 그 어려움은 그저 고역일 뿐이다.

그리고 적절한 어려움은 언제나 부모라는 어른의 후견(後見)이 있어야 한다. 언제나 여차하면 도우러 간다는 후견이 있어야 한다. 어려움에 도전하다가 정 힘에 부치면 도움을 받을 수 있다는 믿음이 아이에게 도전의 자신감을 준다.

행 복

삶에는 비극도 있지만, 행복도 찾아온다. 비극이 있기 때문에 행복이 더 값지고 간절한 것일지도 모른다. '비존재', '무', '없다'와 대결해서 사람들이 찾는 것은 '있다'라는 행복이다.

옛날에 읽었던 어떤 일본사람 시에, '저 산너머에 행복이 있다 해서, 가시덤불 헤치며 산너머로 갔더니, 행복은 거기 없고 가도 또 가도 가시덤불뿐이더라' 라는 뜻이 담긴 시가 있었다. 사람은 모두 행복을 원한다. 그러나 행복이 뭔지, 어디에 있는지, 어떻게 얻을 수 있는지에 관해서 설도 많지만, 막상 행복이 뭔지 찾으려 하면 대개는 막막하다. 행복의 정상에 있어 보이던 부자 기업가도 자살하고, 영화로운 권좌에 있던 사람도 자살하는 경우를 보면 더 그렇다.

벌써 옛날 아리스토텔레스도 《행복론의 윤리》라는 책을 썼다. 나는 그 본문은 읽어보지는 않았지만, 제목만 보아도 행복은 인간이 간절히 추구하는 것이고, 윤리도 행복추구와 관계가 깊다는 그의 생각을 시사한다. 영국의 철학자 벤담과 밀이 주장한 '최대 다수의 최대 행복'의 추구가 인간윤리의 근본이라는 공리주의 사상도 아리스토텔레스를 이어받은 게 아닌가 하는 생각도 든다.

나는 행복이 뭔지를 깊이 생각해 본 적은 별로 없다. 내가 내 자신이 불행하다고 생각해 본 적이 별로 없기 때문일까? 나는 행복의 추구보다는 '의미'의 추구, '보람'의 추구가 삶의 목적이고 또 그래야 한다고 생각했고 그렇게 주장도 해왔다. 그러나 의미·가치를 발견하는 것 자체가 행복이고, 행복 자체가 의미·가치일 수도 있다는 생각도 든다.

모든 성현들은 흔히 사람들이 행복이라고 생각하고 갈구하는 부귀와 권력, 영화와 명예 등은 결국은 뜬구름과 같은 부질없는 것이고, 행복은 그 너머의 어딘가에 있다고 타이른다. 그러나 우리는 그 말을 들을 때에는 그럴 듯하다고 여겨도 막상 삶의 현장에서 그 너머가 어딘지 쉽게 찾지 못하고, 대부분은 부귀와 영화를 행복으로 여기고 찾아가기에 바쁘다.

인간은 욕구 욕망의 존재다. 삶이란 욕구 욕망의 충족과정이고 욕구 욕망이 충족되면 그게 행복이다. 배고플 때 배불리 먹고, 추울 때 따뜻한 곳이 있으면 행복하다. 이것은 생리적 욕구충족의 행복이다. 사랑하는 연인과 같이 있으면 황홀하게 행복하고, 위험을 모면하면 가슴을 쓸어내리면서 안도의 행복감에 젖는다. 이것은 정서적 욕구충족이 주는 행복이다. 뜻 맞는 친구와 환담할 때, 사람들이 나를 받아주고 이해해주고 인정해줄 때 나는 행복하다. 이것은 사회적 욕구의 충족이 안겨주는 행복이다. 내가 어떤 일에 크게 성공하고 크게 이길 때, 어떤 희한한 이치와 의미를 깨닫고 어떤 아름다움에 심취하고 어떤 선행을 보고 흐뭇할 때, 나는 행복하다. 이것은 자아실현의 욕구충족이 가져다주는 행복이다.

어쩌면 행복을 다른 데에서 찾으려 하지 말고, 이런 욕구만족의 수준에서만 찾는 것이 더 행복한 일일는지도 모른다. 그러나 행복은 어쩐지 그런 욕구만족 너머에 있을 것이라는 생각도 들 때가 많다.

누군가 '행복 = 수단/욕망'이라는 공식으로 설명할 수 있다고 한 사람이 있었다. 즉, 욕망을 분모로 하고, 그 욕망을 만족시킬 수 있는 수단을 분자로 하면, 수단이 크고 많을수록 예컨대 돈이 많을수록 권력이 클수록 더 행복하고, 반대로 그런 수단이 빈약할수록 불행하다. 그러나 또 한편, 분모인 욕망이 클수록 행복의 수치는 줄어들고, 즉 불행하고, 작을수록 행복수치는 커진다. 일단 그럴듯한 말이다.

그리고 그 논자는, 서양사람들은 수단을 더 크게 함으로써 행복을 증대시키려고 하고, 동양사람은 욕망을 적게 함으로써 행복을 추구한다고 했다. 그러나 경제발전에 혈안이 되어 있는 근자의 동양을 보면, 요새는 그런 구분이 잘 성립될 것 같지가 않다.

앞에서도 인용했듯이, 최근에 시사주간지 〈이코노미스트〉가 "행복"이라는 특집호를 내면서, 최근에 경제학자들이 행복의 문제를 심각하게 재고하기 시작했다고 했다. 종래에는 은연중 단순히 '돈 = 행복'이라고 전제했는데, 행복을 이제는 그렇게 단순하게만 생각할 수 없다는 것이다.

예컨대, 한 조사연구에 의하면 일본같이 지난 50년 동안 부자가 된 나라에서 그 동안의 행복지수는 거의 변화가 없었다. 부자나라 사람들이 가난한 나라 사람들보다 조금은 더 행복하다고 생각하고는 있지만, 더 부자가 되었다고 더 행복하지는 않았다는 것이다. 그 까닭은, 한 번 부에 익숙해지면 부가 더 이상 신기하지도 않고, 더구나 아무리 내가 부자라도 남이 나보다 더 부자인 것을 보면 상대적 박탈감이 든다. 그저 많은 것만 가지고는 만족이 안 된다는 것이다.

위의 '공식'대로 말하면 아무리 수단이 커져도 욕망이 덩달아 커지면 아무것도 아니라는 말이다. 몇몇 경제학자들은 행복의 개념과 행복지수를 경제적 지수 이외의 어떤 다른 곳에서 찾아야 한다고 말하고, 스스로 그 다른 곳을 연구・탐색하고 있다고 한다.

행복이란 부귀공명과 권력・영화에서 찾을 것이 아니라, 그 너머 어딘가에서 찾아야 한다는 귀에 못이 박히도록 자주 듣는 성현들의 얘기는 그저 그럴듯하기만 하고 득도한 분들의 그저 이상적인 얘기만은 아닌 것 같다. 의외로 평범한 우리 생활의 현실에서도 들어맞고 또 들어맞아야 할 얘기일지도 모른다.

한 줌 보리밥에 표주박 물 하나로 안빈낙도(安貧樂道)한다는 것은 너무하다 하더라도, 생활이 좀 어렵건 좀 넉넉하건 또는 권력이 좀 크건 작건 행복은 그 너머 어디에서 찾아야 하는 것인지도 모른다.

불교도 기독교도 종교는 본래 사람들을 고통·고민·불행에서부터 제도하고 구제하고 그들에게 행복을 찾아주기 위해서 생겨난 것이다. 가난하고 어렵고 고생스러운 사람들을 어떤 행복의 세계로 이끌어 주려는 것이 종교의 발단일 것이다. 불교에서는 그 뜻이 제일 역력하다. 싯다르타는 애당초 그 자신의 고뇌에서 해탈하려고 득도(得道)의 길을 나섰고, 득도란 곧 행복추구였다. 기독교에서도 확연하다. "마음이 가난한 자여, 그대에 축복 있으리", "슬퍼하는 자여, 그대에 행복 있으리"라는 구절부터 행복추구의 뜻이 드러난다.

그러나 고뇌를 제도하고 행복으로 인도한다는 그 교리의 종착점은 실은 극락도 아니고 천당도 아니며, '자비'(慈悲)고 '사랑'이었다. 유교는 엄밀한 의미에서 종교는 아니지만, 그 교리의 종착점도 '인'(仁)이다. 자비, 사랑, 인 다 같은 말이다. 어찌 생각하면 참 엉뚱하고 말도 안 되는 이상한 종착점이다. 내게 고통을 주는 적도 사랑하고, 내게 고약한 짓을 한 나쁜 놈에게도 자비를 베풀라고 한다. 미워도 사랑하고 용서 못할 놈도 인자하게 대하라고 한다.

약속했던 행복의 극락이나 천당은 어디로 가고, 다른 사람에게 베풀어야 하는 자비와 사랑만 남는다. 아니면, 그런 자비와 사랑 그 자체가 행복이라는 말인가? 극락과 연옥(煉獄), 천당과 지옥은 그저 자비·사랑의 행실로 사람들은 유혹 또는 위협하려는 허상이라는 말인가?

자기 자신의 극락·천당의 환상에 집착하는 사람들이 많다. 그러나 그런 자기행복 위주의 신앙을 불교에서는 소승(小乘)불교라 일컫는다. 비슷한 자기행복 위주의 신앙을 기독교로 옮긴다면 '소승 기독교'가 되는 셈이다. 그렇다면 본래 중심교리인 남에 대한 자비나 사랑은 다 잊어버리고, 오로지 자기행복만을 위해서 부처님께 염불 올리고 예수님께 기도 올리는 기복(祈福)사상에 그친다면 그런 불교・기독교는 도리어 빗나간 신앙이 되는 것이 아닐까? 그렇다면, 어떤 교회 앞에 '대학합격을 위한 기도회'라는 현수막이 붙어 있고, 내 병을 낫게 해달라고 염불 올리고 기도 드리는 것은 불교・기독교의 본뜻에서 빗나간 것이라는 말이 된다.

불교도 기독교도 유교도 다 나 아닌 남을 생각하라는 것이 행복의 길의 그 종착점이라고 하는 데에는 필경 무슨 까닭이 있을 것이다. 최근의 시사주간지 〈타임〉에 대뇌(大腦)의 신경생리에 관한 특집이 있었다. 요지는 다음과 같다.

얼마 전까지도 인간의 대뇌는 그 생리적 구조와 기능의 발달은 8세 전후 또 잘해야 청소년기까지 완성되고, 성인기에 이르면 신경세포의 수는 점점 줄어들고, 약간의 새 신경연접이 새로 생기고 사라지고는 하지만, 대개는 '머리가 굳어버려' 신경가소성은 없어지는 것으로 여겨왔는데, 그게 아니라는 것이다.

머릿속의 뇌신경이 어떻게 움직이고 있는지를 '들여다볼' 수 있는 fMRI로 관찰한 결과, 어른과 노인도 간단한 피아노곡 하나를 며칠 동안 연습하면 그 운동을 담당하는 뇌 부위가 근처 부위도 동원하면서 넓어진다는 것이 밝혀졌다. 심지어 실제로 연습도 하지 않고 연습하는 상상만으로 연습해도 그 부위가 넓어진다고 했다. 정신훈련(*mental training*)이 실제는 대뇌생리의 변화를 가지고 온다는 것이다.

그렇다면 더 나아가, 생각만 하는 명상(瞑想), 불교의 선(禪)도 대뇌생리에 어떤 변화를 가지고 올 것이 아니냐 라고 추리하면서, 한 불교 승려의 머리에 fMRI를 걸쳐놓고 명상을 하게 하고 관찰했다. 그 결과 하나 놀라운 사실을 발견했다. 어떤 명상중에, 대뇌 전두엽의 왼쪽 부위의 활동이 오른쪽 부위의 활동보다 훨씬 활발해졌다. 본래 그렇게 왼쪽 활동이 더 활발한 것이 만족, 편안, 행복의 감정의 지표라는 것을 전부터 알고 있었기 때문에, 그 스님의 명상이 행복감과 관계가 있다고 잠정결론을 내렸다. 그 스님은 불쌍한 사람을 도와주어야겠다는 '자비명상'을 하고 있었다.

나는 불가의 선, 명상은 그저 가끔 흉내는 내보지만, 깊이는 모른다. 다만 선의 명상에 몇 가지 특징이 있다는 것은 들어서도 읽어서도 알고 있다. 내일도 아니고 어제도 아닌 오늘, 지금, 여기, 이것에 정신을 집중하는 '현재지향성'; 사물, 사건, 사람의 시비 · 선악 · 미추를 가리지 말고 그저 있는 그대로를 보고, 있는 그대로를 받아들이는 '비판단성'; 남의 고통 · 슬픔 · 고뇌를 깊이 헤아려 보는 깊은 '감정이입'; 그리고 무엇보다도 어떤 화두나 일에 온 정신을 집중하는 '무아(無我)지경' 또는 '몰아(沒我)지경' 등이 그 특징이다.

어쩌면 이런 현재지향성, 비판단성, 자비 · 사랑 · 인에 잠기는 감정이입의 시간은 그런 무아 · 몰아지경의 절정일 것이고, 그것이 곧 행복인지도 모른다. 이런 무아 또는 몰아 심리상태는 보통사람에게도 가끔 찾아오고, 나도 가끔 그런 상태의 경험을 해본다. 불가에서는 선으로 그런 심리상태를 스스로 '훈련'도 하고 즐기기도 하고, 나아가 일상생활에도 그 선의 상태를 그대로 옮길 수 있다고 한다. 요새는 서양사람들, 심리학자들, 심리치료학자들 사이에도 명상과 선에 대한 관심이 꽤 높고 수많은 책도 나와 있다.

가만히 생각해보면, 현재 집중, 비판단적 포용, 깊은 감정이입, 무아 · 몰아의 정신집중의 순간 내지 시간에는 행복하지 않을 수가 없다는 생각이 든다. 그리고 앞에서 말한 '초월하는 용기', 즉 여러 가지 모순을 초월하는 달관의 경지도 행복과 깊은 관계가 있어 보인다.

나는 강원도 춘천을 자주 왕래한다. 북한강 연변가도를 차 타고 지나갈 때, 어쩌다 어제 분했던 생각 또는 내일 해야 할 일 걱정을 하게 되면 머리가 아프다. 그러나 눈앞에 지금 보이는 흐르는 강의 유유함을 눈여겨보고, 그 위에 반짝이며 춤추는 빛의 여울에 심취하고, 푸른 하늘에 둥실 떠 있는 구름을 감상할 때만은 근심걱정은 다 잊는다. 행복하다.

어떤 사람을 만나서, 그가 좋은 사람인지 나쁜 사람인지, 부자인지 가난뱅이인지, 장관인지 똘마니인지, 예쁜지 못 생겼는지, 몸이 튼튼한지 약한지에 마음을 쓰지 않고, 그를 그저 생긴 그대로 받아들일 수 있다면 그때 나는 편안하고 행복할 것이다. 부모는 아이가 건강하건 불구건 우등생이건 열등생이건 그대로 그렇게 받아들인다. 앞에서 말한 '초월하는 용기'와 관계가 있어 보인다.

어쩌다 불교의 고승을 만나거나 덕망 있는 신부를 만나면, 그의 신앙・학식・사상의 깊이에 위압받기보다는, 우선 그의 더없이 편안해 보이는 얼굴, 무조건 나를 받아들이는 듯한 온화하고 인자한 얼굴에 먼저 감명을 받으면서 나도 편안하고 '행복'해진다.

조금이라도 가난한 사람, 서러운 사람, 불행한 사람을 안쓰러워하고 도와줄 때에는 나는 왠지 나의 불행은 잊어버리고, 도와주고 나면 마음이 흐뭇하고 기쁘다. 사랑받는 것보다 사랑하는 것이 더 기쁘다는 명제도 있다. 그래서 인도의 빈민촌에서 일생을 보낸 테레사 수녀는 그 어려움 속에서도 퍽 행복했을 것이다.

어떤 일에 전심을 집중하고 무아지경으로 몰두할 때에는 사람은 행복이고 불행이고 다 잊는다. 연주가가 무아지경으로 피아노를 열심히 치고 있을 때, 과학자가 침식을 잊고 연구에 몰두하고 있을 때에는 그 자신도 행복하고 옆에서 보는 사람까지 흐뭇하게 만든다. 물론 사람은 어제도 회고하고 내일도 걱정해야 한다. 그러나 그런 어제・내일 생각엔 불행감이 붙어 올 가능성이 많다는 것은 각오해야 한다.

행복은 현재 집중에 있다. 그래서 행복이 있는 곳은 '저 산너머'도 아니고, 어제와 내일도 아니고, 거기와 저기도 아니고, 지금 여기에 있고 지금 여기에서 찾을 수 있고 지금 여기에서 찾아야 하는 것인지도 모른다.

죽 음

'늙음'도 그렇지만 '죽음'도 사람들이 싫어하는 단어다. 그래서 엘리베이터에는 흔히 4층 표식이 없던지, 있어도 비슷한 모양의 F자로 대신하고 있는 경우가 많다. 4가 '죽을 사'(死)와 발음이 같기 때문이다. 사람들은 의식적·무의식적으로 죽음에 관해서 생각하지도 않고 하려고 하지도 않는다. 그리고 많은 사람이 자기는 영영 죽지 않을 것이라는 환상 속에 살기도 한다.

그러나 인생에서 제일 확실한 것, 언젠가는 틀림없이 찾아오는 것이 죽음이다. 죽음은 인간에게 영락없이 찾아오는 가장 큰 '비극'이고 '무'(無)고 '없음'이다. 그래서 노년기에 들거나 중병에 걸리면, 할 수 없이 조금은 죽음에 관해서 생각하게 된다. 그래도 '내가 설마 죽으랴!' 하는 생각은 끝까지 집요하게 사람에게 달라붙는다.

사망학(*Thanatology*)이라는 학문이 있고 그런 대학강의도 있다고 한다. 죽음의 문제를 생리학적·심리학적·사회학적 그리고 윤리적·철학적·종교적으로까지 종합적으로 다루는 학문이라고 한다. 그러나 죽음에 관해서 때때로 약간의 관심은 가진다 해도, 죽음의 냄새가 날 듯해서 사망학을 전공하려는 사람은 별로 많지 않을 것이다.

앞에서 사고사(事故死), 돌연사(突然死)의 3단계에 관한 얘기는 했는데, 암 같은 중병으로 오래 앓다가 죽음에 이르는 수많은 사례를 연구해서 어떤 학자가 그런 죽음의 5단계설을 제안한 것이 재미있다면 재미있다.

첫 단계는 '아니야, 나는 아니야!'(*No, Not me!*)라는 단계다. 예컨대, 암이라고 선고받거나 알게 되면, 제일 첫 반응은 집요하게 '나는 아니야'라고 하는 부정이다. 그럴 리가 없다, 오진(誤診)일 것이다, 의사의 진단이나 검사원의 검사가 잘못일 것이다, 우리 집안에 암의 내력이 없다, 이렇게 여기저기가 아직도 멀쩡한데 암일 리가 없다 등 한동안 끈질기게 죽음의 가능성을 부인한다.

둘째 단계는 '왜 하필 나냐!'(*Why me!*)라는 단계다. 암인 것이 어쩔 수 없이 확실해지면, 그 많은 사람 중에 하필 왜 나냐, 그 고약한 나쁜 놈들은 다 놓아두고 하필 선량한 내게 병이 옮겨 붙었느냐, 하느님도 야속하지, 왜 하필 나입니까 라는 억울함과 원망의 시기인 셈이다.

셋째, 부정해도 원망해도 소용없으면, '그렇다고 치자, 그러나 …' (*Yes, me. but* …)라는 단계가 온다. 내가 암에 걸리기는 했지만 어디 살아날 길은 있을 것이 아니냐, 무슨 약이 있을 것 아니냐, 돈은 얼마든지 쓰겠다, 살아만 나면 온갖 선행을 다 할 테니까 하느님 살게만 해주십시오 라는 단계다. 백방 살 길을 찾고 '흥정'하는 단계다.

넷째, 흥정도 소용없으면, '나는 암이다, 불치의 암이다'(*Yes, me.*)라는 우울의 단계에 들어간다. 이때엔 약이고 의사고 가족이고 친구고 다 귀찮아진다. 그저 혼자 우울의 심연에 잠긴다.

다섯째 마지막 단계, '그렇다, 그래'(*Yes, all right*)라는 체관(諦觀)과 수락(受諾)의 단계가 오고, 마침내 임종(臨終)에서는 평안과 안정을 되찾는다. 앞에 말한 사고사의 마지막의 '황홀의 단계'와 비슷하다. 모든 사람은 죽을 때 마지막 시간에는 편안하고 행복하게 죽는다는 셈이다. 그렇다 해도 그것이 살고 있는 사람에게 그리 위안이 되지는 않을 것이다.

그것이 위안이 되건 말건 죽음에 대한 의식은, '무'·'없다'·비극의 의식이 그렇듯이, 삶을 진지하게 만들고 어떤 의미에서는 삶을 도리어 행복하게 만든다. 심리학자 매슬로(Maslow)는 어떤 중병에 걸려 입원까지 했다가 죽을 고비를 넘겨 살아나서 요양중에 다음과 같이 회상했다.

> 죽음에 직면한다는 것, 그리고 그 죽음의 유예를 받고 있다는 것은 모든 것을 아주 소중하게 아주 신성하게 아주 아름답게 보이게 하며, 그 어느 때보다 더 강렬하게 그것을 사랑하고 그것을 포옹하고 그것으로 내 자신을 압도하게 하고 싶은 충동을 느끼게 한다. 내가 보고 있는 저 강(江)이 더 이상 아름답게 보일 때는 없었다. 죽음, 그리고 언제나 도사리고 있는 죽음의 가능성은 사랑, 열정적 사랑을 더 가능하게 한다. 만약 우리가 영원히 죽지 않을 것으로 안다면 우리가 정말 열정적으로 사랑을 할 수는 없는 것이 아닌가 하는 생각이 든다.

내일 죽을 것이라 생각하면, 지금 보는 하늘, 보는 산, 보는 거리, 보는 사람이 다 놓치기 아깝고 새롭고 정답고 아름다운 것으로 보일 것이라는 말이다. 죽음을 내다보는 전쟁출정 전야(前夜) 연인들의 사랑은 처절하리만큼 열정적이다.

흉악한 살인범도 죽음 전야에는 양심으로 돌아가 회개한다. 의식적이건 또는 반의식·무의식적이건, 어느 때인가는 너도 죽고 나도 죽을 것이라는 생각이 모든 사랑, 동정, 연민, 자비의 밑바탕에 깔려 있는 심리인지도 모른다. 사랑하는 마음이 그 자체가 행복이라면, 그런 의미에서는 죽음의 의식은 행복으로도 이어져 있다는 말이 된다.

옛날 어떤 절에서 다음과 같은 선시(禪詩)가 액자에 쓰여져 있는 것을 본 적이 있다.

> 生也一片浮雲起(생야일편부운기) 死也一片浮雲滅(사야일편부운멸)
> 浮雲自體本無實(부운자체본무실) 生也去來亦如然(생야거래역여연)

태어남은 한 조각 뜬구름이 일어남이요/ 죽음은 한 조각 뜬구름이 사라짐인데/ 뜬구름 자체는 본래 실체가 없으니/ 삶이 오고 가는 것도 이와 같도다 라는 뜻이다. 신라의 한 명승의 누이가 지은 시라고 했다. 불교 반야심경의 말대로 생과 사는 본래 다 공(空)이고 무(無)다 라는 말을 뜬구름으로 비유한 선시다.

그런데 불가도 아닌 영국의 진화론의 생물학자 도킨즈(Dawkins)가 똑같은 말을 하고 있는 것이 신기했다. 즉, 진화론적으로 보아 개인의 삶은 그저 하늘에 떠 있는 구름과 같이 나타났다가는 사라지는 것이고, 다만 유전인자만이 영원하다고 말했다. 개인의 삶은 뜬구름과 같이 덧없이 허무한 것이라고 말한 점에서는 위 선시와 똑같다. 다만 불가에 말을 시키면, 유전인자마저도 실은 실이 없는 '무'라고 할지도 모른다.

나는 생이 실이 없다는 말은 실감이 나지 않는다. 삶은 달고 쓰고 시고 짜고, 만져보고 껴안아보고 할 수 있다. 그래서 사는 동안에는 삶은 실체가 있는 것으로 알고 살고 싶다. 삶이 실체가 없다는 말은 죽음을 눈앞에 가까이 두고는 실감이 날는지 모르겠다. 고승(高僧)들은 죽음이 가깝건 멀건 그렇게 삶의 실없음을 느끼나 보다.

나는 종교인이 아닌 탓인지, 영혼의 존재도 영혼의 불멸설도 그리 믿지 않는다. '그리'라고 단서를 붙인 것은 죽어서 가보지 않아서 단언은 할 수 없기 때문이다. 가끔 죽었다가 살아난 사람이 영혼의 세계를 보았다고 하는 말을 들은 적은 있으나, 그것은 그저 덜 죽은 상태에서 본 환영(幻影)일 뿐이다. 지구상에서 살다가 간 수억만의 생령들이 다 영혼으로 남아 있어 하늘에 꽉 차서 떠돌아다닌다고 생각하면 숨쉴 수도 없이 답답할 것 같고, 내가 죽어서 영혼으로 영영 떠돌아다닌다면 쉴 곳을 얻지 못해 무척 힘이 들 것 같기도 하다. 또 저승에서 볼 것을 보는 건 좋지만, 못 볼 것을 계속 영원히 보아야 한다면 그것도 엄청 힘들 것만 같다. 그래서 가면 아주 깨끗이 가 버리는 것이 나을 것 같다.

나는 극락도 지옥도, 이승에서 좋은 일 하면 저승에서 부귀영화를 누리고, 나쁜 짓 하면 개 · 돼지가 된다는 영혼의 윤회설도 그리 믿지 않는다. 앞에서도 말했듯이, 이것은 선행하라고 유혹하거나 위협하기 위한 허상으로만 보인다.

인간의 영혼은 살아 있는 동안은 바로 의식(*consciousness*)다. 그리고 의식은 대뇌 신경세포들의 어떤 작용이다. 신경의 작용이 없어지면, 의식 · 정신도 없어지고 따라서 영혼도 없다. 나는 어떤 수술 때문에 하반신의 마취를 받아본 적이 있다. 정신은 있었다. 그러나 다리는 완전히 없어졌다. 만져도 꼬집어도 다리는 없었다. 처음 겪어보는 기이한 경험이었다. 그러면서 불교에서 말하는 '공'이나 '무'는 이런 건가 하는 생각도 해보았다. 전신마취는 곧 죽음과 같다. '공'이고 '무'다. 죽으면 그저 그렇게 '무'로 깨끗이 가는 것이라는 생각이 사실에 제일 들어맞는 생각일 것 같았다.

죽음은 공(空)이고 무(無)라고 생각하는 것이 지금 이 삶을 도리어 더 소중하게 더 진지하게 더 열심히 더 기쁘게 더 인간답게 살 수 있게 할 것이라는 생각도 든다.

이렇게 생각한다고 해도 죽음의 생각은 어쩔 수 없이 두려움을 늘 동반한다. 그것이 범상한 인간이다. 가끔 도를 닦은 고승은 자기 죽음의 시기도 예측하고 태연히 죽음을 맞이한다는 얘기를 듣는다. 미국의 어떤 대학교수도 부부가 산 속에 은둔해서 살다가 100살이 지난 어느 날 남편이 아내에게 "이제 그만 가야겠어" 하더니, 그때부터 물만 마시고 절식하다가 태연히 갔다는 실화도 있다.

옛날 일본에 일휴(一休)화상이라는 초탈한 해학(諧謔)의 일화가 많은 고승이 있었다. 그는 임종 직전에도 해학을 읊었다. "이 세상 이제 그만

하직하련다. 향불의 연기와 같이 네! 안녕"이라는 시 한 수를 남겼다. 일본말에서는 '하려다'와 '향불'은 같은 '센꼬'라는 한 마디로 이중(二重)용어로 썼다. 또 우리말의 '네!'는 일본말로 '하이'고, 타고 남은 재[灰]도 '하이'로 이중용어를 썼다. 임종에서도 해학의 여유가 넘친 중이었다. 죽음이 별로 두렵지 않은 초탈의 지경이 엿보인다.

그러나 이 모든 고승이나 달인은 우리 같은 범상을 벗어난 사람들이다. 그래도 이들에게도 죽음 직전의 얼마간의 두려움은 있었을 것이고, 다만 그 두려움을 어떤 신조로 달랠 수 있는 여유가 있었을 뿐이라는 생각도 든다.

누군가 "사람은 죽을 때, 그가 살았을 때처럼 죽어간다"고 말했다. 예컨대 보통 때 점잖게 산 사람은 점잖게 죽어가고, 안달하며 산 자는 안달스럽게 죽어가고, 떠들썩하던 자는 떠들썩하게 죽는다는 것이다. 고승들은 생전에 달인답게 지냈으니, 달인답게 가는 것일까? 가부간에 죽음은 엄연하게 저기 있다. 그리고 그것은 인간의 삶의 일부다.

사회 : 개인과 집단 사이

- 민족과 국가
- 민주와 독재
- 자유와 평등
- 법과 도덕
- 부와 문화
- 전쟁과 외교

나는 조선반도 조선민족의 한 사람 그리고 '나'라는 사람으로 태어났다. 태어났을 때 내 나라는 없었고, 스무 살 때 광복으로 내 나라가 생겼다. 물론 태어날 때 여기가 조선반도고 내가 조선민족인 것을 알고 태어난 것도 아니고, 애당초 '나'라는 의식을 가지고 태어난 것도 아니다. 인간발달이론에서도, 이것은 '나'고, 저기는 밖이고, 저 사람은 '나' 아닌 남이라고 구분할 줄 아는 자아의식 또는 개아(個我)의식의 싹은 생후 1, 2년이 지나야 트기 시작한다고 말한다.

처음엔 나나 밖이나 저 사람이나 다 그저 두루뭉술로 하나다. 그래서 배가 고파 울면, 이 세상은 응당히 젖을 입에다 물려주어야 하는 것으로 생각한다. 마치 나의 왼손등이 근질근질하면 곧 나의 바른손이 긁어주듯이, 이 세상은 다 내 마음대로 되는 두루뭉술의 나의 일부라고 본다.

그러다가 내 마음대로 안 되는 '밖'이 있고 '남'이 있다는 것을 알게 되면서부터 반사적으로 '나'라는 개아의식이 자라나기 시작한다. 자라나면서 차차 '나'는 '남'과 어울릴 생각도 하고, '우리'도 생각하고, 더 커서는 민족도 국가도 생각하게 된다.

자아(自我)의식이 자라나기 시작해도 아이들은 아동기 내내 어쩌면 청년기까지도 이른바 자기중심주의적 사고, 내가 제일이고 이 세상을 내 욕심대로 해석하고 내 욕심대로 되어야 하는 곳으로 생각하는 버릇에서 완전히 벗어나지 못한다. 자아의식은 단번에 생기는 것이 아니라, 평생을 두고 성숙해가는 것으로 보아야 한다.

따라서 덜 성숙된 잘못된 자아의식으로 자라날 수도 있고, 성숙된 잘된 자아의식으로 자라날 수도 있다. 자기 욕심만 알고, 일이 잘못되면 남의 책임이라고 나무라기만 하는 것은 잘못된 자아의식이고, 도리어 자기 힘으로 남을 도와주려 하고 일이 잘못되면 자기책임으로 여기는 것은 잘된 자아의식이다.

반면 각종 집단, 가족 · 겨레 · 나라 또는 학교 · 직장 등의 집단들은 그 사람들의 자아의식을 억압하려고도 하고, 어떤 일정한 방향으로 자라나게 통로를 지으려고도 한다. 우리 세대는 혹독한 식민 · 독재의 일제시대를 경험했다. 개체적 자아의식은 물론 민족적 자아의식마저 철저히 억압당했다. 그것은 자아상실의 쓰라린 경험이었다.

그러나 식민 · 독재가 아니고, 민주사회라고 해서 자아억압, 자아망실의 세력이 없는 것은 아니다. 모든 집단, 조직, 기관은 그 나름의 목적·기능이 있고 규범·규칙이 있고 관습·관례가 있다. 집단 속의 개개인은 그것에 따라야 하는 압력을 받기 마련이다. 그 압력에 완전히 굴복 또는 순응하면 그 또한 자아매몰, 자아망실을 의미한다.

개인과 집단의 관계가 까다로운 문제가 되는 두 가지 이유가 있다. 그 하나는, 사람들은 자아의식을 처음엔 대부분 어떤 집단 소속감에서 찾는다는 사실이다. 대부분의 사람들은 '너 누구냐'라고 물으면, 나는 한국사람이다, 나는 정씨다, 나는 대학교수다 등 우선 소속집단으로 자기를 규정한다. 자아 속에 집단이 들어와 있다. 따라서 개인과 집단의 갈등은 개인과 집단 사이에서 일어나기도 하지만, 개인 안에서 진행되는 갈등인 경우도 많다. 이 점에서 사람은 집단에서 벗어나 있으면서 집단에 들어가 있는 모순을 안고 있는 존재다.

또 하나의 이유는, 사람들이 걸핏하면 겨레·나라·학교·회사 등 집단의 명분(名分)을 들먹이지만, 실은 겨레나 나라는 허상이고 그 뒤에 개인들의 욕망이 숨어 있는 경우가 많다는 사실이다. 정치인들이 걸핏하면 들먹이는 "국민의 뜻이라면", "국민의 뜻에 따라"라는 말이 그 대표적인 예다. 히틀러도 그랬고, 우리나라 정치인에도 그 예는 많다.

아마도 누군가의 말대로, 개인과 집단, 개인과 조직 사이에 어떤 행복한 정태적 융화점이 있으리라는 생각은 하나의 환상이고, 둘 사이는 언제나 동태적 갈등 내지 긴장관계에 있다고 보아야 하는 것인지도 모른다. 그렇게 보는 것이 도리어 개인도 건강하게 하고, 집단도 건전하게 하는 길인지도 모른다. 다시 말하자면, 언제나 집단과 집단적인 것에 대한 건전한 회의가 있어야 하고, 또 개인과 개인적인 것에 대한 건전한 성찰이 있어야 한다는 말이다.

격동을 거듭해온 한국사회에서 산다는 것은 불가부득이 여러 가지 집단적 개념들과 나 개인과의 관계를 생각하게 한다. 민족과 국가, 민주와 독재, 자유와 평등, 법과 도덕, 부와 문화, 전쟁과 외교 등의 개념들을 자주 되씹어 보게 하고, 부득불 그런 개념들에 대한 어떤 견해를 형성하지 않을 수 없게 한다. 비록 전문학자들처럼 심오한 견해는 못될 망정, 그저 한 시민으로서도 어떤 소박한 견해를 가지고 있을 것을 거의 강요하다시피 한다. 여기 논의의 일부는 앞의 '자유와 민주주의' 장에서도 언급했으나, 여기 주제에 비추어 약간 재론한다.

민족과 국가

민족(民族)과 국가(國家)는 둘 다 그리운 존재다. 그러나 민족과 국가는 다르다. 그리고 둘 중에서 현실적으로 더 중요한 것은 민족이 아니라 국가다.

일제시대엔 민족, 겨레는 있었다. 그러나 국가, 나라가 없었고, 그래서 서러웠다. 내 생명과 재산을 지켜주고, 내가 생계를 유지할 수 있게 해주는 것은 하나의 정치체제를 갖추고 있는 국가지, 그저 종족과 말과 문화를 같이하는 사람들의 집단인 민족이 아니었다. 민족은 서러우면 같이 부둥켜안고 같이 우는 정서적 위안처는 될 망정, 나를 지켜주고 먹여 살려주지는 못했다.

나는 민족이란 한 정서적 개념일 뿐, 정치적 개념일 수는 없다고 생각한다. 낯선 외국 땅에서 한국사람을 만나면 덮어놓고 반갑다. 그러나 그 이상은 유별나게 내가 그에게 또 그가 나에게 해줄 일은 없다. 사가(史家)에 의하면 우리 옛글에 왕(王)을 전제로 하는 '백성'(百姓)이니 '민'(民)이니 하는 말은 있었으나, 민족(民族)이라는 말은 없었다고 한다. 틀림없이 서양의 nation을 번역한 말일 텐데, 그 어원인 natio는 로마에서 로마인이 아닌 이민족 집단을 뜻하는 말이었다. 역사를 거쳐 그 의미가 전전하면서, 근세엔 대개 종족과 말과 문화를 같이하는 사람들의 집단을 뜻하게 되었다고 한다. 집단이지 조직은 아니다.

하여튼간에, 앞에서도 언급했지만 엄연한 사실은, 옛 고구려, 백제, 신라처럼 또는 지금의 남북한처럼 한 단일민족이 여러 나라로 나누어져서 서로 앙숙으로 싸울 수도 있고, 미국처럼 여러 민족들이 한 나라를 이루고 잘 살아갈 수도 있다는 것이다. 한 겨레가 한 나라로 뭉쳐야만 잘 되고 잘 사는 게 아니다. 한 겨레가 뭉쳐서 이룬 조선은 극심한 당쟁으로 결국 망국에까지 이르렀다. 국가정치가 잘못되었기 때문이다.

또 하나 엄연한 사실로서, 비교적 단일민족으로 구성된 나라에도 자유민주체제의 나라도 있고 전체주의적 독재체제의 나라도 있다. 순수 아리안족을 자랑하던 히틀러의 독일이나 슬라브족의 공산 소비에트는 지독한 독재였다. 비교적 단일민족인 지금의 프랑스나 이탈리아는 민주적이다. 한반도의 단일민족은 둘로 갈라져 하나는 자유민주고 또 하나는 공산독재다. 나는 단일민족이건 다민족이건 뭉쳐 있건 갈라져 있건 자유민주주의가 좋지, 독재를 다시 맛보기는 싫다.

나는 한반도가 통일된다면 반드시 자유민주주의로 통일되어야 하고, 그렇게 통일되기가 어려운 동안에는 반쪽이라도 자유민주주의 국가인 것이 통일보다 더 소중하다. 지금은 남한의 자유민주주의를 천명하고 수호하고 더 성숙되게 하는 것이 더 소중하다. 다만 북한에 그런 자유를 누리지 못하고 있는 동포, 겨레가 있다는 것이 그지없이 안타까울 뿐이고, 북한 스스로가 서서히라도 자유민주에 접근해갈 것을 바랄 뿐이다.

따라서 민족과 겨레를 내세우고, 무작정 통일부터 하자는 성급한 주장은 정서적으로 이해가 된다 해도 현실적으로 위험한 생각이다. 어쩐지 요새 그런 주장이 자주 들리는 것 같아서 불안하다.

민족주의는 정서적 색채가 짙기 때문에 자주 정치적 야심가들의 선동수단으로 이용되고 있다는 사실에도 우리는 주목해야 한다. 자주 예로 들지만, 히틀러가 가장 교활하게 민족주의를 들먹여 독일 민심을 선동해서 독재정권을 형성하고 강화한 전형적 예다. 대개 '민족을 위하여!'라고 외치는 것이 '국가를 위하여!'라고 외치는 것보다 훨씬 더 호소력을 갖는다. '민족을 위하여'가 더 순수해 보이고 더 정서에 호소하기 때문이다.

해방 직후 좌·우익 정치인들의 싸움에서는 우익 정치인들이 민족주의를 더 들먹거렸고, 좌익을 소련의 지령이나 받는 반민족적 '친소 매국노' 집단이라고 몰아붙였다. 근자엔 반대로 좌익과 북한이 걸핏하면 '민족'을 내세운다. 그리고 북한의 통일노선을 반대하는 사람들을 반민족적이라고 낙인을 찍고, 심지어 '친미 매국노'라고까지 몰아세운다. 예나 지금이나 '민족'은 허울 좋은 허상이고, 속셈은 정치적 야욕이다.

한국사람은 일제시대에 나라 없는 긴 세월을 겪는 동안 '민족'만이 그래도 위안이었고 호소할 곳이었다. 그 전 조선조 말기 100년 가렴주구의 학정은 국가란 나에게 아무 이익도 복도 주지 않는 그저 착취자일 뿐이었고, 일제의 국가 또한 악랄한 착취자였기 때문에, 국가라는 말에는 일종의 거부감이나 소외감이 길러졌던 셈이다. 그러나 현대의 민주국가에서는 이런 생각은 바꿔야 한다. 민족과 국가가 그 선후 위치를 바꿔야 한다.

민족주의가 지나쳐서 국수주의(國粹主義)까지는 아니라도 우리 민족, 우리 민족문화가 제일이라는 민족중심주의 또는 민속(民俗)중심주의(*ethnocentricism*)에 이어지는 경우가 많다. 우리 민족, 우리 문화가 좋다는 것과 그것이 세계 제일이라는 것과는 다르다. 민속중심주의는 아이들의 자기중심주의를 민족문화에 옮겨 놓은 것과 같이 좀 덜 발달된 정신자세다. 나는 우리 민족, 우리 문화가 좋다. 물론 우리 문화에 언짢은 것도 많고, 다른 민족의 문화에도 좋은 것이 많지만, 그래도 한국민족문화가 더 좋다. 그러나 세계 제일이라고 생각하지는 않는다.

자기 문화가 제일이라는 민족중심주의는 어느 정도는 어느 나라에도 다 있다. 중국은 스스로를 中華(중화), 세계 한가운데에 있는 화려한 나라라고 불렀고, 일본은 '대'일본, 한국은 '대'한민국, 영국은 'Great' Britain

이라고 부르고 있는 것이 그 예다. 그러나 옛날엔 그렇게 이름 지었어도, 온갖 문화의 왕래가 빈번한 현대에서는 이 생각도 좀 바꿔야 한다.

여러 나라를 어떤 차원에서 양적 비교는 할 수 있다. 예컨대, 필요에 따라 GDP의 비교라든지, 취학률이라든지, 연구개발의 활발도라든지는 그 우열을 비교할 수 있다. 그러나 한 문화의 전체적 · 통합적인 형태의 우열을 가르기는 어렵다. 예를 들어, 한 연구에서 미국인의 행복지수보다 아프리카의 어떤 '미개민족'의 행복지수가 더 높더라고 했다. 두 나라의 경제지수 비교만으로 그들의 내면적인 행복지수를 가늠할 수는 없다는 말이다.

민주와 독재

민주주의는 좋다. 그리고 독재는 나쁘다. 그러나 보통선거에 의한 민주주의라고 독재정치나 우중(愚衆)정치에 빠지지 말라는 법도 없다. 진정한 민주주의, 자유민주주의에는 보통선거 이상의 그 무엇이 필요하다.

나는 처음엔 민주주의는 그저 좋기만 한 이상적인 제도인 줄만 알았다. 일제독재에서 해방되어 민주주의로 전입했으니 그럴만도 했다. 그러나 겪어보니 그게 아니었다. 민주주의도 온갖 부정부패로 썩고, 선동정치에 약하고, 때로는 철저하게 무능한 지도자도 뽑아낸다. 그런 예는 국내에도 국외에도 수두룩하다. 그리고 무엇보다도 민주주의는 그 정반대인 독재자마저 선출한다. 이른바 '비자유 민주주의' 또는 '민주독재자'(*democratator*)의 경우다.

희대의 독재자 히틀러는 민주주의가 탄생시킨 독재자다. 인종청소를 감행한 얼마 전 유고슬라비아의 밀로셰비치도 민주주의가 선출한 독재자다. 최근에도 베네수엘라 국민들은 독재자 차베츠를 다시 대통령으로 뽑았다. 한국에도 그런 민주독재가 있었다.

지금 세계에서 형식상·제도상으로는 민주주의인 나라들의 어쩌면 태반이 실은 그러한 비자유 민주주의, 민주독재의 나라들이라고 해야 할 것이다. 민주적 선거로 권력을 장악했지만, 그 권력의 행사에서는 각종 통제와 탄압을 일삼는 경우가 도리어 상례인 것처럼 비일비재다. 그리고 많은 경우 부정축재와 무능이 거기에 수반한다.

세습이나 혁명으로 잡았건 선거로 잡았건, 모든 권력은 그 뒤에 폭력을 깔고 사람들을 이래라저래라할 수 있는 강제력을 가지고 있다. 민주주의, 좀더 정확하게 말해서 '자유민주주의'는, 권력이 민주선거에 의해서 획득된 것이라야 할 뿐만 아니라, 그 권력의 행사에서 이래라저래라하는 타율적 통제나 강제를 최소화하고, 각계각층 국민들의 활동에 최대한의 자유 · 자율을 인용하는 정치체제를 의미한다. 그래서 대통령이나 정부가 함부로 이래라저래라 권력을 휘두르지 못하게 민주주의에서는 대개 '헌법'이라는 것이 제정되어 있기도 하다. 그러나 '민주독재자'는 헌법마저 없애버리든지 자기의 구미에 맞게 뜯어고쳐 버린다.

즉, 자유민주주의의 필수조건은 형식적으로는 보통선거제도지만, 실질적으로는 국민의 최대한의 자유 · 자율권의 보장에 있다. 따라서 자유민주주의 성숙의 척도는 타율(他律)과 자율(自律)의 문제로 귀착한다. 타율이 극심한 비자유 민주주의는 옛날의 '비자유 비민주주의'보다 별로 나을 것이 없고, 옛날 명군(名君)의 시절과 같은 '자유 비민주주의'보다 도리어 못하다. 형식상 민주국가도 경제활동, 교육활동 등에 대해서 일일이 사소한 일까지 이래라저래라 간섭하면 그것도 비자유의 독재에 가까워진다.

이런 관점에서 본다면, 한국의 역대정권은 대부분 민주선거로 탄생했지만 다 아직도 비자유 민주주의의 범주에서 크게 벗어나지 못한다. 민주적 선거는 있었지만, 예나 지금이나 강력한 중앙집권의 관료권위주의적 타율행정은 도리어 점점 심해지는 감마저 있다. 자유민주주의가 더 성숙해가야 할 여정은 아직도 멀다.

이 세상에 완전한 자유 · 자율은 없다. 우선 자율은 여러 가지 법 안에서의 자유 · 자율이다. 자율도 법은 지켜야 한다. 그러나 자유민주국가에서는 그 법 자체도 자율이 존중되게 제정되어야 한다. 그 법의 준수도 될 수 있는 대로 강제 · 타율 아닌 자발 · 자율로 이루어지게 유도해야 한다.

법이 있어도 법 이상으로 더 타율·간섭을 일삼는 정부도 문제지만, 국민들의 자율의식 자유의식에도 문제가 없지 않다. 자율이란 근본적으로 윤리적 행동을 의미한다. 그냥 '마음대로'가 자율이 아니라, 법과 도덕의 범위 안에서 책임을 지면서 마음대로 하는 것이 자율이다.

나는 자유민주주의의 성공요인을, 프랑스의 정치학자인 토크빌의 주장대로 셋으로 본다.

첫째는 기본적 부유(富裕)다.

나라가 지나치게 가난하지 말아야 한다. 찢어지게 가난하면 자유보다 빵이 더 급하고, 빵만 준다면 자유는 좀 유보해도 좋다고 생각한다. 가난한 나라에 민주주의를 도입하면, 거의 예외 없이 오래 가지 못하고 독재체제로 전락한다는 연구도 많다. '의식이 족해야' 예의를 알지만, 어느 정도는 의식(衣食)이 족해야 자유민주도 안다. 근대 민주주의는 옛 영국에서 자기재산을 지켜야 하는 중산층의 출현이 그 계기가 되었다. 박정희 대통령의 치적에 관해서 말이 많지만, 하나 부인할 수 없는 사실은 그가 이룩한 경제발전이 후일 민주주의 지속의 씨를 뿌렸다는 사실이다.

둘째, 자유민주주의의 성공요인은 법의 지배다.

민주국가에는 황제·군주·왕·임금님은 없고 생득적인 특권계급도 없다. 이래라저래라 명령하고 강제할 사람이 없다. 그러나 모든 사회엔 어떤 모양으로든 규율·통제가 있어야 한다. 규율이 없는 사회는 아수라장일 수밖에 없다. 그 규율·통제력을 민주국가에서는 왕 아닌 '법'만이 갖는다. 대통령도 법 아래에 있고 그 법을 지켜야 한다. 따라서 거리에 쇠파이프 데모가 횡행하고, 심각한 부정부패도 특사(特赦)라는 이름으로 곧 '관대하게' 풀려나고, 대학에서 규정대로의 16주 강의를 안 채우고도 학점이 나가는 등, 명색이 민주국가에서 법이 서지 못하고 법이 지켜지지 않고 법이 법대로 집행되지 않으면 민주도 국가도 다 와해의 길에 들어선다.

셋째 요인은 국민들의 도덕적 · 지적 특성이다.

국민들이 남을 생각하는 도덕적 수준이 낮거나 합리적 사고 · 협의 · 토론의 수준이 낮으면 민주주의는 험로(險路)에 들어서고 곧 와해의 운명을 맞는다. 토크빌은 이 '도덕적 · 지적 특성'을 민주주의 성공의 제일 중요한 요건이라고 주장했다. 한 나라의 교육제도는 그 도덕적 · 지적 특성을 기르는 것이 그 제일의 목적이다. 따라서 교육이 '붕괴'하면 도덕적 · 지적 특성도 붕괴되고, 그에 따라 민주주의도 붕괴된다는 말이다.

독재자가 되고 싶고 그 위치를 오래 유지하고 싶은 사람에도 세 가지 '비결'을 제안해본다. 옛날에 어떤 책에서 힌트를 얻은 비결이다. 첫째는 될 수 있는 대로 나라나 집단에 불안감을 조성하는 일이다. 외국놈들이 쳐들어오려 한다, 유태인들이 여러분을 가난하게 한다, 그대로 놓아두면 큰일 난다 등 정말 거짓말 보태서 국민을 잔뜩 불안에 떨게 하라. 둘째는 그 불안은 내가 해소해 주고 내가 경제를 일으키고 할 것이라고 호언장담을 하라. 그러나 실제로는 하나도 그 불안을 해소해 주지 말고, 그렇게 안 되는 이유를 다시 외국놈 유태놈들 때문이라고 선동해라. 그리고 셋째, 국민을 될 수 있는 대로 무식하게 하고 나라형편도 모르게 하라. 정 교육을 해야 한다면, 써먹기 딱 좋을 만큼만 가르치고, 신문은 될 수 있는 한 통제하라. 그러나 그렇게 해서 독재자의 자리를 얼마 동안은 유지한다 해도 그리 오래는 가지 못할 것이다.

자유와 평등

자유(自由)와 평등(平等)은 다 긴요하다. 그리고 그 둘은 항상 균형을 잡아가야 한다. 그렇게 균형을 잡을 수 있는 근본은 박애(博愛) 또는 우애(友愛)라는 정서적 · 도덕적인 요인이다.

해방 후 1970년대까지 장장 30여 년 동안은 경제적 자유와 평등의 문제는 거의 공론장(公論場)에서 거론되지 않았다. 워낙 모두가 가난해서 나누고 자시고 할 것이 애당초 없었기 때문이다. 경제적으로 뛸 수 있는 자는 마음대로 뛰게 하는 자유가 가난극복의 길이었다. 그러다가 1970년대부터 경제가 비약적으로 발전해서 부가 축적되어 가면서 빈부의 격차가 점점 눈에 띄게 되었고, 그것이 1980년대에 들어와서 공론화되기 시작했다. 그 후 김대중 · 노무현 정부에 들어와서는 시계추가 너무 평등 쪽으로 기울어졌다.

19세기 영국의 초기 자본주의경제, 흔히 '원시적'이고 '난폭'한 자본주의라고 불리는 경제체제는 극심한 빈부격차를 빚어냈다. 그것이 평등을 강조하는 사회주의 사상을 낳게 한 것은 충분히 이해가 간다. 당시 런던의 빈민가는 비참의 극이었다. 그런 빈부격차가 맑스에 이르러 무산계급의 독재를 포함하는 공산주의를 잉태하게 했다. 그러나 극심한 독재였던 공산주의는 근 70년간 세계 곳곳에 많은 비극만 낳고 결국은 역사의 뒤로 사라졌다. 그래도 경제적 자유와 평등문제 자체는 아마도 영영 인간사회가 씨름하고 균형을 잡아가야 할 문제로 남는다. 인간의 모순된 본성 때문이다.

인간은 남과 다르기도 원하고 동시에 남과 같기도 원하는 모순적인 존재다. 나도 좀 남들과 같이 넉넉하게 살고 싶고, 동시에 내 마음대로 남보다 더 부자가 되고 싶어도 한다. 내 아들을 내 마음대로 남보다 더 좋은 학교에 보내고 싶기도 하고, 너희 아들만 사람이냐 내 아들도 좀 보내자고도 주장한다. 자유와 평등은 두 가지 다 인간의 기본적인 욕망이다. 그래서 불란서 혁명의 구호에도 자유와 평등을 나란히 주장했다.

민주국가에는 대개 자유주장의 보수당이 있고, 평등주장의 진보당이 있어서, 항상 자유와 평등을 정치적으로 조절하고 균형을 잡아간다. 정치사상으로는 보수당은 자유주의가 강하고, 진보당은 민주주의가 강하다. 미국 대통령들은 연설마다 자유와 민주가 입버릇처럼 붙어 다닌다. 둘은 별개지만 다 중요하다는 뜻일 게다.

보수와 진보의 갈등은 정치사상만 아니라 철학사상과도 관계된다. 보수는 변화를 싫어하고, 진보는 변화를 바란다. 따라서 모든 것을 있는 그대로 중요시하는 존재론 · 실재론과 변화와 유전(流轉)을 강조하는 생성론 · 변화론으로 이어진다. 교육사상에서는 문화 속의 불변요인을 강조하는 본질주의와 사회의 계속적 변화를 강조하는 사회개조주의에도 이어진다.

또 인간심리, 인간발달에 관련해서도 유전론(遺傳論)과 환경론(環境論)으로 이어진다. 가난한 자는 제가 무능하고 게을러서 그렇고 그것은 유전의 탓이라는 것이 보수파의 주장이고, 그게 아니라 가난은 제도와 환경의 탓이고 유능 · 무능도 근면 · 나태도 환경의 탓이라는 것이 진보파의 주장이다. 그러나 근래 인간발달이론에 비추어 보면 이 양쪽 주장은 다 잘못인 것을 우리는 참고할 만하다.

유전과 환경은 마치 남녀가 "같이 껴안고 추는 춤과 같고", 감각경험 여하에 따라 대뇌신경망의 구조와 기능 자체가 변화해 간다는 근래의 이론은 유전 대 환경의 논쟁을 무의미하게 하고, 결국 자유와 평등도 초월해야 할 갈등으로 보아야 한다고 시사한다.

18세기 불란서 혁명의 구호는 자유・평등・박애였다. 이 셋은 그저 다 좋은 말을 일렬로 나열해 놓은 것이 아니라, 도리어 한 삼각형의 저변 양쪽 꼭지점에 자유와 평등이 있고, 위쪽 꼭지점에 박애가 있는 모양으로 나는 해석하고 싶다. 즉, 자유와 평등은 다 필요하고 좋은 것인데, 둘은 자주 갈등관계에 빠진다. 이때 그 갈등을 조절하고 절충하는 원리가 박애 내지 우애라는 도식으로 나는 해석한다. 앞의 '자유와 민주주의' 장에 예로 든 밤 따기 경우에, 밤을 많이 딴 집은 못 딴 집을 이해해주고, 못 딴 집은 많이 딴 집을 이해해주면 그만큼 갈등은 감소된다.

박애・우애는 정치적 개념이 아니라 정서적・도덕적 개념이다. 감정이입, 자비, 인, 사랑, 박애 등 아무 이름을 붙이건 근본적으로 남을 살피고 배려하는 심리를 말한다. 결국 자유민주주의가 둘 다 소중히 여기는 자유와 평등이 자칫 갈등에 빠질 경우 그것을 구제할 수 있는 것은 정서고 도덕이라는 것이다. 여기에도 민주주의는 '도덕적・지적인 특성'에 의해서만 성공할 수 있다고 보아야 할 이유가 있다.

법과 도덕

인간사회에는 법이 엄연히 서 있어야 한다. 법의 준수도 엄해야 하고 법의 집행도 엄해야 한다. 또한 기본적인 도덕도 서 있고 지켜져야 한다. 이 당연한 얘기를 새삼 들먹이는 이유는 우리의 법의식(法意識)과 도덕의식에 좀 문제가 있어 보이기 때문이다.

법은 태고에도 있었다. 고조선엔 '팔조법금'(八條法禁)이 있었고, 불교엔 '오계'(五戒)가 있고, 기독교엔 '십계명'(十誡命)이 있었다. 사람 죽이지 말고, 훔치지 말고, 간음하지 말고는 이 셋에 다 들어가 있다. 법 없이는 인간집단은 통치할 수 없고, 통치하지 못하면 '정글의 법칙'만 작용하는 동물집단으로 전락하기 때문이다.

사람은 제멋대로 제 욕심대로 살고 싶어한다. 그러나 필요할 때엔 자제(自制)할 줄도 안다. 그렇게 자제하게 되는 이유에 세 가지가 있다. 즉 법(法), 도덕(道德), 정서(情緒)의 셋이다.

법은 어기면 벌을 받는다. 벌이 무서워서라도 법을 지킨다. 도덕규범을 어기면 양심의 가책에 시달리고, 그런 가책은 때로는 법의 형벌보다 더 아프다. 또 인정이 있어서, 내가 하려는 일이 남에게 심한 고통을 줄 것이라고 느끼면 쉬 그 일을 하지 못한다. 감정이입 때문이고 안쓰러움 때문이고 인정 때문이다. 정서는 도덕적 감정에 포함시켜도 좋을 것이다.

우리의 법의식엔 좀 문제가 있다. 그것은 지난날 왕조, 일제시대, 독재정권의 긴 역사에서, 법이란 사람을 죄고 압박하는 것일 뿐, 별 이익을 안겨주는 것이 아니라는 쓰라린 역사의 경험에서 길러진 법의식일 것이다. 가렴주구의 조선조 말기에는 도리어 법을 어기는 것이 살아남는 길이었고, 일제시대에는 법을 어기는 것이 애국이었다. 독재정권하에서는 법을 어기는 것이 '민주화'의 용사였다.

뿐만 아니라, 자고로 이어온 유교의 전통이 우리의 허약한 법의식에 관계가 없지 않아 보인다. 유교는 법치(法治)보다는 덕치(德治)를 이상으로 여겼으며, 법을 들먹이는 것은 왕의 덕이 부족한 탓으로 보았다. 그런 생각이 법 경시의 풍조로도 이어졌을 수도 있다. 그렇게 덕만 바라다가 도리어 폭정(暴政)도 많이 당했다.

이런 불행한 역사에서 길러진 부정적 법의식은 내 나라가 되고 민주주의라는 나라가 된 지금에도 그 긴 그림자를 드리우고 있다. 자기들 욕심을 관철하려고 데모에서 '정정당당히' 쇠파이프를 준비하고 들고 나와서 전경을 난타하는 장면은 민주사회에서는 있을 수 없는 장면이고 용서되어서도 안 되는 장면이다. 몇몇 대학에서 벌어지는 '총장실 점거'도 매한가지다. 그것을 '정의'나 '용기'로 여기는 것은 크나큰 시대착오다.

더 한심한 것은 정부의 태도다. '엄벌한다, 엄벌한다'고 자주 으름장은 놓지만, 결과는 몹시 '관대'하다. 그것은 관대가 아니라 정부가 법을 법대로 집행하지 않는 직무유기이며, 극단으로 말해서 반민주적 민주역행의 처사다. 민주주의는 달리 왕이 없고 법만이 지배해야 하는 사회이기 때문이다.

이에 비하면 신대륙 미국은 행복했다. 신천지에서는 이래라저래라할 왕도 귀족도 없었다. 거기에서 질서를 세우는 길은 서로 합의해서 제정한 법밖에 없었다. 법의 준수와 집행이 사람들의 생명과 재산을 지켜주는 힘이었다. 서부영화에서 보듯이 그 무법천지의 서부에서 나를 지켜주는 것은 '보안관'과 검찰과 법관뿐이었다. 그들에게 법은 저 편이 아니라, 이 편이었다. 부정적이 아닌 긍정적인 법의식이 처음부터 정착했던 셈이다. 우리 데모에서 '당당한' 쇠파이프는 상상도 못한다.

부정적 법의식은 법의 경시, 법의 무시만 아니라, 그것에 따르는 그릇된 '정의감', '용감성' 때문에 도덕불감증, 정서불감증도 수반한다는 심각한 문제가 있다. 정의(正義)라는 이름으로는 사람들은 못하는 짓이 없다. 그리고 자기가 용감하다고 생각하면 전후좌우를 잃고 별짓 다 한다. 정의와 용기의 이름으로 쓰러져 피 흘리는 전경을 짓밟은 것도, 정의와 용기의 이름으로 무고한 사람들을 죽이는 이라크의 자살폭탄 테러와 별로 다르지 않다.

우리의 도덕의식(道德意識)에도 좀 문제가 있다. 단적으로 말해서 가족·친지 사이의 도덕의식은 강한 반면, 남과 공공(公共)에 대한 도덕의식은 희박하다. 이것이 가족·친지 간의 윤리를 강조한 삼강오륜(三綱五倫) 때문인지는 몰라도, 남과 공공에 대해서는 일반적으로 좀 거칠고 무관심하다. 이것은 여러 현상에서 볼 수 있다.

어떤 외국사람이 이런 말을 했다. 동남아 호텔 로비에서 주위 아랑곳없이 왁자지껄 떠드는 사람, 식당에서 고성으로 '빨리 빨리'라고 재촉하는 사람, 행길에서 곧 덤벼들 것 같은 무서운 얼굴로 접근해 오면서 길을 양보할 생각은 하나도 없는 사람은 틀림없이 한국사람이라고 했다. 그런 한국사람이 친구를 만나면 아주 반색하고 부드러워진다.

요새는 상행위에서 미소와 부드러움과 친절이 강조되고, 관공서도 많이 '친절'해졌다. 그러나 한때 나는 동사무소나 구청 등 관공서에 볼일이 있어 가야 할 때면 좀 긴장했다. 또 사무원이 나를 쳐다보지도 않거나 본다 해도 무섭게 흘겨보면서 퉁명스러운 어조로 퇴짜 놓을 것 같아서였다. 그가 나를 반가운 존재가 아니라 그저 귀찮은 존재로 여기리라는 생각이 들기 때문이다. 일상생활에서 그 많은 남과의 인간관계가 이렇게 원수처럼 진행되어야 하나?

행락지에서 버리는 그 엄청난 쓰레기와 고속도로변에서 보는 그 수많은 투기물들은 한국 특유의 현상이 아니면, 아주 뒤진 미개사회의 특징이 아닐까 하는 생각이 가끔 든다. 공공(公共)불감증이다.

어떤 교수가 '교양'을 좀 특이하게 정의했다. "교양이란 사회 공공의 사정과 문제를 내 자신의 문제처럼 내면화한 것"이라고 정의했다. 좀 특이했지만 정곡을 찌른 정의다. 산야의 쓰레기를 내 집 마루에 널려 있는 쓰레기처럼 걱정하고, 생태계의 파괴를 내 집 파괴처럼 느끼고, '교육붕괴'를 내 아들의 붕괴처럼 느끼고, 한국역사의 내일을 내 일처럼 걱정하는 것이 교양임에는 틀림없다.

한국의 부모들은 대부분 학교를 자기 아이들의 출세를 위한 학교라고만 생각할 뿐, '우리 아이들'이 다 건전하게 자라가야 할 공공을 위한 곳이라고는 잘 생각하지 않는다. 그 학교교육 여하에 내 아이의 출세 여부가 달려 있다고만 생각할 뿐, 거기에 내일 한국의 명운 여하가 달려 있다고는 거의 생각하지 않는다. 한국교육은, 그것을 '내' 아이의 장래만 아니라 '우리' 아이들과 한국의 명운이 달린 나의 일로 내면화하고 있는 시민들에 의해서만 발랄해질 수 있을 것이다.

부와 문화

개인에게나 사회에게 물질적 풍요는 중요하다. 그러나 그에 못지 않게 또는 그 이상으로 정신적 풍요도 중요하다. 도리어 부(富)는 많은데 문화는 적은 나라보다는 적정한 부에 많은 문화가 있는 나라가 더 반갑고 바람직하다.

아무리 생각해도, 먹고살기에 족하면 됐지, 그 이상의 부(富)는 삶의 뜻도 행복도 주지 못하는 뜬구름과 같은 것이라고 한 옛 성현들의 고리타분한 말씀이 결국 옳은 것 같다. 부(富), 돈, 재력은 가난하고 쪼들린 때에는 몹시 부럽고 갖고 싶다. 그러나 어느 정도 넉넉해지면, 이런 성현들의 말씀에 조금은 귀를 기울일 여유도 가져야 할 것 같다.

지난 반세기 한국은 무척 빠르게 경제적 성장을 거듭했다. 개인당 GNP 100달러 미만에서 2만 달러로 성장하고, 그 경제규모가 세계 10위에 이른 것은 결코 범상한 업적은 아니다. 빈부격차에서 오는 이른바 상대적 박탈감 때문에 불만이 있는 사람들도 많지만, 한국사회 전반으로 따지면 50년 전이나 100년 전에 비해서 엄청 넉넉하고 편하고 편리한 세상에 살고 있는 것은 아무도 부인 못할 것이다.

일제시대 말기에 강릉에서 대관령을 넘어 원주로 가려면, 숯을 연료로 하는 '목탄차'라는 버스를 타고 비포장 꼬부랑 자갈길을 털털거리고 노란 흙먼지를 뒤집어쓰면서 11시간이 걸렸다. 이제는 탄탄대로에 한 시간이면 넘어간다. 먼지가 없으니 공기도 상쾌하다. 그러나 우리의 부의 추구가 어디까지 치솟기를 바라야 하느냐는 좀 곰곰이 생각해 보아야 할 문제다.

부(富), 돈, 재력에 관해서 몇 가지 사실은 명백하다. 우선 부는 아무리 많건 적건 어디까지나 수단이지, 목적은 될 수 없다. 돈은 결국 어디에 쓰기 위한 것이지, 지폐 수표 한두 장 그 자체는 땔감도 못된다. 단 몹시 가난한 경우 또는 어쩌다 스크루지처럼 수전노가 되어 황금빛 그 자체에 정신을 잃은 사람일 경우에는 돈이 목적이 될 수 있다. 그 외에는 돈이란 수단으로 써야 만족도 오고 행복도 삶의 뜻도 찾을 수 있다.

앞에서도 인용했지만, 벌써 옛날 경제학자 케인스는 가난한 동안에는 돈벌이가 삶의 목적이 되는데, 부자가 되면 그 목적의식이 희박해져서 도리어 삶의 무의미감, 공허감에 빠져들 수도 있다고 경고한 적이 있다. 가난한 동안에는 몰라도 넉넉해지면 삶의 목적을 돈 이외의 어떤 다른 곳에서 찾을 수 있어야 한다는 말이다. 돈의 가치 이외의 다른 가치, 자기를 위해서건 남을 위해서건 어떤 다른 보람을 찾을 수 있어야 한다.

더 많은 돈이 더 많은 행복을 안겨주지 않는다는 것도 사실이다. 일본, 미국 등 경제선진국에서 지난 50년간 국부(國富)는 몇 배로 뛰어올랐는데 사람들의 행복감 지수는 제자리걸음이었다는 조사도 있다. 의외로 아프리카의 어떤 빈민촌이나 부탄 사람들이 더 행복감 지수가 높았다. 종교 때문일까? 그렇다고 그들처럼 가난해지자는 말은 아니다. 갑부의 부자지간 형제지간 소송사건도 심심지 않게 자주 들리고, 갑부의 자살사건도 많다. 돈이 억만장자라도 행복한 사람들은 아니었던 모양이다.

부(富)의 지나친 추구는 급속한 환경오염, 생태계 파괴로 이어지는 것도 우리가 여실히 경험하는 사실이다. 산업화가 뿜어내는 탄산가스로 인한 지구온난화 때문에 지난 겨울에는 한강이 얼어붙지도 못했다. 한국은 지금 황사에 묻어오는 중국 경제발전의 폐기물을 뒤집어쓰고 있다. 남·

북극 빙산들이 빠르게 녹아 이대로 가서 다 녹으면, 머지않아 지구 해수면이 올라가서 동경, 상하이, 뉴욕 등 세계 주요 도시들이 물 아래에 잠길 것이고, 생물의 종은 매년 몇천 개씩 줄어들어 지구가 점점 삭막해져 가고…, 생각만 해도 끔찍하다. 어쩌면 지나친 부의 추구는 인류가 자기 묘혈(墓穴)을 파고 있는 것인지도 모른다. 또 지나친 부는 낭비, 허비를 낳는 것도 사실이다.

부자이면서 절약할 줄 아는 사람도 있지만, 대부분의 부자, 특히 졸부(猝富)는 절약이라는 덕목을 잊고 있다. 옛날에는 가난해서 절약했지만, 이제는 한정된 자원을 아끼고 인류의 묘혈을 파지 않기 위해서 절약은 귀중한 덕목인 것을 잊고 있다.

사람은 먹고살아야 한다. 그것은 지상명령이다. 요새는 저출산으로 좀 둔화되었지만, 한국도 늘어나는 인구를 먹여 살리고 최빈층이 생계 유지선을 넘을 수 있을 만큼의 경제발전은 지속해야 한다. 그러나 경제적으로 무한정 마구 치솟아 오르려는 것이 과연 필요하고 또 현명할까?

나는 경제대국 미국보다 스웨덴, 노르웨이, 핀란드 등 북구의 나라들이 더 부럽다. 경제적으로 대국은 아니지만 상위권에 들고, 사람들은 부드럽고 개방적이고, 어디 가나 환경은 깨끗하고, 빈부격차는 있어도 크지 않고, 정부는 물론 사회전반의 '부패지수'는 거의 영(0)에 가깝고, 문화시설은 풍부하고 문화활동은 활발하다. 거기에도 겉으로는 쉬 보이지 않는 사회문제들은 있겠지만, 어쩐지 지구상에서 가장 이상적인 나라라는 생각이 든다.

심리학자 매슬로는 인간의 욕구구조를 하위욕구와 상위욕구로 나누었다. 하위욕구에는 생리적 욕구, 정서적 욕구, 사회적 욕구를 포함시켰고, 상위욕구엔 의미의 추구, 조화의 추구, 성취의 추구, 진·선·미의 추구 등을 들었다. 그러면서 하위욕구는 부족하면 '적정량'만 채워주면 되는

'부족동기'를 구성하고, 상위욕구는 아무리 채워도 더 원하고 '최대'를 바라는 '성장동기'를 구성한다고 했다.

아무리 배가 고파도 밥 한 사발 먹으면 더는 못 먹고 끽하고 물린다. 밥은 적정량이면 된다. 아무리 사랑하는 사람도 하루종일 붙어 있으면 싫증이 난다. 가끔 적당히 떨어져 있는 것이 사랑을 더 간절하게 한다. 친한 친구도 매한가지다. 가끔 만나야 반갑지, 사시사철 같이 있어야 한다면 좀 지겹다. 다 적정량(*optimum*)만 채워주면 된다. 그러나 상위욕구, 성장동기는 다르다. 아무리 채워도 부족하고 최대(*maximum*)를 추구한다. 의미, 조화, 진선미(眞善美)의 추구는 물리지도 않고 싫증나지도 않고, 도리어 더 재미가 나서 더 많은 것을 추구한다.

어떤 사람은 하위욕구를 소유(*having*)의 욕구, 상위욕구를 존재(*being*)의 욕구라고 불렀다. 뭔가 '가지려는' 욕구와 '인간이기'를 바라는 욕구다. 하위욕구의 충족은 만족을 주고 포만감을 준다. 상위욕구의 충족은 희열을 주고 더 한층 높은 갈구의 도전감을 준다. 나는 상위욕구, 존재욕구를 자아실현의 욕구라고도 부른다. 사회적으로 보면 상위욕구, 자아실현의 욕구는 바로 문화적 욕구에 해당된다.

문화(文化)라는 말엔 크게 두 가지 뜻이 있다. 하나는 사람들의 생활양식 모두를 포함한다는 뜻의 문화다. 이 뜻의 문화는 한 집단이 이어져 왔고 가지고 있는 도구, 기술, 지식, 조직, 제도, 통념, 가치관, 신앙 등 모든 것을 포함한다. 이런 뜻에선 원시사회에도 후진국가에도 다 문화가 있다. 비유해서, 그것은 농사 짓고 살려면 꼭 필요한 생활도구인 '괭이'로서의 문화다. 문화인류학의 연구대상은 이 넓은 뜻의 문화다.

또 하나는 문화인(文化人), 문화상, 문화적이라고 할 때 뜻하는, 참되고 어질고 아름다운 '꽃'으로서의 문화다. 그것이 발명되었을 때에는 괭이도 희한한 꽃이었을 것이다. 이제는 꽃이 아닌 진부한 그저 한 도구에 불과하다.

여기서 말하는 꽃으로서의 문화는 대개 넓게 규정해서 학문·예술·도덕이라는 분야에서 자라나고, 어떤 사람들의 생산·창의·창조에 의해서 피어오르고, 그 후 여러 사람들이 그것을 감상하고 음미하고 즐긴다. 그런 문화 속에서 사람들은 상위욕구·성장욕구의 충족도 찾고, 인간으로서의 자아실현의 자료도 찾고, 삶의 궁극적인 뜻도 행복도 찾으면서, 그것을 다음 세대에 이어준다. '한류'도 좋지만, 오락 연예를 넘어서는 좀 꽃다운 학문·예술·도덕이 만발하는 나라가 한국의 '발전' 목표라야 하지 않을까?

돈, 부, 재력도 좋다. 그러나 그것은 결국 인간적 문화추구의 수단이고, 그 자체가 궁극적 목적일 수는 없다. 우리의 부의 추구는 이런 마음의 여유를 가져야만 할 것 같다.

전쟁과 외교

한반도엔 언제나 전운(戰雲)이 감돈다고 해도 과언이 아니다. 그러나 전쟁은 극력 피해야 한다. 그러려면 외교력이 무엇보다 긴요하다. 또한 유비무환은 엄연한 역사의 교훈이다.

한반도는 한없이 아름답다. 그러나 또한 한없이 고달픈 곳에 위치하고 있다. 이른바 고약한 지정학적 위치에 자리하고 있다. 한 사가(史家)는, 더 옛날은 그만두고라도 지난 2천 년 동안 한반도에는 전란이 약 2백 회, 그 중 약 60회는 외침(外侵)으로 인한 전쟁이고, 그 중 약 30회는 전국이 초토화된 처참한 전쟁이었다고 헤아렸다. 전체로 따지면 전란이 20년에 한 번 꼴이고, 외침으로 인한 전쟁도 30년에 한 번 꼴이다. 이렇게 고달픈 수난의 역사를 가진 나라가 어디 또 있을까?

무참한 6·25 전쟁을 치른 지 지금 50여 년, 이 소강(小康)상태가 역사 평균으로는 좀 길다. 하지만 이런 불안한 평화가 얼마나 더 길게 갈 것인가? 소강에 젖어 전쟁은 아예 없으리라는 환상을 가지고 있어도 되는 것인가?

자유민주의 남한과 공산독재의 북한은 아직도 기술적으로는 전쟁상태에 있다. 휴전을 하고 '햇볕정책'이라고는 하나, 북한의 숨은 뜻을 알 수 없어 몹시 불안하다. 눈을 돌리면, 고조선과 삼국시대에도 고려와 조선시대에도 한민족을 괴롭힌 중국은 근자에 무서운 속도로 경제발전하면서 '동북공정'을 넘어 세계를 공략하려는 기세다. 일본은 본래 군국주의가 거센 데다가 조선을 괴롭히고 중국을 괴롭힌 역사에 하등의 자책을 느끼지 않고 있다.

중국과 일본이 다시는 한국을 괴롭히지는 않을까? 그나마 우방인 미국은 저 멀리에 있고, 근자 정부의 외교실책으로 그 관계마저 소원해지고 있다. 어쩐지 자유민주의 한국은 무원고립(無援孤立)의 형세에 놓여 있는 것만 같다.

무슨 대의명분으로든 전쟁은 극력 피해야 할 크나큰 비극이다. 나는 어쩌다 대동전쟁에도 한국동란에도 휩쓸려 들어가기 직전에 운명이 나를 전쟁터에서 제쳐 놓았다. 그래서 나는 처절한 전쟁경험은 없다. 그러나 전쟁이 처참하다는 것은 수도 없이 듣고 보고 해서, 전쟁이 무서운 것은 능히 짐작한다. 어쩌면 그 경험이 없기 때문에 전쟁을 더 처참한 것으로 생각하는지도 모른다. 내가 직접 겪지도 않은 한국동란의 장면들이 지금도 나를 가끔 꿈에서 가위에 눌려 소스라치게 놀라기도 한다.

전쟁을 피하는 길은 외교력(外交力)밖에 없어 보인다. 나는 교육학을 전공하면서도, 한국과 같은 처지에서는 교육보다 외교가 더 급하고, 유능한 교사·학자도 필요하지만, 유능한 외교가가 더 긴요한 것이 아닌가 하는 생각이 자주 든다. 우선 한국은 인구 규모로 보나 국토 크기로 보나 미국이나 중국 같은 군사대국이 되기를 바라기는 어렵다. 원자탄 한둘을 가지고 있다고 해서 군사대국이 되는 것은 아니다. 국가보위에는 군사력 이외의 또 다른 힘이 필요하다. 그것이 외교력이다. 손자병법에도 싸우지 않고 이기는 것이 가장 좋은 전략이라고 했다. 싸우지 않고 이기는 힘이 외교력이다.

더구나 여러 나라들의 이해관계가 복잡하게 얽혀있는 오늘의 세계에서는 국가보위력의 태반이 우선 외교력이다. 지금의 세계에서는 문자 그대로의 '자주국방'은 있을 수가 없다. 최대 강국이라는 미국도 전쟁에서는 우방을 찾아야 하는 것이 서로가 얽혀 있는 지금의 현대세계다.

언제든 남북통일을 이룩하는 데에도 외교력은 아주 긴요하다. 남북간의 '협상'에도 외교력이 필요하지만, 설혹 어떤 모양으로든 통일의 가능성이 생긴다해도, 어쩐지 이른바 열강들이 그것을 가만히 앉아 그대로 환영만 할 것 같지가 않다. 열강들이 겉으로는 한반도 통일을 환영한다 할지몰라도 속셈은 그게 아니고, 지금대로 갈라져 있는 것이 더 속 편하다고 생각하고 있는 것이 아닌가 하는 염려가 들 때가 있다.

통일이 되면 7,8천만의 '대국'(大國)이 위협적으로 탄생하는데 그것을 중국·일본·미국·러시아 등이 좌시만 하고 있을 것 같지가 않고, 자기 구미에 안 맞는 형태의 통일은 음으로 양으로 방해할 것만 같다. 열강의 그런 우려를 납득이 가게 해소하면서 통일을 위한 국제적 협찬을 얻어내는 데에도 비상한 외교력이 필요할 것이다.

옛 중국 춘추전국시대의 얘기, 삼국지의 얘기에는 세객(說客)들이 많이 등장한다. 옆나라와 전쟁을 벌이려고 하는 왕을 말리면서, '제가 이 혀 세치로 적을 설복하고 오겠으니 보내주십시오' 하는 능란한 화술의 소유자들이다. 어떤 세객은 성공해서 개선하고, 어떤 세객은 도리어 적에게 참(斬)을 당한다. 그들은 능란한 외교가들이었다. 그러나 현대의 외교가에겐, 그 직책이 외교관이건 판매원이건 장관이건 대통령이건, 능란한 화술 이상의 것이 필요하다는 것을 능히 짐작할 수 있다. 나는 외교전문가와는 거리가 멀다. 그러나 몇 가지 아마추어적 상정은 해볼 수 있다.

우선 외교력에는 세계적 안목과 외국정세에 관한 지식과 통찰력이 필요할 것은 당연하다. 나는 20여 년 전 진단학회에서 펴낸 《한국사》의 최종편에서 망국 이전 조선 조정의 행태를 이런저런 대목을 읽어가면서, 조정 중신들이 '이렇게도 세계정세에 어두웠나!', '이렇게도 외국을 기피하고 움츠러들어 외교라고는 생각도 못 했나!', '이때 세계의 정세를 알고 이렇게 했더라면 망국까지는 가지 않았을 것 아니냐!' 라고 혼자 몹시 분통을 터뜨렸던 기억이 난다. 조선조는 조금만 더 외국의 정세 · 정보를 알았더라면 망하지 않을 수도 있었다. 쇄국주의는 그래서 치명적이었다. 지금도 가끔 부임국의 낱말 몇 개만 알고 정세도 겉핥기로만 알고 가는 외교관들이 있다고 하니, 그것은 옛 쇄국주의의 잔영이다.

'외교' 하면 사람들은 어쩐지 약삭빠르게 '잘 속여넘기는 일'이라는 어감으로 해석하는 경향이 있으나, 이것을 실은 정반대라야 할 것이다. 외교는 상대방을 상대방 입장에서 이해하는 '감정이입'의 능력, 깊이 상대방을 이해하는 능력이 있는 사람이라야 할 것이다. 그래야 상대방이 마음을 놓는다. '설득'은 나중의 일이고 우선 깊은 이해가 앞서야 할 것이다.

또한 능란한 외교가의 일화에서 우리는 해학과 기지, 유머와 위트의 얘기를 자주 듣는다. 확실히 유머와 위트는 외교에서 중요한 자산일 것이다. 옛날 필리핀의 외교가 로물로는 키가 유난히 작았다. 어떤 파티에서 누가 '왜 그렇게 키가 작으냐'고 농을 걸었다. 그는 "나는 키 작은 것을 즐긴다. 꼭 큰 5전짜리 동전(미국동전 *nickel*) 속에서 작은 반짝이는 10전짜리 동전(*dime*)인 것 같은 느낌을 즐긴다" 라고 응수했다. 사람들은 그후 그를 만만하게 보지 않았다.

어떤 심리학자들은 유머와 위트는 사람들의 지능과 교양 그리고 개방적 성격과 깊이 관계가 있다고 했다. 이 말은 외교가는 폭넓은 교양을 지녀야 한다는 말이고, 철저한 교양교육의 중요성을 방증한다.

전쟁은 어떻게든지 피해야 한다. 명분이야 어떻든 너무나 큰 참극(慘劇)이다. 하지만 슬프고 엄연한 사실은 인류의 역사는 수도 없이 많은 전쟁으로 점철되어 왔고, 지금도 세계엔 포화(砲火)가 끊이지 않고 있고, 여러 나라들이 군비증강에 혈안이 되어 있다는 사실이다. 손자병법의 제일성도 "兵者國之大事也"(병자국지대사야)다. 군사와 군비(軍備)는 피하려야 피할 수 없는 절대로 소홀히 할 수 없는 나라의 대사라는 뜻이다.

한국은 군사대국이 될 수 없다. 그러나 정녕 나라를 지키고 자유민주를 지키기 위해서는 정 불가피하면 일전을 불사할 각오와 준비는 게을리 하지 말아야 할 것이다. 유비무환(有備無患)은 역사의 교훈이다. 만의 일의 경우, 우리가 싸우고 버틸 수 있어야 우방의 우군도 답지한다.

나는 아무래도 여러 가지로 조선조 500년에 대해서 이리저리 좀 지나치게 비판적인 것이 아닌가, 스스로 반성할 때가 가끔 있다. 조선이 나라를 잃는 바람에 우리가 일제치하에 전락했기 때문일까? 그래도 비판할 것은 비판하고 새로운 내일을 도모해야 할 것으로 안다. 나는 조선조 500년의 문약(文弱)이 결국 망국으로 이어진 큰 원인의 하나라고 본다. 전란이 나면 임금은 제일 먼저 도망가고, 조정백관이 그 뒤를 따라 도망가고, 전쟁은 보통 때 천대받던 무반들이 지휘하고, 실제 싸움은 보통 때 가렴주구에 시달리던 백성들의 몫이었다. 이러고서 전쟁에 이길 수는 없다. 임진왜란 때 왜군은 부산에서 서울까지 14일 만에 정복했다. 거의 뛰어오다시피 했다. 조선군에 전의(戰意)가 없었다는 말이다.

본래 한민족은 늠름한 기상의 북방 기마(騎馬)민족이라고 했다. 중국고서에도 동이(東夷)족은 예의 바르고 가무를 즐기면서도 아주 강건했다고 적혀 있다. 夷(이)라는 자도 大(대)와 弓(궁)의 합자, 큰 활을 잘 다루는 사람이라는 뜻이라고 한다. 그렇게 아메리칸 인디언의 용맹을 방불케한 고대 한민족이 어쩌다 이런 문약(文弱)으로 전락했을까?

나는 긴 설명을 빼고, 그것은 유교에 대한 편협된 숭상과 실질적으로 문신(文臣) 일변도의 과거제도 때문이었다고 본다. 극단으로 말하면 편협되게 해석한 유교가 한민족을 '거세'(去勢)한 셈이다. 앞에서도 들었지만, 유교 이전의 고대 중국 주나라의 이상적 인물은 '예악사어서수'(禮樂射御書數)였다. 문무(文武)를 겸했다. 그것을 그대로라도 받아들였다면 조선조 같은 거세는 당하지 않았을 것이다. 편협하게 그 3분의 1인, 예(禮)와 서(書)만 따 왔기 때문일 것이다.

내일의 한국사회, 한국사는 이런 문약 일변도를 크게 재지향해야 할 것이다. 그러나 근자에 어쩐지 국방의식이 좀 희박해지고, 신병훈련도 좀 연성화되어 가는 것 같고, 지난날의 군부 · 군인 정부에 대한 반발이 지나쳐서 '문민정부'란 이름을 내세우면서 일종 '무(武)모멸'의 풍조마저 느끼게 하는 것은 자성(自省)해야 할 문제다.

사상 : 신과 진화론 사이

- 이상주의
- 합리주의
- 실존주의
- 절대 · 상대 · 보편
- 신과 진화론

나는 내 사상이 딱히 뭔지는 모른다. 나의 철학이 꼭 집어 뭔지도 모른다. 내가 칠순 때 옛 제자들이 기념으로 내가 쓴 책들 여기저기 일부를 따서 그 해석과 같이 책을 엮어 책 이름을 "정범모 교육학"이라고 붙이기로 했다고 말했다. 나는 황급히 "'정범모 교육학'이 어디 있느냐? 정 이름을 넣으려거든 '정범모 교육론'이라고 하소" 라고 말했다. 내가 유별난 독특한 교육학을 가지고 있는 것도 아니고, 교육에 관한 문제를 이것저것 그저 사실과 논리에 맞게 연구하고 사색하고 논고했을 뿐이기 때문이다. 가끔가다 사람들은 내게 새교육주의자니 진보주의자니 과학주의자 등 어떤 '딱지'를 붙이려드는데 난 그게 딱 질색이다.

어찌 보면 해방 이후 우리 세대는 이런 '주의'(主義) 저런 '주의'라는 '주의'의 홍수 속에 살아왔다. 해방은 내가 스무 살 때인데, 그때 전후가 사상적인 것에 예민한 청년후기였던 까닭도 있었겠지만, 해방 후에 외국에서 밀물처럼 쏟아져 들어오는 각종 사상의 조류는 내 세대에게 어떤 혼돈과 동시에 모호하게나마 어떤 정향(定向)도 강요했다. 내가 듣고 읽고 접해 본 무슨 '주의' 무슨 '철학' 무슨 '관'(觀)은 늘어놓으면 수백 개는 아니라도 백여 개는 될 게다. 이런 속에서 정향 잡기는 그리 쉬운 일이 아니다. 그래서 나는 지금도 헤매고 있는지도 모른다.

나에게 어떤 사상이 있다면 그것은 아마 일종의 잡탕일 것이다. 그것도 여러 진국의 잡탕이 아니라 겉 우려낸 멀건 국의 잡탕일지도 모른다. 하기는 어떤 한 사상에 깊게 심취해버려서 다른 사상을 거들떠볼 생각도 못하는 편협에 빠지기보다는 멀건 잡탕이 더 나을는지도 모른다.

기왕이면 이것저것 섞인 그 잡탕이, 여러 악기들이 조화로운 심포니를 연주해 내듯이, 어떤 조화를 이루고 있었으면 좋겠다. 남에게는 혹 불협화음으로 들려도, 내 자신에게는 화음으로 들리면 된다. 그래야 내가 정신분열증을 면할 수 있을 것이기 때문이다.

여러 사상의 각축에 시달리는 현대인은 어쩌면 다 어느 정도는 가벼운 정신분열증을 겪고 있는지도 모른다. 갈등되는 두 주장, 예컨대 자본주의 주장을 들으면 그것도 그럴듯하고, 사회주의 주장을 들으면 그것도 그럴듯하고, 이상주의도 그럴듯하고 현실주의도 그럴듯하게 느껴지는 경우다.

이럴 경우, 그 갈등의 한 해결책은, 하나는 머리 왼쪽으로 해석하고 또 하나는 오른쪽으로 해석하면서, 왼쪽과 오른쪽 생각들이 서로 모순을 따지고 들지 못하게 벽을 질러 놓는 방법이다. 갈등되는 두 생각이 부딪치지 않으니 마음은 편하지만, 그것은 결국 일종의 정신분열증적 해법이다. 또 하나는 자기 나름으로 어떤 절충점, 융합점, 종합점을 가지고 있는 경우다. 모순·역설을 초월하는 어떤 달관, 변증법이 말하는 정(正)·반(反)·합(合)의 어떤 '합'을 통찰하는 해법일 텐데, 이건 그리 쉬운 일은 아닐 것이다.

이런 달관에까지는 이르지 못해도, 그런대로 내 자신을 자기분석해 보면 내 사상에 몇 주류(主流), 내가 특히 큰 영향을 받았다고 생각하고 자주 반추하고 거기에 보태기도 하고 빼내기도 한 몇 주류는 찾을 수 있을 것 같다. 우선 이상주의, 합리주의, 실존사상이 그것이다. 이 셋은 가만히 생각해 보면 내 생각에도 참 특이한 콤비네이션이다.

이상주의

나는 이상(理想)이라는 말을 좋아한다. 여기 아닌 저기로 가고 싶은 곳, 그것이 이상이다. 말하자면 이루고 싶은 꿈이다. 가고 싶은 곳의 꿈을 누가 왜 한자로 理想, 다스릴 '리', 생각할 '상'이라고 했는지 궁금하다. '생각할 想'은 현실이 아니라 생각이기에 알 만한데, '다스릴 理'는 잘 납득이 가지 않기 때문이다. 혹 이치에 맞는 꿈이라는 뜻일까? 이상은 영어로는 ideal인데, 이 말은 생각 · 관념 · 심상 등 머리 속에 그려지는 것 idea와 어원이 같다. 즉 머리 속에서 여러 가지 생각 · 관념(*idea*)들이 명멸하는데, 그 중에 아직 현실에 없는 가고 싶은 곳의 관념이 이상(*ideal*)인 셈이다.

따라서 영어의 idealism에는 두 가지 뜻이 있다. 우리말로 하나는 '이상주의'에 해당되고, 다른 하나는 '관념론'에 해당된다. 둘은 비슷한 뿌리를 가지고 있지만 다르다. 이상주의는 가고 싶은 곳의 꿈을 찾아가자는 주장이고, 관념론은 정신이 모든 사물의 본원적 본체고, 물질은 한 가상일 뿐이라는 주장이다. 관념론은 유심론(唯心論)이라고도 한다. 그 반대의 realism도 하나는 현실이 중요하다는 '현실주의' 또 하나는 눈에 보이는 물질적 현상이 본체라고 보는 '실재론'에 해당된다.

이렇게 나누고 보면 나는 이상주의자이기는 하지만, 관념론자는 아니다. 이상을 품고 찾아가는 것이 인생의 목적, 사회의 목적이라고 믿고는 있지만, 본래 이 세상의 본체가 정신 · 생각 · 관념인지, 아니면 물질 · 실재 · 현상인지는 딱 잘라 주장할 근거도 자신도 없다. 하지만 관념론과 이상주의는 그 원류를 같이한다. 플라톤, 데카르트, 칸트로 이어지는 관념론은 내게도 매력적이었다.

대학시절 처음 플라톤에 관한 강의를 듣고 책도 읽었을 때, 그의 '본체론'은 꿈만 같았다. 이 세상 어딘가에 관념(*idea*) 또는 이상(*ideal*)의 세계가 있는데, 그것이 본래의 본체고 진짜고 있어야 할 모습이고, 눈앞에 보이는 이 현상세계는 그것을 불완전하게 모방한 가상이고 가짜라는 것이다. 그래서 인간은 항상 그 본체인 관념 · 이상의 세계를 그리워하고 그리로 접근하려고 애쓴다.

플라톤에게는 관념론과 이상주의가 같은 것의 앞뒤였다. 그는 그의 국가론 《공화국》에서 그의 이상을 실현하기 위한 철인정치도 꿈꿨다. 플라톤의 이런 주장은 일제시대와 해방 직후의 비참한 현실 속에서 꿈이라도 안겨준다는 위안 때문에 아주 매력적이었는지도 모른다. 이상주의는 고달픈 현실에 사는 사람들이 절망으로 아주 기진맥진해버리기 전에는 아니 가질 수 없는 신조일 것이다.

고대 희랍인들은 연극을 많이 즐겼는데, 플라톤은 연극을 싫어했다고 한다. 이 세상 현실이 본체를 불완전하게 모방한 가짜인 것만도 서러운데, 그 가짜를 또 모방한 가짜의 가짜가 연극이기 때문이었다. 대철인(大哲人)에게도 기벽(奇癖)이 있었나 보다.

이왕 기벽 얘기가 나왔으니 말인데, 소크라테스는 문자를 싫어했다. 그래서 그는 저서를 남기지 않았다. 그의 말을 그의 제자들이 책으로 옮겼을 뿐이다. 소크라테스는 그림이 아무리 실물과 근사해도 실물 자체는 아닌 가짜인 것처럼, 문자도 아무리 말과 근사해도 사람의 말을 여실하게 전하지 못하는 가짜라고 여겼다. 오늘로 따지면 이것도 기벽이기는 하지만, 이해는 가는 기벽이다.

데카르트는 나에게는 이상주의자이기보다는 탁월한 수학자와 이원론자

(二元論者)로 기억에 남아 있다. 우리가 기하학에서 배운 x축 · y축의 좌표방법은 그가 창시한 이른바 '데카르트의 좌표'다. 그리고 정신과 물질을 칼로 자르듯 갈라놓고 둘 사이엔 아무 관계가 없다고 한 것이 이른바 '데카르트적 이분론'이다. 그의 이분론은 후세에 많은 영향을 주었다. 그러나 근래엔 대뇌신경 생리학의 발달로 《데카르트의 오류》라는 이름의 책이 나올 정도로 의심을 받기 시작했다.

정신과 물질을 갈라놓은 이원론이기는 하지만, 그가 '나는 생각한다. 고로 존재한다'라고 한 데에서 알 수 있다시피 그는 관념론자에 가까웠다. 플라톤처럼 이상주의자는 아니었으나, 플라톤처럼 관념론이기는 했다.

철학사 강의에서 배운 영국의 철학자 버클리(Berkeley)는 가장 철저한 관념론자, 유심론자로 기억에 남아 있다. 그는 마음이 보고 듣고 지각할 수 있어야 물질 · 현상이 존재하는 것이지, 마음에 없으면 존재하지 않는 것이고 물질의 실재는 없다고까지 주장했다. 나는 강의시간에 그 얘기를 들었을 때, 혼자 슬그머니 눈을 감아보았다. 과연 교실도 창도 창 밖의 나무도 없어졌다. '유심론이 이건가 보다' 했는데, 눈을 다시 떴더니 창과 나무가 그저 그대로 거기 있어서 혼자 고개를 갸우뚱했다. 버클리의 idealism은 철저한 관념론이기는 했으나 이상주의와는 멀어 보인다. 그러나 이상주의자가 반드시 관념론자는 아니더라도 관념론자는 어느 정도는 다 이상주의자일 것이다.

칸트는 도리어 관념론자이기보다는 이상주의자, 이상론자다. 그는 인식론에서, 지식은 본래 인간이 타고난 '이성'에서 오느냐 아니면 태어난 후의 경험'에서'(*von*) 오느냐 라는 논쟁을, 지식은 경험과 '더불어'(*mit*) 온다는 말로 둘을 종합한 것으로 유명한데, 경험을 중요하게 여겼다는 점으로 미루어도 그는 순관념론자는 아니다. 이성론은 관념론에 가깝고, 경험론은 실재론에 가깝다.

칸트의 드높은 이상주의는 특히 그의 도덕론에 빛난다. 그의 유명한 도덕률(道德律), '너의 행동이 언제나 보편타당한 입법이 될 수 있게 행동하라', '사람을 수단으로서만 다루지 말고, 언제나 동시에 목적으로 대하라'는 그의 말은 내게는 거의 하나의 충격처럼 울려온 드높은 이상주의였다.

나는 이상(理想)을 플라톤처럼 어마어마하게 하늘 저 멀리에 있는 어떤 관념적 실재로 생각할 능력은 없다. 그저 여기가 아닌 저기로 가고 싶은 이상주의일 뿐이다. 그러나 이상을 꿈이라고도 하지만, 터무니없는 몽상은 아니고 언제나 현실을 착실히 감안한 이상이다. 기왕 이름을 붙인다면 모순어법 같지만 '현실적 이상주의'다. 될 수 있는 대로 이상을 실현할 수 있는 현실적 전략감각을 내포하고 있는 이상주의고, 높은 선반에 얹어 놓은 이상이 아니라 팔을 뻗어 닿으려는 이상이다.

이상은 반드시 거기에 닿고 그것을 그대로 실현할 수 있는 것이 아니라도 좋다. 도리어 그렇게 쉽게 닿고 쉽게 이룰 수 있는 것은 이상이 아닐지 모른다. 단, 이상은 그것에 끊임없이 접근할 수는 있고, 그런 접근의 노력을 항상 자극하는 이상이라야 한다. 아니면 그것은 몽상일 뿐이다. 여기에도 굳이 수식사를 붙인다면 '접근주의적 이상주의'라 할 수 있을 것이다.

정신 · 관념만이 실재한다는 관념론은, 물체들이 내가 눈감으면 없고 뜨면 다시 있는 것처럼 좀 황당해 보이지만, 반드시 그렇지만은 않고 그럴듯할 때도 있다. 단적인 예가 진리다. 사실 · 진실은 눈앞에 있지만, 이치 · 진리는 눈앞에는 없다. 사람 머리 속의 생각 · 관념으로만 있다. 직각삼각형은 눈앞에 보인다. 그러나 그 $a^2 + b^2 = c^2$ 이라는 진리는 눈앞에 보이지 않는다. 그래도 그 진리는 있다. 그것은 피타고라스의 머리 속에서 생겨난 관념이다. $E = mc^2$ 도 눈에는 보이지 않고, 그 결론에 이른 복잡한 수식들은 다 관념이다. 학문이 다루는 개념, 법칙, 이론은 다 관념의 산물이다. 칸트대로 말하면 '경험과 더불어' 생긴 관념이다.

어찌 생각하면, 현상세계는 그저 잡되고 무의미하게 벌어져 있을 뿐, 거기에서 어떤 의미를 찾아내고 진 · 선 · 미를 찾아내고 법칙을 만들어내고 하는 것은 사람들의 생각 · 관념 · 상상이다. 형이상학적으로 우주의 최종 실재가 정신이냐 물질이냐를 따진다면 모르되, 인식론으로는 관념론도 수긍이 간다.

합리주의

나는 '합리적'이라는 말도 좋아한다. 그런 뜻에서는 나는 합리주의자, 합리론자다. 합리주의는 영어로는 rationalism이고, 이성론이라고도 부른다. 그러나 내 합리론은 흔히 경험론이나 주정론(主情論) 또는 합리를 넘어서야 한다는 불합리론이나 신비론 등과 예리하게 대치시키는 그런 합리론은 아니다. 나의 합리론은 이런 주장들과 반드시 갈등관계에 있다고 생각하지는 않는다. 도리어 이들과의 어떤 상보(相補)관계에 있고 어떤 조화·종합을 이룰 수 있는 것으로 본다. 그저 만사를 될 수 있는 대로 사리와 이치에 맞게 생각하고 행동해야 한다는 뜻의 상식적 합리주의다.

세상이 속상하고 비참하고 엉망으로 보일 때에는 이 세상은 아무 질서도 이치도 도리도 없는 그저 혼돈스럽기만 한 세상이라는 생각이 들게도 된다. 세계가 막돼먹었다는 혼돈세계관이 있다. 희랍말로 카오스(*chaos*), 혼돈의 세계다. 이런 세계관에서 인간이 할 수 있는 일은 그저 운명·우연·팔자·토정비결에 자신을 내맡기는 일밖에 없다. 그러나 다시 희랍말로 코스모스(*cosmos*)인 우주는 혼돈(*chaos*) 속에 로고스(*logos*), 즉 이치가 깃들어 있는 우주를 뜻한다. 때로는 아주 혼돈스러워 보이지만 그래도 그 속에 어떤 이치·질서가 있는 것이 우주라는 세계질서관이다.

나는 이 대목에 관해서는 바이블을 자주 인용한다. 구약의 첫머리 창세기편 서두에, "태초에 하느님이 천지를 창조했을 때, 땅은 황량하고 혼돈스러운 심연의 어두움에 있었는데 … 하느님이 '빛이 있으라' 하니 빛이 생겼다"고 적혀 있다. 혼돈 속에 질서를 세웠다는 희랍신화와 비슷하다.

신약 요한복음편의 서두에는, "태초에 말씀이 있었으니, 말씀이 하느님과 같이 있었고, 말씀이 곧 하느님이니라 … 모든 것은 그에 의해서 만들어졌고, 그 없이 만들어진 것은 없다"고 적혀 있다. 여기 '말씀'은 곧 logos, 이치다. 하느님은 이치와 같이 있었고, 이치가 곧 하느님이고, 만물은 다 이치로 말미암아 지어졌다는 말이다. 삼라만상이 어지럽고 혼돈스러워 보여도 그 뒤에는 어디에나 이치, 질서가 숨어있다는 질서세계관이다. 그 질서는 이치, 원리, 이론, 진·선·미 등 여러 가지 이름으로 불린다.

사람들은 그 이치를 알려고 하고 이치에 따라 생각하고 이치에 따라 계획하고 이치에 따라 행동하려 한다. 봄이 되어 따뜻해져서 씨를 뿌려야 씨가 자라나고, 핵 분열하면 엄청난 에너지가 나오고, 아스피린을 먹으면 신열이 좀 가라앉는다는 이치를 알고 그에 따라 행동하려고 한다. 그래야 궁금증도 풀리고 소기의 목적도 달성할 수 있다. 그러려면 이 세상에 그런 이치가 있다고 보는 질서세계관을 전제해야 한다. 합리주의는 우선 그런 질서세계관을 전제한다.

나는 우주의 삼라만상 뒤에 하나의 거대한 투망(投網)처럼 생긴 '진리의 망'을 가상해본다. 그 그물은 보일까 말까 아른거리는 투명한 금실·은실로 짜여진 촘촘한 그물이다. 그물 한 오라기는 한 진리다. 잘 보이지는 않지만, 좀 굵은 금실·은실도 있다. 그것은 많은 진리들을 거느리는 더 중요한 진리다.

그 방대한 투망 같은 진리의 망 꼭지점 근저에는 아주 고차적인 진리들, 예컨대 물리학자들의 꿈인 중력·전자기력·강력·약력의 통일이론 같은 것들이 있다. 그리고 그 꼭지점 자체에는 아마도 조물주 손에만 쥐어져 있는 '제일원리', '제일진리'가 있는데, 그것은 인간의 인식한계 밖에 있다. 그

투망의 아래로 내려올수록 아른거려도 알기 쉬운 진리들이 있다.

아마도 인류는 지금 그 방대한 '진리의 망'의 몇백만 분지 일 정도 알고 있으면 다행이고, 그 전모는 끝끝내 드러내지 못할 것이다. 그러나 끊임없이 조금이라도 더 거기에 접근하려고 노력한다. 삼라만상 뒤에 아른거리는 이 금실 · 은실의 '진리의 망'이 나에겐 합리주의의 동경의 대상이다.

합리론(*rationalism*)은 이성론이라고도 한다. 이성은 누가 그렇게 번역했는지 모르지만, 영어의 reason이다. 아마도 합당한 '이치', '이유'를 따지고 알아내는 힘이라는 뜻에서였을 것이다. 때로는 지성, 오성(悟性)이라고도 부르고, 심리학에서는 지능(知能)이라고도 한다. 지력(知力)이라는 말도 있다. 이들을 까다롭게 구분하는 사람도 있지만, 나는 다 비슷하게 인간의 알아내는 힘이라고 본다. 다 이성의 인간(*homo sapiens*)의 sapiens에 해당된다.

나는 좁은 의미의 이성만 아니라 모든 알아내는 힘을 다 나의 합리론, 합리주의에 포함시킨다. 때로는 흔히 이성과 대립시키는 감성까지도 그것이 무엇인가 '알아'낸다면 합리론에 포함시킨다. 이것은 좀 이단적인 합리론일 게다.

심리학적으로 '지능'보다는 '창의력'이 한 단계 높은 지력이다. 새로운 과학이론의 발견, 새로운 화풍(畵風)의 창조, 새로운 장르의 소설창작, 새로운 패러다임의 사상 창시 등은 그냥 학교공부 잘하는 지능 이상의 창의력을 요구한다. 그 창의력에는 다분히 정서적 · 감성적 요인이 개재된다. 호기심이 많고, 회의가 잦고, 생각이 엉뚱하고, 약간은 반사회적이고, 일탈을 좋아하는 등의 정서적 성격이 창의력에 포함된다.

더 높은 차원의 지력(知力)을 지혜(*wisdom*)라고 부를 수 있다. 지혜는 어떤 사태에 처해서 지적 통찰과 정서적 감정이입과 거기에 도덕적 판단도 어울러서 어떤 결정을 내리는 지력이다. 그것은 지 · 정 · 의를 어우른

총명(聰明)을 뜻한다. 근자에 한 심리학자가 지혜를 새로운 연구영역이라고 제안했다.

생각을 더 높여 '예지'(叡智)를 생각해 볼 수 있다. '예'(叡)자는 성인 예 또는 밝을 예, 자전에는 深明通達(심명통달), 깊이 밝고 넓게 달관함이라고도 했다. 그것은 부처·공자·예수 등 성인들의 지력 또는 세상을 통달하고 깊고 밝은 깨달음을 터득한 심산유곡의 이름 없는 어떤 선인(仙人)의 지력이라고 해두자. 앞서 말한 초월하는 용기, 모순·역설을 초월하는 지력이다. 굳이 영어로 번역한다면 'holy wisdom'이라고 할 수 있을 것이다.

나는, 어떤 힘으로 알아내건 '이치에만 합당하게' 알아내야 한다는 주장이면 다 합리주의에 포함시킨다. 따라서 나의 합리주의는 아주 잡탕이다. 더구나 앞에서도 인용한 신경생리학자 다마시오의 '신체생리와 감정과 추리는 서로 가를 수 없이 삼위일체 하나로 움직인다'는 이론을 긍정한다면, 경험론도 주정론도 그리고 실증주의, 실용주의, 다음에 논의할 실존주의도 다 합리주의에 포함되고 연결도 된다. 다 진리·이치를 찾아가는 제각기의 길을 주장하고 있기 때문이다.

실존주의

인간의 삶이란 가끔 한없이 불가사의(不可思議)하다. 뭐가 뭔지, 어떻게 생각해야 하는지 막막할 때가 많다. 실존철학 내지 실존사상은 이런 내 궁금증을 많이 풀어준다. 나에게 실존철학은 인간학이었고 인생학이었다. 나는 실존적 신학자 틸리히, 실존적 철학자 니체, 키르케고르, 하이데거, 실존적 심리학자 프롬, 메이, 매슬로, 실존적 문학가 사르트르, 카뮈 등의 영향을 많이 받았다.

앞의 '인간 : 삶과 죽음 사이' 장의 얘기는 거의 전부가 실존주의적 얘기들이다. 그들 실존사상가들의 원서도 역서도 소개서도 쏙쏙 귀에 들어왔다. 실존주의사상에는 여러 유파가 있다는데, 실존주의에 관한 내 해석이 어떤 유파인지 나는 모른다. 그저 내 구미에 맞게 해석하고 있을 뿐이다.

실존주의는 1900년을 전후해서, 19세기 중반의 산업혁명에 연유한 거의 부패하리만큼 난숙해진 기계산업사회와 그 문명에 대한 반기(叛旗)였다고 나는 해석한다. 18세기 합리론의 계몽사상이 뒷받침하기도 한 과학의 발달이 낳은 과학기계산업의 원시 자본주의는, 인간을 거대한 기계 속 그저 한 톱니바퀴로 전락시켰고, 각종 방대한 기업체와 정부 등 조직 속의 그저 한 이름 없는 일손으로 전락시켰다. 또한 잦은 대량살상무기의 전쟁 속에서 인간들은 그저 파리떼처럼 죽어가기도 했다. 이런 상황 속에서 세기말적 데카당스의 퇴폐와 아노미가 급속하게 번져갔다. 그것은 실존주의자들에게 근본적으로 인간상실의 현상으로 비쳐졌고, 인간회복이 그들의 공통된 가치였다고 나는 해석한다.

개인적 인간상실이나 사회적 아노미나 다 근본적으로 세 가지를 뜻한다. 즉, 무의미감, 무목적감, 그리고 무력감이다. 공장의 생산라인에서 매일 단순작업만 하고 그 대가로 노임만 받고 다른 아무런 인간적 대접도 인정도 받지 못하면, 그리고 대기업체의 사람들 집단 속에서 그저 무명의 일원 이상의 대접도 받지 못하면, '내가 도대체 뭐냐', '내가 기계냐, 사람이냐' 라는 무의미감에 사로잡히게 마련이다. 동시에 자기가 뭐 때문에 살고 있는지 삶의 목적도 희미해진다. 생산라인의 흐름을 내가 통제할 수도 없고, 대기업의 규칙과 명령을 내 마음대로 내 힘으로 바꿀 수는 없다는 무력감도 따르게 마련이다. 자신도 남도 그저 바람 부는 대로 휩쓸려 흘러가야 하는 낙엽과 같은 아무 의미도 목적도 힘도 없는 존재, 인간상실의 존재로 보인다. 이것은 인간에게는 몹시 쓰라리다. 그 쓰라림을 잊으려고 퇴폐・타락・관능・범죄의 길에 들어서기도 한다.

채플린의 〈Modern Times〉라는 영화가 있었다. 해학적이지만 신랄한 현대문명 비판의 영화다. 주인공이 하는 일은 매일같이 생산라인에 흘러오는 물건의 볼트・너트를 조이는 일이다. 흐름에 맞추어 부지런히 손을 놀려야 한다. 그것이 버릇이 되어, 집에 가는 거리에서도 멈추지 못하고 그 동작을 그대로 반복한다. '나'라는 인간은 없어졌다는 말이다. 어쩌다 거대한 기계 속에 빨려 들어가서 죽지는 않지만 기계 속을 빙빙 돌아다닌다. 인간이 기계의 일부일 뿐이라는 말이다.

카뮈(Camus)의 소설 《이방인》에서 주인공은 아무 뜻도 없이 "그저 햇빛이 눈부시기 때문에" 살인을 저지른다. 이상(李箱)의 〈날개〉에선 남편이 아내가 매춘부 노릇으로 돈벌이하는 것에 대해서 아무 분노도 가책도 없이 무감정이다. 다 무의미, 무목적, 무력의 삶을 여실히 그려내고 있다.

현대의 자본주의 산업사회는 실존사상이 일기 시작한 원시 자본주의

때와는 많이 다르다. 기업들도 근로자에 대한 인간적 배려에 조금은 관심을 가지기 시작했다. 그러나 어쩔 수 없이 기계화, 제도화, 집단화, 대량화, 대중화, 표준화의 물결이 지속되는 한, 실존주의의 주요한 개념들은 그대로 타당한 개념으로 남아 있어야 하는 것인지도 모른다. 실존주의의 주요 개념은 상당부분 앞의 '인간: 삶과 죽음 사이' 장에서 언급했으나, 다음에 내가 특히 절실하게 느꼈던 몇 가지를 반추 겸 다시 살피고 보충한다. 무(無), 불안(不安), 개아(個我), 자유, 용기, 열중이 그것이다.

무(無)는 앞에서 말한 '없다'고, 틸리히의 비존재이고, 니체의 비극이다. 인간의 삶이란 각종 비극의 가능성, 무의 가능성 속에서 진행된다는 것을 애당초 미리 각오하고 있어야 한다. 불행, 아픔, 슬픔이 본래 없어야 한다는 것은 환상이다. 존재는 언제나 비존재와 대결할 각오를 해야 한다. 예방주사의 아픔도 감기가 들며 나는 신열도 한 작은 '무'(無)고 비극이다. 시험에 낙제하고, 시합에 패배하고, 사업에 파산하는 것도 꽤 아픈 비극이고 비존재다.

더 심각하게는 불행감, 무의미감, 고독감, 절망감이라는 '무'도 가끔 찾아오고, 미리 알 수도 없고 대처할 수 없는 '운명의 장난'이라는 비극도 여기저기에 도사리고 있으며, 맨 저쪽 끝에는 죽음이라는 '무'가 버티고 있다. 하이데거(Heidegger)의 말대로 인간은 '죽음으로 향한 존재'다. 인간의 삶은 이 모든 '무'를 피하지 말고 직시하며 이겨내야 하고, 때로는 그것을 '환영'하고 찾아가기도 해야 한다.

불안(不安)은 이런 '무'와의 대결상황에 으레 따라다닌다. '심연(深淵) 위에 걸쳐 있는 밧줄'을 건너가는 사람은 불안하지 않을 수 없다. 그러나 그런 불안은 삶에는 불가피하고 견디고 이겨내야 할 '건강한' 불안이다. 불안에는 병적인 불안도 있다. 이유도 없이 괜히 불안한 불안이다. 이런 사람들은 자주 불행을 호소하고 정신병원도 자주 찾는다. 근자에는 그런 불안을 좀 가셔주는 약도 있다. 그런 병적인 불안은, 실은 도리어 이 세상에는 '무'란 없고 따라서 불안도 없어야 한다는 환상 때문에 또는 불안을 직면할 용기가 없기 때문에, 그 불안을 이기지 못한 채 무의식 속에 억압해 넣어버린 탓인 경우가 많다. 즉, 불안의 회피가 '이유 없는' 병적인 불안의 원인이다.

용기(勇氣), 실존적 용기는 앞에서도 언급한 것처럼 실존주의자, 특히 틸리히에게 대단히 긴요한 인간덕목이다. 불안을 견디고 이겨내는 것이 용기고, '존재가 비존재에도 불구하고 자기긍정을 하는 것'이 용기다. 용기는 불안·무서움을 모르는 만용(蠻勇)과는 다르다. 불안하고 무서우면서도 내가 이겨냈다는 의연성이 용기다.

자유(自由)는 이것이냐 저것이냐를 내가 홀로 내 책임으로 선택할 수 있는 상황을 말한다. 내가 결정하는 게 아니면 나는 자유가 아니고, 내 책임이 아니면 그것도 자유가 아니다. 노예는 자유도 없지만 책임도 없다. 선택의 갈래는 한쪽은 희열이고 또 한쪽은 비극일 수가 있다. 따라서 선택, 즉 자유에는 각오와 용기가 필요하다. 자유는 절대로 방임·방종·방자가 아니다. '전적(全的)인 자유'는 곧 '전적인 책임'이다.

그래서 사르트르(Sartre)의 말대로, 자유는 보물은 보물이되 지고 다니기가 무척 무겁고 힘든 보물이다. 버리자니 아깝고 가지고 다니자니 힘겨운 보물이다. 따라서 인간은 자유이기로 축복받은 것이 아니라, 자유이기로 저주받고 있는 셈이다. 자유는 호락호락 누릴 수 있는 것이 아니다. 책임을 받아들이는 한에서만 인간은 전적으로 자유롭다.

다시 말해서 비존재, '무'를 각오하는 한에서만 인간은 전적으로 자유롭다. 독재하에서 자유롭지 않다고 불평하는 것은 자유를 행사했을 때 따라

오는 비극, 죽음을 책임지기 싫어서 하는 불평일 뿐이다. 죽음을 각오하면 모든 것이 자유다. 그런 자유를 실존적 자유라고 한다. 실존주의의 자유의 해석은 그토록 극도로 엄준하다.

개아(個我)는 집단에 완전히 귀의하지 않는 자아의식의 소유자를 말한다. 자유는 내가 행사해야 자유지, 남이 행사하거나 '우리'가 행사하면 그것은 나의 자유는 아니다. 집단·전체에서 떨어져 나간 개아의식은 모태(母胎)에서 떨어져 나온 갓난아기처럼 또는 에덴동산에서 쫓겨나온 아담·이브처럼 두렵고 쓸쓸하고 허전하다.

그러나 그것은 필연 개아의식을 가질 수밖에 없는 인간의 피할 수 없는 짐이기도 하고 특권이기도 하다. 그래서 인간은 궁극적으로 자기가 자기의 책임을 질 수밖에 없는 고독한 존재다. 그것은 실존적인 고독이고, 흔히 가족·애인·친구가 없어서 쓸쓸하다고 호소하는 일상적 고독감과는 다르다.

그렇게 인간은 실존적으로 고독한 존재이기 때문에 도리어 생산적·건설적·인격적으로 다른 사람들과 유대를 맺으려 한다. 그런 유대가 사랑이고 자비(慈悲)고 인(仁)이다. 반대로 전제·독재에 귀의하고 사교(邪教)에 귀의하고 대중·유행에 귀의하는 등, 병적·소모적·비인격적인 유대를 맺으면, 그것은 인간상실이다. 실존주의는 개아의 고고(孤高)한 철학이다.

열중(熱中) 또는 무아지경(無我之境)은 잠시나마 비극·무·불안·고독을 잊을 수 있고 이겨낼 수도 있는 몰아(沒我)의 삼매경(三昧境)을 말한다. 무아지경으로 연주에 전심·열중하고 있는 피아니스트는 모든 시름에서 벗어나 있다. 그런 몰아지경, 삼매경을 어떤 심리학자들은 만남(*encounter*), 절정경험(*peak experience*), 거침없는 흐름(*flow*)이라고도 부른다. 그리고 '초월하는 용기', 달관·도통·득도도 여기에 들 것이다.

이런 열중, 몰아의 시간은 가장 행복하고 가장 생기가 충만한 시간일 것이다. 그런 열중은 도리어 어떤 무·비극의 의식이 밑바닥에 깔려 있어야 가능하다. 고공의 밧줄을 타는 곡예사, 중요한 승부를 가리는 운동선수, 죽음의 가능성을 앞에 둔 연인의 사랑은 열중할 수밖에 없다.

나는 어쩐지 실존사상이 불교와 노자의 사상과 닮은 데를 많이 엿볼 수 있다는 생각이 든다. 불교의 생로병사의 사고(四苦)는 비극의식이고, 노자의 천지불인(天地不仁)도 비극의식인 셈이다. 불교의 선은 무아·몰아·전심·열중의 삼매경을 찾음이다. 니체의 영구회귀(永久回歸, *Evig Wiederkehr*)는 노자의 "복귀기근"(復歸其根)과 너무나 비슷하게 닮았다.

절대 · 상대 · 보편

일제시대에 나는 어려서부터 학교에서 일본이 제일이고 절대고, 일본 사람은 절대적 천손(天孫)이고 일본천황은 신과 같이 불가침의 절대적 존재인 현인신(現人神)이고, 따라서 대동아전쟁도 절대 지지 않는다고 귀에 못이 박히도록 들었다. 가끔 '정말 그런가?' 의심이 일기는 했어도, 거기엔 하등의 회의(懷疑)도 일탈(逸脫)도 불손(不遜)도 용서되지 않았다. 어린 마음이 그런 절대에 어지간히 세뇌당했었다.

해방은 이 모든 절대의 환상을 부숴 버렸다. 일본천황은 항복의 방송을 했고, '천손'들은 초라한 천민이 되어 재산도 챙기지 못한 채 도망가기에 바빴다. 일본천황이 '나는 신이 아니다' 라고 할 필요도 없는 선언을 했다. 모든 절대가 무너졌다. 절대가 무너지는 날이 자유의 날이었다.

해방되어 일본군대에서 풀려난 나는 그때 용인에 있던 집에 한 달쯤 가 있었다. 어느 날 집 근처 동산에 올라가 하늘과 산과 들을 넓게 바라보면서 자유의 큰 숨을 한껏 들여 마셨다. 그때 내가 속으로 맹세했던 기억이 지금도 생생하다. '이제는 다시 어떤 절대에도 절대로 속지 않을 것이다.'

그 맹세가 해방 후의 우익 민족진영과 좌익 공산진영 학생들의 정치싸움에 휩쓸려 들어가지 못하게 했는지도 모른다. 또 내가 어떤 사상체계나 어떤 종교 · 종파에 선뜻 내 몸을 내맡기지 못하고, 어떤 사상에 깊은 감명을 받는다 해도 거기에 어떤 절대성을 부여하지 않으려는 내 버릇의 원인일지도 모른다.

절대주의는 문화적으로는 원시사회의 소산물이다. 보이는 것이라고는 자기들, 자기들 땅, 자기들 하늘밖에 없고, 옆의 나라 옆나라의 문화와는 별 왕래도 없었던 원시사회에서는 자기 것이 제일이고 절대일 수밖에 없었다. 이른바 민족중심주의다. 간혹 만나게 되는 타민족 다른 문화는 다 오랑캐들이다. 그래서 세계의 거의 모든 민족의 신화에서 그 민족만이 하느님, 신의 자손이다. 유태인들이 그랬고, 이집트 사람도 그랬고, 일본도 그랬고, 한민족도 그랬다.

인간발달에 견주자면 이런 절대주의는 우리 아버지, 우리 어머니, 우리 집이 제일이라고 생각하고 자랑하는 아동기의 자기중심주의 시기에 해당된다. 다른 집도 좋다는 것을 아직 못 보았기 때문이다. 그러나 이런 자기중심주의는 조만간에 '졸업'해야 할 정신자세다.

우리가 잘났다는 자기 영광화는 좋다. 겉으로 드러내건 속마음으로 가지고 있건, 자기와 우리가 잘났다는 자기 영광화를 하지 않는다면 그것은 자아상실이다. 그러나 거기에 남들도 잘난 데가 있다는 생각은 없이 남들은 다 못났다고만 생각한다면 문제다. 절대주의는 나만 잘 났고 남은 다 못났다는 생각이다.

이런 절대주의는 가끔 정치계 때로는 학계에마저 기세를 부리는 여러 가지 형태의 민족주의에 이어지고, 세계적으로 보면 제국주의, 팽창주의, 침략주의, 반목과 전쟁으로도 이어진다. 십자군 전쟁은 기독교가 절대 제일이기에 그 '복음'을 오랑캐들에게 전하기 위한 '거룩한' '선의'(善意)의 전쟁이었던 셈이다. 절대주의가 대내적으로 작용하면, 절대 어떤 종합·절충·양보를 거부하는 피비린내 나는 당쟁(黨爭)으로도 이어진다. 현대사회에서는 각종 절대주의는 지양되어야 한다.

상대주의는 여러 문화들이 자주 접촉하고 왕래하게 되면 우선 일게 되는 정신자세다. 내것은 내것 대로 좋고, 네것도 네것 대로 좋으니, 어떤 잣대로 서로 비교하지도 말고 비교할 수도 없다는 주장이다. 이런 상대주의는 두 문화의 접촉과 충돌에 따라 자칫 일기 쉬운 갈등을 사전에 피하는 데에 우선은 유리하다. 아예 접촉 자체를 피하는 구실도 된다. 말하지만, 경이원지(敬而遠之), 서로 위하는 척하면서 실은 서로를 멀리하는 구실이 된다. 그런 경이원지하는 상대주의의 밑바닥에는 실은 제각기 그래도 내것이 제일이라는 일종의 절대주의가 깔려 있기 때문이다.

각종 상대주의는 학계에서도 자주 인다. 정신병학에서도 무엇이 정신병이냐는 문화마다 다르다는 주장이 있다. 정신분열증 증세는 서양에서 크게 문제시되지만, 무교의 전통이 있는 동양에서는 병이기는커녕 때로는 도리어 숭상받는 경우도 있다. 반대로, 쉬 떠들썩하게 열을 올리는 조병(*mania*) 증세는 서양에서는 별 문제로 여기지는 않으나, 점잔을 빼야 하는 동양에서는 문제시된다. 윤리 · 도덕의 논의에서도 도덕기준이 사회에 따라 시대에 따라 다르고 또 달라야 한다는 주장이 심심지 않게 자주 들린다. 심지어 진리마저도 시대에 따라 사회에 따라 다르고 달라야 한다고 주장하는 사람도 있다. 한국적 사회학, 한국적 교육학은 미국의 사회학, 교육학과 달라야 한다는 주장도 가끔 듣는다.

아인슈타인의 상대성원리에 '상대'라는 자가 들어가 있어서 각종 상대주의 주창자들은 그것을 자주 원용한다. 그러나 상대성 원리는 물리세계에서의 공간 · 시간 · 중력 · 속도에 관한 이론일 뿐, 그것을 정신병 · 도덕 · 학문의 세계에까지 그대로 원용하는 것은 너무 안이한 논리의 전용이다.

상대주의는 한 지적 허약증을 반영한다. 서로 다른 것들 속에서 그래도 같고 비슷한 것이 있음을 찾아내지 못하고 포기하는 지적 허약증이 있다. 세상만사는 다 서로 다르다. 구름 모양도 다 서로 다르고, 사람의 생김새도 다 서로 다르다. 그래도 우리는 여러 가지 구름들의 공통점을 알고 있다. 그래서 '구름'이라는 말 자체가 생겼다. 사람들도 다 서로 독특하고 특수하게 달라도 다 눈・코・입이 있고, 말하고 울고 웃고 하는 공통점・보편성이 있다. 여러 가지 다른 문화들에도 그런 공통점・보편성이 있다. 상대주의는 그것을 찾아내는 것을 포기하고 있을 뿐이다.

보편주의는 상이(相異)・잡다(雜多)・다양(多樣) 속에 바로 그런 공통점・보편성이 있고 또 그것을 찾아낼 수 있고 찾아내야 한다는 주장이다. 괴테의 〈파우스트〉는 옛날 독일의 민화를 소재로 한 희곡인데, 그것이 오늘의 한국사람에게도 절실하게 울려온다. 서로 다른 옛과 오늘, 독일과 한국 사이에 어떤 공감대・보편성이 있기 때문이다. 아니면 가슴에 울려올 리가 없다. 육자배기와 판소리에 익숙한 우리의 귀에도 베토벤의 심포니는 감격스럽다. 어떤 서양음악가는 우리의 판소리에 반했다. 다 어떤 공감대・공통성・보편성이 있기 때문이다.

그렇다고 보편주의가 공통점・보편성만 소중히 여기는 것은 아니다. 도리어 여러 문화의 특수성・독자성・다양성을 보호하고 장려하려 한다. 생물 다양성이 건전한 생태계의 표지(標識)인 것처럼, 문화 다양성은 건전한 인류문화의 표지이기 때문이다. 그런 다양성 속에서 새로운 문화적 창조의 가능성도 있기 때문이다. 다양의 접촉이 르네상스를 낳았고, 다민족・다문화의 집합이 미국의 비약적인 문화 생산성을 낳았다.

두 문화가 만나면 처음엔 서로 서먹서먹하다. 어떤 적의(敵意)마저 품을 때도 있다. 그러나 접촉할수록 대개는 더 서로를 용인하고 가까워지고 친해진다. 서로의 더 넓은 공감대・보편성을 간취하기 때문이다. 그렇게 더 넓은 보편성에 접근하려 하기 때문에 나는 보편주의를 접근주의라고도 불러본다.

문화에 관한 이러한 절대주의・상대주의・보편주의의 논의는 그대로 진・선・미의 영역에도 적용된다. 어떤 독재자나 광신자가 아닌 이상, 누구나 '이것만이 진리다'라고 우기지는 못한다. 한때 진리였다고 믿었던 것이 진리 아님이 밝혀지는 사례가 과학사에는 허다하다. 나는 진리에도 절대성을 부여할 수는 없다고 믿는다. 앞에서 언급한 '진리의 생태학'은 지금 우리가 진리로 여기고 있는 것도 언제 진리 아님이 밝혀질는지 알 수 없음을 시사한다.

그렇다고 진리가 상대적인 것은 아니다. 이때저때 이곳저곳에서 주장되는 진리들이 상이하고 변화한다 해도 그것은 진리 자체가 상대적이기 때문이 아니라, 사람들이 진리를 알아내는 지력(知力)에 제각기 차이와 한계가 있기 때문이다. 조물주는 궁극적인 보편타당한 진리를 알고 있다. 인간은 다만 그 보편적 진리에 끊임없이 접근해 갈 수 있을 뿐이다. 이것을 나는 지적 보편주의 또는 접근주의라고도 부른다.

도덕의 영역에서도 같다. 이때저때 이곳저곳의 현실적 도덕기준은 서로 다를 수 있다. 그러나 거기에도 어떤 공통점·보편성이 있다. 실제로 앞에서도 예로 든 고조선의 팔조법금, 불교의 오계, 기독교의 십계명엔 다 같이 살인·절도·간음을 금하고 있다. 결국 인간들의 본성에는 어떤 보편성이 있고, 그들이 이루는 사회들의 본성에도 공통점이 없을 수가 없다.

예술을 어떤 학자는 '가장 특수한 소재로 가장 보편적 인간감정을 포착·표현한 것'이라고 했다. 소설들은 제각기 특수한 소재로 쓴 작품이다. 그러나 잘된 소설은 동서고금 만인의 가슴에 공감을 불러일으킨다. 어떤 보편성이 있기 때문이다.

학문도 도덕도 예술도 그 추구의 노력은 절대주의를 용인하지 않고, 그렇다고 상대주의에도 유혹받지 않고, 끊임없이 어떤 보편으로 접근해가려는 노력이라고 나는 믿는다.

신과 진화론

위 제목과 같이 신과 진화론을 대치시키는 이유는 신이 있다고 믿는 것이 '유신론'인데, 진화론은 결과적으로 그 정반대로 신은 없다고 주장하는 '무신론'으로 대조가 되기 때문이다. 그리고 나에게는, 신・유신론은 상상과 사변성(思辨性)이 짙은 사상임에 반해서, 진화론은 거의 '무사상'(無思想)의 사상이라고 해도 좋을 만큼 사변성을 배제하는 사상이라고 느껴지기 때문이다.

한국에서는 옛날 유일신(唯一神)을 모시지 않는 무교(巫敎)의 전통과 유교의 전통 때문인지, 유신론・무신론의 문제에 대해서 서양이나 중동에서처럼 날카로운 대립은 볼 수 없다. 또 종파들 사이에서도 별로 큰 갈등을 노출하지는 않는다. 유신이건 무신이건, 믿건 안 믿건, 이것을 믿건 저것을 믿건 비교적 서로 덤덤한 편인 것 같다. 나도 덤덤한 편이다. 집안 제사도 지내고 교회도 가는 '짬뽕'인 사람도 많다. 정말 종교의 자유가 있는 나라다.

그러나 사상의 문제에서 신의 문제, 종교의 문제를 빼놓을 수는 없다. 가끔 내 자신의 처신에도 관계되고, 또 가끔은 내 견지를 밝혀야 할 처지에도 놓여왔기 때문이다.

나는 종교가 없다. 교회에도 절에도 가지 않는다. 아마도 유일신을 모시는 종교가 아닌 유교의 집안에서 자라났고, 어머니 아버지가 교회도 절에도 가지 않으셨기 때문일 것이다. 나는, 어떤 종교의 독실한 신자가 되는 가장 중요한 조건은 어렸을 때부터 부모따라 그 종교 속에서 자라난다는 조건이라고 생각한다. 아니면 어떤 충격적 경험을 겪어서 '인생관', '사회관'에 큰 변화가 있었든지 해야 할 것만 같다. 내겐 그런 충격적 경험도 별로 없었다. 그렇다고 내가 여기에서 무신론을 주장하고 유신론을 비방하려는 것은 아니다. 나는 종교의 자유를 믿는다. 유신론도 자유고, 무신론 또한 자유다.

나는 기독교나 불교의 독실한 신자인 친구들을 가끔 농으로 비꼰다. "교회나 절에 가보면 이 세상에 믿는 사람들이 무척 많은데, 왜 그렇게 나쁜 사람은 또 많으냐"고 비꼰다. 서울의 교외를 밤에 차 몰고 지나가면, 빨간 십자가 네온사인이 수도 없이 많다. 다같이 종교지만 내겐 불교는 유일신을 모시지 않기 때문에 무신론의 종교로 보인다.

교회나 절에 가는 사람들도 동기가 제각기 다를 것이다. 물론 정말 신앙심이 두터운 신자도 있을 것이다. 그러나 어떤 사람은 그저 가족따라 친구따라 사교(社交) 겸해서 가는 사람도 있을 것이다. 하느님이나 부처님의 가르침을 따르려고 교회나 절에 가기보다는 자기의 행복, 자기 병 낫기를 또는 자기 아들의 입시합격을 비는 기복(祈福)사상으로서 종교를 믿는 사람도 많은 것 같다. 그런 종교인은 내게는 어쩐지 '사이비' 종교인으로 보인다.

나는 한참 사상적인 것에 관심이 많던 대학시절에 읽은 칸트의 말이 어쩌면 아주 깊이 내 머리 속에 '충격적으로' 박혀 들어가 있지 않은가 생각한다. '신은 있느냐 없느냐를 따질 수 있는 인식의 대상이 아니라, 믿느냐 안 믿느냐를 결정해야 하는 신앙의 대상일 뿐이다'라는 그의 말이다. 신의 존재 자체는 인간의 인식범위 밖의 문제고, 신은 그저 덮어놓고 믿든지 안 믿든지 할 수밖에 없다는 말이다. 나는 지금도 그의 말을 믿는다.

그후 이 칸트의 말에 다른 철학자의 말들이 얽혔다. 노자의 '천도무친',

'천지불인'은 무신론에 가깝다. 니체는 "신은 죽었다"고 선언했다. 니체에게는, 아무 믿을 데 없이 외로이 고공의 밧줄을 타고 건너가야 하는 곡예사에게 하느님은 존재하지 않는다. 자신만 믿어야 한다. 온 정신을 기도가 아니라 밧줄에 쏟아야 한다. 틸리히는 그 자신이 신학자다. 그러나 그는 자주 "신 위의 신", "유신론이 주장하는 신 너머의 신"을 이야기한다. 알쏭달쏭한 얘기지만, 어쩐지 틸리히 자신도 흔히 기복(祈福)·귀의(歸依)·위안(慰安)의 대상으로 찾는 유신론은 역겨워하고 부인했던 것 같다. 아인슈타인이 유신론자인지 무신론자인지 난 모른다. 다만 그가 우주의 아름다운 질서·이치 자체를 신으로 보았다는 점에서 귀의·기복·위안의 대상을 부인하는 일종의 무신론으로 내게는 비쳤다.

나는 신이 있는지 없는지 모른다. 그러나 이 말은 나는 신이 없다고 생각한다는 말에 더 가깝다. 그런 의미에서 나는 무신론자다. 어떤 독실한 기독교 신자인 친구가 나보고 "크리스천 같지 않은 크리스천이 많은 세상에서 너는 아주 크리스천 같은 비크리스천이다"라고 말했다. 아마도 욕은 아니었을 것이다. 종교는 믿지 않아도 내가 그리 나쁜 놈은 아니라는 뜻일 것 같아서 기분은 나쁘지 않았다. 종교를 안 믿어도 선량한 사람이 될 수 있다는 말이다. 그러면서도 그 친구는 틈만 있으면 나더러 '기독교를 믿으면 좋을 텐데' 하는데 나는 딱 질색이다.

삼라만상을 지배하는 신이 있다면, 그 신, 그 하느님이 내 아들만 입시 합격시키고 대신 남의 아들은 낙제시키고, 우리나라와 우리민족의 원만 풀어주고 남의 나라는 봐 주지는 않는 그런 편협한 신은 아닐 것이다. 가끔가다 사람들이 몹시 억울한 일을 당하면 "하느님도 무심하시지!"라고 땅을 치고 탄식하는 것은 하느님이 없다는 말과 같다. 대적하고 있는 두 군대가 제각기 신에게 자기 승리를 빈다. 신은 누구를 봐 줄 것이냐? 신이 자기를 믿는다고 말하는 사람만 봐준다면 그것은 신 같지 않은 편협한 신일 것만 같다. 두 편이 다 자기를 믿는다고 하면 어느 편을 봐줘야 할 것인가? 두 편을 다 봐주면 신은 있으나마나다. 그래서도 신은 없다.

신이 만물을 만들어 내고 삼라만상을 지배한다면 왜 하필 사람만 봐주어야 하는 것인가? 개 · 돼지도 생명이 있고 박테리아 · 바이러스도 생명이 있고 나무들 · 풀들도 생명이 있고, 그래서 다 아픔을 알고 괴로움을 알 텐데, 왜 하필 사람만 그 만물을 지배하고 모든 것을 마음대로 죽이고 자르고 잡아먹고 할 권리가 있다는 것인가? 하느님이 그래도 된다고 했다는 말은 도리어 있지도 않은 하느님을 빙자한 인간의 오만이 아닌가? 신의 입장에서는 인간의 생명도 돼지의 생명도 다 소중해야 할 것이다. 다만 타고난 생명 때문에, 살 때까지는 살아야 하기 때문에 생물들은 비정한 살생을 벌이고 인간은 하는 수 없이 비참하게 돼지를 잡아먹을 따름이다. 그게 미안하니까 하느님을 빌릴 뿐이 아닐까?

나는 하느님이 사람의 형상을 하고 있고, 사람을 특별히 봐 준다는 통속적인 인간중심적, 의인적(擬人的) 신관(神觀)에 선뜻 동의가 가지 않는다. 도리어 신을 그저 우주에 미만한 '절대정신'이라고 보는 힌두교의 신 브라만(Brahman)이 더 그럴듯해 보인다. 인간중심적, 의인적 신관이 생태계 파괴나 환경오염의 주범이라는 생각도 든다.

신이 없다는 생각은, 그저 상상으로 그리고 수식사로 쓰기 위해서는 신을 운운할 수는 있어도, 실제로는 신은 없고, 영혼 · 영혼불멸설 · 윤회설 · 내세 · 기적도 믿지 않는 생각으로도 이어진다. 이런 관념들을 그저 상상으로 가상하고, 어떤 사상(事象)을 수식하는 형용사격으로는 쓸 수 있어도, 실제로는 그 실체는 없다는 생각이다. 그런 의미에서 나는 어쩌면 철저한 실증주의자, 과학주의자일지도 모른다. 내 오관으로 '볼' 수 있고, 볼 수는 없어도 그것이 있고 움직인다는 증거를 보기 전에는 나는 모든 것을 별로 믿지 않는 편이다.

내세에 가보지 않았으니 모르지만, 영혼불멸설 · 윤회설 · 내세설은, 앞에서도 말했듯이, 사람들을 어떤 선행으로 유인하거나 겁주기 위한 상상물일 뿐이라는 생각이 든다. 기적(奇蹟)이 있다면 그것은 사람들이 몰라서 아직 설명할 수 없는 현상일 뿐이다. 그것을 신이 한 일이라고 둘러댈 수도 있다. 원시인들에게는 오늘의 비행기 · 원자폭탄 · 컴퓨터는 다 '기적'으로밖에는 안 보일 것이다. 아직 모르기 때문이다. 미신은 왜 그런지를 설명할 수 없는 것을 믿는 일이다. 인지가 발달되면 미신도 기적도 사라진다.

나는 여러 사람들이 때로는 학자라는 사람도 주장하는 '기'(氣)도 별로 믿지 않는다. 보지도 만지지도 못하고 그 증거도 보지 못했기 때문이다. 퇴행성관절염으로 무릎이 시원치가 않아서, 유명한 중국 한의사 중에 병을 기(氣)치료하는 사람이 있으니 한 번 받아보라는 친구의 성가신 권에 못 이겨, 기치료를 받아본 적이 있다. 그 의사는 자신만만하게 치료를 장담하면서, '지금부터 기를 넣겠다' 하더니 눈 감고 내 무릎을 손으로 누르고 비비고 했다. 근 30분이나 했다. "이제 좀 나으시지요?" 라고 그는 물었다. 나는 그의 수고가 미안해서 "좀 나아진 것 같습니다" 라고 대답했다. 실은 그때도 그 후에도 아무 효과의 증거가 없었다. 기는 없었다.

그렇다고 내가 신비(神秘) · 불가사의(不可思議)가 있다는 것을 부정하는 것은 아니다. 이 세상엔 희한하게 신비로운 일, 아무리 생각해도 그 이치를 알 수 없는 불가사의가 너무나 많다. 우주도 하늘의 성좌도 신비롭고 불가사의고, 사람의 뇌도 들에 피는 꽃도 자세히 들여다보면 정말 희한하고 불가사의다. 그렇기에 우리는 이치를 알아내려고 애쓰고, 그런 추구에서 살 보람도 찾는다. 다만 희한하고 오묘하고 아름다운 신비를 신이 만들어 냈다고 보느냐, 아니면 우리가 아직 그 속과 연유를 모르기 때문이라고 보느냐에 차이가 있을 뿐이다.

유신론은 우주와 그 삼라만상의 아름다운 신비들을 신이 만들었다고 본다. 전통파 기독교 신자들이 말하는 하느님의 '지혜로운 설계'(*intellectual design*)에 따라 '창조'된 것으로 본다. 이에 반해서 물리학은 우주를 태초에 어쩌다 터진 '대폭발'로 생겨난 물질들이 서로 부대끼면서 그 자체의 원리에 따라 변화해 간 것이라 한다. 또 진화론자들은 인간의 두뇌라는 신비하고 희한한 존재는 어쩌다 태어난 단세포생물체가 긴긴 수십억 년의 돌연변이 · 적자생존 · 자연도태의 과정이 쌓이고 쌓여 생겨난 것일 뿐이라고 주장한다. 무신론이다. 그런 무신론적 주장을 했기 때문에 갈릴레오도 다윈도 교회에서 파문당하고 수백 년 후 겨우 몇 년 전에 그 파문이 해제되었다는 기사를 읽은 적이 있다.

그렇다고 나는 하느님을 믿는 사람들과 유신론을 반박하거나 비지성적이라고 나무랄 생각은 추호도 없다. 유신론은 그 나름의 세계관이고, 무신론도 그 나름의 세계관이다. 다시 칸트의 말대로 신의 존재 여부는 지적 인식의 문제가 아니라 그저 믿느냐 안 믿느냐의 신앙문제이기 때문이다. 그래서 신자도 과학자가 될 수 있다. 그러나 반대로 유신론자들이 무신론자들을 몹쓸 놈이라고 여기지 않기도 바란다. 나는 종교의 자유를 기꺼이 존중한다. 무종교의 자유도 존중한다.

그리고 종교라고 반드시 유일신을 모셔야 하는 것도 아니고, 또 꼭 신을 모셔야 종교인 것도 아니라고 생각한다. 불교는 신을 모시고 있는 종교는 아니다. 넓은 뜻으로는, 위대한 교리를 남긴 분을 따르는 사람들이 많고, 그 사람들이 하나의 조직을 이루고, 어떤 정기적인 의식(儀式)을 행하고 있으면 그것을 한 종교라고 할 수 있을 것이다. 그런 의미에서 공자의 유교도 노자의 도교도 종교의 범주에 넣을 수도 있을 것이다. 종교(宗敎)는 한자 뜻대로는 높은 근본적인 가르침이라는 뜻이다.

앞에서도 말했지만, 근자에 MRI, fMRI의 출현으로 대뇌의 움직임을 들여다볼 수 있게 되어서, 대뇌 신경생리학이 급속도로 발전하고 있다. 대뇌 신경생리학자들은 인간의 의식(*consciousness*), '나'라는 존재를 느끼게 하는 의식이 도대체 뭐냐 라는 문제에마저 도전하고 있다. 이것은 실은 엄청난 도전이다. 왜냐하면 인간의 정신적인 것은 다 대뇌 속에서 진행되고 '의식'도 대뇌 속에 '있기' 때문이다. 지능도 도덕도 의식 속에 있고, 신도 영혼도 다 머리 속 의식 속에서 상정(想定)되는 것이기 때문이다. 신경생리학자한테 말을 시키면, 모든 의식은 결국 뇌의 활동이며, 뇌의 활동은 신경연접에 흐르는 전기와 호르몬이 결정한다고 얘기할 것이다.

이것도 실은 무서운 이야기다. 지능도 도덕도 신도 영혼도 전기와 호르몬의 조작물이고, 전기와 호르몬의 흐름을 끊거나 바꾸면 지능도 도덕도 그리고 신도 영혼도 없어진다는 얘기다. 실제로 그 흐름을 바꾸면 온갖 실감나는 환상·환각을 경험한다. '하느님을 보았다'고 실감나게 말하는 사람은 그런 예가 아닐까 라고 그들은 말한다. 어떤 학자는 사람들의 '나'라는 존재의 의식은 무지개와 같은 것이라고도 했다. 무지개는 그저 미세한 물방울들일 뿐인데, 빛을 받으니 거기 있어 보일 뿐이라는 것이다. 신경이 죽으면 모든 것이 사라지고 없다.

신도 하느님도 없고 영혼도 내세도 없다고 생각하면, 몹시 외롭고 쓸쓸하고 허전하다. 기댈 곳도 없고 하소연할 데도 없다. 죽는다는 것은 그저 혼자 쓸쓸하게 반딧불 한 번 반짝하고 사라지는 것처럼, 또는 가는 구름 흐르는 물처럼 그저 왔다 가는 것처럼, 그저 타고난 재처럼, 사라져서 아무것도 없이 아무것도 없는 곳으로 그저 없어지는 것이다. 어쩌면 이것이 부처님이 말하는 '공'(空)이고 '무'(無)일는지도 모른다. 그래서 나는 신자는 아니지만 불교에 매력을 느낀다.

하지만 신도 영혼도 내세도 없다는 것이 더 마음 편할 수도 있다. 죽어서도 쉬지 못하고 영혼으로 떠돌아야 한다면 그것도 고생이고, 내세가 있다면 그것이 천당인지 지옥인지, 천사 '인생'인지 개·돼지 '인생'인지 불안하기만 할 것 같다. 그리고 내세가 없다고 믿어야 지금, 여기, 이 삶, 이 세상이 더 소중하고 더 뜻있게 더 선하고 자비롭게 살아야 할 인생으로 느껴질 것 같다. 누군가 이라크에서 무고한 사람들 수십 수백 명을 무참하게 죽이는 자살테러자들은 신의 은총을 믿고 영혼의 불멸을 믿고 복된 천당의 내세를 믿었던 사람들이 아니겠느냐 라고 했다.

한두 가지 단서를 붙일 게 있다. 이렇게 무신론적 입장은 취하면서도, 나는 가끔 깊은 산속 사찰의 대웅전의 정적(靜寂)을 즐긴다. 옆에 아무도 없으면 한동안 명상도 해본다. 또 천주교 교당의 어둑어둑한 공간의 정갈한 안정(安靜)도 즐긴다. 신자는 아니지만, 어딘지 자신의 속을 조용히 들여다볼 수 있게 하는 시간과 장소라고 느낀다. 그 정도만큼은 나도 혹 종교인일까?

나는 또 일 년에 한 번 크리스마스날 아침 교회에도 간다. 어머니가 돌아가시기 전 4, 5년 동안 다니시던 교회다. 어머니 추억 때문에 교회에 가는 것은 이교도(異教徒)일지도 모른다. 그러나 나에게도 찬송가는 듣기 좋고 목사님의 설교에도 귀담아 들을 말이 많다. 그 정도는 나도 종교인일까?

나는 어머니 아버지 기일이면 제사를 지낸다. 그리고 일 년에 한두 번은 산소에 가서 조상님들에게 인사를 드린다. 그분들의 영혼이 있다고는 믿지 않지만, 어머니 아버지에 대한 나의 그리움은 그것으로 많이 달래진다. 어쩌면 종교는 신앙 이외의 많은 인간적·사회적인 필요를 충족시켜 주는 것인지도 모른다.

자연과학자 오펜하이머는 방에 말편자를 걸어놓고 있었다. 그것이 행복을 가져다준다는 미신(迷信)에 따른 것이다. 누가 왜 그것을 걸어놓았느냐 라고 질문을 했을 때, '내가 말편자가 행복을 가져다준다고는 믿지 않지만, 내가 그렇게 믿건 안 믿건, 말편자를 걸어놓으면 행복이 오게 되어 있다고 사람들이 말하기 때문이다' 라고 대답하면서, '그런 논리와 굳이 논쟁을 벌일 필요는 없지 않은가' 라고 덧붙였다. 어떤 이는 본래 과학이란 미신을 이길 수는 없을 것이라고도 했다. 사람은 본래 모순된 존재인가보다. 그런 모순 때문에 인생은 더 재미있는 것인지도 모른다.

낙수

- 교육심리연구실
- 연구의 정
- 시카고대학에서
- 이 나라 저 나라
- 스포츠

내 기억의 평야에서 이제 어지간히 추수, 가을걷이를 끝냈다. 그래도 여기저기에 많은 낙수(落穗), 떨어져 있는 이삭들이 꽤 많이 남아 있다. 작지만 꽤 강한 인상이 남아 있는 일들, 약간은 희한했던 일들, 조금은 흐뭇했던 일들, 잠깐 되씹어 볼 만한 일들은 회고하는 사람에게 소중한 추억들이다. 그것은 삶의 작은 양념이라고나 할까?

교육심리연구실

1954년 피란수도 부산에서 서울로 환도하자, 나는 곧 지능검사의 연구제작에 착수하기로 하고, 서울대 사대에서 연구실을 구해보려 했는데, 학교에 교실도 모자라서 구할 길이 없었다. 겨우 단칸방 숙직실을 연구실로 쓰기로 허락받았다. 초라해도 거기에 '교육심리연구실'이라는 작은 팻말을 붙였더니 꽤 어엿해 보였다. '가난해도 우리집' 격이었다. 그 후 교사(校舍)의 형편이 펴지면서 커다란 교실 하나를 쓸 수 있었던 교육심리연구실은 지능검사 외에도 여러 가지 연구를 진행하면서 내가 1978년에 충북대학으로 전직할 때까지 근 25년을 지속했다.

정식 조교 정원은 없었다. '조교'는 학부 3, 4학년 학생들과 나중엔 대학원 학생들 몇 명이 가세해서 대개 10명 내외가 '자원봉사'하는 학생들이었다. 우리는 그때그때 진행되고 있는 연구프로젝트에 관해서 같이 협의도 하고 토론도 하고, 아니면 웅크리고 앉아 책도 읽고 자료정리도 하고 계산기도 두드리고 뭘 쓰기도 하면서 항상 바빴다. 연구프로젝트를 거들고, 아니면 자기공부도 했다.

연구비가 생기면 매달 얼마씩 '수당'을 나누어주었고, 없으면 몇 달을 '무료봉사'였다. 그때 학생들이 소박해서 조교 일에 돈을 전혀 따지지 않았다. 교수의 연구에 참여한다는 것 자체에서 보람을 찾는다고 했다. 오랜 무료봉사 끝에 어쩌다 연구비가 나와 수당을 나눠주면, 조교들은 "오랜 가뭄 끝에 소나기가 왔다"고 농도 했다.

연구비가 있을 땐 저녁에 같이 나가 짜장면이나 설렁탕을 사 먹고 들어왔지만, 궁할 때엔 난롯가에 둘러앉아 전등불 아래에서 고구마도 구워 같이 먹었다. 그때 고구마가 그렇게 맛이 있었고, 연구실 정경도 더없이 정겨웠다. 학문에 관한 또는 인생에 관한 이런 저런 얘기도 나누었다. '교육심리연구실' 하면 나는 이 정경부터 먼저 머리에 떠오른다. 강의보다도 그렇게 연구를 매체로 하는 교수와 학생의 상호작용, 말하자면 사제동행(師弟同行)이 대학의 진수라고 나는 지금도 믿는다.

1950년대에는 인쇄비가 비쌌다. 적은 연구비로는 연구에 필요한 테스트나 설문서를 인쇄할 수가 없었다. 그래서 기름종이인 '원지'를 '가리방'이라는 철판 위에 놓고, 철필로 글씨나 그림을 긁어서 새긴 다음, 그것을 복사기(複寫器)에 걸어 그 아래에 종이를 놓고, 검은 페인트 기름을 바른 롤러로 밀어가면서 한 장씩 복사해야 했다. 그렇게 수천 장을 복사해 내려면 그 일이 보통이 아니었다. 깨끗한 글씨로 '가리방' 긁기도 어렵고, 수천 장 밀어내려면 팔도 아프고, 서투르면 손, 얼굴, 옷에 검은 페인트가 낭자하기가 일쑤다.

'가리방' 원지 긁기는 학생 조교 L군과 K군이 맡았고, 복사기 롤러 밀기는 P군이 맡았다. 처음엔 다 서투르고 낑낑 맸다. 그러나 모든 일은 오랫동안 하고 있으면 '최소에너지 원칙'에 따라 요령도 생기고 비결도 생긴다. 그것이 숙련이다. L, K, P군은 이젠 이 일로 먹고 살 수도 있겠다고 자타가 농을 할 정도로 그 일의 도사가 되었다. L, P, K군은 후일 다 대학교수가 되었다.

1950년대 후반은 각종 심리검사 실험실시와 조사연구로 때로는 20명 내외의 '조교'들이 편을 짜서 각 지방으로 출장 갔다. 여러 가지 후일담이 있었다. 어떤 시골 농촌에 난데없이 묘령의 여자들(여학생 조교들)이 나타나서 그 동네 초등학교에 (테스트 실시하러) 드나들자 서울에서 여자 배우들이 온 모양이라고 소문이 나서, 동네사람들이 학교 문 밖에서 떼를 지어 구경나왔다고 했다. 여자 대학생의 차림이 가난했던 당시 시골사람들에겐 굉장히 화려해 보였던 모양이다. 다음부터 그 여학생 조교 패는 시골 출장갈 때엔 아주 허름한 옷차림을 하고 가기로 했다.

1964년 두 번째 2년간의 유학에서 돌아오자마자 우선 교육심리연구실부터 들렀다. 내가 유학 떠나기 전에 3, 4학년이었던 학생들 중 대학원에 진학한 학생들이 그동안 연구실을 챙기고 있었고, 나 없는 동안 새로 들어온 학생조교들도 있었다. 서로 반갑게 인사를 나누는데, 한 학생이 "선생님이 정말 정범모 선생님이세요?" 라고 의아해 하는 얼굴로 내게 물었다. 난 웃으면서 "왜, 내가 정범모 같지 않느냐?" 라고 대답했더니, 그 학생도 웃으면서 머리를 긁었다. 선배 학생들이 하도 자주 내 이름을 들먹여서, 내가 무슨 키도 훤칠한 '큰' 인물인 줄 생각하고 있었나 보다.

나는 내 주임교수였던 블룸 교수의 얘기가 생각이 났다. 블룸 교수는 교육학계에서는 세계적으로 이름이 난 교수였다. 그가 강연차 브라질을 방문했을 때, 강연 전날 환영파티에서 어떤 사람이 다가오더니 "선생님이 정말 블룸 박사세요?" 라고 물었다고 했다. 그 사람은 블룸 박사 얘기를 하도 자주 들어서 그 분이 키도 크고 아주 잘 생긴 멋들어진 분으로 상상했다는 것이다. 블룸 교수는 미국사람으로서는 키도 작고, 눈만 매서울 뿐 멋들어진 분은 아니었다. 내가 꼭 블룸 교수와 같은 일을 겪은 셈이다.

교육심리연구실에서 일하던 K군은 이런 회고를 내게 말해 주었다. 조용한 깊은 밤에 연구실 전등불 아래에서 혼자 계산기도 두드리고 자료처리하고 글도 쓰고 하다가 밤 11시쯤 전등불을 끄고 밖으로 나와, 아무도 없는 호젓한 교정의 희미한 가로등 아래 가로수 길을 뚜벅뚜벅 걸어가면서 시원한 밤공기를 한껏 들어 마시면, 자기가 무슨 대학자나 된 것 같은 기분이 들어 혼자 으쓱거리곤 했다는 것이다. 학생 때부터 연구실무에 젖어 거기에 열중해보는 경험이 학구적 의욕과 자부심을 더 부추긴다는 말이다.

1960년 후반 한때 교육학과에 대학원 학생은 열 명 넘어 있었다. 그 중의 7, 8명이 교육심리연구실에 있었다. 당자들이 원하는 대로 나는 그들의 석사논문 지도교수를 맡았다. 제대로 논문지도를 할 작정을 하고, 그들 각자의 연구계획서를 서너 차례씩 상의하고 빨갛게 고쳐서 다시 써오게 했다. 평정척도나 설문서 작성에도 일일이 참견하고, 최종논문은 이 잡듯이 읽고 페이지마다 빨갛게 고쳐서 대여섯 번씩 다시 써오게 했다. 나중에 학생들도 지겨웠던 모양이다.

어느 학생이 "내가 다시 석사나 박사공부를 하나봐라! 지겹다, 지겨워!"라고 투정도 부렸다고 했다. 그러나 7, 8명 석사논문을 그렇게 지도하느라고 나도 지쳐서 그 해 겨울방학엔 한 일주일 몸살을 앓았다.

그들은 초등학교·중등학교·대학을 통틀어 그렇게 철저하게 작문지도를 받아보기는 생전 처음이라고 했다. 나는 대학에서 석사논문, 박사논문은 학생의 논문이 아니라, 학생과 지도교수의 공동작품이라야 한다고 믿는다. 그렇게 연구의 공동작품을 만들어내는 '사제동행'의 과정에서 학생은 학구가 무엇인지를 체험하고 깨닫고 배워간다.

연구의 정

내 연구생활은 서울사대 교육심리연구실에서도 진행되었고, 어떤 계제에 내가 창설한 '한국행동과학연구소'에서도 진행되었다. 어떤 연구프로젝트는 내가 주로 지휘했고, 어떤 연구는 다른 연구자와 공동으로, 어떤 연구는 격려 · 상담 · 조언자의 역할로 참여했다. 나는 그 모든 연구를 나의 연구로 생각했다. 연구의 과정과 결과 자체는 냉엄하지만, 거기에 부수적으로 여러 정감도 따라왔다. 그 정감이 연구의욕을 북돋아주기도 하고 시들하게도 한다.

1970년대 초반 '완전학습' 프로젝트가 있었다. 이것은 내가 권했고, 김호건 교수가 주도한 연구다. 연구의 요점은, 적당한 수업조건만 마련해주면, 보통의 수업결과처럼 학기말 시험성적이 예컨대 A가 15%, B와 C가 70%, D와 F가 15% 식으로 우열이 퍼져 나오는 것이 아니라, 이론적으로는 95%의 학생들이 다 A수준의 성적을 낼 수 있다는 것이다. 그 원리를 적용한 완전학습 수업방법으로도 85%는 A수준으로 교육해낼 수 있다는 것이다. 행동과학연구소에서는 많은 학교를 대상으로 대대적으로 그 실험연구를 했다. 결과는 성공적이었다.

그 한 결과분석에서, 한 반 아이들을 IQ나 전 학기 성적을 기준으로 상위 50%, 하위 50%로 나누었을 경우, 보통수업 집단에서는 그 하위그룹 학생 중 기말시험에서 겨우 5% 내외만이 A성적을 딸까 말까였다. 그런 식으로 매학기 수업이 진행되면 하위그룹 아이들은 이른바 '결함의 누적'

으로 성적이 점점 떨어져서, 생전 A 성적을 한 번도 못 따보는 신세가 된다. 그러나 완전학습수업 집단에서는 그런 하위그룹 학생 중 35%가 A 성적을 따는 수가 있다. 5%와 35%는 큰 차이다. 완전학습 수업방법은 흔히 공부 못한다고 지청구만 먹는 학생들의 70%를 '구제'해 주고, 그 중에는 생전 처음 A 성적을 따 보고 좋아하고 자신감을 부축받는 아이들도 있었으리라 생각하면서 연구자들도 흐뭇해 했다.

전국 국민학교 '학습성과평가'라는 연구 프로젝트가 있었다. 요는 전국 국민학교 5학년을 수료한 아이들이 무엇을 얼마나 알고 있느냐를 '절대평가'하는 조사연구다. 그 결과에는 연구자들도 놀랐다. 자세한 기억은 안 나지만, 예컨대 두 자리 숫자 다섯 개의 평균을 낼 줄 모르는 아이가 60%, 삼일절이 뭔지 모르는 아이가 40%라는 식이었다. 그러려니 짐작은 했지만 성적이 너무 저조했다. 연구자들도 우울했다.

그러나 더 우울했던 것은, 그래도 발표는 해야겠고 경종을 울리는 뜻도 있어서 보고서를 찍어내서 여기 저기에 배포한 다음이었다. 문교부에서 당장 그 보고서 배포를 중지하고 회수하라는 불호령이 내려왔다. 그 연구비의 일부를 문교부에서 받았으니, 명령에 순종할 도리밖에 없었다. 이미 반포된 보고서를 회수할 수는 없었고, 남은 것은 더 반포하지 않았다.

우리는 그것이 교육부가 '이러니 교육비를 올려라' 라고 경제기획원에 요구할 수 있는 좋은 자료라고 생각했는데, 문교부는 그것을 도리어 잘못된 교육행정의 증거로 여겼던 것이다. 이런 분위기에서는 문제를 제대로 연구할 수 있겠느냐고 연구원들이 한탄했다.

'행동수정' 실험연구도 있었다. 이것은 내가 권유하고, 이성진 교수가 주도한 연구다. 요는, 스키너(Skinner)의 행동수정이론에 따라 한 국민학교 5학년 네 반에서 수업시간에 정신집중을 하지 않는 아이, 떠드는 아이, 장난치는 아이 등 '문제아동'을 연구자와 교사가 공동으로 교정하는 실험연구다. 실험은 성공적이었다.

4주간의 실험결과 문제행동이 극적으로 줄어들었다. 연구자들도 만족했지만, 연구에 참여한 학교 선생님들의 회고담이 더 기뻤다. "교사노릇을 근 10년 해왔지만, 이제야 교육의 힘을 알겠고, 교사인 내가 정말 희한한 일을 해낼 수 있는 사람이라는 자부심을 느꼈다"는 것이었다.

'성취동기' 훈련프로그램도 있었다. 서울사대 교육행정연수원에서 교장 선생님들을 대상으로, 어떤 일이든 훌륭하게 수행해 내려는 성취동기를 육성하려는 프로그램이었다. 나와 박용헌 교수가 주동했고, 조교 네 명이 달라붙어 세 시간짜리 수업·활동 프로그램 여덟 개를 만들어서, 8주에 걸쳐 하나씩 실시하는 프로그램이었다. 각각 세 시간의 한 프로그램을 영화각본처럼 자세히 계획하는 데에 교수 둘, 조교 네 명이 같이 근 여덟 시간을 소비했다.

그 프로그램도 성공이었다. 그 효과의 다른 여러 증거도 있었지만, 프로그램 수료 후 교장들의 회고담에서 여러 감동적인 얘기가 나왔다. "이 프로그램을 받고 보니, 지금껏 인생을 헛 살아왔다는 기분이 들었다. 지금부터 내 인생은 크게 달라질 것이다"가 그 한 예다. 프로그램을 진행한 교수와 조교의 수고에 대한 외교적 치사만은 아니었다. 연구자들도 흡족했다. 이런 흡족함이 연구의 자양이 된다.

학장 2년, 총장 합계 8년 동안에는 나는 연구 하나 못 해냈고 책 하나 써내지 못했다. 총·학장 기타 보직, 행정직은 학자의 무덤이다. 그 일을 맡으면 연구나 저작과는 절연상태에 들어간다. 하기는 그래야 맡은 행정 책임을 다 할 수 있을 것이다. 그러나 언제나 마음 한구석이 허전했다. 누구는 행정직도 맡고 연구도 계속하는 비상한 능력을 가지고 있을지 모르나, 내게는 그 능력이 없었다.

행정경험도 경험이고, 경험인 이상 어떤 학습효과는 있을 것이다. 그런 의미에서 나는 내 학장·총장 경험을 후회하지는 않는다. 그것은 나에게 많은 것을 일깨워 주었고, 나라는 인간을 다른 각도에서 좀더 풍부하게 해주었을는지도 모른다. 그러나 연구와 저작에 관한 한, 그런 일을 맡지 않았더라면 학문의 길에서 좀더 많은 것을 해 낼 수 있었으리라는 아쉬움은 있다. 내 연구와 저서는 다 학장·총장 아닌 시절의 소산이다.

재언컨대, 총장·학장 등 기타 행정직은 학자의 무덤이다. 그런데도 사람들은 학자를 소개할 때에 무슨 연구, 무슨 저서를 써 낸 누구라고 소개하기보다는 어디 어디 총·학장, 장관을 지낸 누구라고 소개하기에 더 바쁘다. 어딘지 빗나간 풍토다.

시카고대학에서

내 유학은 전후 합계 4년간, 그 중 3년은 시카고대학이었기에 거기에 작은 추억들이 많다. 나는 본래 박사학위란 넥타이 같은 것이어서, 그것을 매고 안 매고가 학자의 가치를 좌우하는 것은 아니라고 생각했다. 지금도 그렇게 생각한다. 그래도 체면상 박사학위는 해야 했다.

시카고대학에 1962년 9월 초에 도착하자마자 계획을 세우고 강행군에 들어갔다. 매일 도서관, 기숙사에서 머리 싸매고 공부했다. 그러던 10월 초 어느 날 저녁 기숙사 내 방문을 누가 두드렸다. 문을 열었더니, 한국인 학생 둘이 서 있었다. 그 중 한 친구가 인사말도 없이 다짜고짜 "오셨다는 얘기는 들었습니더. 여기 기숙사 밥, 맛이 없어 어떻게 자십니껴? 우리집으로 가입시더" 라고 재촉했다. 순 경상도 사투리였다.

재촉이 성화 같아서 얼떨결에 따라나섰다. 그들 하숙집에 갔더니, 냉장고에서 닭 세 마리를 꺼내서 큰 양푼에 넣어 끓이기 시작했다. 한참 후 익은 다음 거기에 소금을 넣어 가면서 간을 맞추더니, 한 마리씩 세 그릇에 담아 "자, 됐습니더. 듭시더" 라고 경상도 사투리가 여전했다. 투박한 초대에 그 투박한 솜씨의 닭곰탕이 어찌 그렇게 맛이 있던지! 두고두고 화제를 삼았다. 그 두 학생은 후에 하와이대학 교수로 활약한 조이제 박사와 최영호 박사다.

박사 예비고사를 준비하느라고 도서관에서 한동안 거의 매일 밤늦게까지 죽치고 앉아 책을 읽었다. 내가 앉아 있는 자리 저만치에 나와 비슷한 처지였는지, 한 미국학생도 매일 밤 나와 똑같이 죽치고 앉아 책을 읽고 있었다. 밤 12시경에 나는 기숙사에 가느라 자리를 떠도 그 친구는 매일 그대로 계속 공부하고 있었다. 밤늦게까지 둘이 남아 있었으니, 낯이 익어 눈인사도 나누었다.

며칠 동안 그렇게 지내다보니, 슬그머니 경쟁심이 생겼다. 한 번은 그 친구가 버티는 대로 나도 밤 두세 시까지도 버티면서 공부했다. 그렇게 며칠 지냈더니 나는 점점 힘이 들었다. 졸려서 더 버틸 수 없는 날이 많았다. 그 친구는 끄떡도 없어 보였다. 결국 내가 졌다. 그놈의 끈기를 내가 당할 수가 없었다.

공부·학구엔 머리만 아니라 체력도 중요하다는 것을 그때 혼자 절감했다. 잘 먹고 자란 미국학생의 체력을 내가 이길 수가 없구나 라는 생각이 들자, 갑자기 많이 먹고 운동 많이 해야겠다고 다짐했다.

그전 일차 유학 때, 시카고대학 교무처 시험국에서 연구조교로 일하고 있었는데, 한 번은 시간을 다투는 급한 통계처리가 많이 밀려, 아침에 시험국에 갔다가 저녁 그리고 밤샘까지 하면서 일했는데 그래도 일을 끝내지 못했다. 결국 생전 처음 이틀 48시간을 꼬박 새우면서 겨우 일을 끝냈다.

이틀 밤을 새우고 기숙사에 돌아가서 자리에 쓰러져 정신없이 열 다섯 시간을 자고 일어났다. 한편 이틀 밤도 새울 수 있구나 하는 처음 경험도 했고 자신도 생겼지만, 결국 사람의 잠은 자야 할 만큼 자야 한다는 생각이 들었다. 나는 지금도 내 나이에 잠이 많은 편이다. 잠이 내 건강을 지탱해 주는 것 같다. 어떤 연구에 의하면, '하루 잠 4시간으로도 충분하다'고 장담하는 사람도 대개는 낮에 틈틈이 자투리잠을 잔다고 했다.

요새는 컴퓨터가 판치는 세계다. 그리고 나는 이렇게 글쓰기, 책읽기에 바빠서 컴퓨터 · 인터넷은 지금은 자주 쓰는 편이 아니다. 그러나 나는 아마 한국인으로서 디지털 컴퓨터를 써본 제 1세대일 것이다. 그때 1962년엔 PC는 없었다. 박사학위 논문에 필요한 통계처리에 IBM의 대형컴퓨터를 사용하느라고 '포트랜'도 배워서 컴퓨터를 많이 써야했다. 그때 IBM 709였던가 7090이었던가 하는 대형컴퓨터가 설치되어 있던 컴퓨터센터는 기숙사에서 자동차로 15분쯤 가야하는 좀 먼 곳에 있었다.

연구자료를 대학원 교육학과에 있는 연구실에 준비하고, 그것을 오후 늦게 센터에 가서 포트랜 프로그램과 함께 컴퓨터에 넣으면 밤 12시, 때로는 새벽 두세 시나 되어야 결과가 나온다. 그때 센터에 가서 결과를 꺼내보면, 포트랜 프로그램의 콤마 하나가 틀려도 아웃풋이 안 나오던지 이상하게 나온다. 그러면 고쳐서 다시 집어넣어야 한다. 그래서 시도 때도 없이 컴퓨터센터에 들러야 했다. 밤에 자다가도 시간이 되면 일어나 가야 했다.

시카고의 겨울은 눈이 많고, 내 자료처리는 겨울에 집중되어 있었다. 영하 20도나 되는 추운 겨울날 인적 없는 깊은 밤에 눈이 2, 30cm나 덮인 길을 자동차를 몰고 컴퓨터센터에 가고 오고 하노라면, 어떤 정취마저 젖어들었다. 더구나 거기에 휘영청 밝은 달이라도 떠 있는 밤이면 그 정취는 더했다. 춥고 귀찮은 생각보다는 '이것도 연구생활의 한 정취고 멋이구나' 하는 감상에 자주 젖었다.

그때 대형컴퓨터는 소리가 좀 요란했다. 센터에 가까이 가면, 건물 밖에서도 컴퓨터가 돌아가는 찰각찰각 하는 소리가 들려왔다. 센터에서 떠나서 기숙사에 오는 길에 그 소리가 점점 꿈속처럼 멀어져 갔지만, 내 머리 속에서는 여전히 찰각거리는 소리가 계속되었다. 그 소리는 지금도 미국의 학문이 착착 착착 진행되고 앞서가는 소리로 내 뇌리에 지금도 남아 있다. 그런 생각이 들 때마다 한국의 학계를 되돌아보게 되고, 어떤 초조감에 사로잡혔다.

1964년 2차 유학에서 돌아와서는 그 컴퓨터가 몹시 아쉬웠다. 그 이듬해인가 IBM에서 한국에 판로개척 겸 어떤 대학에 대형컴퓨터를 기증할 생각이 있다는 얘기를 전해 들었다. 나는 즉시 대학총장을 찾아가서, 이 기회를 놓치지 말고 얻어옵시다 라고 간청했다.

총장은 한참 내 얘기를 듣고 나더니 '그런 게 대학에 무슨 필요가 있겠느냐' 라고 반응이 시큰둥했다. 아무리 설명해도 소용이 없었다. 내 설명력이 부족했던지, 아니면 그 총장이 문학출신이어서 그랬는지, 그것도 아니면 그런 것 얻어오는 것이 대학의 체면에 관계된다고 생각했는지는 알 도리가 없었다.

이 나라 저 나라

내가 외국에 쏘다닌 것이 주로 1950년에서 1985년쯤까지고 거의 다 이런저런 국제회의 관계로 나들이한 경우다. 또 그때 비용은 다 어떤 국제기구에서 대준 여행이었다. 어지간히 많은 나라를 남의 돈으로 여행한 셈이다. 1980년대 중반 어느 해에 처음 내돈 들여 미국에 갔다왔을 때, 좀 이상하기도 했고 '배도 아팠다'. 그러나 그만큼 경제적으로 윤택해진 나라와 내 자신이 흐뭇하기도 했다.

나는 관광을 싫어하지는 않지만 그리 탐내는 편도 아니다. 대개는 회의가 끝나면 곧바로 귀국했다. 회의에서 주선하는 관광프로그램에는 참여했지만 그것도 가끔 빼먹었다. 그러면 '그 좋은 구경을 왜 안 갔느냐'고 따지는 친구도 있었다. '나는 자연 관광보다는 아이디어관광을 더 즐기나 보다' 라고 응수한 때도 있었다. 다만 가는 곳마다 거기 미술관은 될 수 있는 대로 찾아가는 버릇이 있다.

1970년대 초반에 네덜란드에 회의가 있어 갔다. 암스테르담의 렘브란트 미술관을 찾았다. 그의 유명한 그림들이 즐비했다. 화첩(畵帖)에도 나오는 금발의 노인이 성서를 읽고 있는 그림을 가까이에서 볼 수 있었다. 놀랐다. 그 금발 머리카락 하나하나를 가늘게 촘촘히 다 그려놓았기 때문이다. 화첩에서는 볼 수 없는 정교한 세필(細筆)이었다.

서양화 하면 으레 유화물감을 처덕처덕 바르는 그림으로 알았는데, 이것은 구석구석을 동양화보다 훨씬 더 섬세하게 그린 그림이었다. 그 그림을 다 그려내는 데에 수개월이 걸렸으리라고 혼자 짐작했다. 대작은 아무렇게나 나오는 것이 아니었다.

회의기간중 어떤 사람의 안내로 회의 참가자들이 마임(무언극) 연습장을 찾아갔다. 유명한 장소였던 모양이다. 지도교사쯤 되는 사람이 나와서 마임이 무엇인지를 설명한 후 몇 가지 시범을 했다. 활 쏘는 시늉, 황새가 나는 시늉, 화내는 시늉 갖가지 무언의 시늉이 정말 실감 있었다. 유언극(有言劇)보다 더 실감이 났다.

그런 다음에 그 지도교사는 참가자들에게 이런 제안을 했다. 한 사람씩 나와서 '이 세상에서 제일 행복한 사람의 시늉' 또는 '이 세상에서 제일 슬픈 사람의 시늉'을 해보라는 것이었다.

주뼛주뼛하다가 몇 사람이 한 사람씩 나가서 실연했다. 보통 때 점잔을 빼는 학자들이어서 그런지, 이들의 실연(實演)은 말이 아니었다. 행복하다는 시늉은 술 먹고 비틀거리는 시늉 같고, 슬프다는 시늉은 누구한테 지청구 먹은 시늉 같아 다 폭소를 부르는 '만화'여서 도저히 '봐줄 수'가 없었다. 감정을 그대로 표시할 줄을 그렇게도 모르는 사람들이었다. 나도 낙제였다.

그런 다음 그 지도교사가 그 마임을 실연했다. 정말 실감이 났다. 행복한 시늉에는 참가자들 모두가 미소를 띠었고, 슬픈 시늉에는 모두가 심각한 얼굴이 되었다. 자기감정을 제대로 표현하기에 둔한 사람은 남의 감정을 그대로 읽는 데에도 둔감한 것이 아닌가 하는 생각이 들었다.

캐나다는 너덧 번 들렀다. 한 번은 에드먼턴에서 박물관을 찾았다. 일부는 캐나다의 지리 · 식생 · 동물 등을 소개하는 자연박물관이고, 일부는 캐나다의 토착 인디언의 문화를 소개하는 인디언 박물관이었다. 옛날에 미국 워싱턴의 스미소니언박물관에서 본 아메리칸 인디언의 생활문화 유물과 비슷한 게 많았다. 나는 그런 유물을 볼 때마다 아메리칸 인디언이나 캐나디안 인디언이나 다 우리와 같은 혈통의 몽골족의 사촌이라는 생각이 든다.

여러 가지 진열을 다 구경한 다음 나가려는 출구 근처에 허리춤에 오는 진열대 위에 윷가락이 넷이 놓여 있었다. 눈이 번쩍 뜨였다. 우리 윷보다 좀 길었지만, 등에는 우리 것과 똑같이 인두로 지진 문양이 있었고, 옆에 윷판이 놓여 있고 노는 방법의 설명문도 써 있었다. 영락없이 우리 윷이고, 우리 형제였다.

인디언들이 약 2만 년 전에 지금의 베링해협을 건너 아메리카 대륙에 이주했을 때 윷을 가지고 간 것이 틀림없다. 나는 갑자기 눈앞에 2만 년 역사의 유령을 보는 듯한 느낌이 들어 오싹 소름이 끼쳤다. 본래 윷판은 맨 가운데에 북극성과 그 주위를 도는 북두칠성의 형상을 딴 모양으로 어떤 종교적인 뜻이 있다고 들은 적이 있다.

그날 저녁 주지사와 총장이 만찬을 열었다. 만찬에서는 으레 객(客)이 짧은 테이블 스피치를 하게 되어 있다. 그 요청에 나는 이렇게 말했다.

> "오늘 오후, 박물관 인디언문화의 전시를 보았는데, 거기에서 지금도 한국에서 설날이면 던지고 노는 윷이라는 것을 발견했다. 이것으로 보면, 캐나다 인디언이 한국인의 사촌인 것이 분명하다. 그러니, 어쩌다 우리 사촌들의 땅을 뺏은 캐나다 정부에 그 땅의 일부만이라도 우리에게 돌려주어야 마땅하다고, 내일 소송을 한 번 걸어야겠다. 아마도 승소하기는 어렵겠지만."

장내에서 박수와 폭소가 터져 나왔다.

그후 남미 베네수엘라의 어떤 고물가게에서 우리의 옛것과 똑같은 나무절구와 키를 본 적이 있다. 북・남미 대륙의 원주민들도 우리 사촌이었다. 이 친구들이 조금만 더 정신차리고 세계의 흐름을 알았더라면 멸망의 길에 들어서지 않았을 것이고, 그랬더라면 한국의 우리도 좀 셈을 펼 수 있었을 것이다 라는 부질없는 환상도 했다.

1970년대 초반 어느 여름, 스웨덴의 시골 작은 도시 '그래나' 라는 곳에서 세계 20여 개 나라 약 100명 가량의 사람들이 참가하고 '교육과정 개선'을 주제로 한 약 일주일간의 세미나가 있었다. 시카고대학의 블룸 교수와 스웨덴의 후세인 교수가 주도한 모임이었다. 세미나라지만 협의보다는 강연이 더 많았다.

우리나라에서 대학교수 넷과 문교부의 한 국장, 다섯 사람이 갔다. 일본에서도 세 명이 왔는데, 대학교수 둘, 문부성 관리 한 사람이었다. 일부 친구들은 인사를 건네도 건성으로 받는 등 어쩐지 우리에게 좀 도도하게 굴었다.

나는 세미나 참가자이기보다는 블룸 교수의 부탁으로 한두 강연과 강의를 맡은 자원인사격인 강사로 참석했다. 내 강연시간에 한국친구 넷이 맨 앞줄에 근심스러운 얼굴로 앉아 있었다. 내가 영어로 제대로 강연을 해내려는지 걱정이었던 모양이다. 내가 강연을 시작하자 넷이 다 의자 뒤에 기대지도 않고 앞으로 상체를 기울이고 긴장하는 모습이었다. 나보다 더 '떨고' 있는 것 같았다. 내 강연은 내 마음에도 괜찮게 진행이 됐다. 한 10분 지나더니 네 친구들이 그제야 뒤에 편하게 기대고 앉았다. 안심했던 모양이다.

재미있는 것은 내 강연 다음 일본친구들이 우리 다섯을 대하는 태도가 싹 달라졌다는 것이다. 만나면 먼저 정답게 인사를 걸고, 식탁에도 같이 와 앉아 말도 걸었다. 일본사람들은 자기보다 아래라고 생각하면 덮어놓고 깔보고, 자기보다 위라고 생각하면 덮어놓고 존대하는 습성이 있다는 얘기가 생각났다.

'그래나' 동네에는 체리나무가 많았고 그때가 또 체리가 영그는 계절이었다. 시골이라서 동네사람들이 영어를 못 알아들었다. 의사소통은 손짓 발짓으로 해야 했다. 그러나 동네사람들은 친절하고 상냥하고 예의가 밝았다. 보도에서 마주치면 으레 미소지으며 길을 양보했다. 그리고 집집마다 체리나무에 체리가 가득 든 바구니를 매달아 놓고 한 쪽지를 달아 놓았다. 알아보니 '마음대로 가지고 가서 잡수세요'라는 뜻이라고 했다. 무척 따뜻한 사람들, 따뜻한 동네였다.

아프리카 나이지리아의 라고스에서 1960년대 후반 여름 어떤 국제회의가 있었다. 아프리카엔 처음이라서 좀 불안했다. 미국에서 흑인들을 많이 보았고, 서로 알고도 지냈고 흑인촌에도 가 보았지만, 사방이 온통 다 흑인들인 광경에는 좀 긴장했다. '내가 인종차별 안 한다면서 역시 차별의식이 있는 건가?' 스스로 반성도 했다.

그때가 벌써 근 반세기 전이니까 이제는 나이지리아도 많이 변하고 발전했을 것이다. 나이지리아는 그때도 아프리카에서 제일 발전한 나라라고 듣고 갔는데, 그래도 여러 가지로 심한 후진성이 엿보였다. 조선조 말기에 신부·목사 등 외국인들이 남긴 여러 조선견문록에서 조선사람을 거의 야만인으로 묘사했는데, 그때 내 심경이 그들의 심경과 비슷했던 셈이다.

공항에서 내려 세관수속을 하는 동안, 한 10초나 될까, 잠깐 여권을 대 위에 올려놓고 짐을 챙기는 사이에 감쪽같이 내 여권이 사라졌다. 떨어져 있지도 않았으니, 누가 슬쩍 한 것이 분명했다. "내 여권이 어디 갔다!"고 소리쳐도 세관직원이나 주위 사람들은 물끄러미 쳐다볼 뿐 아무 말이 없었다.

할 수 없이 출입국 사무원한테 '어떻게 하면 좋으냐'라고 물으러 가려는데, 어떤 녀석이 "이게 네 여권이냐?"고 여권을 내밀었다. 한바탕 시비를 걸까 생각하다가 꾹 참고, '고맙다'고 받았더니, 그 녀석이 손을 내밀었다. 울화통이 터지려는 것을 또 꾹 참고 5달러짜리 지폐를 주었다. 받자마자 그 녀석은 쏜살같이 사라졌다.

짐이 트렁크 하나로 단출해서 내가 짐 검사대에서 내려서 가지고 나오려 했는데, 누가 재빨리 와서 들고 택시승강장으로 옮겨갔다. 그러고 나서 손을 벌렸다. 나는 1달러를 줬다. 택시운전사가 짐을 차에 실어 놓더니 이놈도 손을 벌렸다. 괘씸했지만 또 1달러를 줬다. 호텔에 도착해서 팁도 보태서 운임을 주고 내렸는데, 운전수가 짐을 내려놓고 또 손을 벌렸다. 기가 찼지만 또 1달러를 줬다. 벨보이가 와서 짐을 호텔 프론트까지 갖다놓더니 이놈도 손을 벌렸다. 또 1달러를 줬다. 호텔보이가 짐을 방까지 가지고 왔다. 으레 줘야 하는 팁이기에 또 1달러를 주었다. 공항에서 호텔 방까지 오는 데 여섯 번을 뜯긴 셈이다. 만사가 다 모진 가난 때문이라는 생각이 들자 도리어 측은했다. 우리도 그랬을 때가 있었을 것이다.

식당에서 아침이면 양식을 시켰다. 주스, 우유, 시리얼, 토스트, 달걀, 베이컨, 커피를 시키면, 으레 세 개만 가지고 오고 그만이다. 한참 기다렸다가 할 수 없이 이거 이거 왜 안 가지고 오느냐고 재촉하면 그제야 놀란 듯이 챙겨 온다.

거기에 오래 체재하고 있는 미국인의 말에 의하면 아프리카 오지의 어떤 부족에서는 수(數) 세기에 '하나, 둘, 셋, 많다', 즉 셋까지만 있고, 나머지는 못 세거나 안 센다고 했다. 믿어지지는 않았지만, 그럴 수도 있다는 생각이 들었다. 그 미국인은 덧붙여, 그 부족은 그림의 원근법도 모른다고 말했다. 먼 데 있는 나무는 작게, 가까이에 있는 사람은 크게 그리면 웬 사람이 이렇게 크냐고 따진다고 했다. 믿어야 할지?

몇이서 재래시장 구경을 갔다. 온통 까만 사람들 속에 백인종, 황인종이 나타났으니 신기했던 모양이다. 반갑다는 듯이 코 가까이까지 다가와서 거리낌없이 '해' 하고 입 벌리고 웃는다. 그의 코가 내 코에 와서 닿을 정도로 얼굴을 가까이 대고 웃는다. 벌린 입에서 별로 좋지 않은 냄새마저 풍겼다. 그렇다고 뒤로 물러서면 실례일 것 같아서 나도 웃어줬지만,

기분은 야릇했다.

사람들이 만나서 얼굴을 마주하는 대면(對面)거리는, 도덕의식이 강해서 금제(*inhibition*) 억제가 많은 문화일수록 멀고, 그런 금제가 적은 문화일수록 서로 침을 튀길 정도로 가깝다고 누군가 말한 것이 생각났다. 그들은 금제가 적었다. 그들이 도리어 감정을 감추지 않은 진솔한 사람들일까?

시장 한곳에 원숭이를 통째로 말린 것 또는 그 팔다리를 잘라서 말린 것을 파는 데가 있었다. 그것도 사 먹는 모양이다. 섬뜩했다. 원숭이는 사람과 형상이 똑같고, 팔다리도 사람의 어린아이 팔다리와 같았다. 거의 구역질 날 정도로 징그러웠다. 그러나 우리도 말린 멸치를 먹고 명태 말린 북어를 먹고 쇠고기를 말린 육포도 먹지 않는가? 옛날 언젠가 어떤 서양사람이 북어를 보고 얼굴 찡그리던 생각이 났다. 그러니 그들이나 우리나 피장파장이고 오십보백보다.

일본도 국제회의 관계로 자주 들렀지만, 일본문화와 일본지리 · 역사는 일제시대에 보고 겪고 배워서 익숙했기 때문에 별로 신기한 것이 없었다. 일본에 처음 들른 것은 1952년 미국 유학에서 돌아오는 길에 며칠 머물렀을 때였다. 동경 시내를 구경하려고 지하철격인 '쇼셍'을 탔다. 꽤 만원이라 많은 사람들이 서 있었다. 그런데 거의 다 나보다 키가 10cm는 작아 다 내 눈 아래로 보이는 것이 신기했다. 내 키는 169cm로 그때 내 나이 한국인들의 평균쯤인데, 그 키를 가지고도 일본에서는 컸다. 일본사람을 왜 왜소하다는 矮(왜)자와 비슷한 倭(왜)라고 불렀는지가 갑자기 짐작이 갔다.

모든 종족은 유전도 좀 있지만 먹지 못하면 작아진다. 일본은 고산지대가 많아 땅이 척박하다. 자연 먹을 것이 적어 옛날엔 조선의 남해안 지대를 자주 노략질했다. 이른바 '왜구'다. 지금은 한국아이들의 평균신장이 해방 후 지금까지 15~20cm는 큰 것처럼 아마도 일본아이들의 평균신장도 많이 컸을 것이다.

1952년의 동경은 패전의 전화와 빈곤에서 아직도 크게 벗어나지 못했다. 여기저기에 궁기(窮氣)가 보였다. 저녁에 시내 구경나갔다가 호텔로 돌아오는데, 호텔 못미처 좀 어두운 곳에 얌전하게 일본옷을 입은 여인이 다소곳이 서 있었다.

내가 가까이 가니까 '저 …' 하고 말을 걸어왔다. 보기에 좋은 집안의 젊은 주부 같았다. 옷도 깨끗하고 점잖았다. 처음엔 무슨 말인지 알아듣지 못했다. 몇마디 듣고 보니, 몸을 팔려는 것이었다. 외국인이 드나드는 호텔 근처 드러나지 않게 어두운 길목에 서서, 차마 하기 어려운 말을 하듯이 애원하는 모습이었다.

나는 정중히 거절하고 가던 길을 걸어가면서, 패전의 비극이 여기에 이르렀구나 하는 측은감에 젖었다. 돈이라도 좀 집어줄까 했으나, 받을 것 같지 않아 그대로 호텔로 들어갔다.

1990년 초반 어느 여름 일본 북쪽 북해도(北海島)의 어떤 시골마을에 들어가서 며칠을 지냈다. 옛 아이누족의 마을이었다. 일제시대에 징용으로 끌려간 조선인들이 노역에 시달리다가 죽어간 유해를 발굴하는 한·일 합동팀을 따라 구경갔다. 유골도 몇 구 나왔다. 어찌된 일인지, 무덤에서 아이의 젖병도 나왔다.

그 근처에 징용간 조선인들이 피와 땀으로 지었다는 거대한 댐이 있었다. 높이가 50m는 되어보였다. 거기가 명소라고 가이드는 댐 속의 층계를 내려가서 그 속의 장치도 구경시켜 주었다. 댐 유래를 설명하는 가이드는 옛날 공사에서 콘크리트를 흘려 넣을 때 서너 명의 조선인들이 실족해서 거기에 빠졌는데, 공사는 그대로 진행해서 지금도 이 댐 콘크리트 속엔 그 조선인들의 시체가 들어 있다고 했다. 갑자기 형용할 수 없는 분노와 더불어 그렇게 태연하게 설명하고 있는 가이드가 악마처럼 느껴졌다.

그 동네에는 아이누족의 후예들이 살고 있었다. 아이누족은 일본 명치(明治)시대에 일찍이 조선에 앞서 일본에 의해 침탈당하고 멸망한 종족이다. 그들은 징용간 조선인 노무자들에게 퍽 친절했다고 한다. '동병상련'(同病相憐)이었던 셈이다.

그들의 지금은 가련했다. 이름은 다 일본식 이름이고 말도 일본말이고, 아이누말은 몇마디 샘플로만 남아 있었다. 그러면서도 옛 아이누에 대한 향수는 감추지 못하고 있었다. 100여 년 지난 지금에도 일본의 이등 국민이라는 자괴심이 역력했고, 겨우 관광객이 오면 옛 아이누 복장에 옛 아이누 춤을 추어주고 생계를 잇는 아이누 후예도 있었다. '우리도 일제강점이 길어졌다면 저렇게 되었을까 … ?'

돌아오는 길에 북해도대학에 들렀다. 또 가이드가 원하지도 않는 말을 들려줬다. 옛날 북해도대학에 척식(拓殖)학과가 있었는데, 거기는 어떻게 하면 아이누를 '동화'(同化)한 모형을 따라 조선을 완전 동화하느냐를 연구하는 학과였다고 했다.

소름이 끼쳤다. 일제말기가 그 '동화' 직전이었던가? 일제시대에 학교에서 조선말도 못하게 하고, 이름도 일본식으로 창씨개명하게 한 정책들이 그곳에서 나왔으려니 생각하니, 그 대학이 무슨 마귀의 성(城)처럼 보였다.

일본은 어쩐지 나에겐, 그리고 내 세대의 거의 모든 사람에게는 '가까우면서도 먼 나라'로 남는다. 한·일간의 소원 없고 격의 없는 우호관계는 일제시대 경험이 없는 세대들간에서만 이루어질 수 있을 것 같다. 그러나 근자에 벌어지는 정계현상으로는 어쩐지 그것도 난망일 것 같다.

스포츠

나는 스포츠를 좋아한다. 어렸을 때 마음대로 산야를 뛰어다니고 동무들과 장난도 많이 한 탓인지, 아니면 경성사범학교 시절에 웬만한 운동은 거의 다 해본 탓인지, 난 이것저것 여러 가지 운동을 좋아한다. 물론 다 프로급 선수급은 못 되고, 아마추어의 A급도 못 되고, 거의 다 그저 초급 C, D급을 면한 B급 정도다. 그러나 그 정도면 누구와도 어울려 같이 운동을 즐길 만은 하다.

경성사범학교에서는 주로 테니스, 아이스하키, 수영을 즐겼고, 대학시절엔 배구부에 들어 꽤 열심히 연습했고 대학대항 시합에 선수로도 나가봤다. 유학시절에도 틈틈이 테니스를 쳤다. 귀국 후 1950년대는 시설도 마땅치 않고 바쁘기도 해서 운동은 뜸했다. 그래도 대학에서 탁구는 가끔 즐겼다.

1950년대 언젠가 학생 중에 올림픽 선수였던 탁구선수가 있었다. 물론 질 줄 알았지만 한 번 시합해 보자고 도전했다. 그 학생이 "얼마를 접어드릴까요?" 라고 물었다. 한 반으로 하자고 했더니, 웃으면서 "그건 안 되고, 18점 접어드리지요" 한다. 두 점 따면 내가 이긴다는 말이다. "야, 그건 나를 너무 무시한다. 15점만 접자"고 하고 시합에 들어갔다. 결과는 깨끗한 20 대 0 이었다. 다시 하자고 재도전을 했는데, 또 20 대 1이다. 그 1은 공이 네트에 걸려 떨어진 공이다. 갑자기 내가 무슨 귀신하고 탁구를 치고 있다는 기분이 들었다.

올림픽 선수는 그냥 선수가 아니었다. 모든 일의 달인(達人)은 그래서 다 입신(入神)했다고 하는 뜻을 여실히 알 수 있었다. 스포츠에도 예술에도 학문에도 나아가 정치·경제에도 입신한 도사가 있을 게다.

1960년 전후엔 일요일마다 연구실 학생들과 등산을 나섰다. 서울의 주변은 다른 나라 수도에는 드문 정말 천혜(天惠)의 산봉우리가 많다. 북쪽에 북한산, 도봉산, 보현봉, 수락산, 남쪽엔 관악산, 청계산 등이다. 제일 아기자기하고 재미있는 등산 코스는 역시 도봉산과 북한산이었다. 하도 자주 가서 거기 등산로는 손금 보듯 환했다. 많은 장비를 갖추고 암벽타기, 줄타기를 하는 프로는 아니었다.

산은 사계절이 다 좋으나, 나는 겨울 눈온 날이 제일 기다려졌다. '강철로 된 무지개'처럼 푸른 겨울하늘 아래, 2, 30cm 가량 눈이 덮여, 차가운 바람에 눈이 휘날릴 때가 제일 좋았다. 그런 날 산정(山頂)에 서서 지그시 눈을 감고 한껏 찬 공기를 들여 마시면, 내가 우주의 정기를 다 빨아들인다는 기분이 든다. 그럴 때엔 에베레스트를 오른 사람들의 희열(喜悅)을 조금은 알 것 같았다.

1970년 전후부터는 테니스와 골프와 스키가 특기가 됐다. 테니스는 근 40년 지금까지도 일요일마다 같이 치는 패가 있다. 이름은 '육탄회'다. 처음에는 여섯이 세 조가 되어 물고 물리는 '혈전'을 벌였기 때문에 六彈會도 되고 肉彈會도 된다는 뜻이었다. 그 이름이 너무 살벌해서 그저 한글로 '육탄회'라고만 했는데, '육탄'이 뭐냐는 질문을 자주 받았다. 지금은 회원도 열서넛으로 늘었고, 정 필요하면 좀 점잖게 한자로 六灘會 또는 育灘會라고 부르기로 하고 있다.

근 40년간 일요일마다 하루도 빼지 않고 같이 모여 테니스를 쳐 왔으니 가만히 생각해보면 대견하기도 하다. 테니스 치고 목욕하고 저녁 나누고 하는 프로그램이다. 기분 나면 어쩌다 바에도 노래방에도 들른다.

모든 운동이 다 그렇지만, 테니스의 묘미의 하나는 그때만은 다 어린아이가 된다는 점이다. 보통 때 점잔을 빼야 하는 총장, 학장, 원장, 소장이라는 사람들이 볼이 '인'이냐 '아웃'이냐를 가지고 싸우기도 하고, 하찮은 일에 웃기도 하고 삐치기도 하고 … 동심이 된다.

어떤 서양학자가 서양사람들의 스포츠는 동양사람들의 선(禪)과 같다고 했다. 그럴듯한 말이다. 선도 무아(無我)지경에 드는 일이고, 스포츠도 열중하는 동안은 무아지경이기 때문이다. 나는 스포츠는 스포츠 이상의 것이라고 생각한다. 보통 생각하는 건강 등의 효능을 넘어서는 더 많은 효능을 가지고 있다고 믿는다.

또 어떤 글에서, 운동하고 나서 노곤하고 고단한 것은 일종의 병인데, 그 병을 이겨내려고 면역체가 동원되고 점점 강화되면서, 각종 질병예방 효과가 커진다고도 했다. 앞에서도 언급했지만, 근자에 fMRI를 이용한 한 연구에 의하면, 피아노를 하루 한 시간 일주일간만 연습해도 그 운동을 다루는 뇌의 부분과 그 주위에 변화가 생긴다고 했다. 신체운동이 대뇌발달에 관계가 있다는 말이다.

충북대학 시절, 틈이 나면 교수들과 테니스를 쳤다. 하루는 나보다 5, 6세 더 많은 근엄한 국문학자인 C교수가 총장실에 들렀다. 항상 나를 아껴주는 분이다. 그는 정색하고 말했다. "총장 선생님, 그 테니스만은 제발 좀 그만두세요. 종아리 내놓고 촐싹촐싹 뛰어다니는 것이 영 총장의 체통이 서지 않습니다." 나는 알았습니다 라고 답하고, 그 다음부터는 C교수가 퇴근했는지 확인한 다음에야 테니스 코트에 나갔다.

골프는 1962년 2차 유학을 갔을 때, 좀 시간의 여유가 생긴 1963년 가을에 친구의 권유로 맛을 들였다. 그후 줄곧 지금까지 한 달에 한두 번 정도는 친다. 골프는 매력적인 운동이다. 넓은 녹색의 초원에서 호쾌하고 정확한 장타를 날렸을 때의 시원한 기분은 다른 운동에서는 맛보기 어렵다. 골프는 골프채를 휘두르는 큰 전신운동을 아주 섬세하게 컨트롤해야 하기 때문에 어렵고 재미있는 운동이다.

미국에서는 그린피가 싼데, 우리나라는 세금을 잔뜩 물려서 무척 비싸다. 시간도 시간이지만 비싸서도 자주는 못 갔다. 그래서 내 골프 실력은 내내 90타 이하를 잘 내려가지 못한다. 1970년 경 언젠가 어쩌다 엄청 잘 맞아 하루에 '이글' 두 개에 '파'도 꽤 해서 78까지 내려간 날이 있었으나, 대개 90 내외고, 그나마 나이를 먹으면서는 그 실력도 줄어들어 요새는 잘해야 90~95를 맴돈다.

그래도 내가 충동해서 기초를 가르쳐 준 골프 '제자'들은 꽤 많다. 스키 '제자'도 많다. 합해서 수십 명은 될 게다. 그 제자들 중엔 체육과 교수도 몇 있다. 내가 기초를 가르친 '제자'들은 골프는 '싱글'에 가깝고, 스키는 대개 상급이다. 다 나보다 낫다. 내가 본래 '교육'학자가 아니었던가!

스키는 뒤늦게 나이 50 넘어서 아들에게 끌려 시작했는데, 이게 또 희한한 스포츠다. 그후 작년까지 근 30년 매년 겨울 4, 5일 정도는 스키장에 갔다. 영하 15도의 날에도 바람을 가르며 설원(雪原)을 내리달리는 상쾌한 맛은 일품이고, 슬로프 위로 올라가는 리프트를 타고 오들오들 떨다가도 주머니 속에 미리 준비한 작은 스카치 병에서 한 모금 들여 마시면 그 또한 천하일미고 추위도 좀 가신다.

스키를 타다가 왼쪽 무릎 두 번, 바른쪽 무릎 세 번, 합계 다섯 번 인대를 다쳤고, 한 번은 한 달 넘어 깁스도 했다. 지금 내 무릎에 퇴행성관절염이 있는 것은 그렇게 자주 다친 탓이 많다고 한다.

처음 한 10년 동안은 스키장에 대개 4박 5일을 다녀왔다. 첫날 가서 오후 타고 그 다음날 하루 온종일 타면 어지간히 고단하고 아침에 일어나면 뻐근하다. 그러나 창을 열면 획 불어닥치는 찬바람에 정신이 번쩍 나고, 슬로프에 나갈 채비를 차릴 충동이 생긴다. 그 다음날 아침도 매한가지다. 집에 돌아오는 길엔 걷기도 힘들어진다.

물론 나이가 더 들면서는 그렇게 할 수 없었다. 일흔 살 넘어서는 스키장에서 내 나이 또래 스키어는 거의 못 만난다. 내가 허연 머리로 나타나면 가끔 힐긋힐긋 쳐다보는 친구들이 있다. 마치 와서는 안 되는 사람이라도 만난 것처럼. 그래서 리프트 탈 때나 슬로프에서나 나는 모자에 고글안경에 복면을 하고 나타난다.

내 스키실력은 중급이다. 용평 스키장에는 상급자들이 타는 경사가 '절벽' 같은 슬로프가 있다. 나는 그 절벽 위에서 내려다보면 오금이 저려서 아예 탈 생각을 안 한다. 그러나 리프트를 타고 정상에 오르면, 바른쪽이 '절벽' 슬로프고 왼쪽은 완만한 경사로 산을 돌아내려가는 '자동차길' 슬로프가 있어서 중급자에게 안성맞춤이다. 나는 그 자동차길을 즐겼다.

한 번은 어떤 여대생 같은 아가씨가 리프트에 같이 탔다. 올라가는 도중 내게 초콜릿을 건넸다. 나도 귤 하나를 건네면서 "스키 잘 타실 것 같은데, 언제 시작했어요?" 라고 물었다. "웬걸요. 서툴러요. 작년에 시작한 걸요." 초보자다. 나는 스키는 빨리 늘지는 않지만 수칙만 잘 지키면 아주 안전하고 재미있는 운동이고, 초보자는 이런저런 조심을 해야 한다고 선배로서 일장 훈시를 했다. 그 여대생은 고개를 끄덕이며 열심히 들었다.

정상에 올라가서 나는 왼쪽으로 완만한 '자동차길'로 가려는데, 그 여대생은 바른쪽 '절벽'으로 돌아서면서 "안녕히 가세요" 하고 쏜살같이 내려갔다. 내려다보니 이건 완전한 상급이었다. '아뿔싸!' 그 다음부터는 아무에게나 선불리 그런 훈시를 안 하기로 했다.

맺는말 : 내일의 꿈

- 자유민주주의
- 다시, 자율
- 작지만 큰 나라
- 안보 · 외교, 경제, 교육
- 전원도시

지금 내 나이 우리나라 나이로 여든셋이다. 이 세상 하직할 날도 얼마 남지 않았다. 햇수로는 다섯 손가락, 길어야 열 손가락으로 헤아려야 할 게다. 어떤 친구는 내 나이에 이렇게 글을 쓸 수 있는 것이 대견하다고 했다. 그러나 그럴 힘도 얼마 남지 않았을 것이다.

갈 때는 말없이 가는 게 제일이다. 아무런 미련없이 시원하게 가는 게 최상이다. 그러나 지난날 살아온 내 자신의 삶에는 아무런 미련이 없다 해도, 한반도 그리고 그 속에서 살아갈 내 아들 딸 손자 손녀, 나아가 한민족 전체의 내일을 생각하면 미련이 없을 수가 없다. 그 자체도 부질없는 미련일지 모르나, 내일에 바라는 어떤 간절한 꿈, 희망을 허공에라도 그려보게 되는 것은 어쩔 수 없는 일이다.

물론 한국의 내일의 모든 것이 잘 되었으면 좋겠다. 안보도 튼튼하고, 정치도 화기애애하고, 경제도 활발하고, 교육·학문, 문화·예술·도의도 튼실했으면 좋겠다. 그런 희망들은 앞에서도 여러 곳에서 간접적으로 많이 그려보았다. 이제 요약 겸 반추 겸 그 꿈의 대강을 정리해본다.

자유민주주의

무엇보다도 내일 내 손자 손녀의 나라는 성숙된 자유민주주의의 나라이기를 간절히 소망한다. 어쩌면 이 소망에 다른 모든 희망과 꿈들이 다 포함되는 것인지도 모른다.

나는, 앞에서도 말했지만, 자유민주주의의 감정적·소극적인 정의를 '개·돼지처럼 살지 않아도 되는 나라, 노예처럼 살지 않아도 되는 나라, 로봇처럼 살지 않아도 되는 나라'라고 정의한다. 나의 세대는 그런 고약한 시절을 넌더리가 나게 경험했다. 그런 시절에 다시는 돌아가고 싶지 않고, 그런 나라를 자손에게 물려 줄 생각은 추호도 없다.

민주주의, 좀더 정확하게 말해서 우리가 원하는 자유민주주의는 보통선거제도 이상의 것을 요구한다. 민주주의는 한 번 보통선거제도로 단번에 이루어지는 것이 아니고, 계속 그 성공·성숙·수호의 조건들을 길러가야 할 통치제도다. 그런 계속적인 육성의 노력이 없으면 민주주의는 언제라도 민주독재로 전락할 수 있다. 앞에서도 말했듯이, 민주주의의 성숙·성공의 조건은 첫째가 기본적 풍요, 둘째가 법의 지배, 셋째 가장 중요한 조건이 국민의 도덕적·지적 역량이다.

민주주의가 좋은 제도라고 해서, 그것을 빈곤에 허덕이는 나라에 도입하면 거의 예외 없이 얼마 못 가서 혼미(昏迷)와 독재(獨裁)로 전락한다. 의식(衣食)이 족해야 민주주의도 안다. 민주주의는 그 시발부터 중산층의 철학이었다. 따라서 경제가 심하게 하락하고 중산층이 줄어들면 '백색'이건 '적색'이건 독재를 부른다.

또 민주국가엔 생득적인 왕도 없고 귀족계급 · 특권계급이 없어, 남을 덮어놓고 이래라저래라 명령하고 통제할 수 있는 사람은 없다. 그러나 민주사회도 사회인 이상은 통치되어야 하고 필요한 통제는 해야 한다. 민주국가에서는 그 통치 · 통제의 힘은 법만이 가지고 있다. 법의 존엄성, 법의 준수, 법의 집행이 느슨하고 엄격하지 못하면, 민주사회는 그만큼 민주이기를 멈추고 아예 한 사회이기도 멈추면서, 독재국가보다도 더 못하게 된다. 불법 폭력데모가 난무하는 것도, 그 범법(犯法)을 단속한다고 엄포만 놓고 실제에서는 법을 법대로 집행하지 못하는 정부도 민주주의의 역행이다.

그리고 민주국가의 향방은 결국 국민의 생각에 달려 있다. 대통령, 국회의원도 국민이 선출한다. 그래서 국민의 양식(良識)이 필요하다. 그뿐만 아니라 남의 인권을 존중하는 도덕의식, 나만 아니라 공익도 생각하는 공공의식, 합리적 사고 · 협의 · 토론으로 숙의하는 지적 능력도 필수다. 이 모든 도덕적 · 지적 특성은 근대국가에서는 대부분 학교교육에서 길러진다. 따라서 학교교육이 삐뚤어지면 민주주의도 빗나가고, 학교교육이 '붕괴'하면 민주주의도 괴멸의 길에 들어선다.

나는 위 셋에 보태서 제4의 조건이 있다. 그것은 자유민주주의 수호(守護)의 결의다. 마치 공기 속에서는 공기의 고마움을 잊고 있듯이, 우리가 그나마 지금 누리는 이 자유의 고마움을 잊고 그 육성과 수호의 결의가 희미해지고 흔들린다면 민주주의는 그 지탱이 어렵다. '민족'도 좋고 '통일'도 좋지만, 그 열망 속에 자유민주주의 수호의 결의가 흔들려서는 안 된다. 민족통일도 기필 자유민주주의 체제로 이루어져야 한다.

다시, 자율

나는 해방 후 역대 정권이 이루지 못했고, 반만 년 한국사에서도 이루지 못했고, 따라서 내일에 이루어야 할 최대 과제는 정부가 국민과 각계각층 기관의 자율(自律)을 넓게 인용(認容)하고 신장하는 일이라고 선언하고 싶다.

한국은 지난 반세기에 외국인들도 찬양하는 두 가지 큰 기적을 이루어냈다. 하나는 비약적 경제발전이고 또 하나는 민주주의의 표상인 평화적 정권교체의 실현이 그것이다. 이 둘은 쉬운 일은 아니었다. 이제 내일의 한국, 한국정부가 이루어야 할 제 3의 기적은 각계각층의 자율을 획기적으로 신장함으로써 자유민주주의의 진수(眞髓)를 실현해내는 일이라고 나는 믿는다. 자율의 긴요성은 몇 번 되풀이 강조해도 부족하다.

자유민주주의의 개념적 · 적극적인 정의는, 정부가 부여받은 권력을 국민의 자율을 최대한 존중하면서 행사하는 정치체제를 뜻한다. 민주독재 또는 비자유 민주주의는 권력은 민주적으로 획득했으나, 그 권력을 타율적 통제 · 억압으로 행사하는 정권을 말한다. 정부가 경제계에, 금융계에, 교육계에 이래라저래라하는 규제가 많을수록 그것은 그만큼 독재다. 그것은 민주국가라는 명분 아래의 독재고 비자유 민주주의다.

이런 점에서는 해방 후 역대정권은 다 그런 민주독재였다고 말할 수밖에 없다. 문민정부, 국민의 정부, 참여정부라면서 정부 행정에서는 옛과 다름없이 때로는 더 심하게 경제계를 이래라저래라 규제하고 교육계에 이래라저래라 지나치게 규제하는 타율적인 통제가 너무 심하기 때문이다.

이것은 자유민주국가의 모습이 아니다.

물론 국가는 통치되어야 하고, 그러려면 최소한의 통제는 해야 한다. 그 통제의 원리가 법이다. 애당초 그 법과 규정 자체도 자율을 최대한 존중하는 법·규정으로 제정되어야 한다. 자율을 넓게 인용하는 대신 정부는 각 기관이 법·규정을 제대로 지키는지, 소기의 목적을 달성하는지 그 감독을 강화해야 한다. 애당초 못하게 하는 것이 아니라, 하게 한 다음 잘 하는지를 살펴야 한다.

자율의 획기적인 신장이 현 국면의 시대적 사명이지만, 국민들과 각계각층의 기관에 문자 그대로의 완전자율이란 있을 수가 없다. 자율은 언제나 법과 도덕의 한계 내에서의 자율이다. 따라서 자율에는 국민과 기관들의 법의식, 도덕의식이 전제되어야 한다. 이런 의식은 주로 교육이 길러내야 한다.

자율은 인간적 질감(質感)의 원천이고, 도덕과 책임의 원리며, 생산·성취의 원동력이다. 자율이 허용되지 않으면 인간은 자기가 인간이라고 느끼지 못하고, 동물 아니면 노예 아니면 로봇에 불과하다고 느낀다. 인간상실의 쓰라림이다. 서너 살짜리 아이도 자기가 할 수 있다고 자신하는 일은 자기가 하겠다고 우긴다. 자기 마음대로 하지 못하게 하고 이래라저래라 잔소리를 당하면 시무룩해진다. '나는 사람 아닌가!' 라는 표시다.

자율이 허용되는 정도에 따라서만, 도덕의식과 책임감이 수반할 수 있다. 내가 하려 해서 한 일이 아니라 남의 명령에 따라서만 해야 한다면, 나는 그 일의 옳고 그름의 책임도 느끼지 않는다. 그 옳고 그름은 명령한 사람의 몫이고, 그 결과의 책임도 내 책임이 아니라 명령자의 책임으로 느껴질 수밖에 없다.

정부가 '교육개혁'을 계획하고 그것에 따라서 학교와 대학에 이래라저래라 규제와 잔소리를 퍼부으면, 교장·총장·교사·교수는 그 일이 자기의 책임으로 느껴지지 않는다. '결과가 어찌되든 난 모른다'는 심정에 빠진다. 겉으로는 그대로 하되, 속으로는 그 일에서 손을 놓는다. 자율이 허용되어야 신이 나서 일한다. 자기 자신의 득실·성패·생사가 걸린 자기 일이 되기 때문이다.

정부가 국민들과 기관들의 자율을 법과 도덕의 범위 내에서 최대한으로 인용(認容)하면서 그 권력을 행사하고, 그 법과 도덕규범 자체도 자율을 최대한으로 인용하는 원칙에서 제정하는 정도가 보통선거를 넘는 자유민주주의 성숙의 척도다. 나는 나의 손자 손녀가 스스로 인간임을 만끽하고, 어엿하게 도덕과 책임을 다하고 신이 나서 자기의 생업에 열중할 수 있는 그런 나라이기를 염원한다.

작지만 큰 나라

한반도 남북한을 합치면 인구 7,8천만, 작은 나라는 아니다. 그러나 어쩔 수 없이 땅덩어리는 작다. 옛날 한민족이 거느렸다는 만주의 넓은 벌판이 그립다. 그러나 어떤 역사의 지각변동이 없는 한, 2천 년 지난 지금 어쩔 수가 없다. 작지만 큰 나라, 지리적 영토는 좁고 작지만 마음의 영토는 넓고 큰 나라로 길러갈 길밖에 없다. 그것은 곧 영토는 작지만, 문화는 크고 풍성한 나라를 뜻한다.

지난날 어떤 국제세미나에서, 현대의 국가개념은 옛날의 주로 땅덩어리 크기를 염두에 두던 영토국가(*territorial state*) 개념에서, 점점 무역·교역의 다과가 문제인 교역국가(*trading state*)의 개념으로 바뀌어 간다는 발표를 들은 것이 기억난다. 일본은 영토는 작지만 큰 교역국가다. 나는 그 발표를 들으면서 그 '교역'에 경제적 교역만 아니라 문화적 교역도 포함시키면서 그 개념을 문화국가(*cultural state*) 개념으로 확대할 수 있을 것이 아닌가 생각해본 적이 있다.

종교·사상의 세계에서는 그 '문화국가'의 현상은 뚜렷하다. 틀림없이 그 발상지가 작았을 유교가 동양 전역에 퍼졌고, 틀림없이 그 발상지가 작았을 기독교가 서양 전역을 풍미했으며, 틀림없이 그 발상지가 작았을 이슬람교가 중동·아시아 전역에 기독교보다 많은 인구를 포섭하고 있다. 지금 미국은 본래 여러 가지로 대국이지만, 그 문화는 블루진·교통표지판에서부터 록뮤직·게놈을 거쳐, 기계문명과 민주주의의 대명사가 될 정도로 문화대국이기도 하다.

근자의 '한류'(韓流)가 연예계에서 동양을 꽤 휩쓸고 있다. 아닌 것보다는 낫다. 그러나 연예(演藝)는 한때 유행으로 사라지는 경우가 많다. 아쉬운 것은 연예 이상을 넘어서서 학문 · 예술 · 도덕 · 교육 · 기술의 영역에서 창조적 '한류'가 세계로 뻗어나가는 날이다.

이것이 꿈 같은 환상일까? 난 그렇게 생각하지 않는다. 옛날에 군자(君子)의 나라, 대인(大人)의 나라, 예의바르고 가무를 즐기고 그러면서도 강건했고 그 주변을 크게 거느렸던 나라, 그래서 공자도 부러워했다는 고조선의 모습을 상기하면 불가능한 꿈은 아니라고 나는 믿는다.

한 나라 문화의 핵심은 도덕(道德)이다. 애당초 인간들의 사회집단은 어떤 계율(戒律)로써 출발했다. 그럴 수밖에 없었다. 기본적인 계율마저 없으면, 그것은 곧 동물의 집단이기 때문이다. 동물도 집단으로 군거하는 동물들에게는 우리가 알 수 없는 어떤 계율이 있을 것이다. 계율 · 도덕은 인간사회를 형성하는 첫 조건이다.

도덕이 무너지면 인간과 인간 사이의 유대가 무너지기 때문에 인간들이 모여서 해야 하는 모든 일들이 다 무너지게 마련이다. 도의가 무너지면 경제, 정치, 학문, 예술 할 것 없이 다 차질을 빚는다. 예컨대 경제활동은 신용 · 신뢰라는 덕목을 기저에 깔고 있다. 신용 · 신뢰가 성립되지 않으면 돈도 수표도 무용지물이 되고, 물물교환도 마치 서부활극에서 포로를 교환하듯 살벌해야 한다. 정치, 학문, 예술활동에도 어떤 기본적 계율이 있어야 하는 것은 더 예를 들 필요도 없을 것이다. 계율이 없으면 모든 사회활동은 아수라장일 수밖에 없다.

도덕 · 도의는 까다롭게 따지면 윤리학에 나오는 수많은 윤리학설처럼 한없이 복잡하다. 그러나 아주 단순하게 생각하면, 그 기본은 '다른 사람에 대한 배려'다. 남의 일을 내 일처럼 알아주고 생각해주는 감정이입(感情移入)이 그 밑바탕이다. 사람이라는 고등 포유동물에게는 긴 세월의 진화를 거쳐 뇌 속에 그런 감정이입의 기능을 맡고 있는 생리적 구조가 생득적으로 형성되어 있다. 따라서 사람들의 도덕의식은 그 감정이입 기능을 억압하거나 왜곡하지만 않으면 건전하게 성숙한다고 나는 믿는다. 그런 의미에서 나는 성선설(性善說)에 가깝다.

문제는, 한편 교육환경이 잘못되어서 감정이입의 기능이 제대로 성숙하지 못하는 경우고, 또 한편 어떤 자연적 또는 정치적인 극한상황 때문에 감정이입 기능이 억압・왜곡 당하는 경우다. 따라서 감정이입의 기능이 제대로 성숙하게 하려면 그럴 수 있는 가정・학교・사회의 교육환경이 조성되어야 한다. 그리고 사람을 무도덕 상태로 몰아가기 쉬운 천재지변이라는 극한상황은 어쩔 수 없다 하더라도, 역시 무도덕 상태를 만들어내기 쉬운 빈곤과 타율과 독재라는 극한상황은 기필 해결되고 지양되어야 한다. 자주 거론되는 도의사회 건설의 문제는 결국 교육혁신과 정치혁신의 문제고, 그 두 혁신에서 자율의 창달이 그 관건이라는 말이다.

나는 가끔 옛 중국 문헌에도 동방예의지국이라고 찬양했던 한민족이 어쩌다 지금에 와서 국제적으로 안하무인이고 공연히 겁주고 떠들썩하고 무례・무법한 사람들이라는 평이 나기에 이르렀는지 생각해본다. 나는 그것이, 한민족이 겪어야 했던 그 많은 전란과 오랜 가난, 그리고 그 긴 세월의 왕조독재, 식민독재, 민주독재의 탓이라고 본다. 너무 단순한 논리일까?

나는 다시 가보고 싶은 나라가 있고, 다시 가보고 싶지 않은 나라가 있다. 다시 가보고 싶은 나라는 대개 부자나라이기보다는 사람들을 믿을 수 있는 나라, 사람들이 따뜻하고 예의바른 나라, 사람도 거리도 깨끗한 나라, 그리고 즐길 수 있는 문화적 시설과 기회가 많은 나라다. 그런 나라를 다른 나라 사람들이 많이 찾아간다. 그런 나라는 작지만 세계가 동경하는 큰 나라다.

한 나라의 매력의 중핵은 그 나라 도덕성의 수준이다. 더 가보고 싶지 않은 나라는 사람들을 믿을 수 없는 나라, 사람들이 불친절하고 쌀쌀맞고 거만하고 무례한 나라, 그리고 자연경관은 희한하지만 달리 즐길 만한 문화가 빈약한 나라다. 한국은 지금 그 중 어떤 나라에 속할까? 외국기업들은 한국투자를 기피하고 있고, 외국관광객들은 한국방문을 기피하고 있다는 신문보도를 자주 읽는다. 그럴 때마다 어쩐지 한국이 점점 '국제적 기아'(棄兒)가 되어간다는 느낌마저 든다. 이러고서는 세계화의 조류에서 점점 낙오해갈 것만 같다.

나는 한국을 '아시아의 중심', '동북아의 허브'(*hub*)로 하자는 거창한 구호는 별 좋아하지 않는다. 속절없이 그런 구호를 외치는 동안 그 중심은 도리어 중국 상하이에 형성되고, 그 허브는 베이징에 형성되고 있다. 그런 허망한 꿈보다는 세계 모든 사람들이 가보고 싶어하는 나라, 문화가 풍성하고 도의가 밝은 나라가 더 그립다. 문화와 도의, 그것을 새삼 국가발전목표로 설정해야 하는 것이 아닐까?

안보 · 외교, 경제, 교육

한 나라의 존망성쇠, 특히 한국과 같은 나라의 존망성쇠에 가장 긴요한 국력이 무엇이냐 라고 누가 묻는다면, 나는 서슴지 않고 첫째가 안보 · 외교력이고, 둘째가 경제력이고, 셋째를 교육력이라고 선언하겠다. 내가 교육전공이지만, 교육은 셋째로 꼽겠다.

물론 모든 영역의 국력은 상호관련이 있다. 정치가 제대로 되어야 경제도 발전하고 안보도 튼튼할 수 있다. 또 교육 · 학문 · 예술이 왕성해야 경제도 발전된다. 그리고 도의(道義)가 서야 모든 국력이 발전의 기반을 얻는다.

그러나 한 나라의 정부, 한 나라의 대통령이 제일 먼저 챙겨야 할 것은 우선 국가안보고, 그것을 곁부축할 수 있는 외교력이다. 나라를 잃으면 '만사휴의'(萬事休矣)다. 모든 것이 끝이다. 우리는 그것을 일제시대에 통절하게 경험했다. 앞에서도 인용했듯이 지난 2천 년 동안 한반도에는 외침으로 인한 전쟁이 60회, 그 중 30회는 전국이 철저하게 초토화된 처참한 전쟁이었다고 한 사가(史家)가 헤아렸다. 한국은 그런 고약한 이른바 지정학적 위치에 있다. 어쩌면 지금까지 한민족의 정체성을 유지하고 있고, 그나마 분단된 나라라도 나라를 가지고 있는 것이 기적일지도 모른다.

근자에 정치적 분열, 경제적 침체 등의 정치 · 경제적 문제에 밀려서 국가안보의 문제는 망각지대에 들어 있는 것이 아닌가 하는 의구심이 자주 든다. 한국은 지금 북한에 대해서도 마음놓을 수 없고, 중국 · 일본에도 마음놓을 수 있는 처지에 있지 않다. 언제나 '만일'을 대비하고 마음써야 하는 짐을 안고 있다.

그러나 한국은 군사대국이 될 수는 없다. 그러기에 국가안보력의 태반이 사전에 그 '만일'을 비껴갈 수 있게 하는 외교력이다. 더구나 여러 나라들이 얽히고설켜 있는 현대세계에서는 완전 자주국방이란 있을 수가 없다. 유사시 일종의 합종연횡(合從連衡)은 현대세계의 운명이다. 그렇다면 더욱 탁월한 외교력이 필수다. 나는 '외교통상부'라는 이름이 별로 마땅치가 않다. 외교가 통상을 위해서만 있는 듯한 느낌을 주기 때문이다. 외무부는 정치 · 경제 · 문화 등 모든 국가활동을 외국과 연결시키는 종합적인 창구일 것이다. 그러나 한국의 상황에서 외무부 외교의 가장 큰 비중은 국가안보라고 나는 믿는다.

우선 국민들의 마음 그리고 외국인들의 눈에도 한국의 국가안보가 튼튼하다는 안정감을 줄 수 있어야 통상도 경제도 정치도 마음놓고 생동할 수 있다는 것은 너무나 자명하다. 가난해도 나라가 있는 것이 제일 중요한 것은 더 말할 나위가 없다. 경제와 교육은 그 다음이다. 나라가 흔들거리면 경제도 교육도 그 설자리마저 잃는다.

경제성장 · 경제발전은 모든 정권들이 다 내세우는 슬로건이다. 땅은 좁고 인구는 늘어나고 하기 때문에만은 아니라, 사람들에게는 오늘보다 내일을 좀더 잘 살아보겠다는 욕망이 있기 때문에 계속적인 경제발전은 어느 나라에서건 정치 · 정권의 지상명령인가 싶다.

그러나 나는 앞에서도 말했듯이, 요새같이 경제가 침체해서는 문제지만, 조금은 덜 부자라도 사람이 사람답게 살 수 있는 문화적 격조가 높은 나라에 내 자손들이 살기를 원한다.

교육은 내 전공영역이다. 그래서 나는 질 높은 교육의 긴요함과 그런 교육의 힘을 누구보다도 강하게 믿는다. 그러나 역대 정권은 정권마다 교육개혁을 외치면서 실은 교육의 중요성과 그 혁신의 필요성에 별 관심이 없든지, 아니면 무엇인가 단단히 잘못 짚고 교육행정을 하고 있든지, 그도 아니면 속수무책으로 방기하고 있다는 느낌이 든다.

나는 교육은 잘만 하면 무서운 힘으로 엄청난 일을 해낼 수 있고, 반대로 잘못하거나 적당히 해버리면 무섭고 엄청난 손해를 초래할 수 있는 활동이라고 믿고 있다. 그런 교육의 힘에 관한 많은 이론적, 실증적 증거도 있다. 그러나 나 같은 교육학자가 교육이 중요하다고 떠드는 것은 어쩐지 제멋에 겨워 외우는 공염불(空念佛)로 사람들이 듣는 것 같아서 맥이 빠질 때가 있다. 그래서 교육학자 아닌 경제학자, 정치학자, 사회학자 또는 기업가들이 결국 교육이 이 사회 모든 것의 관건이라고 소리 높여 말해줄 때엔 그것이 그렇게 고맙고 반갑다.

아마도 경제발전으로 풍요해졌다는 국가의 공공기관 건물 중에서, 지금도 안팎이 제일 초라하고 제일 을씨년스러운 곳이 우리의 초등학교, 중등학교, 대학일 것이다. 그래도 정부도 국민도 그것을 방관만 하고 있다.

한국교육은 많은 문제 중 특히 내일을 위해서는 치명적인 두 가지 결함을 내포하고 있다. 하나는 자주 거론되는 지・정・의・체를 아우르는 전인교육의 부재고, 또 하나는 교육을 자유민주사회에 필요한 공민적 자질을 기르기 위한 공공지사(公共之事)가 아니라 주로 거의 개인출세를 위한 사물(私物)로 여기고 있다는 사실이다. 내일을 위해서는 어떻게든 기필 광정(匡正)되어야 할 문제들이다.

전원도시

내가 자라난 한반도는 정말 아름다웠다. 문자 그대로 금수강산이었다. 사계절이 뚜렷해 색색이 화려했고, 산자수명(山紫水明)에 많은 날 하늘은 높고 맑고 푸르고, 밤에는 손 뻗으면 닿을 듯이 별들이 총총했다. 모든 나라의 모든 사람들이 어떤 고향이든 자기 고향을 더없이 정들여 회고하겠지만, 한반도는 그 등속을 넘어 유난히 아름다운 곳이다.

그 금수강산이 얼마 안 되는 내 생애에도 많이 훼손되어 가는 모습이 몹시 안타깝다. 주로 경제발전 때문이다. 또 북한에서는 반대로 경제빈곤 때문에 산들이 벌거벗었다. '내일 내 손자 손녀의 한반도는 이보다는 좀 더 아름답고 맑아야 할 텐데' 하는 염원이 간절하다. 환경오염, 생태계 파괴 문제는 한국에서도 심각하고, 그것이 국제문제에도 이어져 있다.

나는 한반도 전체가 하나의 '전원도시'(田園都市)일 것을 꿈꾸어 본다. 서울과 그 근교에만 한국인구의 반이 살고 있지 않고, 적당히 전국에 흩어져 중도시·소도시를 이루고, 그 도시들은 한껏 전원의 정경과 정서를 담고 있으면서도 동시에 도시생활의 매력인 문화시설과 교육시설은 풍부하게 갖추고 있는 한반도를 꿈꿔본다. 몇몇 '작은 대도시'는 있음직하다. 그러나 나머지는 전국이 그런 전원도시였으면 좋겠다.

그 전원도시의 아주 중심부 이외에는 고층건물이나 고층아파트는 볼 수 없고, 집들은 다 나지막하게, 높아야 3층 정도로, 다 푸른 나무로 둘러져 있다. 좀 인근 산으로 집들이 좀 기어올라가야 하는 한이 있더라도 '마성'(魔城) 같은 고층아파트는 전원에는 없었으면 좋겠다. 공업지역, 상업지역은 좀 먼 데로 배치하고 도시들을 잇는 교통으로는 자가용자동차보다 전철·버스 등 대중교통 수단이 풍성했으면 좋겠다.

비행기에서 내려다보는 서울은 국제적 괴물이다. 이렇게 고층아파트의 숲으로 빽빽하게 둘러싸여 있는 도시는 작은 섬나라인 싱가포르와 홍콩 빼고는 아마도 세계에 없을 것이다. 시골 산야의 정경에서 난데없는 고층아파트를 보면 전원 정취는 싹 가셔버린다. 아파트를 좋아하는 데에는 관리의 편리, 보안문제 등 복합적 이유가 있을 것이다. 그래도 3층이나 4, 5층이면 모르되 15층, 20층의 고층아파트는 너무 살벌하다.

자동차길 고속도로는 너무 많이 공사중이고, 철도·전철공사는 거의 볼 수가 없다. '자전거를 타자'는 구호는 여기 저기 내걸려 있어도 자전거길 공사는 거의 없다. 대중교통에 관심이 없어 보인다.

이것이 헛된 꿈이고 부질없는 불평일 수밖에 없는 것일까? 이런 도시계획, 국토계획은 전문가들의 소관사지만, 거기에는 그들도 어쩔 수 없는 정치적 사연이 있는 것만 같다.

역대 정권이 수도권 인구집중을 막으려고 온갖 정책을 내세웠지만 다 무효였다. 무효일 수밖에 없었다. 강력한 중앙집권체제로 많은 권력을 서울에 있는 중앙정부가 움켜쥐고 행사하는 한, 인구분산이 될 리가 없다. 권력은 모든 것을 지배한다. 권력은 '꿀'을 만들어 낸다. 그래서 사람들은 권력이 있는 곳으로 모이게 마련이다. 인구분산의 제일의 조건은 실질적 지방분권이고 자율이다. 수도이전, 행정수도가 해결책이 아니다. 권력이양이 해결책이다.

인구를 분산시키려면 권력부터 분산해야 한다. 그리고 거기엔 질 높은 교육의 기회와 문화적 기회의 분산이 따라야 한다. 그 권력이양을 한국은 유사이래 오늘까지 한 번도 해본 적이 없다. 그래서 한국은 점점 더 심하게 서울중심주의다. 나는 도시의 인구집중은 권력집중에 정비례한다고 본다.

약 10년 전 어떤 국제세미나에서 일본학자가 다음과 같은 말을 한 것이 생각난다. 일본 정계 부패의 가장 큰 원인은 국회의원과 지방정부관료와 토건업자들의 유착 때문에 생긴다. 국회의원들은 정부예산에 토건사업을 잔뜩 계획해 넣고, 지방정부가 그 토건사업 비용의 15%만 감당하면 국고가 나머지 85%를 대주는 형식으로 고속도로를 포함한 각종 토건사업을 업자에게 맡기는데, 그 과정에서 엄청난 리베이트가 오간다. 그 결과 정계가 부패했을 뿐만 아니라, 오지 농촌에까지도 필요 없는 탄탄대로가 마구 생긴다. 그런 토건사업과 부패가 일본경제의 거품현상으로까지 이어졌다는 것이다.

그 얘기를 들으면서, 지금 우리 주변에서 벌어지고 있는 그 수많은 고층아파트 공사, 도로공사도 그 뒤에 비슷한 현상이 있는 것이 아닌가 하는 의심이 가끔 든다. 아니기를 바라지만, 누군가는 챙겨보아야 할 문제다.

나라는 부채에 허덕인다면서 어쩐지 요새 중앙정부, 지자체, 구청에 이르기까지 돈이 너무 많은 것 같아 보인다. 아니라면 돈을 현명하게 쓸 줄을 모르던지. 서울시 여기저기 도로에서 아직도 멀쩡한 차도·보도 사이의 경계석과 보도블록을 새 것으로 개비(改備)하는 공사가 비일비재다. 낭비다.

우리집은 서울시 변두리라서 나지막한 야산이 많고, 그 기슭에 포도밭, 배밭, 채소밭이 있는 데가 많다. 길을 지나갈 때마저 그 전원 정취를 즐긴다. 얼마 전에 그 밭을 없애고, 아마 구청에서 그랬을 텐데, 거기에 공원을 만들어 놓았다. 설계는 악취미의 표본 같았다. 거기를 거니는 사람을 사시사철 거의 본 적이 없다. 돈이 아깝고, 자연의 정취가 아깝다. 숲이 우거진 야산과 거기에 붙어 있는 배밭, 포도밭이 인공적 공원보다 훨씬 전원적이다.

한반도는 근 70%가 산지다. 환경보존이라고 해서, 그 넓은 산지를 신성불가침으로 절대 개간・개발을 하지 말아야 하나? 나는 산림보존을 적극 찬성한다. 그러나 한국은 땅덩어리는 좁고 인구는 너무 많다. 오지에 원시를 간직하고 있는 '녹색의 장원'의 산림은 절대로 비경으로 그대로 남겨 놓아야 한다. 그러나 약 30% 정도의 산록(山麓)지대는 아름답게 개간・개발하고, 그 흉한 고층아파트의 숲은 없애는 것이 도리어 더 좋은 국토개발이 아닐까? 그 30%는 지금 한반도의 평지만큼의 면적인 셈이다.

나는 도시 주변과 도시 속에 그나마 남아 있는 녹색지대와 그린벨트는 절대로 그대로 유지해야 한다고 믿는다. 가끔 야금야금 그린벨트를 먹어 들어 가는 것을 보면 그 뒤에 무슨 농간이나 있지 않나, 의심이 가기도 하면서 영 마음에 들지 않는다. 그러나 그런 도시주변 산록이 아니라도 한반도에는 산록지대가 많다. 거기를 활용하자는 얘기다.

나는 기차역 옆에 그리고 지하철역 옆에도 반드시 적당한 광장을 마련해 놓고, 거기에 자전거 주차장을 만들어 놓았으면 하는 생각을 할 때가 많다. 일본 교토시 교외에서 그렇게 해놓은 역 몇 군데를 본 적이 있다. 지금이라도 나는 그런 자전거 주차장만 있다면 웬만한 데는 자동차가 아니라 자전거를 타고 역까지 가서 지하철을 타고 가겠다. 그러려면 자전거 도로를 보도나 차도 옆에 따로 설치해야 할 것이다.

내 뜻은 좀더 대중교통 수단을 확장하고 그것을 손쉽게 쓸 수 있는 조건을 마련하자는 것이다. 영동고속도로와 서해안고속도로는 우선 먼저 철도나 전철로 했어야 할 것으로 나는 생각한다. 그래도 부족하면 고속도로를 증설하는 한이 있더라도.

나는 나의 손자 손녀들이 이 아름다운 한반도에서 인간적 삶을 약속하는 자유민주주의를 누리고, 법과 도덕에서 벗어나지 않는 한 최대의 자율을 만끽할 수 있는 나라에서 살 수 있기를 염원한다. 그리고 튼튼한 안보와 외교에 힘입어 튼실한 안정감과 더불어, 적절한 풍요와 풍성한 문화를 창조하고 즐기면서, 쾌적한 금수강산 속에서 스스로 삶의 희열을 구가하고 외국사람들도 부러워하고 많이 찾아오는 그런 나라가 되기를 염원한다.

어렸을 처음 뵙는 어른들이 자주 묻던 "그래, 이름은 뭔고?" 에서 시작하는 일련의 질문들은 확대 해석하면 '너는 장차 어떤 삶을 살아갈 것이냐' 고 나의 정체성을 묻는 것이었다. 이제 이 물음에 대해 '이것이 나의 삶, 나의 생각이었고, 이것이 나의 꿈입니다' 라고 뒤늦게 근 80년 후에 그분들께 드리는 답신으로 여기면서 내일을 잉태해보려 했던 어제 오늘의 역사의 한 증언을 매듭짓는다.

찾아보기

ㄴ·ㄷ·ㄹ

ㅁ

ㅂ

ㅈ · ㅊ

ㅋ · ㅌ · ㅍ · ㅎ

기타

이 시대의 진정한 원로 정범모 교수

학문의 조건

한국에서 학문이 가능한가

한평생을 학문탐구에 몰두해온 노교수의 진지한 성찰과 반성.
우리는 학문의 즐거움과 지적 정직성을 잃었다!

애당초 나는 이 글을 '한국에서 학문이 가능한가'라는 약간 도발적인 발상을 시작으로 쓰기 시작했다. 내가 한평생을 두고 몸 담아온 한국의 대학사회, 학계에 아직도 남아 있는 교학(敎學)의 방만성과 기강해이와 더불어 어딘지 학구의 진정한 내재적 동기가 흐려져 있고, 그 의연한 독립적 사고의 기풍도 엷어져 있다는 자책 · 자괴가 섞인 울적함 때문이다. 그 힘겨운 풍토 속에서도 학문의 길에 전념하는 내가 아는 많은 학자 교수들에게 나는 도리어 경의를 표하면서 이 책의 논의가 그분들의 고충을 대변하는 것이기를 바란다. -머리말 중에서

· 신국판 | 272면 | 값 12,000원

한국의 내일을 묻는다

국력·국격·교육

정 범 모 (한림대 석좌 교수)

혼돈과 분열의 세기, 한국은 지금 몇 시인가?
새로운 시대의 희망을 일구는 한국사회 읽기!

정범모 교수는 국력 · 국격 · 교육을 주제로 오늘날 한국이 처한 경제 · 정치 · 문화적 난맥상에는 이 세 가지 화두에 대한 진지한 성찰의 빈곤이 자리하고 있다고 진단하고 있다. 국력과 국격, 그리고 교육의 기초 부실이야말로 각종 경제 · 정치 문화적 분열과 갈등을 초래하는 근본 원인이라는 것이다. 저자의 체험과 그에 대한 진중한 반추에 기초하며, 이를 돌파할 장기적인 방책을 탐색하고, 그 논리를 짜임새 있게 구성해내고 있다. 신국판 | 416면 | 값 18,000원